ALGABA
EDICIONES

IV Premio Algaba 2006

Pablo,
el judío de Tarso

CÉSAR VIDAL

Pablo,
el judío de Tarso

IV Premio Algaba 2006

ALGABA
EDICIONES

BIOGRAFÍA
MADRID · MÉXICO · BUENOS AIRES · SAN JUAN · SANTIAGO-MIAMI
2006

Diseño de cubierta: Gerardo Domínguez

ALGABA Ediciones S.A.
Jorge Juan, 30.
28001 Madrid

Ediciones-Distribuciones Antonio Fossati, S.A. de C.V.
c/ Sierra Nevada, 130 -Colonia Lomas de Chapultepec
C.P. 11000 México D.F.
edafmex@edaf.net

Edaf del Plata, S. A.
Chile, 2222
1227 - Buenos Aires, Argentina
edafdelplata@edaf.net

Edaf Antillas, Inc
Av. J. T. Piñero, 1594 - Caparra Terrace (00921-1413)
San Juan, Puerto Rico
edafantillas@edaf.net

Edaf Antillas
247 S.E. First Street
Miami, FL 33131
edafantillas@edaf.net

Edaf Chile, S.A.
Huérfanos, 1178 - Of. 506
Santiago - Chile
edafchile@edaf.net

Octubre 2006

ISBN: 84-96107-77-9;   978-84-96107-77-9
Depósito legal: M-39.907-2006

PRINTED IN SPAIN   IMPRESO EN ESPAÑA
Cofas, S.A. Pol. Ind. Prado de Regordoño - Móstoles (Madrid)

Esta obra recibió el IV Premio Algaba 2006, patrocinado por Ámbito Cultural de El Corte Inglés. El jurado de esta convocatoria estuvo presidido por Ramón Pernas y formado por Patricio de Blas, Felipe Hernández Cava, Juan Ignacio García Garzón y Melquíades Prieto.

Índice

Introducción

EL jurado que otorga el premio Algaba ha decidido por unanimidad conceder tan notable galardón a mi biografía de Pablo. Resulta ocioso señalar que me siento más que satisfecho por su decisión, y eso por diversas razones. La primera porque el citado premio se ha ido abriendo camino entre la frondosa jungla de galardones destinados a obras escritas hasta consolidarse, y lo ha logrado, además, en un área tan poco cultivada durante décadas en España como es la de la biografía. Que así haya sido indica que la historiografía española, siquiera en parte, se está recuperando de los andares no siempre sabios y adecuados que ha transitado durante las últimas décadas.

La segunda razón es de índole más personal. Desde hace casi dos décadas he dedicado buena parte de mis esfuerzos de investigación a la Historia del cristianismo primitivo. Recientemente se reeditaron mi obra sobre el Documento Q —*El Documento* Q, Barcelona, 2005— y mi traducción de los Evangelios gnósticos —*Los Evangelios gnósticos*, Madrid, 2004—, pero también vio la luz mi *Jesús y los Manuscritos del mar Muerto*, Barcelona, 2005, redactada hace años y que solo ahora ha sido editada. Todas ellas se sumaban a un prolongado elenco que incluye desde mi tesis doctoral —premio extraordinario de fin de carrera— sobre el judeocristianismo en el siglo I, a distintos títulos sobre los esenios de Qumrán o sobre Jesús y los Evangelios. A lo largo de estas décadas, Pablo ha sido un personaje que aparecía y desaparecía en medio de otras investigaciones y al que, finalmente, he logrado acotar, en la medida de lo posible, en un estudio histórico. Esta biografía implica en buena medida la coronación de un sueño de años.

La tercera circunstancia va referida a la identidad de mi biografiado. La figura de Pablo, el judío de Tarso, es una de las más extraordinarias de la Historia universal. Se ha extendido mucho el tópico de afirmar que incluso le debemos a él la creación del cristianismo. Adelanto que semejante afirmación no se corresponde con la realidad de las fuentes históricas, pero, aun así, la importancia de Pablo es verdaderamente descollante. De la teología a la política pasando por la sociología, la filosofía o la educación, pocas áreas de la vida humana no han sido influidas en la Historia de Occidente —y así en la del mundo— por la obra y la personalidad de Pablo. A pesar de ello, no puede decirse que la vida de Pablo sea conocida, siquiera a rasgos generales, no solo por el gran público, sino incluso por personas que han recibido una formación humanística en la universidad. La finalidad de esta biografía es precisamente cubrir ese vacío y acercar al judío de Tarso a mis contemporáneos, independientemente de su formación académica o de su adscripción ideológica. Alcanzar ese objetivo forma de manera lógica parte de la satisfacción a la que antes hacía alusión.

Pablo, el judío de Tarso es una biografía que, esencialmente, narra la vida de Pablo haciendo referencias —las a mi juicio indispensables— a su obra. No se trata de un texto de teología, aunque, obviamente, recoge los aspectos esenciales del pensamiento teológico paulino, sino de la descripción de una existencia concreta en su contexto específico, el del mundo romano del siglo I y el judío anterior a la guerra contra Roma del 66-73 d. de C. De esa manera, el texto pretende facilitar la labor de comprensión de un personaje esencial. A través de estas páginas espero haber recogido el papel que tuvo Pablo en el hecho de que la fe de Jesús se extendiera fuera de los estrechos límites de Palestina para alcanzar las costas de Asia Menor y de ahí ir profundizando en ese continente y, con posterioridad, dar el salto a Europa. Pero también espero haber podido mostrar lo que era ese mundo y cómo Pablo —judío y ciudadano romano— supo manejarse en él como pocos impulsado por un ideal que había dado sentido a su vida.

Una última referencia a la lectura de este libro. Por supuesto, el orden lógico es el que se inicia en el primer capítulo y termina con la conclusión. Sin embargo, no es el único. Por ejemplo, cabe la posibilidad de saltarse las secciones dedicadas a Jesús y a sus primeros seguidores y entrar directamente en la vida de Pablo sin prolegómenos. También es admisible detenerse, aquí y allí, en episodios concretos de la existencia del apóstol. Permítaseme sugerir otro tipo de lectura. Aquella que consiste en abrir la Biblia por la Epístola a los Gálatas, a los Romanos o a los Colosenses e ir leyendo de manera paralela esta biografía y lo escrito por el apóstol. Estoy convencido de que una lectura de ese tipo resultará especialmente luminosa a la hora de comprender la figura de Pablo. Y ya no los entretengo más. Uno de los recorridos más apasionantes de la Historia —el realizado por Pablo— los espera.

Madrid-Jerusalén-Miami-Madrid, verano de 2006

CAPÍTULO I

«Tarso, una ciudad de no escasa importancia...»

Cilicia

EN torno al año 57 d. de C. se produjo el arresto de un judío en la ciudad de Jerusalén. El detenido fue llevado de forma inmediata ante el tribuno que mandaba la guarnición romana de la torre Antonia. Inicialmente, el romano pensó que el sujeto en cuestión era un egipcio que había intentado poco antes llevar a cabo un golpe de fuerza. Sin embargo, llegó a la conclusión de que se había equivocado en su primera impresión cuando lo escuchó hablar en griego. Entonces procedió a preguntarle quién era. La respuesta fue directa: «Yo soy un judío, de Tarso de Cilicia, ciudadano de una ciudad de no escasa importancia» (Hch 21, 39). El hombre que acababa de responder así era a la vez judío y ciudadano romano. Había nacido en Tarso y tenía el nombre de Saulo. A la historia iba a pasar, precisamente, como Pablo de Tarso, y tiene una enorme lógica la vinculación de su nombre con la ciudad en la que había nacido.

Cilicia es una región que bordea el Mediterráneo en la zona sureste de Asia Menor y que está formada por dos áreas muy concretas. A oriente se encuentra una llanura fértil llamada Cilicia Pedias, que se asienta entre el Taurus y el mar. Esa zona tuvo milenariamente una enorme relevancia porque era atravesada por la ruta comercial que unía Siria con Asia Menor. A occidente se encontraba la Cilicia Trajeia, o áspera, en la que el Taurus se precipita al mar.

Cilicia aparece en las fuentes históricas desde fecha muy temprana. Los hititas la denominaron Kizwatna y ansiaron siempre su posesión. Primero la vincularon a su imperio mediante un tratado y, finalmente, se la anexionaron. Permanecería en su poder hasta el desplome del Imperio hitita en torno al 1200 a. de C. Sin embargo, la desaparición de los hititas no significó un cambio geográfico que hiciera perder a Cilicia su relevancia. En la *Ilíada* de Homero, los cilicios son aliados de Troya, la gran potencia comercial del Bósforo. Hasta qué punto se trataba de una región importante lo podemos ver en el hecho de que Andrómaca, la misma esposa del héroe troyano Héctor, era una princesa de Cilicia. Durante el siglo IX a. de C. Cilicia pasó a estar controlada por los asirios, que le dieron el nombre de Hilakku[1]. Sin embargo, como había sucedido con anterioridad, Cilicia permaneció cuando desaparecieron sus dominadores. Desde el siglo VI a. de C. al 400 a. de C., Cilicia volvió a ser gobernada por reyes nativos que llevaron el nombre dinástico de Syennisis, pero en la última fecha señalada cayó bajo el poder del Imperio persa. Así permanecería hasta que, en el 333 a. de C., la victoria de Isso la convirtió en parte de las conquistas del rey macedonio Alejandro Magno. A la muerte de Alejandro, su Imperio se deshizo y Cilicia pasó a formar parte de uno de los reinos nacidos de su fragmentación, el seléucida.

Los seléucidas fueron un importante vehículo de penetración de la cultura griega en Cilicia. Sin embargo, a la vez, no tardaron en poner de manifiesto su escasa capacidad para controlar efectivamente la zona. Durante la segunda mitad del siglo II a. de C., la Cilicia Trajeia se había convertido en una base de piratas y bandoleros que afectó de manera terrible el tráfico comercial. El resultado de esa situación fue que Roma acabó interviniendo para protegerlo. Se trató de un proceso di-

---

[1] Seguramente se trata de la Helej mencionado en Ezequiel 27, 11.

latado. En el año 102 a. de C., una parte de Cilicia occidental se había convertido en provincia romana, pero hubo que esperar al año 67 a. de C., y a la victoria de Cneo Pompeyo sobre los piratas, para que toda Cilicia se convirtiera en una provincia romana cuya capital era Tarso.

La independencia administrativa de Cilicia no duró mucho. En torno al 25 a. de C., la Cilicia oriental —incluida Tarso— quedó unida administrativamente a Siria, que era una provincia romana desde el año 64 a. de C. Por lo que se refiere a la Cilicia occidental, fue entregada a distintos reyes clientes de Roma. Durante toda la vida, por lo tanto, de Pablo de Tarso, Cilicia formó parte, en términos administrativos, de Siria y, a través de ella, de Roma.

Tarso

Si Cilicia constituía una zona de especial relevancia, aún más si cabe sucedió con la ciudad en la que nació Pablo. Tarso era la urbe más importante de la fértil llanura de la Cilicia oriental. Estaba situada a orillas del río Cydno y a unos cuarenta kilómetros al sur de las Puertas Cilicias. Ya a finales del tercer milenio a. de C. Tarso era una ciudad fortificada con actividades comerciales. En el segundo milenio a. de C. se convirtió, según las fuentes hititas, en la ciudad más importante de Kizwatna, el nombre que entonces recibía Cilicia. Los pueblos del mar la arrasaron en torno al 1200 a. de C., pero no tardó en ser reconstruida. Durante los siglos siguientes continuó desempeñando un papel de primer orden aunque, eventualmente, cayó bajo el dominio asirio en el 833 a. de C. con Salmanasar III y en el 698 a. de C. con Senaquerib. Con posterioridad, y ya durante el Imperio persa, Tarso fue, primero, la capital de un reino cliente y, con posterioridad, la de la satrapía de Cilicia.

La debilidad persa fue aprovechada por Tarso para conseguir una cierta autonomía muy cercana a la independencia total. En el siglo V a. de C. Tarso acuñaba su moneda propia, y cuando en el 401 a. de C., Ciro el Joven, al mando de los diez mil de los que formaba parte el griego Jenofonte, acampó en la ciudad, de paso hacia oriente, donde tenía intención de reclamar el trono persa, intercambió regalos con un rey Syennisis que poseía un palacio en Tarso [2]. En el año 333 a. de C. los persas intentaron arrasar la ciudad para no permitir que Alejandro se apoderara de sus riquezas. Afortunadamente, fracasaron en su propósito y el conquistador macedonio se hizo con ella.

Con los seléucidas, la ciudad cambió el nombre por el de Antioquía sobre el Cydno y, de hecho, esta denominación aparece en una moneda acuñada por Antíoco IV con posterioridad al 171 d. de C. En el año 83 a. de C., Tarso pasó a depender de Tigranes I, el rey de Armenia. No estuvo mucho tiempo bajo ese control. Las victorias de Pompeyo —que había intervenido en esta parte del mundo para acabar con la amenaza que representaban los piratas— hicieron que Tarso pasara a manos romanas. Sin embargo, aquel destino distó mucho de ser negativo. No solo se convirtió en la capital de la provincia de Cilicia, sino que, además, mantuvo su condición de ciudad libre (67 a. de C.).

Desde esa época no fueron pocos los romanos ilustres que residieron allí siquiera por algún tiempo. Cicerón estuvo en Tarso mientras fue procónsul de Cilicia (51-50 a. de C.). Julio César la visitó en el 47 a. de C., y, sin duda, causó un cierto impacto en sus habitantes, ya que le dieron el nombre de Juliópolis en su honor. Cuando Julio César cayó abatido por los puñales de una conjura tres años después, Tarso se convirtió en uno de los focos de atención del cesariano Marco Antonio. En el año 41 a. de C. Marco Antonio se reunió con Cleopatra en esta ciudad. El encuentro fue, como mínimo, espectacular, porque la reina

---

[2] Jenofonte, *Anábasis* I, 2, 23.

egipcia decidió navegar por el río Cydno ataviada como si fuera la diosa Afrodita. Durante los últimos tiempos de poder de Marco Antonio en Oriente la administración de Tarso recayó en un personaje llamado Boeto. Al parecer, desempeñó sus funciones de manera pésima, y no sería extraño que los habitantes de Tarso hubieran acogido con un cierto alivio la derrota de Marco Antonio y Cleopatra frente a Octavio. Lo cierto es, desde luego, que Octavio, el nuevo amo de Roma, puso un cuidado especial en no cometer los mismos errores que Antonio y, gracias a esa perspectiva, Tarso conservó sus privilegios, y además se vio exenta de los impuestos imperiales. Por si fuera poco, la administración fue confiada a Atenodoro el estoico, un natural de Tarso dotado de una capacidad verdaderamente notable.

Atenodoro fijó la cantidad de quinientos dracmas como condición económica para acceder a la ciudadanía[3], pero, sobre todo, demostró un enorme interés por potenciar la cultura en Tarso. Su sucesor, Néstor el académico, prosiguió esa misma línea de actuación, algo nada extraño en una persona que ha pasado a la Historia por haber sido el tutor de Marcelo, el sobrino de Octavio. Con todo, da la sensación de que tanto Atenodoro como Néstor casi se limitaron a encarnar lo que era una característica muy extendida entre los habitantes de Tarso. Estrabón, escribiendo precisamente durante los primeros años del siglo I d. de C., señaló que la gente de Tarso tenía un extraordinario interés —verdadera avidez— por la cultura[4]. En cierta medida, Tarso recordaba considerablemente a lo que hoy sería una urbe universitaria con numerosos centros de enseñanza a los que acudían los estudiantes de la ciudad. De manera bien significativa, no eran pocos los habitantes de Tarso que, tras cursar estudios en alguno de sus centros, se trasladaban a otra ciudad en la que continuar adquiriendo conocimientos. Aunque sabemos

---

[3] Dión Crisóstomo, *Oración* 34, 23.
[4] Estrabón, *Geografía* XIV, 5, 12 y ss.

por Filóstrato[5] que un siglo después la situación había cambiado y que aquel espíritu de búsqueda de la sabiduría había dejado paso a un consumismo, a un amor al lujo y a una soberbia que causaban la desilusión de algunos viajeros y que evitaba que otros ilustres visitantes fijaran allí su residencia, la realidad que conoció Pablo fue todavía la descrita por Estrabón.

El afán por la cultura que sentían los ciudadanos de Tarso venía facilitado por algunas circunstancias económicas no desdeñables. En primer lugar se encontraba esa menor presión fiscal a la que ya hemos hecho referencia y que se debió a una decisión personal de Octavio Augusto. En segundo lugar —y no menos importante— estaba su capacidad para el comercio. La llanura en la que se asentaba Tarso era muy fértil, pero además la ciudad explotaba industrialmente un tejido especial realizado a partir del pelo de cabra y que los romanos denominaron *cilicium*. Ese cilicio, cuyo nombre derivaba, obviamente, de la región en la que estaba situada Tarso, era un material extraordinariamente resistente a la humedad y al frío.

Todos estos datos nos permiten captar algunas de las circunstancias en medio de las que nació Saulo. Ciertamente, había visto la primera luz en una ciudad «de no escasa importancia», pero sabemos además que era ciudadano romano, lo que indica que su familia pertenecía a un estamento acomodado de Tarso. Precisamente, la norma promulgada por Atenodoro, a la que nos hemos referido antes, pretendía que la ciudad estuviera gobernada únicamente por gente de ciertos medios económicos, lo que debía garantizar una moderación en el ejercicio del poder político y una ausencia de inestabilidad creada por agitadores que utilizaran la demagogia para manipular a las masas. Entre esa gente se encontraba la familia de Pablo de Tarso.

La manera en que pudo haber alcanzado ese estatus no resulta difícil de establecer como veremos en el siguiente capítu-

---

[5] Filóstrato, *Vida de Apolonio* I, 7.

lo. El libro de los Hechos señala que Pablo era un *skenopoios*, una expresión que suele traducirse habitualmente por *fabricante de tiendas* y que, con seguridad, hace referencia a su relación con la elaboración del cilicio, un material utilizado también para ese menester.

Sin embargo, el pertenecer a una familia de una disponibilidad económica que le permitía acceder al derecho de ciudadanía en Tarso y que estaba relacionada con la elaboración de cilicio, a pesar de su importancia, no son las únicas circunstancias que nos permiten formarnos un retrato del Saulo joven. A ello dedicaremos los próximos capítulos.

CAPÍTULO II

Civis romanus e ivrit

Civis romanus[1]

EN una fecha situada en la primera década del siglo I d. de C., un judío llamado Saulo, que después sería conocido como Pablo, vino al mundo en Tarso. Ese nacimiento estuvo acompañado de dos circunstancias personales extraordinariamente importantes. La primera aparece recogida en un episodio que nos ha sido transmitido en Hechos 22, 24 y ss., cuando se nos relata cómo Pablo, ya en la década de los cincuenta, fue detenido en Jerusalén por efectivos romanos:

> [24] Mandó el tribuno que lo llevasen a la fortaleza y ordenó que fuese interrogado con azotes a fin de averiguar la causa por la que clamaban así contra él. [25] Pero cuando lo ataron con correas, Pablo dijo al centurión que estaba presente: «¿Tenéis por legal azotar a un ciudadano romano sin condena previa?». [26] Cuando el centurión oyó esto fue y dio aviso al tribuno, diciendo: «¿Qué vas a hacer? Porque este hombre es romano». [27] El tribuno acudió y le dijo: «Dime, ¿eres romano?». Y Pablo le respondió: «Sí». [28] Y comentó el tribuno: «Yo tuve que pagar una gran suma para obtener esta ciudadanía». Entonces Pablo le dijo: «Pues yo lo soy de nacimiento». [29] Así que luego se apartaron de él los que habían de darle tormento y el tribuno sintió temor, porque siendo ciudadano romano lo había atado.

---

[1] Sobre el tema, véase: M. Hengel, *The Pre-Christian Paul*, Filadelfia, 1991; A. N. Sherwin-White, *The Roman Citizenship*, Oxford, 2.ª ed., 1973; ídem, *Roman Society and Roman Law in the New Testament*, Grand Rapids, 1978.

El hecho de que Saulo, después llamado Pablo, hubiera nacido con la condición de ciudadano romano indica que su familia ya poseía la ciudadanía, lo que era un privilegio realmente notable[2]. Inicialmente, la ciudadanía estaba limitada a personas que habían nacido en la ciudad de Roma. El privilegio era de tal relevancia que solo de manera muy gradual —el proceso duró siglos— se fue concediendo a los habitantes de otros territorios de la península Itálica. A medida que Roma fue extendiendo su poder por el Mediterráneo, la ciudadanía se otorgó de manera excepcional a algunas personas que no eran romanas de nacimiento, pero que tenían cierta relevancia local. Es significativo que fue un hispano llamado Balbo —uno de los más notables colaboradores de Julio César— el primero que no solo obtuvo la ciudadanía, sino que además pudo entrar en el Senado sin haber nacido romano. La familia de Pablo —es obvio— no llegó a esa altura, pero en algún momento antes del nacimiento de nuestro personaje debió recibir ese privilegio.

Alegar que se era ciudadano romano falsamente se castigaba con la pena de muerte, lo que exigía que se pudiera acreditar de manera fehaciente esa condición. En el caso de personas que adquirían la ciudadanía se les entregaba un certificado[3], y cuando la ciudadanía derivaba del simple nacimiento —como fue el caso de Pablo—, la prueba legal consistía en un díptico donde estaba inscrita la partida de nacimiento.

Las condiciones para llevar a cabo este trámite quedaron establecidas por la *Lex Aelia Sentia*, del año 4 d. de C., y la *Lex Papia Poppaea*, promulgada cinco años después. En ambos casos, se trata de textos legales en vigor en una fecha muy cercana al nacimiento de Pablo. Sabemos que el registro tenía que realizarse en el plazo de treinta días a contar desde la fecha de nacimiento, y en el caso de que este hubiera tenido lugar en provincias, el trámite consistía en una declaración (*professio*) realizada ante el go-

---

[2] Sobre el tema, véase A. N. Sherwin-White, *The Roman Citizenship*, Oxford, 2.ª ed., 1973.

[3] Sherwin-White, *ibídem*, p. 146 y ss.

bernador provincial (*praeses prouinciae*) ante el registro público (*tabularium publicum*). En la *professio*, el padre del niño o su representante declaraban que era ciudadano romano siguiendo la fórmula *ciuem Romanum esse professus est* (declaró que era ciudadano romano) y, acto seguido, se inscribía en el *album professionum*. A continuación, se entregaba una copia de la inscripción al padre o representante, copia que, de manera habitual, llevaba consigo el ciudadano[4], aunque también se daba el caso de que permaneciera archivada en su casa familiar[5].

Las consecuencias de la ciudadanía no eran de escasa relevancia. El primer texto legal que se refiere a ellas es la *Lex Valeria* del año 509 a. de C., que Julio César confirmó en virtud de la *Lex Iulia de ui publica*. No solo concedía al ciudadano los derechos relacionados con el desempeño de determinados cargos, sino que además le confería el derecho a recibir un juicio justo, la exención de ciertas formas de ejecución especialmente vergonzosas —como la cruz— y la protección frente a una ejecución sumaria. Esas garantías legales no estaban, ni lejanamente, al alcance de los que no eran ciudadanos.

¿Qué razones pudieron llevar a las autoridades romanas a conceder la ciudadanía a los antepasados de Pablo? Sabemos que no eran judíos asimilados, como tendremos ocasión de ver más adelante. La explicación prácticamente obligada es que su padre, su abuelo o su bisabuelo rindieron servicios notables a Roma. Como se ha señalado ya en alguna ocasión, un procónsul romano que tuviera que llevar a cabo misiones de combate hubiera agradecido contar con la colaboración de una empresa dedicada a fabricar tiendas de campaña[6]. La hipótesis, desde luego, resulta muy verosímil, y además explicaría incluso la satisfacción de Pablo años después al referirse a su condición de

---

[4] F. Schulz, «Roman Registers of Births and Birth Certificates», en *JRS*, 32, 1942, p. 78 y ss., e ídem, *ibídem*, 1943, p. 55 y ss.

[5] Sherwin-White, *Roman Society*, p. 149.

[6] En este sentido, sir William Calder, citado por F. F. Bruce, *Paul...*, p. 37.

ciudadano romano. A pesar de su condición provinciana, su familia había obtenido la ciudadanía y lo había hecho gracias a un valioso servicio rendido a Roma. Sin embargo, el gran orgullo de Pablo —la clave para entenderlo de manera cabal— no residía en su condición de romano, sino en la de judío.

Ivrit [7]

Cuando unas décadas después un Pablo maduro tuviera que definirse a sí mismo, no haría referencia —lo que es bien significativo— a su ciudadanía romana, sino a su condición de judío:

> Circuncidado al octavo día; del linaje de Israel; de la tribu de Benjamín; hebreo e hijo de hebreos; por lo que se refiere a la ley, fariseo. (Flp 3, 5.)

Pablo era ciertamente judío, pero no en virtud de conversión. Procedía del linaje de Israel y, más concretamente, de la tribu israelita de Benjamín. Históricamente, el territorio de Benjamín había estado situado al norte del asignado a la tribu de Judá. En teoría, la ciudad de Jerusalén tendría que haber sido benjaminita, pero en la práctica, gracias al especial talento político del rey David, la capital se había convertido en una especie de enclave ubicado entre los territorios de las dos tribus citadas. De Benjamín había salido precisamente Saúl, el primer rey de Israel, y no deja de ser significativo que nuestro personaje llevara el nombre de tan trágico héroe. De hecho, Saulo no es sino la forma castellanizada de Saúl. No conocemos mucho de la genealogía de Pablo, pero, muy posiblemente, sus antepasados debieron de formar parte de los benjaminitas que existían en el siglo V a. de C. y a los que se refiere Nehemías [8].

---

[7] Sobre la judeidad de Pablo, véase: J. D. G. Dunn, *Jesus, Paul and the Law*, Louisville, 1990; D. Flusser, *Jewish Sources in Early Christianity*, Nueva York, 1987; L. Gaston, *Paul and the Torah*, Vancouver, 1978; R. N. Longenecker, *Paul, Apostle of Liberty* , Grand Rapids, 1976; E. P. Sanders, *Paul and Palestinian Judaism*, Filadelfia, 1977

[8] Nehemías 11, 7-9, 31-36.

Pablo, además, se presenta como hebreo, un término más concreto que el de judío o israelita y que hace referencia al hecho de que no era un helenista —es decir, un judío impregnado por la cultura griega y que utilizaba el griego como primera lengua—, sino un judío que tenía como lengua vehicular el arameo, tanto en casa como en la sinagoga. Alguna fuente histórica ha señalado que su familia podía proceder de la localidad de Giscala, en Galilea, antes de establecerse en Tarso[9].

Por supuesto, Pablo conocía el griego y podía hablarlo y escribirlo con fluidez. Sin embargo, resulta obvio que hablaba con facilidad el arameo (Hch 21, 40; 22, 2) y que —dato bien significativo— fue en esa lengua en la que escuchó la voz que se dirigió a él en el camino de Damasco (Hch 26, 14). En este sentido, la opinión —repetida hasta la saciedad— que sostiene que Pablo era un judío prácticamente desnaturalizado por su helenismo aparece como carente de la menor base histórica. Pablo, por supuesto, estaba familiarizado, como tendremos ocasión de ver, con la cultura helénica, pero, de manera bien significativa, cuando tuvo que recibir una educación, su familia no eligió para él alguno de los centros de Tarso, sino que lo envió a Jerusalén a recibir las enseñanzas de Gamaliel, uno de los maestros principales de la secta de los fariseos.

Fariseo

El peso de la educación recibida por Saulo en el seno de los fariseos resultaría verdaderamente extraordinario. Años después se definiría como «fariseo, hijo de fariseos» (Hch 23, 6) y como «fariseo» (Hch 22, 3). Escribiendo a los gálatas (1, 14), indicaría además que su maestro había sido Gamaliel[10]. El conocimiento

---

[9] Jerónimo, *De viris illustribus*, 5.

[10] Sobre los fariseos, ver: C. Vidal, *El Documento Q*, Barcelona, 2005; L. Filkenstein, *The Pharisees*, Filadelfia, 1966; J. Neusner, *The Rabbinic Traditions About the Pharisees Before 70*, 3 vols., Leiden, 1971; J. Bowker, *Jesus and the Pharisees*, Cambridge, 1973.

de los fariseos nos permite entender en no escasa medida la mentalidad y las creencias del Saulo joven y su evolución posterior.

Los datos de que disponemos acerca de los fariseos nos han llegado fundamentalmente a partir de tres tipos de fuentes: los escritos de Josefo, los contenidos en el Nuevo Testamento y los de origen rabínico. En el caso de Josefo, nos encontramos con un retrato de saduceos, esenios y fariseos que estaba dirigido, fundamentalmente, a un público que no era judío y, precisamente por ello, en su deseo por hacerse inteligible a los no conocedores del judaísmo, oscurece en ocasiones la exactitud de la noticia. Josefo utilizó para referirse a los tres colectivos el término *hairesis*, que podría traducirse como «secta», pero solo si se da a tal palabra un contenido similar al de «escuela» en el ámbito de la filosofía griega.

Josefo mismo estaba ligado a los fariseos e incluso tenía un especial interés en que los romanos los aceptaran como la columna vertebral del pueblo judío tras la destrucción del Templo de Jerusalén en el 70 d. de C. No resulta extraño, por lo tanto, que el retrato que nos transmite de ellos sea, lógicamente, muy favorable:

> Los fariseos, que son considerados como los intérpretes más cuidadosos de las leyes, y que mantienen la posición de secta dominante, atribuyen todo al Destino y a Dios. Sostienen que actuar o no correctamente es algo que depende, mayormente, de los hombres, pero que el Destino coopera en cada acción. Mantienen que el alma es inmortal, si bien el alma de los buenos pasa a otro cuerpo, mientras que las almas de los malos sufren un castigo eterno. (*Guerra* II, 8, 14.)

> En cuanto a los fariseos, dicen que ciertos sucesos son obra del Destino, si bien no todos. En cuanto a los demás sucesos, depende de nosotros el que sucedan o no. (*Ant.* XIII, 5, 9.)

> Los fariseos siguen la guía de aquella enseñanza que ha sido transmitida como buena, dando la mayor importancia a la observancia de aquellos mandamientos... Muestran respeto y deferencia por sus ancianos, y no se atreven a contradecir sus propuestas. Aunque sostienen que todo es realizado según el Destino, no obstante no privan a la voluntad humana de perseguir lo que está al

alcance del hombre, puesto que fue voluntad de Dios que existiera una conjunción y que la voluntad del hombre, con sus vicios y
virtudes, fuera admitida a la cámara del Destino. Creen que las almas sobreviven a la muerte y hay recompensas y castigos bajo tierra para aquellos que han llevado vidas de virtud o de vicio. Existe
una prisión eterna para las almas malas, mientras que las buenas
reciben un paso fácil a una vida nueva. De hecho, a causa de estos
puntos de vista, son extremadamente influyentes entre la gente
de las ciudades; y todas las oraciones y ritos sagrados de la adoración divina son realizados según su forma de verlos. Este es el gran
tributo que los habitantes de las ciudades, al practicar el más alto
ideal tanto en su manera de vivir como en su discurso, rinden a la
excelencia de los fariseos... (*Ant.* XVIII, 1, 3.)

No se limitan a estas las referencias a los fariseos contenidas en
las obras de Josefo. Incluso puede decirse que resultan contradicto-
rias entre sí en algunos aspectos. Así, la descripción de las *Antigüedades judaicas* (escritas *c.* 94 d. de C.) contiene un matiz político y
apologético que no aparece en la de la *Guerra* (*c.* 75 d. de C.). Tal
variación es lógica, porque por esa fecha los fariseos eran ya la única fuerza religiosa de envergadura en Israel. De hecho, Josefo, en
Antigüedades XVIII, 1, 2-3, los presenta como todopoderosos (algo
muy tentador, seguramente, para el invasor romano, que deseaba
encontrar colaboradores para asentar la paz y el orden), aunque es
más que dudoso que su popularidad entre la población —una población a la que despreciaban— fuera tan grande.

El mismo relato de la influencia política de los fariseos, en
este caso sobre la reina Alejandra (*Ant.* XIII, 5, 5) o cerca del
rey Herodes (*Ant.* XVII, 2, 4), parece estar concebido para mostrar lo beneficioso que podía resultar, para un gobernante que
deseara controlar Judea, el tener a los fariseos como aliados políticos. En esta misma obra, Josefo retrotrae la influencia de los
fariseos al reinado de Juan Hircano (134-104 a. de C.).

La autobiografía de Josefo, titulada *Vida*, escrita en torno al
100 d. de C., vuelve a abundar en esta presentación de los fariseos. Uno de sus miembros, un tal Simeón, aparece como perso-

na versada en la ley y dotada de una moderación política y una capacidad persuasiva encomiables (*Vida* 38 y 39).

Aunque es innegable el tono laudatorio con que Josefo contempla a los fariseos, exagerando seguramente su popularidad y su influencia, lo cierto es que, pese a todo, nos proporciona algunas referencias sustanciales acerca de ellos mismos. Las mismas pueden quedar resumidas así:

1. Creían en la libertad humana. Ciertamente el Destino influía en los hombres, pero estos no eran juguetes en sus manos. De hecho, podían decidir lo que hacer con su vida.

2. Creían en la inmortalidad del alma. No todo acababa con la muerte, sino que las almas seguían viviendo.

3. Creían en un castigo y una recompensa eternos. Las almas de los malos eran confinadas en el infierno para recibir un castigo eterno, mientras que las de los buenos eran premiadas.

4. Creían en la resurrección. Las almas de los buenos recibían un nuevo cuerpo como premio. No se trataba de una serie de cuerpos humanos mortales —como sucede en las diversas visiones de la reencarnación—, sino de un cuerpo para toda la eternidad.

5. Creían en la obligación de obedecer su tradición interpretativa, y esta iba referida a obligaciones religiosas como las oraciones, los ritos de adoración, etc.

6. Estaban dispuestos (seguramente, no solo eso) a obtener influencia política en la vida de Israel. Quizá contaron ya con cierto peso antes de Herodes, pero después de su reinado perdieron influencia. En opinión de Josefo, resultaba recomendable que la recuperaran.

Naturalmente, a estas notas distintivas habría que añadir la común creencia con otros judíos en el Dios único y en su Torah, la aceptación del sistema de sacrificios sagrados del Templo (que, no obstante, no era común a todas las sectas judías) y la creencia en la venida del Mesías (que tampoco era sustentada por todas ellas).

El Nuevo Testamento ofrece un retrato de los fariseos que, a diferencia del presentado por Josefo, no arranca de un deseo de propaganda favorable. El Evangelio de Mateo, en especial, muestra una notable animadversión hacia los mismos. Si efectivamente su autor fue el antiguo publicano llamado Leví o Mateo, podría explicarse tal oposición en el recuerdo del desprecio con que fue contemplado durante años por aquellos «que se consideraban a sí mismos justos».

Jesús reconoció (Mt 23, 2-3) que enseñaban la ley de Moisés y que mucho de lo que decían era adecuado. A la vez, sin embargo, parece haber repudiado profundamente mucho de su *halajá*, o interpretación específica de la Ley de Moisés. Jesús se manifestó opuesto a las interpretaciones farisaicas en cuestiones como la forma de cumplimiento del sábado (Mt 12, 2; Mc 2, 27), los lavatorios de manos antes de las comidas (Lc 11, 37 y ss.), sus normas alimenticias (Mc 7, 1 y ss.) y, en general, todas aquellas tradiciones interpretativas que tendían a centrarse en el ritual desviando con ello la atención de lo que él consideraba lo esencial de la ley divina (Mt 23, 23-4). Por resumirlo, podría afirmarse que, para Jesús, resultaba intolerable que hubieran «sustituido los mandamientos de Dios por enseñanzas de hombres» (Mt 15, 9; Mc 7, 7).

Por paradójico que pudiera resultar (y, sin lugar a ninguna duda, debió de ser muy ofensivo para los fariseos), Jesús contemplaba la especial religiosidad farisaica no como una ayuda para llegar a Dios sino como una barrera para conocerlo. La parábola del publicano y del fariseo pronunciada por Jesús recoge de manera extraordinariamente luminosa este punto de vista:

> A unos que confiaban en sí mismos como justos y menospreciaban a los otros, les dijo asimismo esta parábola: «Dos hombres subieron al Templo a orar. Uno era fariseo y el otro publicano. El fariseo, puesto en pie, oraba consigo mismo de esta manera: "Dios,

te doy gracias porque no soy como los otros hombres, ladrones, injustos, adúlteros, ni tampoco como este publicano. Ayuno dos veces a la semana, doy diezmos de todo lo que gano". Mas el publicano, estando apartado, no quería ni siquiera alzar los ojos al cielo, sino que se golpeaba el pecho, mientras decía: "Dios, ten misericordia de mí, pecador". Os digo que este descendió a su casa justificado, pero el otro no, porque el que se ensalza será humillado, y el que se humilla será ensalzado». (Lc 18, 9-14.)

Sin duda, el personaje del fariseo señalado en el relato obedecía a un arquetipo muy extendido en la época de Jesús. No solo su vida era moral en términos generales, sino que además iba mucho más allá de lo establecido como habitual en lo que al cumplimiento de obligaciones religiosas se refería. La afirmación de que no era igual que otros hombres no era ninguna mentira. Con todo, la enseñanza de Jesús era que las personas que se acercaban así a Dios no podían ser aceptadas por él, ya que este solo busca los corazones humildes y rechaza los de aquellos convencidos de que son justos gracias a su esfuerzo personal. Los que eran religiosos al estilo de los fariseos —no digamos si además caían en la hipocresía— solo podían esperar «una condenación más severa» (Mc 12, 40).

El retrato que los Evangelios ofrecen de los fariseos se ve corroborado por testimonios de las fuentes rabínicas en buen número de casos y es coincidente en aspectos doctrinales con el que vemos en Josefo. Los datos, aunque emitidos desde perspectivas muy diversas, son semejantes, pero es que, además, probablemente fuera con los fariseos con quien más similitudes presentaban Jesús y sus discípulos. Al igual que ellos, creían en la inmortalidad del alma (Mt 10, 28; Lc 16, 21b-24), en el castigo de los injustos en un infierno (Mt 18, 8; 25, 30; Mc 9, 47-8; Lc 16, 21b-24, etc.) y en la resurrección (Lc 20, 27-40).

Las tradiciones rabínicas acerca de los fariseos revisten una especial importancia por cuanto estos fueron los predecesores de los rabinos. Se hallan recogidas en la Mishnah (concluida hacia el 200 d. de C., aunque sus materiales son muy anteriores), la Tosefta (escrita hacia el 250 d. de C.) y los dos Talmudes, el palestino (escrito sobre el 400-450 d. de C.) y el babilonio (escrito hacia el 500-600 d. de C.). Dada la distancia considerable de tiempo transcurrido entre estos materiales y la etapa abordada, los mismos han de ser examinados críticamente. J. Neusner[11] ha señalado la existencia de 371 tradiciones distintas, contenidas en 655 pasajes, relacionadas con los fariseos anteriores al año 70 d. de C. De las 371, unas 280 están relacionadas con un fariseo llamado Hillel. Él mismo fue un rabino del siglo I a. de C. que vino desde Babilonia hasta Judea y fundó una escuela de interpretación concreta. Opuesta a la escuela del rabino Shammai, se convertiría en la corriente dominante del fariseísmo (y, con ello, del judaísmo) a finales del siglo I d. de C.

Los datos que nos ofrecen las fuentes rabínicas en relación con los aspectos específicos de los fariseos coinciden sustancialmente con los contenidos en el Nuevo Testamento y en Josefo: tradiciones interpretativas propias, creencia en la inmortalidad del alma, el infierno y la resurrección, etc. No obstante, nos proporcionan más datos en cuanto a los personajes claves del movimiento.

La literatura rabínica incluso nos ha transmitido críticas dirigidas a los fariseos que resultan similares a las pronunciadas por Jesús. El Talmud (Sota 22b; TJ Berajot 14b) habla, por ejemplo, de siete clases de fariseos, de las cuales solo dos eran buenas, mientras que las otras cinco estaban constituidas por hipócritas. Entre estos, estaban los fariseos que «se ponen los mandamientos a las espaldas» (TJ Berajot 14b), algo que recuerda la acusación de Jesús de que echaban cargas en las espaldas de la gente sin moverlas ellos con un dedo (Mt 23, 4).

De la misma forma, los escritos de los sectarios de Qumrán manifiestan una clara animosidad contra los fariseos. Los califi-

---

[11] J. Neusner, *From Politics to Piety: The Emergence of Rabbinic Judaism*, Nueva York, 1979, p. 81.

can de «falsos maestros», «que se encaminan ciegamente a la ruina» y «cuyas obras no son más que engaño» (*Libro de los Himnos* 4, 6-8), algo que recuerda mucho la acusación de Jesús de ser «ciegos y guías de ciegos» (Mt 23, 24). En cuanto a la invectiva de Jesús acusándolos de no entrar ni dejar entrar en el conocimiento de Dios (Lc 11, 52), son menos duras que el Pesher de Nahum 2, 7-10, donde se dice de ellos que «cierran la fuente del verdadero conocimiento a los que tienen sed y les dan vinagre para apagar su sed».

De los 655 pasajes o perícopas rabínicas estudiadas por Neusner, la mayor parte están relacionadas con diezmos, ofrendas y cuestiones parecidas y, después, con normas de pureza ritual. Los fariseos habían llegado a la conclusión de que la mesa donde se comía era un altar, y que las normas de pureza sacerdotal, que solo eran obligatorias para el clero judío, debían extenderse a toda la población. Para ellos, tal medida era una manera de extender la espiritualidad más refinada a toda la población de Israel, haciéndola vivir en santidad ante Dios; para Jesús, era colocar el acento en lo externo olvidando lo más importante: la humildad, el reconocimiento de los pecados y de la incapacidad propia para salvarse, el arrepentimiento, la aceptación de él como camino de salvación y la adopción de una forma de vida conforme a sus propias enseñanzas.

Cuando uno contempla lo dispar de ambas posturas —aunque existieran coincidencias en aspectos importantes—, no sorprende que la oposición entre las mismas solo pudiera radicalizarse con el paso del tiempo. Tampoco extraña la visión que de Jesús y sus seguidores tuvo un joven fariseo llamado Saulo.

¿Cómo se sentía Saulo formando parte de la denominada «secta más estricta» del judaísmo, la de los fariseos? Sin duda alguna, al orgullo legítimo de formar parte del pueblo de Israel —al que Dios había escogido siglos atrás— se sumaba el de pertenecer al grupo que, teóricamente, no solo se apegaba más a la

Torah recibida por Moisés en el Sinaí, sino que además ofrecía su interpretación al resto del pueblo. Como en el caso de otros movimientos similares a lo largo de la Historia, los fariseos presentaban características ambivalentes. Por un lado, sin duda, su celo por la Torah, su deseo de guardarla y el anhelo de obedecer a Dios eran rasgos positivos. Por otro, la separación del resto de Israel y el sentimiento de superioridad en la interpretación de la Torah implicaban riesgos notables, como podía ser el orgullo espiritual, el desprecio hacia los demás y la convicción de que el cumplimiento del ritual equivalía a la obediencia de la Torah. En un caldo de cultivo semejante, no resultaba fácil escapar del riesgo de caer en una soberbia ritualista —semejante a la relatada por Jesús en la parábola del fariseo y del publicano— o de sumergirse en un sentimiento interno de culpa, fruto del descubrimiento de la propia incapacidad para cumplir escrupulosamente con todos los mandamientos. Acabar cayendo en una hipocresía que primara las apariencias sobre la profundidad espiritual o que fingiera hacia fuera —y hacia el interior del grupo— una santidad que no se correspondía del todo con la realidad no debió resultar excepcional, tal y como señala el propio Talmud. Tampoco puede descartarse esa soberbia que cree que la propia conducta coloca a la persona en una situación de privilegio —sobre todo si se comparaba con los impíos— que debe ser reconocida por Dios. Los ejemplos de comportamientos semejantes abundan en los sistemas religiosos en los que se ha enfatizado el papel de los méritos propios más que el de la acción misericordiosa de la Divinidad.

Fuera cual fuese la situación que Saulo pudiera ocupar en medio de esas posibilidades, resultaba difícil que se sintiera cómodo con un grupo, como los seguidores de Jesús, que afirmaba que determinadas interpretaciones de la Torah proporcionadas por los fariseos no solo eran erróneas, sino además perversas; que enfatizaba un relativismo peligroso de preceptos considerados importantes y que además pretendía legitimar semejante visión con la referencia a Jesús, un blasfemo y transgresor de la Torah, condenado por el Sanedrín judío y ejecutado por el gobernador romano, del que afirmaban descaradamente que se había levantado de entre los muertos.

CAPÍTULO III

El grupo de Jesús el Mesías

Jesús [1]

L A figura de Jesús es la más sugestiva de la Historia universal. A diferencia de otros personajes de la Historia de la religión, en ningún momento ha dejado de despertar el interés de la gente ni tampoco de ser objeto de los más diversos intentos de apropiación. Desde el Cristo Rey del Bajo Imperio romano a los Cristos de la Nueva Era, pasando por los Cristos masónico, guerrillero o de la Teología de la Liberación, las falsificaciones históricas del personaje han resultado prácticamente continuas. A pesar de todo —y en contra de lo que se afirma ocasionalmente—, pueden reconstruirse con notable solidez los jalones fundamentales de su vida y el contenido de su enseñanza. Aparte de los Evangelios y otras fuentes evangélicas, neotestamentarias y paleocristianas, contamos con referencias sobre Jesús en Flavio Josefo, en historiadores clásicos como Tácito, Suetonio o Plinio, y, de manera muy especial y pasada frecuentemente por alto, en los escritos rabínicos que, a pesar de ser generalmente contrarios, confirman no pocos

---

[1] Acerca de Jesús y los datos sobre su existencia histórica, véase: C. Vidal, *Jesús y los documentos del mar Muerto*, Barcelona, 2006; ídem, *El Documento Q*, Barcelona, 2005; ídem, *Diccionario de Jesús y los Evangelios*, Estella, 1994; R. Dunkerley, *op. cit.*; D. Flusser, *op. cit.*; J. Klausner, *op. cit.*; A. Edersheim, *op. cit.*; A. Kac (ed.), *The Messiahship of Jesus*, Grand Rapids, 1986; J. Jeremias, *Abba*, Salamanca, 1983; ídem, *Teología...*; O. Cullmann, *Christology...*; F. F. Bruce, *New Testament...*; ídem, *Jesus and Christian Origins Outside the New Testament*, Londres, 1974; A. J. Toynbee, *op. cit.*; M. Hengel, *The Charismatic Leader and His Followers*, Edimburgo, 1981.

de los datos contenidos en los Evangelios. A partir de esa pluralidad de fuentes —pluralidad por la abundancia de datos y por los diversos orígenes— se puede realizar una reconstrucción histórica del personaje notablemente segura y sólida.

El nacimiento de Jesús hay que situarlo algo antes de la muerte de Herodes el Grande (4 a. de C.) (Mt 2, 1 y ss.). El mismo se produjo en Belén (aunque algunos autores prefieren pensar en Nazaret como su ciudad natal), y los datos que proporcionan los Evangelios en relación con su ascendencia davídica deben tomarse como ciertos[2], aunque la misma fuera, posiblemente, a través de una rama secundaria. En ese sentido, formaba parte de aquel reducido número de los hijos de Israel de entre los cuales tendría que surgir el Mesías. Buena prueba de ello es que cuando el emperador romano Domiciano decidió acabar con los descendientes del rey David, para evitar la aparición de un Mesías que trastornara el poder de Roma en Judea, hizo detener también a algunos familiares de Jesús.

Exiliada su familia en Egipto (un dato que se menciona también en el Talmud y en otras fuentes judías, aparte del Evangelio de Mateo), regresó a la muerte de Herodes, pero, por temor a Arquelao, fijó su residencia en Nazaret, donde se mantendría durante los años siguientes (Mt 2, 22-3). Salvo una breve referencia que aparece en Lucas 2, 21 y ss., no volvemos a tener datos sobre Jesús hasta que él mismo sobrepasó los treinta años. Por esa época fue bautizado por un profeta judío conocido como Juan el Bautista que predicaba el arrepentimiento previo a la llegada del Mesías esperado (Mt 3 y paralelos). Según Lucas, Juan el Bautista era pariente lejano de Jesús, ya que era hijo de una prima —Elisabet o Isabel— de María, su madre (Lc 1, 39 y ss.). Durante su bautismo, Jesús tuvo una experiencia que confirmó su autoconciencia de filiación divina, así como de mesia-

---

[2] En el mismo sentido, por ejemplo, D. Flusser, *Jesús*, Madrid, 1975; F. F. Bruce, *New Testament History*, Nueva York, 1980; R. E. Brown, *The Birth of the Messiah*, Nueva York, 1979; J. Jeremias o C. Vidal.

nidad[3]. De hecho, en el estado actual de las investigaciones, la tendencia mayoritaria de los autores es la de aceptar que, efectivamente, Jesús se vio a sí mismo como Hijo de Dios —en un sentido especial y distinto del de cualquier otro ser— y Mesías. La tesis, sostenida por algunos neobultmanianos y otros autores, de que Jesús no utilizó títulos para referirse a sí mismo resulta, en términos meramente históricos, absolutamente indefendible y carente de base, como han puesto de manifiesto los estudios más recientes de R. Leivestadt, J. H. Charlesworth, M. Hengel, D. Guthrie, F. F. Bruce, I. H. Marshall, J. Jeremias o C. Vidal. En cuanto a su visión de la mesianidad, al menos desde los estudios de T. W. Manson, parece haber poco terreno para dudar de que esta fue comprendida, vivida y expresada bajo la estructura del siervo de YHVH (Mt 3, 16 y par.) y del Hijo del hombre, es decir, como un Mesías que moriría expiatoriamente por los pecados de los demás antes de concluir triunfante su misión. Con seguridad, además, esta autoconciencia fue anterior al bautismo.

Los sinópticos —aunque asimismo se sobrentiende en Juan— hacen referencia a un periodo de tentación diabólica experimentado por Jesús con posterioridad al bautismo (Mt 4, 1 y ss. y par.) y en el que se habría perfilado totalmente su modelo mesiánico rechazando los patrones políticos (los reinos de la tierra), meramente sociales (las piedras convertidas en pan) o espectaculares (el vuelo desde lo alto del Templo). Este periodo de tentación corresponde, sin duda, a una experiencia histórica —quizá referido por Jesús a sus discípulos— que, por otro lado, se repetiría ocasionalmente después del inicio de su ministerio.

Tras este episodio de las tentaciones se inició una primera etapa de su ministerio que transcurrió fundamentalmente en Galilea, aunque se produjeran breves incursiones en territorio gentil y en

---

[3] En el mismo sentido, por ejemplo, J. Klausner, *Jesús de Nazaret*, Buenos Aires, 1971; D. Flusser, *op. cit.*; J. Jeremias, J. H. Charlesworth, *Jesús and the Dead Sea Scrolls*, Nueva York, 1990; M. Hengel, *El Hijo de Dios*, Salamanca, 1978, o C. Vidal, entre otros.

Samaria. Si bien su predicación se centró en la llamada a «las ovejas perdidas de la casa de Israel», no es menos cierto que Jesús mantuvo contactos con gentiles y que incluso llegó a afirmar que la fe de uno de ellos era mayor que la que había encontrado en Israel, e incluso que llegaría el día en que muchos como él se sentarían en el Reino con los Patriarcas (Mt 8, 5-13; Lc 7, 1-10). Durante esta etapa Jesús realizó una serie de milagros (especialmente curaciones y expulsiones de demonios), que aparecen confirmados por las fuentes hostiles del Talmud, si bien, como sucedía con los fariseos coetáneos de Jesús, se atribuyen a poderes malignos relacionados con la brujería. Una vez más, la tendencia generalizada entre los historiadores hoy en día es la de considerar que, al menos, algunos de los hechos prodigiosos relatados en los Evangelios acontecieron realmente[4] y, desde luego, el tipo de relatos que los describen apuntan a su veracidad. En esa misma época Jesús comenzó a predicar un mensaje radical —muchas veces expresado en parábolas— que chocaba con las interpretaciones de algunos sectores del judaísmo (Mt 5, 7), y al que nos referiremos más adelante. Este periodo concluyó, en términos generales, con un fracaso (Mt 11, 20 y ss.). Los hermanos de Jesús no habían creído en él (Jn 7, 1-5) y, junto con su madre, habían intentado apartarlo de su misión (Mc 3, 31 y ss. y par.). Aún peor reaccionaron sus paisanos (Mt 13, 55 y ss.) a causa de que su predicación se centraba en la necesidad de la conversión o cambio de vida en razón del Reino; de que pronunciaba terribles advertencias relacionadas con las graves consecuencias que se derivarían de rechazar este mensaje divino y de que se negó terminantemente a convertirse en un Mesías político (Mt 11, 20 y ss.; Jn 6, 15).

El ministerio en Galilea —durante el cual hay que situar varias subidas a Jerusalén, con motivo de las fiestas judías, narradas sobre todo en el Evangelio de Juan— fue seguido por un ministe-

---

[4] En este sentido, J. Klausner, *op. cit.*; C. Vidal, J. H. Charlesworth o M. Smith, *Jesús el mago*, Barcelona, 1988. Una discusión sobre el tema, en C. Vidal, *Diccionario de Jesús...*, p. 182 y ss.

rio de paso por Perea (narrado casi exclusivamente por Lucas) y la bajada última a Jerusalén (seguramente el 30 d. de C.), donde se produjo su entrada en medio del entusiasmo de buen número de peregrinos que habían bajado a celebrar la Pascua y que ligaron el episodio con el cumplimiento de la profecía mesiánica de Zacarías 9, 9 y ss. Poco antes había experimentado un episodio que, convencionalmente, se denomina la Transfiguración y que lo confirmó en su idea de bajar a Jerusalén. Aunque en los años 30 del siglo XX R. Bultmann pretendió explicar este suceso como una proyección retroactiva de una experiencia pospascual, lo cierto es que tal tesis resulta inadmisible —pocos la mantendrían hoy—, y que lo más lógico es aceptar la historicidad del hecho como un momento relevante en la determinación de la autoconciencia de Jesús. En este, como en otros aspectos, las tesis de R. Bultmann parecen confirmar las palabras de J. H. Charlesworth que lo considera una rémora en la investigación sobre el Jesús histórico.

Contra lo que se afirma en alguna ocasión, es imposible cuestionar el hecho de que Jesús contaba con morir violentamente. Efectivamente, la práctica totalidad de los historiadores dan hoy por seguro que esperaba que así sucediera y que así se lo comunicó a sus discípulos más cercanos. Su conciencia de ser el Siervo de YHVH del que se habla en Isaías 53 (Mc 10, 43-45), o la mención a su próxima sepultura (Mt 26, 12), son solo algunos de los datos que obligan a llegar a esa conclusión.

Cuando Jesús entró en Jerusalén durante la última semana de su vida ya tenía frente a él la oposición de un amplio sector de las autoridades religiosas judías, que consideraban su muerte como una salida aceptable e incluso deseable (Jn 11, 47 y ss.) y que no vieron con agrado la popularidad de Jesús entre los asistentes a la fiesta. Durante algunos días, Jesús fue sondeado por diversas personas en un intento de sorprenderlo en falta o quizá solo de asegurar su trágico destino final (Mt 22, 15 y ss. y par.). En esa época, aunque posiblemente también lo había hecho con anterioridad, Jesús pronunció profecías relativas a la destrucción del Templo de Jerusalén que se verían cumplidas en el año 70 d. de C. Durante la primera mitad del siglo XX se tendió a considerar que Jesús nunca había anunciado la destrucción del Templo y que las mencionadas profecías no eran sino un «vaticinium ex eventu». Hoy en día, por el contrario, existe un considerable número de investigadores que tienden a admitir que las mencionadas profecías sí fueron pronunciadas por Jesús[5] y que el relato de las mismas contenido en los sinópticos —como ya señaló en su día C. H. Dodd— no presupone en absoluto que el Templo ya hubiera sido destruido. Por otro lado, la profecía de la destrucción del Templo contenida en la fuente Q, sin duda anterior al año 70 d. de C., obliga a pensar que los presagios fueron originalmente pronunciados por Jesús. De hecho, el que este hubiera limpiado el Templo a su entrada en Jerusalén apuntaba ya simbólicamente la destrucción futura del recinto, como señalaría a sus discípulos en privado (Mt 24 y 25, Mc 13 y Lc 21).

La noche de su prendimiento, Jesús declaró, en el curso de la cena de Pascua, inaugurado el Nuevo Pacto (Jer 31, 27 y ss.), que se basaba en su muerte sacrificial y expiatoria en la cruz. Tras concluir la celebración, consciente de lo cerca que se hallaba de su detención, Jesús se dirigió a orar a Getsemaní junto con algunos de sus discípulos más cercanos del grupo de los doce apóstoles. Aprovechando la noche y valiéndose de la traición de uno de los apóstoles, las autoridades del Templo se apoderaron de Jesús. Resulta difícil negar que el interrogatorio ante el Sanedrín buscaba imponer la tesis de la existencia de causas para condenarlo a muerte (Mt 26, 57 y ss. y par.), y por ello no sorprende que la cuestión se decidiera afirmativamente sobre la base de testigos que aseguraban que Jesús había anunciado la destrucción del Templo (algo que tenía una clara base real, aunque con un enfoque distinto) y sobre el

---

[5] En este sentido, D. Aune, C. Rowland, R. H. Charleswirth, M. Hengel, F. F. Bruce, D. Guthrie, I. H. Marshall, C. Vidal, etc. Una discusión sobre el tema, en C. Vidal, *Diccionario de Jesús y los Evangelios*, Estella, 2000, p. 185 y ss.

propio testimonio del acusado, que se identificó como el Mesías-Hijo del hombre de Daniel 7, 13. A pesar de todo, la condena a muerte pronunciada por el Sanedrín judío no podía ejecutarse. El problema fundamental para llevar a cabo la ejecución de Jesús arrancaba de la imposibilidad por parte de las autoridades judías de aplicar la pena de muerte. Se imponía, por lo tanto, conducirlo ante el gobernador romano para que procediera a su ejecución.

Cuando el preso fue llevado ante el gobernador Poncio Pilato (Mt 27, 11 y ss. y par.), este comprendió que se trataba de una cuestión meramente religiosa que a él no le afectaba y eludió inicialmente comprometerse en el asunto. Ante ese obstáculo, los detractores del Sanedrín recurrieron a una acusación de carácter político que pudiera desembocar en la condena a muerte que buscaban. Así, indicaron a Pilato que Jesús era un sedicioso (Lc 23, 1 y ss.). Sin embargo, el romano, al averiguar que Jesús era galileo, y valiéndose de un tecnicismo legal, remitió la causa a Herodes, el rey de Galilea, que había acudido a Jerusalén a celebrar la pascua (Lc 23, 6 y ss.), librándose momentáneamente de dictar sentencia.

El episodio del interrogatorio de Jesús ante Herodes resulta, sin lugar a dudas, histórico[6] y arranca de una fuente muy primitiva. Al parecer, Herodes no encontró políticamente peligroso a Jesús y, posiblemente, no deseando hacer un favor a las autoridades del Templo apoyando su punto de vista en contra del mantenido hasta entonces por Pilato, prefirió devolvérselo a este. Esa decisión tendría sus consecuencias. Herodes y Pilato habían estado enemistados, pero el encontrarse con un enemigo común —el Sanedrín— los unió. A partir de ese momento se comportarían como amigos.

A pesar de todo, persistía el problema de lo que debía hacerse con Jesús. Poncio Pilato le aplicó una pena de flagelación (Lc 23, 13 y ss.), posiblemente con la idea de que sería suficien-

---

[6] En este mismo sentido, D. Flausser, F. F. Bruce o C. Vidal, entre otros. Para una discusión sobre el tema, C. Vidal, *Diccionario de Jesús...*, p. 186 y ss.; y, sobre todo, J. Blinzler, *The Trial of Jesus*, Westminster, Maryland, 1959, p. 194 y ss.

te escarmiento[7], pero la mencionada decisión no quebrantó lo más mínimo el deseo de las autoridades judías de que Jesús fuera ejecutado. Cuando les propuso soltarlo acogiéndose a una costumbre —de la que también nos habla el Talmud[8]— en virtud de la cual se podía liberar a un preso por Pascua, una multitud, presumiblemente reunida por las autoridades del Sanedrín, pidió que se pusiera en libertad a un delincuente llamado Barrabás en lugar de a Jesús (Lc 23, 13 y ss. y par.). Ante la amenaza de que aquel asunto llegaría a oídos del emperador y el temor de acarrearse problemas con este, Pilato optó finalmente por condenar a Jesús a la muerte en la cruz, el horrible sistema de ejecución que Roma jamás aplicaba a sus propios ciudadanos.

A esas alturas, Jesús se hallaba tan extenuado que tuvo que ser ayudado a llevar el instrumento de suplicio (Lc 23, 26 y ss. y par.) por un extranjero llamado Simón, cuyos hijos formarían parte posteriormente de la comunidad cristiana en Roma (Mc 15, 21; Rom 16, 13). Crucificado junto con dos delincuentes comunes, Jesús murió al cabo de unas horas. Para entonces la mayoría de sus discípulos habían huido a esconderse, siendo la excepción el discípulo amado de Juan 19, 25-26, y algunas mujeres, entre las que se encontraba su madre. Aquellos no habían sido los peores. Además del traidor Judas, indispensable para la detención de Jesús, uno de sus discípulos más cercanos, Pedro, lo había negado en público varias veces. En apariencia, la amenaza que significaba Jesús había concluido.

La enseñanza de Jesús[9]

Las pretensiones del ejecutado Jesús no habían sido, desde luego, escasas. A decir verdad, ningún judío antes o después ha-

---

[7] En este sentido, Sherwin-White, *op. cit.*

[8] En este mismo sentido, magníficamente argumentado, véase J. Blinzler, *The Trial...*, p. 218 y ss.

[9] Sobre los diversos títulos cristológicos —Mesías, Hijo del Hombre, Hijo de Dios, etc.— , remitimos al lector a C. Vidal, *Diccionario de Jesús...*; *passim*.

bía afirmado de sí mismo cosas parecidas. Todo ello ofrecía un terrible contraste con su final acelerado y trágico. En las últimas décadas se ha dado una enorme importancia el estudio sobre la autoconciencia de Jesús (¿qué pensaba Jesús de sí mismo?) y sobre el significado que vio en su muerte. Lo cierto es que el elemento fundamental de la autoconciencia de Jesús fue su convicción de ser Hijo de Dios en un sentido que no podía ser compartido por nadie más y que no coincidía con visiones previas del tema (rey mesiánico, hombre justo, etc.), aunque pudiera también englobarlas. Su originalidad escandalosa al denominar a Dios como Abbá (lit. papá) (Mc 14, 36) no encuentra eco en el judaísmo hasta la Edad Media y viene a indicar una relación singular que se vio confirmada en el bautismo a manos de Juan el Bautista y en la Transfiguración. Arrancando de aquí podemos entender lo que pensaba Jesús de sí mismo. Precisamente por ser el Hijo de Dios —y dar a tal título el contenido que le proporcionaba (Jn 5, 18)—, Jesús es acusado en las fuentes talmúdicas de hacerse Dios. A partir de ahí también surge su constancia de que era el Mesías, pero no uno cualquiera, sino un Mesías que se expresaba con las categorías teológicas propias del Hijo del hombre y del Siervo de YHVH. Como ya hemos señalado, esta conciencia de Jesús de ser el Hijo de Dios es admitida hoy en día por la mayoría de los historiadores, aunque se discuta el contenido delimitado de la misma. Lo mismo cabría decir en cuanto a su mesianidad.

Como ya hemos indicado, Jesús esperaba evidentemente su muerte. Que el sentido que dio a esta era plenamente expiatorio se desprende de las propias afirmaciones de Jesús acerca de su misión (Mc 10, 45), así como del hecho de que se identificara con el Siervo de YHVH (Is 52, 13-53, 12), cuya misión es llevar sobre sí la carga de pecado de los descarriados y morir en su lugar de manera expiatoria. Es muy posible que su creencia en la propia resurrección arrancara asimismo del Canto del Siervo en Isaías 53, ya que, como se ha conservado el mismo en la

Septuaginta y en el rollo de Isaías hallado en Qumrán, del Siervo se esperaba que resucitara después de haber muerto expiatoriamente. En cuanto a su anuncio de volver al final de los tiempos como Juez de la humanidad, cuenta con paralelos en la literatura judía que hace referencia al Mesías que vendría, sería retirado por Dios de la tierra y volvería definitivamente a consumar su misión. A partir de estos datos seguros sobre la vida y la autoconciencia de Jesús, podemos reconstruir las líneas maestras fundamentales de su enseñanza.

En primer lugar, su mensaje se centraba en la creencia de que todos los seres humanos se hallan en una situación de extravío o perdición (Lc 15 y paralelos en el Documento Q). Precisamente por ello, Jesús pronunciaba un llamamiento al arrepentimiento o conversión, dado que el Reino llegaba con él (Mc 1, 14-5). Esta conversión implicaba un cambio espiritual radical, cuyas señales características aparecen recogidas en enseñanzas de Jesús como las contenidas en el Sermón del Monte (Mt 5-7) y tendría como marco el Nuevo Pacto que había profetizado Jeremías y que se inauguraba con la muerte expiatoria del Mesías (Mc 14, 12 y ss. y par.).

Según este mensaje, Dios venía en Jesús a buscar a los perdidos (Lc 15), y este daba su vida inocente como rescate por ellos (Mc 10, 45), cumpliendo así su misión como Siervo de YHVH. Todos podían ahora —independientemente de su presente o de su pasado— acogerse a la llamada. Esta implicaba reconocer que todos eran pecadores y que ninguno podía presentarse como justo ante Dios (Mt 16, 23-35; Lc 18, 9-14, etc.). Se abría entonces un periodo de la Historia —de duración indeterminada— en el que la gente sería invitada a aceptar el mensaje de Buenas Nuevas del Reino y en el que el diablo se ocuparía de sembrar cizaña (Mt 13, 1-30 y 36-43 y par.) para entorpecer la predicación del Evangelio. Durante esa fase, y pese a todas las asechanzas demoníacas, el Reino seguiría creciendo desde sus insignificantes comienzos (Mt 13, 31-3 y par.) y concluiría con el regreso del Mesías y el Juicio Final.

Frente al mensaje de Jesús, la única postura lógica consistía en aceptar el Reino (Mt 13, 44-6; 8, 18-22) por muchas renuncias que eso implicara. No había posibilidad intermedia, «el que no estaba con él, estaba en su contra» (Mt 12, 30 y ss. y par.), y el destino de los que lo hubieran rechazado, el final de los que no hubieran manifestado su fe en Jesús, no sería otro sino el castigo eterno, arrojados a las tinieblas externas, en medio de llanto y crujir de dientes, independientemente de su filiación religiosa (Mt 8, 11-2 y par.).

A la luz de los datos históricos de que disponemos —y que no se limitan a las fuentes cristianas, sino que incluyen otras abiertamente hostiles a Jesús y al movimiento derivado de él— se puede observar lo absolutamente insostenible de muchas de las versiones populares que sobre Jesús han circulado. Ni la que lo convierte en un revolucionario o en un dirigente político, ni la que hace de él un maestro de moral filantrópica que llamaba al amor universal y que contemplaba con benevolencia a todos los seres humanos (no digamos ya aquellas que lo convierten en un gurú oriental o en un extraterrestre), cuentan con base histórica firme. Jesús afirmó que tenía a Dios por Padre en un sentido que ningun ser humano podría atreverse a emular, que era el Mesías, entendido este como Hijo del hombre y Siervo de YHVH, que moriría expiatoriamente por los pecados humanos, y que, frente a esa muestra del amor de Dios, solo cabía la aceptación encarnada en la conversión o el rechazo que desembocaría en la ruina eterna.

Las pretensiones de Jesús —nunca se repetirá bastante— eran inmensas e incomparables con las de cualquier judío. Su muerte —vergonzosa por partida doble, ya que había sido decretada por las autoridades del Templo y ejecutada por manos de gentiles, amén de realizada de una manera que implicaba la maldición ritual— debía haber significado el final de todo el episodio. En las primeras horas, en los primeros días, así pareció. De hecho, los discípulos desaparecieron aterrados ante la posibilidad de que el terrible destino de su maestro se pudiera extender hasta ellos. Y entonces, precisamente entonces, un hecho concreto llevó a sus discípulos a pensar que Jesús no había fracasado, sino que era quien decía ser.

Los seguidores de Jesús

El mismo día de su muerte el cadáver de Jesús fue depositado en una tumba propiedad de José de Arimatea, un discípulo secreto que recogió el cuerpo valiéndose de un privilegio concedido por la ley romana relativa a los condenados a muerte. Tras ese suceso nadie volvió a ver a Jesús muerto.

Al tercer día de su sepultura, algunas mujeres, que habían ido a llevar aromas para el cadáver, encontraron el sepulcro vacío (Lc 24, 1 y ss. y par.). Mientras se preguntaban por lo sucedido, dos personajes que estaban cerca de la tumba las informaron de que no debían buscar entre los muertos al que ya había resucitado. Semejante anuncio las llevó a recordar los vaticinios de Jesús sobre su muerte y sobre su resurrección ulterior. Entusiasmadas, corrieron en busca de los once apóstoles y les anunciaron que el crucificado había regresado a la vida.

La primera reacción de los discípulos al escuchar que Jesús había resucitado fue —difícilmente puede sorprendernos— de incredulidad (Lc 24, 11). No obstante, posiblemente por curiosidad, algunos de los discípulos se acercaron hasta la tumba para comprobar lo que habían dicho las mujeres. Fue así como Pedro quedó convencido de la realidad de lo que aquellas afirmaban tras visitar el sepulcro (Lc 24, 12; Jn 20, 1 y ss.). Lo mismo sucedió con el discípulo amado —seguramente Juan— que lo acompañaba. En el curso de pocas horas, varios discípulos afirmaron haberlo visto resucitado. Uno de los once, Tomás, se negó a creer en la resurrección de Jesús hasta que, unos días después, tuvo una experiencia similar a la de los otros apóstoles (Jn 20, 24 y ss.).

De manera bien significativa, el fenómeno no se limitó a los seguidores de Jesús. De hecho, trascendió de los confines del grupo. Así, Santiago, el hermano de Jesús, que no había aceptado con anterioridad las pretensiones de este, pasó ahora a creer en él como consecuencia de una de estas apariciones (1 Cor 15, 7). A esas alturas, Jesús se había aparecido ya a más de quinientos discípulos a la vez, de los cuales muchos vivían todavía un par de décadas después (1 Cor 15, 6). En apenas unas semanas, lo que había sido un colectivo aterrado, disgregado y escondido pasó a transformarse en un grupo cohesionado, entusiasta y dispuesto a dar testimonio de la resurrección de Jesús incluso ante las autoridades del Templo que habían dispuesto su muerte. Su predicación —en público y en privado— implicaba un grado de audacia verdaderamente sorprendente, ya que no solo señalaba la culpabilidad de los oyentes sino que, además, subrayaba el hecho de que solo era posible encontrar la salvación en Jesús que había resucitado (Hch 4, 11 y ss.).

Los intentos de explicar este cambio verdaderamente radical provocado por las apariciones de Jesús resucitado no han sido escasos. Rudolf Bultmann las consideró una mera vivencia subjetiva, y D. F. Strauss apuntó a una invención posterior de la comunidad que no podía aceptar que todo hubiera terminado. Ninguna de las dos opciones resulta aceptable para el historiador. La primera, porque no puede explicar ni la extensión del fenómeno ni el hecho de que este afectó también a incrédulos; la segunda, porque pasa por alto la transformación profunda —y muy rápida— de un colectivo aterrado. A decir verdad, las distintas fuentes históricas apuntan a la realidad de las apariciones así como a la antigüedad y veracidad de la tradición relativa a la tumba vacía[10]. Una interpretación existencialista del fenómeno no puede hacer justicia al mismo, si bien el historiador no puede dilucidar si las apariciones fueron objetivas o subjetivas, por más

---

[10] En ese mismo sentido, véase más adelante el apartado relacionado con la primera carta a los corintios y en especial el capítulo XV.

que esta última posibilidad resulte altamente improbable, ya que, por ejemplo, implicaría un estado de enfermedad mental en personas que sabemos que eran equilibradas, e incluso la extensión de ese trastorno a centenares de individuos. Por el contrario, sí se puede afirmar con certeza que las apariciones resultaron decisivas en la vida ulterior de los seguidores de Jesús.

Las fuentes narran que las apariciones de Jesús concluyeron unos cuarenta días después de su resurrección. Sin embargo, aquellas experiencias resultaron decisivas y fundamentales para la continuidad del grupo de discípulos, para su crecimiento ulterior, para que estos se mostraran dispuestos a afrontar la muerte por su fe en Jesús y para fortalecer su confianza en que el crucificado regresaría como Mesías victorioso. No fue la fe, más que sacudida por los trágicos acontecimientos de la Pascua, la que produjo la creencia en las apariciones —como se indica en algunas ocasiones con cierta superficialidad—, sino que la experiencia de las apariciones resultó determinante para la confirmación de la destrozada fe de algunos como Pedro o Tomás, y para la aparición de la misma en otros que eran incrédulos, como Santiago, el hermano de Jesús. Con este grupo, especialmente fortalecido apenas unas semanas después de la muerte de Jesús, iba a enfrentarse el fariseo Saulo.

Esteban

La experiencia de los primerísimos años de los seguidores de Jesús parece haber resultado extraordinariamente entusiasta, en buena medida como consecuencia de su vivencia de las apariciones del resucitado y de las ininterrumpidas conversiones de sus correligionarios judíos. Fue ese entusiasmo el que llevó, por ejemplo, a la comunidad de Jerusalén a iniciar un sistema de comunidad de bienes en el que los que se convertían entregaban sus posesiones a los apóstoles para que estos los distribuyeran entre los necesitados (Hch 4, 32-35). El entusiasmo no evitó problemas internos. Sabemos, por ejemplo, que se dio algún caso de fingimiento e hipocresía a la hora de compartir los bienes (Hch 5), que se produjeron quejas entre los beneficiados por esas donaciones alegando que se favorecía a los judíos originarios de Palestina (los hebreos) sobre los que tenían su origen en la Diáspora (los griegos) y que, para enfrentarse con esa eventualidad, hubo que crear un grupo dedicado específicamente a atender a los menesterosos (Hch 6). A pesar de todo, no puede negarse el arraigo del grupo de seguidores de Jesús entre la población y su crecimiento numérico. El anuncio de los seguidores del Mesías resucitado implicaba —imposible cuestionarlo— una notable e incómoda realidad. Por un lado, se subrayaba que Jesús era el Mesías y que tal circunstancia era indiscutible dada la forma en que había cumplido las profecías y había resucitado de entre los muertos. De esa mesianidad se desprendían dos hechos esenciales. En primer lugar, que los que ahora escuchaban el mensaje no habían sabido ver que Jesús era el Mesías e incluso podían haber aprobado su muerte, y, en segundo lugar, que, a pesar de todo, existía un camino de salvación mediante la fe en el crucificado. Aquellos que creyeran en él (Hch 2, 38 y ss.; 5, 30 y ss.) no solo se salvarían, sino que además recibirían las promesas que Dios había hecho a Israel en el pasado. Porque Jesús, que ahora estaba sentado a la derecha de Dios, regresaría un día para juzgar a todos y establecer su Reino.

A diferencia de la postura sostenida por los sectarios del mar Muerto, la primera comunidad de seguidores de Jesús no rechazaba la participación en el culto diario del Templo de Jerusalén. Por el contrario, parece haber sido la práctica habitual el participar en el mismo (Hch 2, 46; 3, 1 y ss.), e incluso utilizar alguna de las áreas del Templo como sitio de reunión (Hch 5, 12). Con todo, el libro de los Hechos recoge tradiciones relativas a enfrentamientos entre el Sanedrín y la comunidad de discípulos de Jesús establecida en Jerusalén incluso en estos primeros tiempos (Hch 4, 1-22; 5, 17 y ss.). La noticia es totalmente verosímil si tenemos en cuenta el recuerdo aún fresco de la persona que había dado origen al movimiento y la manera en que sus seguidores culpaban de la ejecución a algunos de los dirigentes judíos (Hch 2, 23; 4, 27, un pasaje que presenta paralelos en los Evangelios, ver: Mt 27, 35; Mc 15, 24; Lc 23, 33; Jn 19, 18).

El relato de Hechos 4, referente a una comparecencia de dos de los apóstoles ante el Sanedrín parece estar basado en datos considerablemente fidedignos. En el texto se relata cómo las autoridades del Templo quisieron impedir, recurriendo a la violencia, que los seguidores de Jesús predicaran que este era el Mesías y que había resucitado. Si, al fin y a la postre, el episodio no acabó derivando hacia una persecución religiosa en toda regla se debió a la intervención del fariseo Gamaliel. La escena, desde luego, está repleta de datos que abogan en favor de su autenticidad. De entrada, el versículo 5 nombra tres grupos determinados (sacerdotes jefes, ancianos y escribas) que formaban la generalidad del Sanedrín. Entre los sacerdotes jefes, el grupo más importante, se nombra a Anás (en funciones del 6 al 15 d. de C.), al que se hace referencia en primer lugar por su edad e influencia; a Caifás, sumo sacerdote en esos momentos; a Jonatán, hijo de Anás, que sucedería a Caifás como sumo sacerdote (37 d. de C.) y que, quizá, en aquella época era jefe supremo del Templo. En su conjunto, esta referencia de Hechos, por lo demás totalmente aséptica, confirma los datos del Talmud relativos al nepotismo de la jerarquía sacerdotal, un sistema de corruptelas encaminado a lograr que sus miembros ocupasen los puestos influyentes de sacerdotes jefes en el Templo. No solo el yerno de Anás era sumo sacerdote en funciones y uno de sus hijos, como jefe del Templo, ya estaba encaminado en la misma dirección, sino que es más que probable que la familia de Anás ocupara el resto de los puestos de sacerdotes jefes. Para el año 66 d. de C. aquella jerarquía, marcada por la corrupción familiar más evidente, tenía en su poder el Templo, el culto, la jurisdicción sobre el clero, buena parte de los escaños del Sanedrín e incluso la dirección política de la asamblea del pueblo (*Ant.* XX, 8, 11 y ss.).

Con todo, y pese a que era más que dudosa su legitimidad espiritual de acuerdo con los baremos judíos de la misma, no nos consta que existiera una agresividad personal de los seguidores de Jesús hacia el alto clero más acentuada, por ejemplo, que la que aparece recogida en las páginas del Talmud, donde no solo se los acusa de nepotismo, sino también de recurrir a la violencia física (b. Pes. 57 bar; Tos. Men XIII, 21 [533, 33]). Ciertamente, los discípulos de Jesús atribuían a este una autoridad mayor que la de las autoridades religiosas de Israel y el Templo (Hch 5, 28-9), en armonía con las propias palabras de aquel (Mt 12, 6; 41-42; Lc 11, 31-2), pero no tenemos datos que apunten tampoco a un rechazo de las mismas, ni siquiera a una negación directa de su autoridad. Muy probablemente, la comunidad mesiánica las consideraba como parte de un sistema cuya extinción estaba cerca y a las que no merecía la pena oponerse de manera frontal y directa. Sin embargo, a pesar de esperar el final del sistema presente (Hch 1, 6 y ss.; 3, 20 y ss.), colocaba dicha responsabilidad sobre las espaldas de la Divinidad (Hch 3, 20 y ss.) y no sobre las suyas, en contraposición, por ejemplo, a lo que sucedería con posterioridad con movimientos revolucionarios como los zelotes. A primera vista, y observado desde un enfoque meramente espiritual, la presencia de los seguidores de Jesús era, sin duda, molesta, y muy especialmente para los saduceos, de los que procedía la aristrocracia sacerdotal. Pero, inicialmente, para algunos, desde un punto de vista político y social, el movimiento debía resultar inocuo y, precisamente por ello, es comprensible la mediación del fariseo Gamaliel[11], el maestro de Saulo, en el sentido de evitar un ataque

---

[11] Sobre Gamaliel, ver: W. Bacher, *Die Agada der Tannaiten*, Estrasburgo, 1884-90, t. I, pp. 73-95; F. Manns, *Pour lire la Mishna*, Jerusalén, 1984, p. 78 y ss.; G. Alon, *The Jews in their land in the Talmudic Age*, Cambridge y Londres, 1989, p. 188 y ss., 239 y ss.

frontal al mismo, tal y como se nos refiere en la fuente lucana (Hch 5, 34 y ss.). Gamaliel apuntó a precedentes históricos que señalaban cómo los movimientos mesiánicos anteriores a Jesús habían tenido escasa vida[12]. Partiendo de esa base, a juicio de Gamaliel, lo más sensato era no molestar a los seguidores de Jesús. Si sus enseñanzas carecían de base, acabarían extinguiéndose, y en el supuesto de que no fuera así, de que, efectivamente, predicaran la verdad, carecía de sentido oponerse a Dios. La actitud de Gamaliel —admirablemente tolerante— no parece, sin embargo, haber sido generalizada. La casta sacerdotal distaba mucho de contemplar de esa manera al grupo inspirado en la enseñanza de Jesús. Desde su punto de vista, tenían buenas razones para ello. En primer lugar, estaba su visión —políticamente muy exacta—, que temía cada posibilidad de desorden en Palestina a causa de los peligros inherentes de una intervención enérgica por parte de Roma. Aquel fue, seguramente, uno de los factores determinantes en la condena de Jesús (Jn 11, 47-53). Desde su punto de vista, si aquel grupo —que creía en un Mesías— captaba adeptos, sobre todo entre elementos sociales inestables como podrían ser los menos favorecidos o los sacerdotes humildes, lo más lógico era pensar que la amenaza no había quedado conjurada con la muerte de su fundador. Mejor sofocarla cuando solo se hallaba en ciernes que esperar a que se convirtiera en algo demasiado difícil de controlar. A lo anterior se unía un factor teológico de cierta trascendencia, factor del que se sabrían aprovechar los primeros cristianos. La comuni-

---

[12] Coincidimos plenamente con H. Guevara, *Ambiente político del pueblo judío en tiempos de Jesús*, Madrid, 1985, p. 216 y ss., en considerar el episodio de Gamaliel de Hechos 5, 36-37 como plenamente histórico. De no ser así, no solo no hubiera actuado en favor de la propaganda cristiana sino en su contra. Naturalmente, el Teudas (Teodoro) mencionado por el citado fariseo debe ser entonces identificado con Matías, hijo de Margalo, que, junto con Judas, poco antes de la muerte de Herodes I, se sublevó contra el monarca para derribar un águila de oro colocada en el Templo. Los dos rebeldes fueron quemados vivos (Flavio Josefo, *Guerra* I, 648-655; *Ant.* XVII, 149-167).

dad de seguidores de Jesús en Jerusalén creía en la resurrección, doctrina rechazada por los saduceos, lo que ahondaba aún más las diferencias entre ambos colectivos. No obstante, a nuestro juicio, la razón para el choque, al menos en lo relativo a la clase sacerdotal y los saduceos, vino más ligada a razones políticas y sociales que meramente religiosas.

Con todo, aquella tolerancia duraría poco tiempo. Si inicialmente el movimiento se vio sometido solo a una represión verbal, en parte gracias a la mediación de Gamaliel (Hch 4, 21-22), pronto resultó obvio para sus enemigos que si se deseaba tener unas perspectivas mínimas de frenarlo habría que recurrir a la violencia física. Esta fue aplicada en la persona de dos de sus dirigentes, Pedro y Juan, y no parece que nadie mediara en esta ocasión en su favor (Hch 5, 40 y ss.). El fracaso de esta medida (Hch 6, 1-7), así como la conversión de algunos sacerdotes a la fe del colectivo, terminó por desencadenar una persecución, cuyas consecuencias no eran entonces previsibles (Hch 6, 7 y ss.) ni para los judeocristianos ni para sus adversarios. En ese desenlace tendría un papel esencial un episodio que marcaría también la vida de Saulo. Nos referimos, claro está, a la muerte de Esteban [13] en torno al 33 d. de C.

Esteban (Hch 6, 8; 8, 1) era un judío convertido a la predicación de Jesús cuyo nombre —que significa diadema en griego— parece indicar un nacimiento en un contexto helenizado. Había sido elegido como diácono por la comunidad judeocristiana cuando se produjo el conflicto entre sus componentes hebreos y griegos, es decir, los que utilizaban como primera lengua el arameo y los que recurrían, por el contrario, al griego. Supuestamente, Esteban había entrado en una discusión de tipo

---

[13] Acerca de Esteban, ver: C. K. Barrett, «Stephen and the Son of Man», en *BZNW*, 30, Berlín, 1964, pp. 32-8; F. Mussner, «Wohnung Gottes und Menschensohn nach der Stephanusperikope», en R. Pesch (ed.), *Jesus und der Menschensohn*, Friburgo, 1975, pp. 283-99; J. Kilgallen, «The Stephen Speec», en *AnBib*, 67, 1976; C. Scobie, «The Use of Source Material in the Speeches of Acts III and VII», en *NTS*, 25, 1978-9, pp. 399-421.

proselitista con miembros de la sinagoga de los libertos. Los citados libertos procedían en su mayor parte de Roma. Capturados en la guerra de Pompeyo y liberados posteriormente, según indica el autor judío Filón (*Leg. ad Caium*, 155), parecen haber estado especialmente ligados a la sinagoga a la que se refiere Hechos 6, 1. Se trataba de un lugar importante, porque los judíos procedentes de Roma que acudían a Jerusalén para las fiestas religiosas se aposentaban en la hospedería contigua a esta sinagoga. Es más que posible que el diácono Esteban esperara hallar un eco favorable a su predicación entre estos judíos habida cuenta de su origen. Sin embargo, el resultado fue muy otro. El libro de los Hechos narra el episodio de la siguiente manera:

> [9]Levantáronse entonces unos de la sinagoga que se llama de los Libertos, y gente de Cirene, y de Alejandría, y de Cilicia, y de Asia, disputando con Esteban. [10]Pero no podían resistir a la sabiduría y al Espíritu con que hablaba. [11]Entonces sobornaron a algunos para que dijesen que le habían oído hablar palabras blasfemas contra Moisés y Dios. [12]Y conmovieron al pueblo, y a los ancianos, y a los escribas; y atacándolo se apoderaron de él y lo llevaron ante el Sanedrín. [13]Y recurrieron a testigos falsos, que dijesen: «Este hombre no cesa de proferir palabras blasfemas contra este lugar santo y contra la Torah. [14]Porque le hemos oído decir que este Jesús de Nazaret destruirá este lugar y cambiará los preceptos que nos dió Moisés». (Hch 6, 9-14.)

La detención de Esteban no se debió a judíos originales de la tierra, sino a otros que procedían de territorios gentiles, de la Diáspora. No resulta extraño que personas que no viven de cerca una realidad y que se han integrado en ella recientemente la contemplen con mayor rigidez, precisamente porque la tienen idealizada y porque, no pocas veces, confunden aspectos accesorios con lo esencial. En este caso, tras apoderarse de Esteban, lo condujeron ante el Sanedrín acusándolo de blasfemia (Hch 6, 9-14). La base para una acusación tan grave era no solo la interpretación de la Torah que hacía Esteban (probablemente similar a la del propio Jesús), sino también el hecho de que Esteban había relativizado el valor del Templo hasta el punto de afirmar que sería demolido por el Mesías al que confesaba (Hch 6, 13-14). Seguramente, las acusaciones reproducían algo del pensamiento de Esteban, pero presentándolo ante el Sanedrín con una carga subversiva que, desde luego, no poseía. La disidencia religiosa de las minorías ha sido retratada por sus oponentes a lo largo de la Historia en multitud de ocasiones como un peligro político y resulta muy posible que sucediera lo mismo en el caso de Esteban. Ahora bien, la condena a muerte de Esteban en apariencia contaba con una base legal por cuanto había atacado la institución del Templo en su predicación.

Para los creyentes en la ley oral transmitida por tradición, esta se había originado en Moisés, y una postura relativizadora como la de Jesús era provocadora e inadmisible (Mc 7, 1-23; Mt 15, 1-20). Si los fariseos sustentaban la misma posición que los seguidores de Jesús en lo relativo a la resurrección, seguramente no estaban dispuestos a transigir en lo relativo a la ley oral. En cuanto a las profecías sobre la destrucción del Templo de Jerusalén, ciertamente contaban con una larga historia de precedentes que se remontaba al primer Templo, cuando profetas como Isaías, Jeremías o Ezequiel la habían anunciado (Jr 7-11; 26, 1-19; Is 1, 16-17; Ez 6, 4-5, etc.). También conocemos ejemplos posteriores (*Guerra* 300-309), pero la mayor o menor frecuencia con que se produjeron estos incidentes no logró que ese tipo de anuncios resultara tolerable a los oídos de los que, en buena medida, o vivían de la Ciudad Santa, como la casta sacerdotal, o la tenían en altísima estima, como era también el caso de los fariseos.

La defensa de Esteban, tal y como nos ha sido transmitida en los Hechos (Hch 7, 1-53), resultó brillante y bien desarrollada, pero difícilmente podía contribuir a mejorar su situación. Partiendo de una hábil relación de pasajes del Antiguo Testamento, que encontrará paralelos en el Nuevo Testamento y en otros escritos paleocristianos, el diácono se refirió a ejemplos históricos de cómo Israel no había estado a la altura de los propósitos de Dios. De hecho, el Dios de gloria se había aparecido a Abraham, cuando todavía estaba en Mesopotamia, y le había ofrecido la Tierra Prometida, si bien le había advertido de que su descendencia sería reducida a la esclavitud durante cuatrocientos años en tierra extranjera. La profecía se cumplió. Jacob, el nieto de Abraham, bajó con sus hijos a Egipto y se estableció allí aprovechando que su hijo José era primer ministro del faraón, pero con posterioridad se alzó un nuevo rey de Egipto que no había conocido a José y que redujo a servidumbre a Israel e incluso quiso impedir su crecimiento demográfico (Hch 7, 2-19). Las consecuencias habían sido dramáticas pero Dios había actuado:

[20]En aquel mismo tiempo nació Moisés, y fue grato a Dios, y fue criado durante tres meses en casa de su padre. [21]Pero, al verse expuesto al peligro, la hija del faraón lo tomó, y lo crio como a hijo suyo. [22]Y fue enseñado Moisés en toda la sabiduría de los egipcios y fue poderoso en sus palabras y en sus actos. [23]Y cuando hubo cumplido la edad de cuarenta años, sintió deseos de visitar a sus hermanos los hijos de Israel. [24]Y cuando vio a uno al que golpeaban, lo defendió e hiriendo al egipcio vengó al injuriado. [25]Pensaba que sus hermanos entenderían que Dios los había de liberar mediante su mano; pero no lo entendieron. [26]Y al día siguiente, mientras reñían algunos de ellos, se puso en medio e intentó que hicieran las paces, diciendo: «Varones, sois hermanos, ¿por qué os hacéis daño los unos a los otros?». [27]Entonces el que causaba daño a su prójimo lo empujó diciendo: ¿Quién te ha colocado como príncipe y juez sobre nosotros? [28]¿Vas a matarme a mí, como mataste ayer al egipcio? [29]Al escucharlo, Moisés huyó y emigró a la tierra de Madián, donde engendró dos hijos. [30]Y cuando había cumplido cuarenta años, un ángel se le apareció en el desierto del monte Sinaí, en las llamas de una zarza. [31]Al verlo, Moisés se quedó maravillado y, al acercarse para ver de qué se trataba, escuchó una voz del Señor: [32]«Yo soy el Dios de tus padres, y el Dios de Abraham, el Dios de Isaac y el Dios de Jacob». Pero Moisés, atemorizado, no se atrevía a mirar. [33]Y le dijo el Se-

ñor: Quítate el calzado de los pies, porque el lugar en que estás es tierra santa. [34] Bien vista tengo la aflicción de mi pueblo que está en Egipto, y he oído su gemido, y he descendido para librarlos. Ahora, pues, ven, te enviaré a Egipto. [35] A este Moisés, al que habían rechazado, diciendo: ¿Quién te ha puesto por príncipe y juez?, a este envió Dios por príncipe y redentor con la mano del ángel que le apareció en la zarza. [36] Este los sacó, tras realizar prodigios y milagros en la tierra de Egipto, y en el mar Rojo, y en el desierto, durante cuarenta años. [37] Este es el Moisés que dijo a los hijos de Israel: Profeta os levantará el Señor Dios vuestro de entre vuestros hermanos, igual que lo ha hecho conmigo; a él oiréis. [38] Este es aquel que estuvo en la congregación en el desierto con el ángel que le hablaba en el monte Sinaí, y con nuestros padres; y recibió las palabras de vida que debía entregarnos; [39] al cual nuestros padres no quisieron obedecer; antes lo rechazaron y en sus corazones regresaron a Egipto, [40] diciendo a Aarón: Haznos dioses que vayan delante de nosotros; porque a este Moisés que nos sacó de tierra de Egipto no sabemos qué le ha acontecido. [41] Y entonces hicieron un becerro y ofrecieron sacrificio a la imagen y se sintieron satisfechos de las obras de sus manos. [42] Y Dios se apartó, y los entregó a que sirviesen al ejército del cielo, como está escrito en el libro de los profetas: ¿Me ofrecisteis víctimas y sacrificios en el desierto por cuarenta años, oh casa de Israel? [43] Antes bien, trajisteis el tabernáculo de Moloc y la estrella de vuestro dios Refán, imágenes que os hicisteis para adorarlas. Os deportaré, por lo tanto, más allá de Babilonia. [44] Tuvieron nuestros padres el tabernáculo del testimonio en el desierto, como había ordenado Dios cuando habló a Moisés para que lo hiciese según la forma que había visto. [45] Este lo transporaron nuestros padres con Josué a la tierra de los gentiles, que Dios echó de la presencia de nuestros padres, hasta los días de David; [46] el cual halló gracia delante de Dios y pidió erigir un tabernáculo para el Dios de Jacob. [47] Mas fue Salomón el que le edificó casa. [48] Si bien el Altísimo no habita en templos hechos por manos como dice el profeta: [49] El cielo es mi trono y la tierra es el estrado de mis pies. ¿Qué casa me edificaréis?, dice el Señor. ¿O cuál es el lugar de mi reposo? [50] ¿No hizo mi mano todas estas cosas? [51] ¡Duros de cerviz, e incircuncisos de corazón y de oídos! ¡Vosotros resistís siempre al Espíritu Santo! ¡Tal y como actuaron vuestros padres, así también actuáis vosotros! [52] ¿A cuál de los profetas no persiguieron vuestros padres? Ellos mataron a los que anunciaban la venida del Justo, al que vosotros ahora habéis entregado y matado; [53] porque recibisteis la Ley por disposición de ángeles y no la guardasteis. (Hch 7, 2-53.)

Las afirmaciones de Esteban difícilmente hubieran podido ser más duras y a la vez más apegadas a lo contenido en la Biblia. Sus contemporáneos estaban poseídos por un nacionalismo religioso que los hacía sentirse superiores y mirar como culmen de su fe la Torah y el culto del Templo. La situación, desde la perspectiva de Esteban, resultaba muy diferente. Israel jamás había tenido ningún mérito propio. De hecho, era Dios el que había elegido a Abraham y el que después había librado a su descendencia de la servidumbre en Egipto. Pero ¿cómo había reaccionado Israel? No sometiéndose a Dios, sino entregándose a la idolatría del becerro de oro. La situación no había cambiado tampoco después de entrar a poseer la Tierra Prometida. Una y otra vez los israelitas se habían negado a escuchar las predicaciones de los profetas, por cierto, con pésimas consecuencias. De manera poco oculta, Esteban estaba arrojando la responsabilidad de la situación de Israel sobre sí mismo. Sus sucesivos opresores no habían sido una mera cadena de tiranos empeñados en dominar a Israel. También eran una manifestación de la infidelidad del pueblo hacia el llamamiento de Dios. La culpa de la situación de Israel era fundamentalmente de este y no de Roma. Por supuesto, los judíos se aferraban al Templo, pero este tenía poco valor si no se escuchaba a Dios. ¿Acaso la misma Biblia no decía que Dios no habitaba en edificios levantados por manos humanas?

A esa lamentable perspectiva que se había extendido a lo largo de siglos se unía otra ahora que era peor. En un momento determinado, Dios había enviado a Jesús. Era el Mesías —el Justo— que llevaban esperando siglos, era el Profeta por antonomasia que Moisés había anunciado señalando que deberían oírlo, pero ¿qué habían hecho? Se habían negado a escucharlo, y además le habían dado muerte.

La edad mesiánica, a juicio de Esteban, se había iniciado ya con Jesús y por ello la edad de la Torah mosaica veía su fin próximo. La idea, a decir verdad, no era en sí novedosa y, de hecho, encontramos paralelos en la literatura rabínica (TB Sanedrín 97a; Shabbat 151b) [14]. Sin embargo, Esteban iba mucho más allá de la especulación teológica para adentrarse en el de la decisión vital. El Mesías había llegado y la era del Templo se acercaba a su final. ¿Qué iban a hacer sus oyentes? ¿Persistirían en el endurecimiento espiritual que tan mal resultado había dado a Israel en el pasado? ¿Se empecinarían en seguir rechazando al Mesías al que habían dado muerte o, por el contrario, se arrepentirían cambiando de vida y abrazando su Camino?

El tono del discurso de Esteban resulta indiscutiblemente judío y no hubiera podido ser captado por un gentil [15]. Incluso encaja con toda una tradición profética del pueblo de Israel que existía desde hacía siglos. Sus consecuencias resultaron explosivas. Pronunciada ante un auditorio hostil (Hch 7, 54 y ss.), la defensa de Esteban terminó en un linchamiento, pese a la apariencia previa de diligencias judiciales. El texto de Hechos relata la muerte en términos sencillos pero expresivos:

[54] Y oyendo estas cosas, se enfurecieron en sus corazones y crujieron de dientes contra él. [55] Más él, estando lleno del Espíritu Santo, puestos los ojos en el cielo, vio la gloria de Dios, y a Jesús que estaba a la diestra de Dios; [56] y dijo: «He aquí que veo

---

[14] Apoyando esta misma conclusión, ver desde una perspectiva judía, L. Baeck, *The Faith of Paul*, en *Journal of Jewish Studies*, 3, 1952, p. 93 y ss., y, desde una cristiana, W. D. Davies, *The Setting of the Sermon on the Mount*, Cambridge, 1964, p. 446 y ss.

[15] En el mismo sentido, F. F. Bruce, *New Testament History*, Nueva York, 1980, p. 224 y ss. Bruce insiste en el hecho de que el discurso de Esteban es el único lugar, aparte de los Evangelios, donde aparece el título «Hijo de hombre» aplicado a Jesús. Esto indicaría un trasfondo arameo, ausente en los escritos neotestamentarios no palestinos, ya que en un ambiente externo al de Palestina tal alocución carecería de sentido. Este dato aboga en favor de una tradición auténtica subyacente a la misma. De hecho, los datos recogidos por Epifanio en su Panarion 30, 16, relativos a una secta judeocristiana que pretendía que Jesús había predicado la desaparición de los sacrificios del Templo, presentan un claro paralelismo con la acusación contra Esteban y el discurso de este.

los cielos abiertos y al Hijo del hombre que está a la diestra de Dios». [57] Entonces, dando grandes voces, se taparon los oídos y arremetieron unánimes contra él; [58] y echándolo fuera de la ciudad lo apedrearon. Y los testigos pusieron sus vestidos a los pies de un joven que se llamaba Saulo. [59] Y apedrearon a Esteban, mientras tanto este oraba diciendo: «Señor Jesús, recibe mi espíritu». [60] Y puesto de rodillas clamó a gran voz: «Señor, no les tengas en cuenta este pecado». Y, tras pronunciar estas palabras, se durmió. (Hch 7, 54-60.)

Joseph Klausner [16], que consideró indiscutible la veracidad histórica del relato, sugirió que la muerte de Esteban debía atribuirse a un grupo de incontrolados en lugar de a las autoridades judías de la época. Creemos más posible que tal acción hallara su origen en sectores de mayor amplitud. Las autoridades judías carecían de jurisdicción para imponer la pena de muerte según nos informan las fuentes talmúdicas (TJ Sanedrín 1:1; 7:2) y evangélicas (Jn 18, 31) [17], pero tal hecho no nos permite excluirlos de haber contado con un papel relevante en el asesinato de Esteban. De hecho, su intervención hubiera contribuido a que la muerte adquiriera visos de legalidad no solo en cuanto a la *ratio iuris*, sino también en lo relativo a los ejecutores de aquella. En cuanto al contexto concreto, caben dos posibilidades: de acuerdo con la primera [18], la marcha del gobernador romano Pilato hacia Roma a inicios del 37 d. de C. marcó un vacío de poder lo suficientemente amplio como para permitir que Caifás o su sucesor, aprovechándolo, ejecutaran a Esteban. Tal hecho vendría así a contar con un paralelo histórico posterior en la muerte de Santiago, el hermano de Jesús. La tesis parece posible, pero choca con la cronología de las fuentes —piénsese que la muerte de Esteban fue previa a la conversión de Pablo y que esta tuvo lugar con seguridad, como veremos, antes

---

[16] J. Klausner, *From Jesus to Paul*, 1944, p. 292.

[17] En el mismo sentido, F. F. Bruce, *Nueva Testament history*, Nueva York, 1980, p. 199 y ss., y J. Jeremias, «Zur Geschichtlichkeit des Verhá'árs Jesu vor dem Hohen Rat», en *Zeitschrift für die Neutestamentliche Wissenschaft*, 43, 1950-1, p. 145 y ss.

[18] Ver B. Reicke, *The New Testament Era*, Filadelfia, 1968, p. 191 y ss.

del 37 d. de C.— y abusa, a nuestro juicio, del mencionado paralelismo. El profesor F. F. Bruce [19] señaló otra posibilidad, y es la de que el hecho tuviera lugar antes de la marcha de Pilato, pero después de la caída en desgracia de su valedor, Sejano, en el 31 d. de C. El carácter, cuando menos incómodo, de sus relaciones con Tiberio lo habría convertido en un personaje temeroso de la confrontación con las autoridades judías. Enterado de la muerte de Esteban, Pilato habría preferido cerrar los ojos ante el hecho consumado, y más teniendo en cuenta el papel desempeñado por las autoridades religiosas judías en el mismo. La tesis de F. F. Bruce es, desde nuestro punto de vista, muy probable, ya que permite encajar los datos de las fuentes con la cronología indiscutible de las mismas; da respuesta al hecho de que tal crimen no fuera perseguido y armoniza con lo que sabemos de Pilato a través de diversas fuentes [20]. Al fin y a la postre, sin embargo, el destino de Pilato sería la destitución a causa precisamente de una confrontación con las autoridades religiosas judías.

El episodio de la muerte de Esteban tiene una especial importancia para el objeto de nuestro estudio, ya que, de acuerdo con la fuente lucana, entre los presentes en su ejecución, guardando las ropas de los lapidadore se hallaba ese joven de Tarso, Cilicia, llamado Saulo. Cabe la posibilidad, derivada de su lugar de nacimiento, de que Saulo fuera miembro de la sinagoga donde se había desarrollado la controversia con Esteban, pero, en cualquier caso, lo cierto es que abominaba la visión teológica de este y consideraba su muerte como algo justo. A fin de cuentas, su acción se limitaba a prestar su colaboración a la hora de aplicar la norma de la Torah relacionada con los blasfemos. A su juicio, sin embargo, quedaba mucho por hacer de cara al peligroso grupo al que había pertenecido Esteban.

---

[19] F. F. Bruce, *New Testament History*, 1980, p. 225 y ss.

[20] Acerca de Pilato, ver: F. Morison, *And Pilate Said*, Nueva York, 1940; J. Blinzler, *The Trial of Jesus*, Westminster, 1959, pp. 177-84; A. H. M. Jones, «Procurators and Prefects in the Early Principate», en *Studies in Roman Government and Law*, Oxford, 1960, pp. 115-25; E. Schürer, *History...*, I, p. 357 y ss.; J. P. Lémonon, *Pilate et le gouvernement de la Judée*, París, 1981.

CAPÍTULO IV

Saulo se dirige a Damasco

La persecución

A partir de la muerte de Esteban (Hch 8, 1 y ss.) se desencadenó una persecución contra los seguidores de Jesús de la que no estuvo ausente una violencia a la que no cabe atribuir otra finalidad que el puro y simple deseo de acabar con un movimiento que estaba demostrando una capacidad de resistencia considerablemente mayor de lo esperado. A través de Clemente (*Recon.* 53-71) nos ha llegado otra versión que confirma, en líneas generales, lo relatado en los Hechos. La fuente presenta un cierto interés adicional, ya que cabe la posibilidad de que recoja una primitiva tradición judeocristiana. Aunque en ella hay elementos de carácter que solo podemos calificar de legendario (la convicción del sumo sacerdote tras siete días de debate con Santiago acerca de la veracidad del cristianismo hasta el punto de estar dispuesto a recibir el bautismo, el papel sobresaliente de Santiago el hermano de Jesús ya en este periodo, etcétera), lo cierto es que también encontramos datos que arrojan luz sobre la controversia entre las autoridades judías y los seguidores de Jesús, confirmando en buena medida la fuente lucana. En primer lugar, el enfrentamiento se centra fundamentalmente entre los saduceos y los discípulos de Jesús. Es lógicamente la secta más ligada al Templo (en todos los sentidos) la que se siente más afectada por el nuevo movimiento, a la ejecución de cuyo fundador contribuyó activamente. Aunque los judeocristianos no se oponen al Templo directamente, creen, sin embargo (y así lo expresan por boca de Pedro), que los días de este se hallan contados, una actitud que, como veremos, encontramos repetidas veces en otros escritos judeocristianos del Nuevo Testamento anteriores a la destrucción del 70 d. de C. Los fariseos aparecen divididos entre una actitud, más de compás de espera que de tolerancia, similar a la mostrada por Gamaliel en los Hechos, y otra, la de Saulo, que ha descubierto ya que el nuevo movimiento implica un ataque frontal al judaísmo tradicional. Esteban no es mencionado, si bien el peso inicial de la controversia recae en un judeocristiano cuyo nombre, Felipe, parece denotar filiación helenista. Finalmente, se nos señala cómo las autoridades judías no tuvieron ningún inconveniente en recurrir a la fuerza en el enfrentamiento con los seguidores de Jesús, mientras estos optaban por una actitud de no violencia.

Los escritos de Pablo son más parcos en cuanto al desencadenamiento de la persecución contra los judeocristianos, pero igualmente parecen confirmar los datos que poseemos. La persecución en la que intervino tenía como finalidad clara la aniquilación del judeocristianismo, al que contemplaba como una amenaza contra las tradiciones judías (Gál 1, 13-14, y 1, 22 y ss.), y ponen de manifiesto que el objetivo de la persecución no solo fueron los helenistas sino también los demás judeocristianos. Se trata de una circunstancia más que comprensible si partimos de la militancia farisea de Saulo (Flp 3, 5-6). Frente a aquel movimiento se unieron —como en el caso de la muerte de Jesús— dos grupos, saduceos y fariseos, a los que separaban entre sí multitud de aspectos. Para el primero de ellos, los seguidores de Jesús implicaban una amenaza contra su *statu quo*; para el segundo, un ataque vergonzoso e intolerable hacia la Torah tal y como ellos pensaban que debía ser interpretada. Es más que posible que, después de la muerte de Esteban, alguien que se había manifestado muy claramente sobre el Templo y la nación de Israel en su conjunto, los mismos fariseos moderados prefirieran mantenerse, en la medida de lo posible, al margen. Desde luego, parece desprenderse de las fuentes que esta vez nadie se atrevió a defenderlos.

Desencadenada la persecución con una rapidez inesperada, al estilo de otros progromos religiosos del pasado y del presente, el mismo Esteban no pudo siquiera ser enterrado por las personas cercanas a él, a diferencia de otros judíos ejecutados en un simulacro de justicia como Juan el Bautista (Mt 14, 12; Mc 6, 29) o Jesús (Mt 27, 57-61; Mc 15, 42-47; Lc 23, 50-56; Jn 19, 38-42). De su sepelio se ocupó un grupo de hombres «piadosos» (Hch 8, 2)[1]. Con todo, lo que quizá fue contemplado como una medida eficaz contra la comunidad de Jerusalén por parte de sus perseguidores se iba a revelar, indirectamente, como una circunstancia que propiciaría su expansión ulterior, ya que el movimiento aprovechó la dispersión para llevar a cabo una labor de expansión evangelizadora en Palestina.

La persecución contra los seguidores de Jesús, si bien se inició en Jerusalén, pronto se extendió a otros lugares. De hecho, Saulo logró mandamientos judiciales contrarios a los cristianos cuya ejecución debía llevarse a cabo en Siria. La fuente lucana es al respecto explícita:

> [1] Y Saulo, respirando aún amenazas y muerte contra los discípulos del Señor, se dirigió al sumo sacerdote[2] y le solicitó cartas para las sinagogas de Damasco, a fin de que si encontraba allí hombres o mujeres de esta secta, los trajera presos a Jerusalén. (Hch 9, 1 y ss.)

Que Saulo obtuviera cartas del sumo sacerdote no debe extrañar en lo más mínimo. Se trataba del caso de un celoso fariseo que se dirigía a la máxima autoridad judía con la finalidad

---

[1] Sobre el tema, comentando diversas alternativas, ver: J. Munck, *op. cit.*, p. 70 y ss.; I. H. Marshall, *Acts*, Leicester y Grand Rapids, 1991, p. 151 y ss., ha sugerido que Esteban fue sepultado en su calidad de criminal ejecutado y que, si la prohibición de luto público por los criminales (Sanedrín 6, 6) estaba en vigor en el siglo I d. de C., aquellos que lo lloraron realizaron con tal acto una acción de protesta contra la ejecución.

de llevar a cabo una campaña para acabar con un grupo detestado. Es de suponer que el sumo sacerdote cedió gustoso, si hemos de juzgar por la manera en que había sido juzgado Jesús y, con posteridad, la persecución ulterior de sus seguidores. Al actuar así hacía uso de un privilegio legal que venía de lejos, un privilegio que ponía en manos del sumo sacerdote a cualquier transgresor de la Torah aunque se encontrara en el extranjero. En 1 Macabeos 15, 21, por ejemplo, se relata que en 142 a. de C. el embajador romano entregó una carta al rey Ptolomeo VIII de Egipto indicando que «si algún hombre inicuo huye hacia ti procedente de su país (Judea), debe ser entregado a Simón el sumo sacerdote para que pueda castigarlo de acuerdo con su Ley». Este privilegio de que disponía el sumo sacerdote de Jerusalén fue confirmado a los judíos —a pesar de que ya no constituían un Estado soberano— en 47 a. de C. por Julio César[2]. Cualquier judío que quebrantara la Torah en cualquier lugar del mundo podía ser extraditado ante el sumo sacerdote para ser castigado, y eso era precisamente lo que Saulo pretendía y obtuvo permiso para llevar a cabo.

Los datos proporcionados por la fuente lucana serían confirmados años después por el mismo Saulo ya convertido en Pablo. Las referencias son bien elocuentes:

> [13]Porque ya habéis oído acerca de lo que fue mi conducta en otro tiempo en el judaísmo, cuando perseguía sobremanera a la iglesia de Dios y la destruía; [14]y superaba en el judaísmo a muchos de mis contemporáneos de mi nación, siendo muy celoso de las tradiciones de mis padres. (Gál 1, 13-14.)

> Porque yo soy el más pequeño de los apóstoles, e incluso no soy digno de ser llamado apóstol, porque perseguí a la iglesia de Dios. (1 Cor 15, 9.)

---

[2] La noticia aparece en Josefo, *Ant.* XIV, 192-195. En el mismo sentido, véase: S. Safari y M. Stern (ed.), *The Jewish People in the First Century*, I, Assen, 1974, p. 456.

¹¹Según el Evangelio de la gloria del Dios bendito, el cual me ha sido encargado. ¹²Y doy gracias al que me fortaleció, al Mesías Jesús, nuestro Señor, de que me tuvo por fiel, poniéndome en el ministerio: ¹³a pesar de que antes había sido blasfemo y perseguidor e injuriador. Pero fui tratado con misericordia, porque lo hice con ignorancia en incredulidad. ¹⁴Pero la gracia de nuestro Señor fue más abundante con la fe y el amor que hay en el Mesías Jesús. ¹⁵Palabra fiel y digna de ser recibida de todos es que el Mesías Jesús vino al mundo para salvar a los pecadores, de los cuales yo soy el primero. ¹⁶Mas por esto fui tratado con misericordia, para que Jesús el Mesías mostrase en mí el primero toda su clemencia, para ejemplo de los que habían de creer en él para vida eterna. (1 Tim 1, 11-16.)

Los datos son, pues, obvios. Saulo era un fariseo celoso —fanático dirían no pocos— que decidió acabar con la peste que significaba el grupo de Jesús. Actuaba por ignorancia, y así lo confesaría años después, pero a la sazón solo sentía que cumplía con un deber sagrado. Saulo no podía saberlo entonces, pero aquella misión que él mismo se había encomendado iba a tener un resultado muy diferente y, sobre todo, cambiaría su vida.

En el camino de Damasco [3]

La persecución desencadenada contra los seguidores de Jesús afincados en Jerusalén —en la que participó Saulo— provocó una lógica dispersión. Por el libro de los Hechos sabemos que una parte de los discípulos se dirigió hacia la costa (Hch 8, 26 y ss.) e incluso hacia Samaria, estableciendo nuevas comunidades (Hch 8, 4 y ss.). Uno de esos grupos —el que se había refugiado en Damasco— se convirtió en el objetivo primero de Saulo, que

---

[3] Sobre el episodio de la conversión de Pablo, véase: B. R. Gaventa, *From Darkness to Light: Aspects of Paul's Conversion in the New Testament*, Filadelfia, 1986; S. Kim, *The Origin of Paul's Gospel*, Grand Rapids, 1982; G. Lohfink, *The Conversion of St. Paul*, Herald, 1976; A. D. Nock, *Conversion*, Oxford, 1933; A. F. Segal, *Paul the Convert*, New Haven, 1990.

se dirigió hacia la ciudad para apoderarse de ellos y conducirlos a Jerusalén, donde serían juzgados por el sumo sacerdote.

Precisamente yendo de camino hacia la ciudad, Saulo tuvo una experiencia que cambió totalmente su visión, y de la que no resulta exagerado decir que constituye uno de los acontecimiento más relevantes de la Historia universal. El episodio ha sido relatado en la fuente lucana de la siguiente manera:

> [3]Y yendo por el camino, aconteció que cuando se acercaba a Damasco, súbitamente se vio rodeado por un resplandor de luz procedente del cielo; [4]y cayendo en tierra, oyó una voz que le decía: «Saulo, Saulo, ¿por qué me persigues?». [5] Y él dijo: «¿Quién eres, Señor?». Y él dijo: «Yo soy Jesús a quien tú persigues: dura cosa te es dar coces contra el aguijón». [6]Él, temblando y temeroso, dijo: «¿Señor, qué quieres que haga?». Y el Señor le dice: «Levántate y entra en la ciudad, y se te dirá lo que debes hacer». [7] Y los hombres que iban con Saulo se detuvieron atónitos, pues ciertamente oían la voz, pero no veían a nadie. [8]Entonces Saulo se levantó de tierra, y, abriendo los ojos, no veía a nadie; de manera que, llevándolo por la mano, lo condujeron a Damasco. (Hch 9, 3-8.)

El relato recogido por Lucas en los Hechos aparece confirmado por Pablo en textos posteriores. En 1 Corintios 9, 1, por ejemplo, insiste en que «ha visto a Jesús, nuestro Señor»; y en 1 Corintios 15, 8 comenta cómo el Mesías resucitado se le apareció cuando era un simple incrédulo, aún más, un enemigo. De hecho, como tendremos ocasión de ver, la referencia a esa aparición de Jesús formó parte nada desdeñable de su predicación. No resulta extraño.

Por lo que relata Lucas, cuando Saulo fue objeto de la visión no tuvo duda alguna de que se trataba de una teofanía, de una aparición del propio Dios, del Señor que se había manifestado en la Historia de Israel. Abrumado por esa luz cegadora —una luz que años después Pablo relacionaría con ese Dios único revelado a Israel (1 Tim 6, 16)—, el sobrecogido Saulo preguntó quién era el que le salía al encuentro. La pregunta tiene resonancias en el Antiguo

Testamento[4] y tan solo corrobora nuestro punto de vista de que Saulo estaba seguro de hallarse ante el propio Dios. La respuesta que recibió debió por ello resultarle terrible. El Señor —Adonai— que le salía al encuentro era Jesús, al que perseguía en las personas de sus seguidores. En otras palabras, Jesús no era el blasfemo, el Mesías falso, el ejecutado justamente, el maldito por colgar de un madero. Era aquel que se había manifestado a Israel a lo largo de los siglos y que ahora se presentaba ante Saulo[5]. Por supuesto, el fariseo podía empeñarse en no querer verlo, pero, como señaló el Señor, ¿qué bien se obtiene dando coces contra un aguijón?

La experiencia de Saulo se convertía así en un paralelo de otras experiencias de cercanía con el único Dios propias de la historia del judaísmo y que aparecen descritas en la Biblia y fuera de ella. Textos como el de Ezequiel 1, Daniel 7 o Éxodo 24 se refieren a teofanías de este tipo, pero hallamos lo mismo en las especulaciones del filósofo judío Filón sobre el Logos o en el Libro de los Jubileos o en la literatura enóquica. La gran diferencia era que ese personaje divino en cuestión era el mismo Jesús crucificado, y ahora de vuelta de entre los muertos. Que Saulo capitulara espiritualmente en ese momento, abrumado por la experiencia que atravesaba, y preguntara qué debía hacer no resulta extraño, sino completamente lógico. La respuesta que recibió fue que prosiguiera su camino hacia Damasco donde se le diría cómo tenía que comportarse.

Los intentos para explicar el episodio de Saulo en el camino de Damasco no han sido —y resulta lógico— escasos. Debe también decirse que han demostrado ser inadecuados para abarcar la experiencia del joven fariseo. Sí puede afirmarse —y es lo más importante desde el punto de vista de la investigación histórica y no de la especulación— que Pablo creyó durante toda

---

[4] Por ejemplo, en Moisés (Éx 3, 10 y ss.), que pregunta a Dios —sabiendo qué es él— quién es y cómo se llama

[5] En el mismo sentido ha interpretado el episodio el autor judío A. Segal, *Paul, the Convert*, Nueva Haven, 1990, p. 34 y ss.

su existencia en la aparición de Jesús resucitado, que experimentó un cambio de vida radical y que esta giró en el futuro en torno a lo sucedido, a pesar de los riesgos inmensos ligados a esa transformación vital.

En Damasco

¿Qué le esperaba a Saulo en Damasco? El primero que lo ignoraba era él, aunque no resulta difícil comprender que se hallaba sujeto a una enorme tensión emocional. De hecho, la fuente lucana indica que «estuvo tres días sin ver, y no comió, ni bebió» (Hch 9, 9). Por supuesto, semejante conducta puede atribuirse a un intento de prepararse espiritualmente para lo que pudiera anunciársele, pero es más probable que se tratara de un estado de estupor en el que el Saulo, abrumado por su experiencia en el camino de Damasco y sometido a una situación de ceguera, hubiera perdido totalmente el apetito. Debieron de ser horas muy intensas aquellas en las que el antiguo perseguidor se vio totalmente aislado del mundo y en que intentó asimilar el golpe terrible de descubrir que lo que había concebido como la causa más noble del universo no era sino un comportamiento dirigido contra el mismo Dios. Para hacernos una idea de lo que debió implicar en parte la experiencia de Damasco tendríamos que pensar en un inquisidor medieval que hubiera sido objeto de la visita de un ángel mostrándole lo perverso de perseguir a los valdenses, o en un integrista islámico al que el Altísimo indicara lo erróneo de seguir el camino de la *yihad*. La diferencia esencial se encuentra en el hecho de que mientras que no sabemos cómo hubieran reaccionado el inquisidor o el integrista musulmán, sí sabemos que Saulo aceptó lo sucedido como una innegable manifestación del Señor que se había revelado durante siglos en la historia del pueblo de Israel. A ese Señor había querido servir, pero ahora descubría que solo lo había perseguido en las personas de sus discípulos.

Damasco era una ciudad de notable importancia. No solo se ha considerado ocasionalmente como la urbe más antigua del mundo en cuanto a ser poblada de manera continuada, sino que además aparece relacionada con la primitiva historia de Israel. Por ella transitó el patriarca Abraham (Gén 14, 15; 15, 2). Después fue la capital del reino arameo, que se opuso de manera insistente a la monarquía hebrea. En el siglo VIII a. de C. pasó a dominio de los asirios y, sucesivamente, estuvo controlada por babilonios, persas y grecomacedonios. Con la descomposición del Imperio de los seléucidas —a su vez un jirón del Imperio de Alejandro Magno—, Damasco cayó en manos del rey nabateo Aretas III en torno al año 85 a. de C. El reino nabateo, cuya capital se encontraba en la ciudad de Petra, acabaría siendo conquistado por Roma en el 106 d. de C. Sin embargo, en la época que nos ocupa era una potencia no desdeñable en Oriente Medio.

Los nabateos no consiguieron conservar Damasco mucho tiempo. En el año 72-1 a. de C. fue tomada por Tigranes I de Armenia, que la perdió ante las fuerzas romanas de Pompeyo en el 66 a. de C. Pasó así a formar parte de la Decápolis, una agrupación de ciudades gentiles sometida al gobernador romano de Siria. La lengua franca en Damasco era el griego, pero el arameo no debía resultar extraño. No en vano, a pesar de tratarse de una población mayoritariamente gentil, contaba con una colonia judía considerablemente numerosa[6]. Partiendo de ese contexto, ni extraña que Saulo se hubiera dirigido a la ciudad con cartas del sumo sacerdote de Jerusalén, ni tampoco que hubiera establecido en ella un grupo de seguidores de Jesús.

No sabemos mucho acerca de la comunidad de seguidores de Jesús establecida en Damasco. Muy posiblemente era de origen galileo, siquiera porque esta región se halla muy cerca de la De-

---

[6] Josefo habla de que dieciocho mil judíos fueron asesinados en Damasco en 66 d. de C. (*Guerra* I, 422). Incluso si aceptamos que la cifra está hinchada, nos encontraríamos con una colonia judía de relevancia.

cápolis. Un miembro de esa comunidad llamado Ananías se presentó en el lugar donde se encontraba Saulo —la casa de un tal Judas en la calle Derecha— y le comunicó que Jesús, el mismo Jesús que había visto en el camino de Damasco, le había ordenado visitarlo. Ananías no ocultaba su resquemor ante la idea de acercarse a alguien que se había hecho célebre por perseguir a los discípulos en Judea. Sin embargo, no había querido desobedecer las órdenes recibidas del Señor (Hch 9, 10-16). El relato del encuentro entre Saulo y Ananías aparece recogido de manera sucinta pero intensa en la fuente lucana:

> [17] Ananías entonces fue, y entró en la casa, e imponiéndole las manos, dijo: «Saulo, hermano, el Señor Jesús, que se te apareció en el camino por donde venías, me ha enviado para que recibas la vista y seas lleno de Espíritu Santo». [18] Y al instante se le cayeron de los ojos como escamas, y recibió en el acto la vista; y levantándose, fue bautizado. (Hch 9, 17-18.)

También sabemos por esta misma fuente que el mensaje que Ananías le entregó a Saulo hacía referencia a una misión futura de anunciar la Buena Noticia de la salvación a los que no eran judíos. Semejante circunstancia no resulta tan extraña si tenemos en cuenta que el judaísmo había llevado a cabo un claro esfuerzo proselitista desde el siglo anterior y que en él habían desempeñado un papel de primer orden los fariseos. Que los seguidores de Jesús aceptaran esa posibilidad era, a decir verdad, cuestión de tiempo. Que se viera conectada con Saulo iba a tener una enorme trascendencia.

Saulo se había integrado en el grupo de seguidores de Jesús mediante el rito del bautismo, un rito que, a la sazón, solo se aplicaba a personas que habían experimentado previamente una conversión y que, con seguridad, se administraba por inmersión como la etimología del término *baptizo* indica. Según señalaría más de una década después, tras su conversión marchó a Arabia para luego regresar a Damasco, el lugar donde había sido bautizado (Gál 1, 16 y ss.). La cuestión que se plantea es por qué se dirigió a Arabia, un término que hace referencia no a la actual Arabia Saudí, sino al reino de los nabateos que incluía el monte sagrado Sinaí y Jordania. Carecemos de datos al respecto. Una de las posibilidades es que deseara reflexionar sobre su reciente experiencia en un lugar que la tradición relaciona con el desierto en el que estuvieron Elías y Moisés, pero parece más verosímil que aquel viaje formara parte de un primer esfuerzo por comunicar la Buena Noticia a los que no eran judíos. El intento no debió tener éxito —Lucas ni siquiera lo menciona— y Saulo acabó regresando a Damasco.

La reacción de Saulo tras recibir el bautismo encuentra paralelos con la de no pocos conversos. Ardía en deseos de compartir su nueva fe con los demás y comenzó a visitar las sinagogas damascenas para anunciar que Jesús era el Mesías e Hijo de Dios (Hch 9, 20). El mensaje, ciertamente, era provocador de por sí, pero el hecho de que saliera de los labios de alguien que había sido un enemigo radical de los judeocristianos y de que, por añadidura, incorporara a la predicación el testimonio de haber visto vivo al cruficicado exacerbó más los ánimos. De la sorpresa inicial por su cambio repentino se pasó a una clara oposición y de ahí al proyecto de asesinarlo. Según la fuente lucana, un grupo de judíos decidió organizar una vigilancia en las puertas de la ciudad de Damasco para capturarlo y, acto seguido, proceder a su muerte, muy posiblemente por los mismos cargos que habían concluido en la lapidación de Esteban (Hch 9, 21-23). Para llevar a cabo sus propósitos contaron con el concurso del etnarca, o representante del rey nabateo, Aretas en la ciudad de Damasco. La circunstancia —recogida por el mismo Pablo años después (2 Cor 11, 32 y ss.)— hace pensar que el monarca se había sentido incómodo por las actividades proselitistas del antiguo fariseo y que no vio con desagrado la posibilidad de librarse de él. La situación, de hecho, llegó a ser tan peligrosa que, al fin y a la postre, los discípulos decidieron sacar a Saulo de la ciudad descolgándolo en una espuerta (Hch 9, 25). A esas alturas habían pasado tres años desde su experiencia en el camino de Damasco. A pesar del mensaje recibido en el camino de Damasco y de su confirmación por Ananías, la vida de Saulo había distado mucho de tener éxito o de parecerse a un ministerio espiritual dotado de un eco razonable. Saulo se había esforzado ciertamente, pero sin resultados aparentes. ¿Qué estaba sucediendo? ¿A qué se debía esa disparidad entre lo anunciado por el Señor resucitado y lo que contemplaba a diario? En esa coyuntura fue cuando Saulo decidió dirigirse a Jerusalén, la ciudad donde Jesús había sido crucificado y donde se hallaban algunos de los discípulos que lo habían conocido personalmente y como él lo habían visto después de muerto.

CAPÍTULO V

De Jerusalén a Antioquía

La subida a Jerusalén [1]

LA trayectoria de Saulo durante los tres últimos años que siguieron a su encuentro con Jesús en el camino de Damasco podía considerarse, como mínimo, peculiar. Inicialmente había sido un celoso fariseo criado a los pies de Gamaliel y perseguidor de la comunidad de seguidores de Jesús. Como tal había participado en la ejecución de Esteban y había solicitado cartas al sumo sacerdote de Jerusalén para detener a los discípulos que se encontraban en Damasco. Sin embargo, una experiencia acontecida cuando se dirigía a esta ciudad había cambiado dramáticamente su vida. De perseguidor había pasado a convertirse, a bautizarse y a predicar la nueva fe en Arabia y en Damasco. De hecho, su celo había sido tanto que, de no haber mediado la intervención de sus nuevos correligionarios, posiblemente hubiera sido asesinado. Fue precisamente en ese momento especialmente delicado de su trayectoria cuando Saulo decidió dirigirse a Jerusalén para entrar en contacto con los primeros seguidores de Jesús.

La conversión de Saulo había sido sincera y no faltaban las pruebas al respecto. Sin embargo, no resulta sorprendente que entre los discípulos de Jerusalén cundiera la desconfianza sin que

---

[1] Sobre el episodio, véase: W. L. Knox, *St. Paul and the Church of Jerusalem*, Cambridge, 1925; G. Lüdemann, *Opposition to Paul in Jewish Christianity*, Minneapolis, 1989; J. H. Schütz, *Paul and the Anatomy of Apostolic Authority*, Cambridge, 1975.

rechazaran los intentos de ponerse en contacto con ellos (Hch 9, 26). Semejante conducta resulta más que comprensible si se tiene en cuenta el pasado de Saulo y, sobre todo, si se piensa en el impacto que un informador hostil podría tener en su futuro. Sin duda, no debieron ser fáciles aquellos primeros momentos de Saulo en Jerusalén. Para sus compañeros de antaño era punto menos que un apóstata, habiendo pasado de la ortodoxia farisea a predicar a un blasfemo como el crucificado Jesús. Para los discípulos, era un antiguo perseguidor y quizá el enemigo de siempre que ahora intentaba fingirse amigo. De aquella situación amarga pudo salir Saulo gracias a un personaje apodado Barnabás o Bernabé.

El nombre verdadero de Bernabé era José. Si había recibido aquel sobrenombre —que significa Hijo de consolación—, se debía a su piedad y a su disposición a sacrificarse por los demás. La fuente lucana (Hch 4, 36 y ss.) nos lo presenta como un hombre que poseía un campo y que, tras su conversión, lo vendió y entregó el dinero a los apóstoles para que lo distribuyeran entre los necesitados. Ahora Bernabé actuó como mediador entre Saulo y los discípulos. Posiblemente mantenía contacto con la comunidad de Damasco y sabía que la experiencia de Saulo era genuina. En cualquier caso, «lo condujo ante los apóstoles» y les refirió tanto su experiencia en el camino de Damasco como su experiencia evangelizadora posterior (Hch 9, 26-27). El propio protagonista de los hechos mencionaría años después a los apóstoles con los que se había encontrado en esa ocasión. Tan solo habían sido Cefas y «Santiago, el hermano del Señor» (Gál 1, 18 y ss.).

Cefas —el nombre arameo de Simón Pedro— era un personaje de especial relevancia entre los discípulos de Jesús. No solo había estado con Jesús prácticamente desde el primer día de su ministerio, sino que además había desempeñado un papel de enorme relevancia en los tiempos posteriores a la crucifixión. Era verdad que lo había negado hasta tres veces —un hecho demasiado duro como para poder dudar de su autenticidad—, pero también se había convertido en uno de los primeros en verlo resucitado (Lc 24, 34; 1 Cor 15, 5) y en proclamarlo.

En el caso de Santiago o Jacobo, «el hermano del Señor», parece obvio que no había creído en Jesús en vida (Jn 7, 5), pero su punto de vista cambió después de contemplarlo resucitado (1 Cor 15, 7). Este episodio fue recogido en el *Evangelio de los Hebreos* que no ha llegado a nosotros y del que Jerónimo se hace eco en su *De viris illustribus* 2. Sin embargo, a pesar de su incredulidad inicial, en poco tiempo Santiago se había convertido en uno de los pilares de la comunidad de discípulos de Jerusalén y, como veremos, con el paso del tiempo su papel sería todavía más importante. Es muy posible que los dos personajes dirigieran dos grupos distintos de discípulos. El de Pedro se reunía en la casa de María, la madre de Juan por sobrenombre Marcos, el autor del segundo Evangelio (Hch 12, 17).

La estancia de Saulo en Jerusalén se extendió durante dos semanas (Gál 1, 18). Desde mediados del siglo XIX, uno de los tópicos más repetidos —y más carentes de fundamento— ha sido el de afirmar que Pablo no había sentido ningún interés por la realidad histórica de Jesús y que se había limitado a los aspectos teológicos. De esa manera, se habría distanciado, por ejemplo, de los primeros discípulos del crucificado y del contenido de los Evangelios, al menos los sinópticos. La realidad histórica resulta muy diferente. Si algo escuchó Saulo en los quince días que estuvo con Pedro, debió de ser multitud de detalles sobre la vida de Jesús. No solo eso. También escuchó el contenido de la tradición (*paradosis*) de la comunidad primitiva, un contenido que repetiría unos años después:

[1] Además os declaro, hermanos, el Evangelio que os he predicado, el cual también recibisteis, en el cual también perseveráis; [2] por el cual asimismo, si retenéis la palabra que os he predicado, sois salvos, si no creísteis en vano. [3] Porque primeramente os he enseñado lo que asimismo recibí: que el Mesías fue muerto por nuestros pecados conforme a las Escrituras; [4] y que fue sepultado, y que resucitó al tercer día, conforme a las Escrituras; [5] y que se

apareció a Cefas, y después a los Doce. [6]Después se apareció a más de quinientos hermanos juntos, de los cuales muchos viven aún, y otros ya han muertos. [7]Después se apareció a Santiago; después a todos los apóstoles. [8]Y al último de todos, como a un abortivo, se me apareció a mí. (1 Cor 15, 1-8.)

Este pasaje en concreto muestra obvios paralelos con lo que conocemos de la predicación de la primitiva comunidad y, desde luego, con lo que las fuentes nos refieren sobre el mensaje transmitido por Pedro, Juan y algunos de los seguidores más antiguos de Jesús. Por si fuera poco, recoge los aspectos esenciales de la misma predicación de Jesús. Ciertamente, Rudolf Bultmann llegó a afirmar que «la enseñanza del Jesús histórico no desempeña ningún papel, o prácticamente ninguno, en Pablo» [2]. La tesis se ha repetido hasta la saciedad, pero dista mucho de coincidir con algo que se corresponda lejanamente con la realidad. De hecho, ya Arnold Resch puso de manifiesto que en los escritos de Pablo se encontraban nada menos que 1.158 referencias —925 en las epístolas no pastorales, 133 en Efesios y 100 en las pastorales— a palabras de Jesús [3].

Saulo no era un innovador y nunca pretendió serlo. Tampoco lo fueron los otros discípulos. A decir verdad, su predicación hundía sus raíces en la de Jesús y en la propia tradición judía. El primer aspecto que destaca en todos ellos es la insistencia indiscutible en la base bíblica de las pretensiones de Jesús. El drama relacionado con su persona no era sino el cumplimiento de las profecías contenidas en el Antiguo Testamento y, de manera muy especial, en el Canto del Siervo de Isaías 52, 13-53, 12. Como Mesías sufriente, Jesús había sido rechazado (Is 53, 1). La mayoría de los judíos no habían contemplado en él nada atractivo (Is 53, 2). Lo habían menospreciado y no lo habían visto dig-

---

[2] R. Bultmann, *Theology of the New Testament*, Londres, 1952, p. 35.

[3] A. Resch, *Der Paulinismus und die Logia Jesu*, Leipzig, 1904. Por si fuera poco, Resch incluía también otras 64 referencias a dichos de Jesús en las predicaciones de Pablo recogidas en el Libro de los Hechos.

no de estima alguna (Is 53, 3). Incluso podían haber pensado que su muerte había sido un castigo de Dios por su impiedad (Is 53, 4), pero, en realidad, ese Mesías sufriente había llevado sobre sí el castigo por los pecados que todos ellos merecían (Is 53, 4-5). De hecho, era el mismo Dios el que había cargado sobre el Mesías el pecado (Is 53, 6). Llevado ante los jueces no se había rebelado, sino que, más bien, se había comportado como una oveja camino del matadero (Is 53, 7-8). Ejecutado, la causa había sido el pecado del pueblo de Israel (Is 53, 8). Su muerte como un malhechor debería haber concluido con un entierro entre delincuentes. Sin embargo, su tumba había estado entre los ricos y, más concretamente, en una sepultura nueva propiedad del acaudalado José de Arimatea (Is 53, 9). Con todo, la muerte no había sido el final. Tras entregar su vida como expiación por el pecado, había vuelto a vivir y ahora tan solo esperaba el triunfo final al lado de Dios (Is 53, 10). La profecía de Isaías había sido redactada casi ocho siglos antes, pero los primeros discípulos solo podían ver en ella un anuncio extraordinariamente exacto de la vida de Jesús, el Mesías sufriente. No sorprende que así fuera, porque los paralelos entre los versículos de Isaías y la pasión de Jesús son verdaderamente impresionantes, pero también porque el mismo Jesús se había presentado como un Mesías sufriente (Mc 10, 45) y porque la tradición judía creía en que el texto de Isaías 53 tenía contenido mesiánico.

En ese sentido, Pedro hablaría de cómo los creyentes «habían sido comprados con la sangre preciosa del Mesías» (1 P 1, 18 y ss.); y Juan indicaría que «la sangre del Mesías nos limpia de todo pecado» (1 Jn 1, 17). Saulo se limitaría a repetir esas afirmaciones. Jesús era el Mesías porque había muerto expiatoriamente de acuerdo con el plan de Dios, porque había sido sepultado y porque había resucitado al tercer día. De todo ello eran testigos los discípulos —incluso un incrédulo inicial como Santiago, incluso un antiguo enemigo y perseguidor como Saulo—, y todo ello había tenido lugar de acuerdo con las Escrituras. De hecho, no era la tumba vacía la que había encendido la fe de los discípulos. Esta se debía más bien a que habían encontrado vivo al crucificado Jesús[4]. La predicación no era nueva, y Saulo escribiría años después que el encuentro con los dos apóstoles no le comunicó nada que no supiera (Gál 2, 6). En buena medida, así debió ser. Su comprensión previa del valor de la obra del Mesías, del significado de su muerte y de su resurrección eran los mismos. No menos acuciante era su predicación para creer en Jesús a fin de obtener la vida eterna.

No sorprende, por lo tanto, que el encuentro entre Saulo, por un lado, y Cefas y Santiago, por otro, concluyera óptimamente. El converso fue aceptado como uno más del grupo de los discípulos, uno más que, dado su pasado, exigía que se glorificara a Dios por la manera en que había cambiado su vida (Gál 1, 23-24).

Saulo —que ya había visto amenazada su vida en alguna ocasión— no estaba ahora dispuesto a dejarse amilanar. Durante el tiempo que estuvo en Jerusalén, tal y como informa la fuente lucana, se dedicó a predicar la Buena Noticia a los judíos de habla griega. La oposición hacia aquel personaje que había cambiado tan radicalmente de vida no tardó en producirse, y la fuente lucana nos informa de que los hermanos de Jerusalén decidieron ponerlo a salvo:

> [28]Y entraba y salía con ellos en Jerusalén; [29]y hablaba con valentía en el nombre del Señor. Y disputaba con los judíos que hablaban griego; mas ellos procuraban matarlo. [30]Al enterarse de ello los hermanos, lo acompañaron hasta Cesarea y lo enviaron a Tarso. (Hch 9, 28-30.)

De Tarso a Antioquía

La decisión de la comunidad de Jerusalén fue muy prudente. Por aquella época los discípulos no eran objeto de persecución

---

[4] En el mismo sentido, entre otros, C. T. Craig, *The Beginning of Christianity*, Nueva York, 1943, p. 135.

(Hch 9, 31 y ss.) y el entusiasta Saulo podía acabar provocando situaciones que no solo pusieran en peligro su vida, sino también la tolerancia mínima de la que disfrutaban los seguidores del crucificado. El converso se encaminó ahora hacia Tarso, su ciudad natal.

Apenas tenemos información de lo que sucedió durante los años siguientes de la vida de Saulo. Presumiblemente, en el curso de la década posterior a su breve visita a Jerusalén se dedicó a predicar el mensaje evangélico (Gál 1, 23) y cabe la posibilidad de que algunos episodios terribles de su vida, como el ser condenado cinco veces por los judíos a la pena de ser flagelado con cuarenta azotes menos uno (2 Cor 11, 22-27), se produjeran en este periodo apenas documentado en las fuentes. Saulo hubiera podido librarse de aquellas penas alegando su condición de ciudadano romano. Si no lo hizo, pudo deberse al hecho de que, manteniéndose dentro de la disciplina de las sinagogas —disciplina que incluía castigos físicos como los mencionados—, contaba con algún resquicio para comunicar a sus compatriotas el mensaje de que Jesús era el Mesías y de que había muerto y resucitado para salvarlos.

La labor de Saulo distaba mucho de ser única. Por un lado, los misioneros judíos entre los gentiles eran muy comunes en esas fechas. De hecho, en el 40 d. de C., la casa real de Adiabene, una monarquía instalada al oriente del río Tigris, se convirtió al judaísmo, y Lucas se refiere a la llegada a Jerusalén, en Pentecostés del 30 d. de C., de grupos de judíos entre los que se encontraban conversos (Hch 2, 10). Sin ir más lejos, uno de los siete primeros diáconos de la comunidad de Jerusalén era un tal Nicolás que, con anterioridad, se había convertido al judaísmo en Antioquía (Hch 6, 5).

Para convertirse al judaísmo, los varones debían circuncidarse y pasar por un bautismo por inmersión, un rito que en las mujeres quedaba reducido solamente al bautismo. No sorprende que fueran las mujeres más numerosas que los hombres a la hora de abrazar el judaísmo. Tampoco extraña que se hubiera generalizado una especie de *tertium genus* entre el gentil pagano y el converso que recibía el nombre de «temeroso de Dios». Este no se convertía al judaísmo y, por lo tanto, no era sometido a la circuncisión. Sin embargo, asistía con regularidad a los cultos sinagogales, renunciaba a la idolatría, se sometía a buena parte de las normas morales del judaísmo y, por supuesto, contaba con tener un lugar en el *Olam Havah*, el mundo futuro que se inauguraría con la llegada del Mesías. Que Saulo, pues, predicara el mensaje de cumplimiento de las profecías mesiánicas a los gentiles no constituía una innovación, sino más bien el seguimiento de una tradición ya antigua en el judaísmo.

Tampoco comenzó Pablo la misión de los seguidores de Jesús entre los gentiles. Con anterioridad a él, algunos de los discípulos que habían huido de Jerusalén durante la persecución que se desencadenó tras la muerte de Esteban se habían dirigido a Siria y Cilicia y habían comenzado a transmitir el mensaje de salvación. Felipe, uno de los diáconos de la comunidad de Jerusalén, comenzó a predicar en Samaria, la tierra enemiga de Israel, y, posteriormente, en Cesarea marítima (Hch 8, 5-40). Otros se desplazaron a territorios helenizados como Alejandría y Cirene, así como, más al norte, a Fenicia y Siria, llegando hasta Antioquía.

Antioquía sobre el Orontes, la actual Antakya, había sido fundada en el año 300 a. de C. por Seleuco Nicátor, el primer rey de la dinastía de los seléucidas. En el curso de los siglos siguientes experimentó una notable prosperidad en su calidad de capital del Imperio seléucida, y cuando en el año 64 a. de C. fue conquistada por los romanos se convirtió en la sede y residencia del legado imperial[5]. En el año 25 a. de C., la Cilicia oriental fue unida a Siria, pero Antioquía se mantuvo como la capital de la provincia. No solo eso. A esas alturas, era la terce-

---

[5] G. Downey, A *History of Antioch in Syria from Seleucus to the Arab Conquest*, Princeton, 1961, e ídem, *Ancient Antioch*, Princeton, 1963.

ra ciudad más importante del mundo romano, solo superada por Roma y Alejandría. Centro comercial por el que pasaban los productos de Siria de camino hacia el Mediterráneo, Antioquía fue objeto de la atención de personajes como Julio César, Octavio, Tiberio e incluso Herodes el Grande. El rey judío le proporcionó, por ejemplo, una columnata a ambos lados de la calle principal que, por añadidura, enlosó con piedra pulida. Situada justo en el punto de encuentro entre el mundo grecorromano y Oriente, Antioquía era posiblemente más cosmopolita y sofisticada que la propia Roma.

Los judíos habían formado parte de la población de Antioquía prácticamente desde su fundación. Incluso habían desempeñado un papel militar de primer orden durante una de las guerras civiles que asolaron el reino seléucida en el 145 a. de C. (1 Mac 11, 41-51). A inicios del siglo I d. de C., los conversos gentiles al judaísmo eran muy numerosos (Josefo, *Guerra* VII, 45), y ya hemos mencionado cómo uno de ellos, Nicolás, se convirtió en diácono de la comunidad de discípulos de Jesús en Jerusalén.

A esta ciudad próspera y cosmopolita, que conocía el judaísmo y que incluso había sido testigo de numerosas conversiones de paganos, llegaron no pocos refugiados judeocristianos de la comunidad de Jerusalén. Originariamente, parecen haber sido de Chipre y de Cirene (Hch 11, 20), lo que, con seguridad, debió imprimirles una visión más amplia sobre los gentiles. Por supuesto, comenzaron a anunciar el mensaje del Evangelio a otros judíos, pero no lo circunscribieron a estos. Por el contrario, se dedicaron también a predicar a los gentiles.

En cierta medida, la predicación no era novedosa, ya que la presencia del judaísmo en Antioquía era secular. Por añadidura, tampoco eran extraños en Antioquía los cultos que ofrecían una salvación del mundo perverso en que viven los seres humanos. El Evangelio reunía al respecto dos características enormemente sugestivas. Por un lado, podía presentarse como una versión consumada del judaísmo. Según los discípulos ya no había que seguir esperando al Mesías. Había llegado de acuerdo con las Escrituras y se llamaba Jesús. Por otro, el mensaje de salvación, a pesar de presentarse de acuerdo con categorías judías como las del Siervo o el Mesías, resultaba atractivo para aquellos paganos que creían en la importancia de cuestiones como la culpa, la vida sabia o la salvación. No resulta extraño en ese contexto que un número considerable de griegos abrazara aquella fe (Hch 11, 20 y ss.). Aquella numerosa entrada de gentiles en la comunidad no dejaba de ser una innovación relevante y no tardó en llegar a oídos de los discípulos de Jesús en Jerusalén.

Muy recientemente la comunidad había comenzado a admitir a algunos gentiles en su seno. El paso había venido facilitado por una visión recibida por Pedro (Hch 10) y había tenido como consecuencia el bautismo de un centurión romano llamado Cornelio (Hch 11). Si la comunidad había podido aceptar en su seno a un converso que representaba al odiado ocupante, no resultaba extraño que estuviera dispuesta a hacer extensivo ese paso a otros gentiles, y más en un ambiente como el de Antioquía. En un primer momento, y a fin de examinar que todo se llevaba a cabo de manera adecuada, la comunidad de Jerusalén envió a Antioquía a Bernabé (Hch 11, 22 y ss.). La elección resultaba muy adecuada en la medida en que, como ya vimos, se trataba de un personaje compasivo, de origen chipriota y por ello acostumbrado a tratar con los gentiles. Su informe fue positivo y los discípulos de Jerusalén respaldaron las actividades de los asentados en Antioquía.

Este paso tendría dos consecuencias que quizá entonces se consideraron menores, pero que estarían dotadas de innegable trascendencia histórica. La primera tuvo que ver con el nombre que recibían los seguidores de Jesús. Los discípulos afincados en Antioquía hacían referencia al Mesías Jesús, el que había muerto por los pecados del mundo y había resucitado. Sin embargo, su predicación se llevaba a cabo en griego y no en arameo. Por eso la palabra utilizada para referirse a Jesús no era Mesías —el término hebreo para ungido—, sino su equivalente griego, el término *jristós*, del que deriva nuestro Cristo. La insistencia en aquel *Jristós* llevó a la gente a denominar a sus seguidores *Jristianoi*, es decir, cristianos o mesiánicos. Muy posiblemente, se trató en un primer momento de un mote despectivo semejante al de menonita que recibieron los anabautistas holandeses en el siglo XVI o el de cuáqueros (los que tiemblan) en el siglo XVII. Sin embargo, no fue rechazado por los discípulos. En buena medida —y a diferencia de otros apodos—, este se correspondía con la realidad. Los judíos que creían en Jesús seguían siendo judíos, pero podían ser definidos como judíos mesiánicos o judeocristianos, es decir, aquellos judíos que estaban convencidos de que el Mesías había llegado y era Jesús. Por lo que se refería a los gentiles, el nombre no resultaba menos apropiado. Si creían en alguien, era en Cristo, en el Mesías. Hasta ese momento no había existido una denominación para los discípulos y, de hecho, entre los primeros se hacía referencia al Camino o a la Vida. A partir de entonces, el nombre se extendería, perdurando hasta la actualidad.

La segunda consecuencia fue, con seguridad, no menos importante. Bernabé no tardó en percatarse de que necesitaba a un colaborador que le pudiera ayudar en su cometido. Tenía que ser un hombre dotado de un conocimiento profundo de la Biblia, de un notable celo evangelizador, de una valentía indomable. Llegó entonces a la conclusión de que el personaje en cuestión podía ser Saulo. Su instrucción farisea le proporcionaba un trasfondo educativo importante, sus deseos de evangelizar no se habían apagado por las dificultades y su coraje no se había doblegado con las flagelaciones y otras penalidades que le habían propinado las autoridades judías en los últimos años. Era cierto que no parecía haber tenido mucho éxito en Cilicia, pero, tal y como sucede en el caso de muchos hombres de talento, quizá había que atribuir su fracaso no a la carencia de cualidades sino a la falta de un medio adecuado o de un contexto temporal idóneo.

Bernabé encontró a Saulo en Tarso y consiguió convencerlo de que lo acompañara a Antioquía para ayudarlo en el trabajo de la comunidad cristiana (Hch 11, 25). El hecho se produjo en torno al año 45 d. de C., apenas década y media después de la crucifixión de Jesús, e iba a cambiar la Historia como pocos hechos acontecidos antes o después.

CAPÍTULO VI

De Saulo a Pablo

En Antioquía [1]

C OMO ya indicamos en el capítulo anterior, la década
pasada por Saulo en Cilicia distó mucho de cuajar en
conversiones y, por añadidura, debió estar muy vinculada con experiencias capaces de desanimar a alguien dotado de
un temple menor. Ignoramos qué pasó por el corazón de Saulo
al comprobar que sus compatriotas no solo no lo escuchaban,
sino que además lo rechazaban y condenaban a penas físicas.
Apaleado, sujeto a las burlas y las mofas de aquellos a los que
anunciaba el Evangelio, rechazado, muchos —quizá la mayoría— se habrían desanimado. No fue el caso de Saulo. Lo que
lo sustentó fue una sólida vivencia espiritual que debió alimentar su fe y su esperanza a lo largo de aquellos difíciles diez años.
Contamos con referencias muy escasas a lo que fue entonces su
vida, pero en aquella época Saulo pasó por una experiencia espiritual que relataría años después:

> [1] Es cierto que no me conviene jactarme; pero me voy a re-
> ferir a las visiones y a las revelaciones del Señor. [2] Conozco a un

---

[1] Sobre Antioquía, véase: R. E. Brown y J. P. Meier, *Antioch and Rome: New
Testament Cradles of Catholic Christianity*, Nueva York, 1983; F. Cimok, *Antioch on
the Orontes*, Estambul, 1980; G. Downey, *A History of Antioch in Syria from Selencus
to the Arab Conquest*, Princeton, 1961, e ídem, *Ancient Antioch*, Princeton, 1963, y
D. S. Wallace-Hadrill, *Christian Antioch: A Study of Early Christian Thought in the
East*, Cambridge, 1982.

hombre en Cristo, que hace catorce años (si en el cuerpo, no lo sé; si fuera del cuerpo, no lo sé, Dios lo sabe) fue arrebatado hasta el tercer cielo. [3]Y conozco a ese hombre (si en el cuerpo, o fuera del cuerpo, no lo sé, Dios lo sabe), [4]que fue arrebatado al paraíso, donde oyó palabras inefables que el hombre no puede expresar. (2 Cor 12, 1-4.)

La experiencia de Saulo encaja dentro de lo que se suele denominar éxtasis. Sin embargo, no resulta fácil clasificarla, en la medida en que el protagonista no sabe si fue corporal o extracorporal. Aún más. A diferencia de lo relatado por otros personajes a lo largo de la Historia, Pablo no se detiene en detalles. Por el contrario, insiste en su carácter indescriptible. Podía afirmar que había estado relacionada con Dios, que se había sentido transportado al paraíso y que había escuchado palabras que el ser humano es incapaz de repetir. Nada más.

El episodio guarda paralelos —no resulta extraño— con otros relatos de la historia del judaísmo. El Talmud relata, por ejemplo, que cuatro rabinos —Ben Azzai, Ben Zoma, Eliseo ben Abuyah y Aqiba— de inicios del siglo II d. de C. fueron también transportados al paraíso. De manera bien significativa, la experiencia llevó a Ben Azzai a la muerte, a Ben Zoma a la locura, y a Ben Abuyah a la apostasía. Solo Aqiba parece haber salido indemne, y aun así deberíamos recordar que fue el rabino que apoyó al falso Mesías Bar Kojba, con desastrosos resultados para los judíos[2]. En el caso de Saulo, por el contrario, parece que confirmó su fe en un periodo de especial dificultad. Que la confirmó, pero que no la mancilló con la soberbia. Años después se referiría a ella, pero a la fuerza y en tercera persona.

---

[2] TB Hagigah 14b-15b. J. W. Bowker ha relacionado la experiencia paulina con la visión del carro de Dios o *merkabah* en «Merkabah Visions and the Visions of Paul», en *Journal of Semitic Studies*, 16, 1971, pp. 157-173. El tema ha sido también estudiado por G. Scholem, *Jewish Gnosticism, Merka bah Mysticism and Talmudic Tradition*, Nueva York, 1965, pp. 14-19. Sin embargo, parece obvio que la sofisticación descriptiva de esas experiencias anda muy lejos de la experiencia de Saulo.

Sin embargo, tampoco Saulo salió indemne de aquella prueba. A continuación del relato de su peculiar experiencia espiritual figura una afirmación especialmente enigmática:

> [5] De mí mismo solo me jactaré en mis debilidades... [7] Para que la grandeza de las revelaciones no me enalteciera de manera desmedida me fue dado un aguijón en mi carne, un mensajero de Satanás que me abofetea para que no caiga en el orgullo. [8] Por lo cual, tres veces he rogado al Señor para que me lo quite. [9] Y me ha dicho: «Te es suficiente mi gracia; porque mi poder se perfecciona en la debilidad». Por tanto, de buena gana me jactaré más bien en mis debilidades, para que habite en mí el poder del Mesías. [10] Por eso me alegro en las debilidades, en las ofensas, en las necesidades, en las persecuciones, en las angustias por causa del Mesías; porque cuando soy débil, entonces soy poderoso. (2 Cor 12, 5-10.)

La experiencia espiritual de Saulo había venido acompañada de «un aguijón» que le mostraba su debilidad. Sin embargo, de esa situación no había salido amargado o desesperanzado. Por el contrario, había aprendido que su flaqueza era una magnífica forma de comprobar en su experiencia cotidiana la acción del Mesías que se le había revelado en el camino de Damasco.

Seguramente, no podemos captar cabalmente la profundidad psicoespiritual de esta circunstancia. Sí podemos afirmar que Saulo alcanzó una altura humana que rara vez se da, la de aquellos hombres que son conscientes de limitaciones dolorosas y que, sin embargo, no permiten que estas malogren sus existencias. La clave para superar esas situaciones puede ser diversa. Saulo estaba seguro —y se trataba de una circunstancia que duraba años— de que no era otra sino el Mesías Jesús. El poder del resucitado era lo que le permitía sortear una situación que hubiera tronchado la resolución de la mayoría.

La cuestión que se ha planteado durante siglos es la naturaleza exacta del denominado «aguijón en la carne». Esta última referencia ha llevado a no pocos comentaristas a identificarlo con una enfermedad física que pesaba enormemente en su existencia. En ese sentido, las interpretaciones han ido desde la epilepsia que atormentó a Julio César o Napoleón[3], la oftalmia[4], la fiebre de Malta[5], la malaria[6], la neurastenia[7] e incluso algún defecto de dicción como la tartamudez. Lo cierto, sin embargo, es que carecemos de base para sustentar cualquiera de estas posibilidades y, por añadidura, cuesta trabajo creer que un hombre que manifestaría la fortaleza física que Saulo mostraría en años sucesivos pudiera padecer una enfermedad crónica. En ese sentido, es muy probable que el «aguijón» no fuera una dolencia corporal.

De hecho, el término «carne» (*basar*) en el pensamiento hebreo no implica necesariamente una referencia al cuerpo, sino, más bien, a aquella parte de nuestro ser que se resiste a obedecer a Dios. En ese sentido la utiliza el mismo Pablo, por ejemplo, en Gálatas 5, 19-21. En este pasaje, son obras de la carne el adulterio, la fornicación y las borracheras, pero también la envidia, los celos, la ira o las disputas. Por lo tanto, cabe la posibilidad de que el citado aguijón fuera algo que hería no el cuerpo de Saulo sino, más bien, su inclinación —inclinación compartida por todos los seres humanos— al mal. De ser cierta esa interpretación, el aguijón podría herir desde la soberbia al afán de destacar, desde el orgullo al deseo de que los planes personales se cumplieran por encima de los propósitos de Dios. Siguiendo con esa línea argumental, cabe preguntarse qué podía causar ese dolor al amor propio de Saulo. La respuesta, de manera casi obligada, sería el rechazo manifestado por buena parte de sus compatriotas judíos. Este tema, como tendremos ocasión de ver, le causó un enorme dolor durante toda su vida y lo arrastró a re-

---

[3] W. Wrede, *Paul*, Londres, 1907, p. 22 y ss.

[4] J. T. Brown, «St. Paul´s Thorn in the Flesh», en J. Brown (ed.), *Horae Subsecivae*, Edimburgo, 1858.

[5] W. M. Alexander, «St. Paul´s Infirmity», en *Expository Times*, 15, 1903-4, p. 469 y ss. y 545 y ss.

[6] W. M. Ramsay, *St Paul the Traveller and the Roman Citizen*, Londres, 1920, p. 94 y ss.

[7] H. Lietzmann, *The Beginnings of the Christian Church*, Londres, 1949, p. 113.

flexiones teológicas de envergadura nada desdeñable. Saulo se
habría visto enfrentado en aquellos años de Tarso —y en las décadas siguientes— con un panorama tan aparentemente contradictorio como el del disfrute de profundas experiencias espirituales (las entendamos como las entendamos) y de la tristeza
de ver cómo los judíos no aceptaban de manera unánime al
Mesías ya venido. No solo eso. En algunas ocasiones, su reacción había sido muy similar a la que él mismo había vivido en
el pasado. Al rechazo se había sumado la violencia física. En su
pesar, habría pedido de manera muy especial que aquella situación cambiara, pero lo único que había recibido —y que recibiría en los años siguientes— había sido un llamamiento a confiar en el Mesías en medio de la dificultad. Lo especial de Saulo
es que semejante circunstancia no lo hundió. Por el contrario,
aceptó todo confiando en el Mesías resucitado. Se trataría de
una actitud con poderosas consecuencias durante el resto de su
vida. El hombre, pues, que Bernabé encontró en Tarso conservaba todas las cualidades que había pensado que se daban cita
en él. A ellas, además, se unía la de una madurez espiritual
aquilatada en el crisol de las experiencias.

El tiempo que Saulo pasó en Antioquía fue de un año y estuvo dedicado a la enseñanza en el seno de la comunidad (Hch 13,
26). En buena medida, era lógico que así fuera, porque Saulo
era un hombre con una educación teológica formal, a los pies de
uno de los rabinos de mayor prestigio en su época, y esa circunstancia lo capacitaba para ir desgranando ante una congregación
aquellos contenidos de las Escrituras referidos al Mesías y cumplidos en Jesús. Como tendremos ocasión de ver al examinar sus
epístolas, Saulo utilizó esa forma de enseñanza incluso cuando se
dirigía a un destinatario mayoritaria o totalmente gentil. Lejos
de creer que los que venían del paganismo entraban en una situación espiritual ajena a la experiencia secular de Israel, estaba
convencido de que Jesús era la consumación de las esperanzas
judías y de que tal extremo esencial podía demostrarse a partir

de la propia Biblia. Para una comunidad que estaba dando entrada a gentes que procedían de medios paganos y que, comprensiblemente, no se habían desprendido de todas las impregnaciones de su antigua religión, Saulo tuvo que resultar una verdadera bendición.

Según nos informa la fuente lucana, la comunidad cristiana de Antioquía destacaba por la existencia de dos carismas o dones muy concretos (Hch 13, 1). Uno era el de enseñanza —que debió estar muy relacionado con la actividad de Saulo—, y el otro el de profecía[8]. De manera vulgar, suele asociarse la profecía con el vaticinio del futuro. Hay parte de verdad en esa consideración, pero en la tradición judía el profeta es mucho más que un adivino en el paganismo. Se trata, por el contrario, de un hombre (o una mujer) que, fundamentalmente, contempla el presente con la visión de Dios y que comunica esa perspectiva a sus contemporáneos advirtiéndolos de las consecuencias de no someterse a ella. Ocasionalmente, el profeta también podía hacer referencia a situaciones futuras.

Las primeras comunidades cristianas contaron con profetas de manera muy común, y el hecho de que Antioquía dispusiera de ese carisma como una de sus bases resulta muy revelador. Curiosamente, uno de los episodios de la vida de Saulo en Antioquía aparece relacionado con la profecía. La fuente lucana lo narra de la siguiente manera:

> [27]Y en aquellos días bajaron a Antioquía algunos profetas procedentes de Jerusalén. [28]Y levantándose uno de ellos, llamado Ágabo, dio a entender, por obra del Espíritu, que iba a tener lugar una gran hambruna en toda la tierra habitada, la cual se produjo en tiempos de Claudio. [29]Entonces los discípulos, cada uno conforme a lo que tenía, decidieron enviar una ayuda a los hermanos que vivían en Judea. [30]Lo que, efectivamente, llevaron a cabo, enviándola a los ancianos a través de Bernabé y de Saulo. (Hch 11, 27-30.)

---

[8] Un estudio en profundida de los profetas en las comunidades cristianas primitivas en C. Vidal, *El judeo-cristianismo en la Palestina del siglo I*, Madrid, 1995, p. 283 y ss.

El pasaje lucano resulta especialmente ilustrador de lo que era la vida de una comunidad cristiana primitiva. Los que venían procedentes de otros lugares eran considerados hermanos y se les daba ocasión para expresarse en la congregación. En este caso concreto, entre los visitantes se encontraban profetas como Ágabo, que anunció una hambruna. La reacción espontánea de la comunidad antioquena fue recoger una cantidad destinada a ayudar a los hermanos de Judea, presumiblemente en peor situación económica. En una época como aquella, en la que ni siquiera Roma podía garantizar del todo la seguridad de los envíos, lo habitual era encomendar el traslado a gente de confianza, y la congregación consideró que los comisionados debían ser Bernabé y Saulo. La circunstancia proporcionaría a este su segunda oportunidad para ponerse en contacto con los que habían conocido personalmente a Jesús.

El segundo viaje a Jerusalén

Lucas es muy sucinto en la referencia al viaje de Bernabé y Saulo a Jerusalén. Sin embargo, algunos años después, el segundo de los enviados dejaría su testimonio personal sobre lo sucedido. De acuerdo con el mismo, sabemos que también los acompañaba Tito, un converso procedente del paganismo que tendría un papel importante en la vida ulterior de Saulo:

> [1]Después, cuando habían pasado catorce años, fui otra vez a Jerusalén en compañía de Bernabé y llevando conmigo a Tito. [2]Fui obedeciendo una revelación[9], y, para no correr o haber corrido en vano, les comuniqué el Evangelio que predico entre los gentiles, especialmente a los que tenían alguna reputación. [3]Pero ni siquiera Tito, que me acompañaba, a pesar de ser griego, fue obligado a circuncidarse... [6]Y los que parecían ser algo (lo que

---

[9] Obviamente, el anuncio profético de Ágabo que había motivado a la comunidad de Antioquía a enviar su ayuda.

hayan sido en otro tiempo me trae sin cuidado; Dios no tiene favoritismo hacia nadie), los que parecían ser algo, la verdad es que no me añadieron nada. [7] Antes por el contrario, al ver que me había sido encargado el Evangelio dirigido a la incircuncisión, igual que a Pedro el de la circuncisión [8] (porque el que constituyó a Pedro apóstol para la circuncisión, también me constituyó a mí apóstol para los gentiles), [9] al ver la gracia que me era concedida, Santiago, Cefas y Juan, que parecían ser las columnas, nos dieron la diestra de compañerismo a mí y a Bernabé, para que nosotros fuésemos a los gentiles y ellos a la circuncisión. [10] Lo único que nos pidieron fue que nos acordásemos de los pobres, algo de lo que me ocupé con diligencia. (Gál 2, 1-10)

El texto reviste una notable importancia no solo para trazar el desarrollo de la vida del futuro Pablo, sino también para comprender la manera en que las comunidades cristianas estaban abordando el tema de los conversos gentiles. Desde la última vez que Saulo se había encontrado con Cefas había pasado de ser un neófito entusiasta a un hombre encargado de la enseñanza de prosélitos procedentes del paganismo. A diferencia de lo que hacían los misioneros judíos —salvo en el caso de los temerosos de Dios que no llegaban a integrarse del todo en la vida de Israel—, Saulo no estaba exigiendo la circuncisión a los conversos. Esa actitud —quizá no tan firme catorce años atrás— resultaba ahora indiscutible. Los gentiles que se convertían al Evangelio —al igual que los judíos que seguían el mismo paso— no eran justificados por las obras de la ley, sino por la fe en Jesús el Mesías (Gál 2, 16). Partiendo de la base de una salvación que se debía a la acción de Dios en Jesús y que podía únicamente ser aceptada a través de la fe o rechazada, pero nunca ganada por las obras, el paso de la circuncisión perdía todo su significado. La entrada en el pueblo de Dios no derivaba de ese rito, sino de la aceptación por fe de Jesús el Mesías. Pero ¿ese mensaje de Buenas Noticias —que, al parecer, no había provocado ninguna reacción contraria en la cosmopolita Jerusalén— era correcto o, por el contrario, era una desviación de Saulo? ¿Se correspondía con la verdad predicada por las columnas de Jerusalén o equivalía a correr en vano?

La respuesta de Cefas, de Santiago y de Juan, los tres pilares de la comunidad judeocristiana de Jerusalén, difícilmente pudo ser más obvia. La predicación de Saulo era correcta. Precisamente por ello, no resultaba necesario que Tito, un converso procedente del paganismo, se sometiera al rito judío de la circuncisión. No solo eso. Los tres personajes —dos de ellos apóstoles desde el inicio del ministerio de Jesús, y el tercero un hermano suyo convertido al verlo resucitado— respaldaron la predicación de Saulo, considerando que su origen era tan divino como el que podía ostentar la que Pedro realizaba entre los judíos. Quedaba así establecida una demarcación de los diferentes terrenos de evangelización. Saulo se entregaría a la destinada a los paganos, y Pedro a los judíos. Lo único que le rogaron fue que no rompieran los lazos que existían entre la comunidad de Jerusalén y la de Antioquía, que siguieran —como en esos momentos en que les entregaban una colecta— ocupándose de los pobres.

El acuerdo fue verdaderamente fraternal y muestra hasta qué punto incluso los judeocristianos de Jerusalén estaban más que dispuestos a proporcionar una entrada amplia a los paganos que abrazaran la fe en Jesús. Sin embargo, quizá porque la decisión se basaba más en la fraternidad que en un sentido práctico, el acuerdo de Jerusalén plantearía problemas en el futuro. Con la perspectiva que da el tiempo, parece lógico que así fuera. Por ejemplo, ¿cómo se traducía en la práctica la división de la predicación entre judíos y no judíos? Resultaba obvio que ciudades como Jerusalén quedaban totalmente dentro del ámbito de predicación de Pedro, pero en una ciudad pagana como Corinto o Roma, ¿podía predicar Saulo a los judíos o estos deberían ser solo evangelizados por Pedro? En segundo lugar, ¿cómo debía interpretarse el respaldo que Cefas, Santiago y Juan habían dado a Saulo y Bernabé? ¿Implicaba que reconocían a Saulo en pie de igualdad o, por el contrario, que lo contemplaban como alguien al que autorizaban a actuar como lo estaba haciendo? Si la primera respuesta era la adecuada, Saulo era un apóstol de la misma categoría que aquellos que habían caminado al lado de Jesús; pero si era la segunda la correcta, Saulo no pasaba de ser un comisionado sometido a la comunidad judeocristiana de Jerusalén. Estas cuestiones pueden parecer un tanto alambicadas para la gente de nuestro tiempo. Sin embargo, poseían una enorme trascendencia en el judaísmo del siglo I —del que los seguidores de Jesús en Jerusalén formaban parte— y constituirían cuestiones esenciales para el desarrollo del cristianismo de las siguientes décadas.

En Chipre [10]

La comisión que había llevado a Bernabé y a Saulo hasta Jerusalén se había cumplido de manera adecuada y cabe pensar que impulsó a los hermanos de Antioquía a meditar sobre las posibilidades de ampliar la misión entre los gentiles a otros territorios. La decisión, finalmente, se produjo en el curso de una celebración espiritual que la fuente lucana relata de la siguiente manera:

> [1]Había por aquel entonces en la comunidad que estaba en Antioquía profetas y maestros: Bernabé, y Simón el que tenía por sobrenombre Níger, y Lucio el cirenense, y Manahén, que había sido criado con Herodes el tetrarca, y Saulo. [2]Mientras adoraban al Señor, y ayunaban, dijo el Espíritu Santo: «Apartadme a Bernabé y a Saulo para la obra para la cual los he llamado». [3]Entonces, después de ayunar y orar, les impusieron las manos y los enviaron. [4]Y ellos, enviados así por el Espíritu Santo, descendieron a Seleucia y de allí navegaron a Chipre. (Hch 13, 1-4.)

Como suele ser habitual, el texto lucano vuelve a sorprendernos por la sencillez de la narración y, a la vez, por la infor-

---

[10] Sobre Chipre, véase: V. Karageorghis, *Cyprus from the Stone Age to the Romans*, Londres, 1982; P. Wallace y A. G. Orphanides (eds.), *Sources for the History of Cyprus I*, Nueva York y Chipre, 1990.

mación que nos proporciona sobre el funcionamiento de una comunidad cristiana apenas década y media después de la crucifixión de Jesús. Todo parece indicar que las decisiones de trascendencia derivaban de un proceso de búsqueda de la voluntad de Dios mediante recursos como la oración y el ayuno. Precisamente, en medio de ese ambiente era cuando la congregación esperaba que el Espíritu Santo se manifestara y comunicara lo que debía hacer. La forma en que las comunidades esperaban esa acción del Espíritu eran diversas, pero resulta innegable que prevalecía un elemento pneumático o carismático por encima de cualquier consideración jerárquica u organizativa. Muy posiblemente, en el episodio que abordamos ahora se trató de la declaración de un profeta. En otros casos, se producían fenómenos de glosolalia o hablar en lenguas desconocidas a través de los que se consideraba que el Espíritu Santo se manifestaba. En el caso que ahora nos ocupa parece ser que la congregación deseaba discernir a las personas que debían ocuparse de la expansión misionera entre los gentiles. La revelación indicó a Bernabé y a Saulo.

El sistema para encomendarles su cometido conmueve también por su sencillez. La comunidad se entregó a la oración y al ayuno y, acto seguido, impuso las manos a los elegidos. Se trataba de un comportamiento que volvería a repetirse en los siglos siguientes en momentos determinados de la historia del cristianismo, pero que contrasta poderosamente con la elaborada organización que caracteriza a no pocas entidades religiosas en la actualidad.

Como ya tuvimos ocasión de señalar, Antioquía era un lugar privilegiado geográficamente. Hacia oriente se hallaba Cilicia y Asia Menor, hacia occidente, a unos ciento cincuenta kilómetros, se encontraba la isla de Chipre. La elección de este lugar como objetivo misionero pudo venir determinada por el hecho de que Bernabé era chipriota y porque las experiencias de Saulo en Asia Menor no habían resultado precisamente prometedoras. Hacia la isla se dirigieron, por lo tanto, Bernabé, Saulo y el joven Juan Marcos. En la casa de la madre de este último se había reunido una de las comunidades judeocristianas de Jerusalén, precisamente la que dirigía Pedro (Hch 12, 12). Todo hace pensar que en el curso de su bajada a Jerusalén, Bernabé y Saulo habían descubierto cualidades en el joven que los habían decidido a incorporarlo a su trabajo de evangelización.

Chipre había sido ocupada en la Antigüedad por fenicios y griegos. Precisamente, de uno de los enclaves de la isla conocida como Kition, la actual Lárnaca, derivaba el nombre de Kittim con que se denomina a Chipre en hebreo. Durante el siglo VI a. de C. la isla pasó a formar parte del Imperio persa. Las conquistas de Alejandro Magno colocaron Chipre en la esfera de poder de los seléucidas, donde permaneció hasta que los romanos se la anexionaron en el 58 a. de C. En el año 56 a. de C. Chipre pasó a formar parte de la provincia de Asia. Permaneció en esa situación hasta el año 27 a. de C., en que se convirtió en una provincia imperial gobernado por un *legatus pro praetore*. En el 22 a. de C. Augusto se la entregó al Senado y la administración pasó a ser desempeñada por un procónsul. Esa era precisamente la situación cuando Bernabé y Saulo desembarcaron en la isla. La fuente lucana señala que el procónsul era a la sazón un tal Sergio Paulo. Ese dato nos obliga a pensar en varias posibilidades. Una es que se tratara de Lucio Sergio Paulo, un personaje que fue *curator* del Tíber en la época del emperador Claudio[11]; otra es que la referencia sea a otro romano del mismo nombre (seguramente su hijo) que ocupó un importante puesto en Galacia una generación más tarde[12]. Un tercer Sergio Paulo, que fue cónsul de

---

[11] CIL VI, 31545.
[12] Aparece mencionado en una inscripción latina encontrada en 1912 por W. M. Ramsay y J. G. C. Anderson en Antioquía de Pisidia. Véase W. M. Ramsay, *The Bearing of Recent Discovery on the Trustworthiness of the New Testament*, Londres, 1915, pp. 150-152.

Roma en el año 150 y 168 d. de C., ya no encajaría en nuestra época. Aunque se ha insistido en relacionar al procónsul con el primero de los citados, lo más seguro es que se trate en realidad de Quinto Sergio Paulo, al que se refiere una inscripción griega encontrada en Kythrea al norte de Chipre, en la que se hace referencia al hecho de que sirvió en la época de Claudio[13].

El grupo formado por Bernabé, Saulo y Juan Marcos desembarcó en la localidad de Salamina. De manera inmediata se dirigieron como objetivo inicial de su predicación a las sinagogas (Hch 13, 5). Semejante comportamiento pone de manifiesto, primero, que el acuerdo al que habían llegado los dos primeros con la comunidad judeocristiana de Jerusalén era entendido en términos geográficos y no religiosos, es decir, que consideraban que su predicación debía llevarse a cabo en tierra de gentiles, pero dirigida a gentiles y a judíos; y, segundo, que existía una especie de obligación espiritual de comunicar el mensaje a aquellos a los que por razones históricas debía interesar más a primera vista, a los judíos que desde hacía siglos llevaban esperando al Mesías.

Según nos refiere la fuente lucana, de sinagoga en sinagoga, el grupo fue atravesando la isla a lo largo de la costa sur hasta llegar a Pafos, la sede del gobierno provincial. Ignoramos cuál era el mensaje propagado por Bernabé y Saulo, pero lo más probable es que se tejiera con citas de las profecías del Antiguo Testamento que demostraban que Jesús era el Mesías de Israel. También resulta verosímil que esas referencias vinieran acompañadas por el testimonio de Saulo acerca de la visión que había tenido de Jesús en el camino de Damasco. El itinerario de Salamina hasta Pafos significaba un trayecto de doce kilómetros. Se trataba, en realidad, de la nueva Pafos, un enclave griego diferente de la vieja Pafos que era de origen fenicio. En la ciudad se veneraba de manera especial a la diosa Afrodita, a la que se denominaba Páfica.

---

[13] IGRR III, 935.

La isla era pequeña y la pareja debió llamar la atención del procónsul romano, de manera que Bernabé y Saulo fueron convocados ante su presencia. Muy posiblemente, Sergio Paulo deseaba averiguar la naturaleza de los recién llegados como gente que pudiera afectar el orden público. No en vano, por aquella época la presencia de judíos que recorrían el Imperio con fines subversivos no resultaba extraña. Pero, a la vez, debió verse movido por una cierta curiosidad intelectual. De hecho, la fuente lucana señala que en su cercanía actuaba un judío llamado Barjesús, al que califica de mago y falso profeta. Si el segundo calificativo puede ser únicamente una manera de definir a alguien que se oponía al mensaje del Evangelio, el primero indica a una persona relacionada con las ciencias ocultas.

Barjesús se opuso radicalmente a Bernabé y Saulo, y resulta lógico. Muy posiblemente pertenecía a esa estirpe secular de farsantes que viven a costa de la credulidad del prójimo presumiendo de sus dotes espirituales. Si había logrado un cierto ascendiente sobre Sergio Paulo —no hubiera sido el primer romano supersticioso, desde luego—, quizá temió que Bernabé y Saulo se convirtieran ahora en serios competidores. El enfrentamiento entre ambas partes se resolvió con un triunfo de Saulo y la ceguera del impostor. Barjesús seguramente no pasaba de ser un charlatán dedicado a embaucar al prójimo, mientras que Saulo era un hombre de una superioridad moral y espiritual incuestionable. La fuente lucana señala que «el procónsul, viendo lo que había sido hecho, creyó, maravillado de la doctrina del Señor» (Hch 13, 12). ¿Significa esto que Sergio Paulo abrazó el mensaje predicado por Saulo? Así lo han interpretado algunos, e incluso han llegado a argumentar que el cambio de nombre de Saulo a Pablo (Paulo) se debió a que así se llamaba el que había sido su primer converso de entre los gentiles. El tema dista, sin embargo, de estar tan claro. Posiblemente, Sergio Paulo se limitó a creer que Saulo y Bernabé eran personajes mucho más fiables y decentes que el mago judío. Por otro lado, cuesta creer que Paulo fuera el primer converso de Saulo tras un año entero de actividad en Antioquía, y cuando el gentil Tito —que posiblemente había abrazado el Evangelio gracias a su enseñanza— ya formaba parte de sus colaboradores. Finalmente, hay que señalar que Pablo (Paulus) fue muy posiblemente el nombre de ciudadano romano del antiguo fariseo. Si comenzó a utilizarlo a partir de esta su primera salida, seguramente haya que atribuirlo más al deseo de abandonar un nombre tan étnico como Saulo en favor de otro que ponía de manifiesto su ciudadanía romana. Fuera por lo que fuese, el apóstol ya no sería conocido con el nombre del primer rey de Israel. En adelante, para todos sería Pablo.

CAPÍTULO VII

Galacia

El Evangelio llega a Galacia [1]

POCA huella parece haber dejado aquella primera incursión de Bernabé y Saulo en la tierra natal del primero. Sea como fuere, ambos decidieron partir desde la isla a Asia Menor. Desembarcaron en Side, o, quizá, en Ataleia, la moderna Natalia, y desde allí se dirigieron a Perge de Panfilia, una localidad situada unos diez kilómetros en el interior, en la ruta costera que llevaba desde Éfeso a Tarso. Perge era la ciudad principal de Panfilia, una región que iba desde la cordillera del Taurus hasta el mar Mediterráneo, y que junto con Licia formaba en aquel entonces una provincia romana. El hecho de que hubiera enclaves judíos en la zona hace pensar que quizá Bernabé y Saulo tenían la intención de emprender la tarea de propagación del Evangelio. Sin embargo, lo cierto es que la fuente lucana no nos refiere nada al respecto. A decir verdad, se limita a decir que Juan Marcos decidió dejar a Bernabé y Saulo y regresar a Jerusalén (Hch 13, 13). No sabemos con seguridad a qué se debió el abandono del joven judío, pero cabe la posibilidad de que se sintiera desanimado con los magros re-

---

[1] Sobre Galacia, véase: R. K. Shrenk, «Roman Galatia», en *ANRW*, II, 7.2, pp. 954-63; S. Mitchell, *Anatolia: Land, Men and Gods in Asia Minor*, vol. 2: *The Rive of the Church*, Oxford, 1993; B. Levich, *Roman Colonies in Southern Asia Minor*, Oxford, 1976.

sultados del viaje. Seguramente esperaba un éxito evangelizador como los que había tenido Pedro en Jerusalén o incluso
como los obtenidos por los hermanos de Antioquía. Sin embargo, lo que había encontrado era un viaje atravesando Chipre
solo para hablar en sinagogas donde nadie los había creído y
donde el único éxito había sido que el gobernador romano se
percatara de que un mago judío era un farsante. Las primeras
jornadas pasadas en Frigia debieron convencerlo de que no era
razonable esperar que las perspectivas mejoraran y, como mucha gente joven de todas las épocas, llegó a la conclusión de que
esperar pacientemente no pasaba de ser una pérdida de tiempo.
La vida de Juan Marcos volvería a cruzarse con la de Bernabé
y Pablo, pero, como tendremos ocasión de ver, de manera bien
diferente. Por supuesto, Pablo no contemplaba la situación de
la misma manera que el joven Marcos. Ciertamente, la experiencia chipriota no había sido buena, pero, seguramente, no
debió de darle importancia ante la perspectiva de adentrarse en
Galacia llevando el mensaje.

La provincia romana de Galacia derivaba su nombre del
reino de Galacia fundado por los galos o gálatas que en el siglo III
a. de C. habían invadido la península asentándose en un territorio que con anterioridad había pertenecido a Frigia. Con el
paso del tiempo, los monarcas gálatas se habían convertido en
aliados de Roma, quizá porque desconfiaban enormemente de
los reinos helenísticos formados tras la descomposición del Imperio de Alejandro Magno. En el año 25 a. de C., Amintas, el
último rey gálata, cayó combatiendo a invasores procedentes
del norte del Taurus. Roma aprovechó la ocasión para incorpo-
rarse el territorio de su antiguo aliado. Sin embargo, el emperador Augusto decidió llevar a cabo una remodelación territorial
de envergadura. Así, incorporó a la provincia de Galacia un
considerable territorio situado al sur formado por la Frigia oriental, Pisidia, Isauria y la Licaonia occidental. Se trataba de tierras
que nunca habían sido étnica o políticamente de Galacia, pero

que ahora se conviertieron administrativamente en gálatas. No tenemos noticia alguna de que Pablo visitara alguna de las poblaciones del norte de la provincia romana de Galacia —las étnicamente gálatas— como Pessino al oeste, Tavium al este o Ancyra (la actual Ankara) en el centro. Sí está abundantemente documentado que recorrió el sur de Galacia, es decir, el territorio añadido por Augusto a la provincia. De hecho, el primer destino alcanzado por Pablo y Bernabé desde Perge fue la sureña Antioquía de Pisidia.

Antioquía de Pisidia —o Antioquía cercana a Pisidia como la denomina Estrabón— se hallaba, en realidad, situada en la región de Frigia, en la frontera con Pisidia. En el pasado, Frigia había sido un reino, pero los romanos habían optado por dividirlo entre las provincias de Asia y Galacia. Como en el caso de Galacia, las divisiones o agregaciones experimentadas por los antiguos reinos, lejos de ser una muestra de torpeza romana, constituyen una prueba de agudeza política. Al no existir la identificación entre los límites del reino antiguo y la nueva provincia romana, la posibilidad de rebeliones nacionales quedaba en no escasa medida orillada.

El islam borró a Antioquía de Pisidia del mapa y no fue descubierta hasta 1833 por un pastor protestante. Sin embargo, fue una urbe importante fundada por los seléucidas a inicios del siglo III a. de C. No obstante, hay restos de ocupaciones anteriores del lugar. La razón hay que buscarla en su ubicación estratégica, que parecía determinar la ciudad como puesto de vigilancia fronteriza. Lo mismo debió pensar Augusto en el año 6 a. de C., cuando la convirtió en colonia romana con la designación de *Colonia Caesarea*. Como todas las colonias romanas, Antioquía de Pisidia contó con asentamientos de soldados romanos veteranos establecidos junto a la población local y sirvió como eficaz instrumento de romanización. De hecho, las colonias constituían islas de ciudadanos romanos en medio de poblaciones que no lo eran y se regían como la misma Roma. Así, elegían anualmente a dos magistrados para gobernarlas a semejanza de los dos cónsules romanos.

Sir William Ramsay[2] llegó a la conclusión de que Pablo había contraido la malaria —el aguijón en la carne, según su interpretación— en Panfilia y que había buscado recuperarse en Antioquía de Pisidia, que era una región elevada. A todo ello se habría referido Pablo cuando recordó tiempo después a los gálatas que una enfermedad física le había permitido predicarles el Evangelio (Gál 4, 13). La tesis resulta sugestiva, pero no contamos con ninguna base real para sustentarla. No hay razón para pensar que Pablo padeciera malaria, y mucho menos que buscara alivio en Antioquía de Pisidia.

Como en otras ciudades de Frigia, existía en Antioquía de Pisidia una comunidad judía cuyos orígenes podían retrotraerse al reinado de Antíoco III (223-187 a. de C.). Siguiendo su práctica habitual, Bernabé y Pablo se dirigieron a la sinagoga el primer sábado después de su llegada a la ciudad con la intención de predicarles el Evangelio. La fuente lucana nos ha conservado precisamente ese episodio:

> [14] Y ellos, dejando tras de sí Perge, llegaron a Antioquía de Pisidia, y entrando en la sinagoga un día de sábado tomaron asiento. [15] Y después de la lectura de la Ley y de los Profetas, los principales de la sinagoga se dirigieron a ellos, diciéndoles: «Varones hermanos, si tenéis alguna palabra de exhortación para el pueblo, hablad». [16] Entonces Pablo, levantándose, hizo con la mano una señal para que guardaran silencio y dijo: «Varones israelitas, y temerosos de Dios, oid: [17] El Dios del pueblo de Israel escogió a nuestros padres, y ensalzó al pueblo, siendo ellos extranjeros en la tierra de Egipto, y con brazo levantado los sacó de ella. [18] Y por un tiempo de cuarenta años aproximadamente los soportó en el desierto; [19] y destruyendo siete naciones en la tierra de Canaán, les repartió por suerte su tierra. [20] Y después, durante cuatrocientos cincuenta años aproximadamente, les dio jueces hasta el profeta Samuel. [21] Y entonces pidieron un rey, y Dios les dio a Saúl, hijo de Cis, un varón de la

---

[2] W. Ramsay, St. Paul..., p. 94 y ss.

tribu de Benjamín, durante cuarenta años. [22] Y quitado este, les levantó a David por rey, al que dio también testimonio, diciendo: He hallado a David, el de Jesé, un varón conforme a mi corazón, que hará todo lo que yo deseo. [23] De la descendencia de este, Dios, conforme a la promesa, levantó a Jesús como Salvador de Israel. [24] Juan, antes de que llegara, había predicado el bautismo de arrepentimiento a todo el pueblo de Israel. [25] Pero cuando Juan estaba para concluir su misión, dijo: «¿Quién pensáis que soy? Yo no soy; pero he aquí que después de mí viene uno, a quien no soy digno de desatarle el calzado de los pies». [26] Varones hermanos, hijos del linaje de Abraham, y los que entre vosotros temen a Dios, a vosotros es enviada la palabra de esta salvación. [27] Porque los que habitaban en Jerusalén y sus gobernantes, no reconociendo a Jesús ni los anuncios de los profetas que se leen todos los sábados, al condenarlo, los cumplieron. [28] Y sin hallar causa para darle muerte, pidieron a Pilato que lo condenara. [29] Y, tras haber dado cumplimiento a todas las cosas que se habían escrito sobre él, tras quitarlo del madero, lo colocaron en el sepulcro. [30] Sin embargo, Dios lo levantó de entre los muertos. [31] Y fue visto durante muchos días por los que habían subido con él de Galilea a Jerusalén, los cuales son testigos suyos delante del pueblo. [32] Y también nosotros os anunciamos el Evangelio de aquella promesa que fue hecha a nuestros padres. [33] La misma que Dios ha cumplido en favor de sus hijos, de nosotros, al resucitar a Jesús, tal y como se halla escrito también en el salmo segundo: Mi hijo eres tú, yo te he engendrado hoy. [34] Y que lo levantó de entre los muertos para nunca más volver a la corrupción, lo dijo así: Os daré las misericordias fieles de David. [35] Por eso dice también en otro lugar: No permitirás que tu Santo vea corrupción. [36] Porque ciertamente David, tras haber servido a su generación conforme a la voluntad de Dios, murió, y se reunió con con sus padres, y vio corrupción. [37] Sin embargo, aquel al que Dios resucitó, no vio corrupción. [38] Sabed, por lo tanto, varones hermanos, que gracias a este se os anuncia el perdón de los pecados; [39] y si bien no pudisteis ser justificados por la ley de Moisés de nada, en este es justificado todo aquel que creyere. [40] Mirad, pues, que no recaiga sobre vosotros lo que aparece dicho en los profetas: [41] Mirad, oh menospreciadores, y pasmaos, y desvaneceos, porque llevo a cabo una obra en vuestros días, una obra que no creeréis, si alguien os la contara». (Hch 13, 14-41.)

El texto resulta verdaderamente iluminador y recoge la esencia de lo que debió de ser la predicación del cristianismo en Galacia. Pablo, seguramente mejor orador que Bernabé, era el encargado de comunicar el mensaje que se dirigía a los judíos y a los gentiles que no habían pasado por la circuncisión aunque acudían a la sinagoga, los denominados temerosos de Dios. El mensaje comenzaba haciendo una referencia a la historia de Israel, un pueblo liberado por Dios de la esclavitud de Egipto, asentado en la Tierra Prometida y bendecido con la monarquía de David. A este mismo David, Dios le había prometido un descendiente —el Mesías— que consumaría la Historia. Ese descendiente no era otro que Jesús, al que había apuntado incluso el profeta Juan, el que había predicado un bautismo en señal de arrepentimiento. Sin embargo, Jesús no había sido recibido como Mesías por los habitantes de Jerusalén. A decir verdad, tanto ellos como sus gobernantes lo habían condenado y, acto seguido, habían solicitado de Pilato, el gobernador romano, que le diera muerte. Sin embargo, al actuar de esa manera no habían conseguido frustrar el plan de Dios. Todo lo contrario. En realidad, habían cumplido las profecías referidas al Mesías. Aún más. A pesar de que le dieron sepultura, el Mesías no pudo permanecer en el sepulcro ni fue presa de la corrupción. Por el contrario, Dios lo resucitó, dando cumplimiento así a las profecías mesiánicas contenidas en el Salmo 2, 7 (el Mesías sería engendrado por Dios) y en el Salmo 16, 10 (el Mesías no vería corrupción), poniendo de manifiesto que Jesús era el Mesías. En ese punto del discurso —un discurso que, muy posiblemente, Pablo pudo repetir en docenas de ocasiones— se introducía un elemento de especial relevancia, nada más y nada menos que la afirmación de que había numerosos testigos de la resurrección de Jesús. Se trataba de personas capaces de avalar aquel anuncio de que las promesas realizadas por Dios a Israel se habían cumplido y de que el Mesías había llegado. Precisamente en ese momento de verdadero clímax, Pablo llevaba a cabo una afirmación de especial relevancia. Lo que anunciaba no era una mera especulación religiosa o un relato pergeñado para exaltación de los oyentes. En realidad, se trataba de un anuncio que exigía una respuesta. En Jesús, el Mesías ejecutado en Jerusalén y resucitado, se encontraba la salvación. Se trataba de una salvación que no podía alcanzarse por las obras —un tema que Pablo, como veremos, repetiría insistentemente—, sino únicamente creyendo en Jesús. Tras escuchar semejante afirmación, los presentes solo tenían dos alternativas: o bien rechazar al Mesías resucitado y condenarse, o aceptarlo a través de la fe y salvarse.

La exposición de Pablo ha contado con numerosos paralelos a lo largo de la Historia. Sin embargo, escucharla en aquel contexto debió de representar un verdadero trallazo espiritual. No solo implicaba la afirmación rotunda de que Dios había cumplido sus promesas; no solo implicaba el anuncio de que el Mesías había llegado de acuerdo con lo anunciado en las Escrituras; no solo implicaba que la salvación no es fruto de las obras humanas sino un regalo que Dios entrega en la persona de Jesús, sino que además obligaba a adoptar una decisión. No puede sorprender, por lo tanto, que cuando Bernabé y Saulo salieron de la sinagoga, algunas personas les pidieran que regresaran el siguiente sábado para seguir hablándoles (Hch 13, 42). Incluso algu- nos judíos y conversos gentiles continuaron charlando con ellos (Hch 13, 43). Cuando, a la semana siguiente, Bernabé y Saulo regresaron a la sinagoga, la expectación resultó muy considerable (Hch 13, 44). La fuente lucana indica que aquel éxito de los recién llegados provocó la envidia de algunos judíos. La noticia tiene todo el aspecto de ser exacta. A fin de cuentas, llevaban generaciones y generaciones en aquella ciudad, e incluso habían logrado algunas conversiones al judaísmo. Sin embargo, ahora aparecían aquellos recién llegados y provocaban semejante interés. Por si fuera poco, su predicación resultaba sospechosa. En lugar de instar a los conversos a guardar la ley de Dios, la Torah, se habían permitido decir que nadie podía ser justificado por las obras y que la única justificación posible derivaba de creer en Jesús. No extraña que la segunda reunión no tuviera un resultado tan halagüeño. Sin embargo, cuando los judíos se opusieron a Pablo, este y Bernabé les respondieron:

> [46] «Resultaba ciertamente indispensable que se os hablase la Palabra de Dios; pero puesto que la rechazáis y os juzgáis indignos de la vida eterna, he aquí que nos volvemos a los gentiles. [47] Porque así nos lo ha ordenado el Señor, diciendo: Te he puesto para luz de los gentiles, para que seas la salvación hasta los confines de la tierra. [48] Y los gentiles, al escuchar aquello, se alegraron y glorificaban la palabra del Señor; y creyeron todos los que estaban ordenados para vida eterna. [49] Y la palabra del Señor fue sembrada por toda aquella provincia». (Hch 13, 46-49.)

Una vez más, lo señalado en la fuente lucana resulta extraordinariamente luminoso. La predicación de Pablo —como seguiría siendo a lo largo de su vida— se dirigía siempre en primer lugar a los judíos, ya que, en buena lógica, estos eran los que debían estar más interesados por el cumplimiento de las promesas de Dios a Israel y los que podían comprender mejor la trascendencia de que hubiera llegado el Mesías. Sin embargo, no tenía la intención de restringirse a estos. Por el contrario, era misión suya poner también al alcance de los gentiles aquella predicación de salvación. Como demostraría el paso de los años, serían precisamente estos los más inclinados a aceptar aquel mensaje. Las razones, desde luego, no eran pocas. Pablo parecía excluir cualquier sentimiento de superioridad que los judíos de nacimiento pudieran tener sobre los conversos, y además abría a estos la posibilidad de integrarse en las acciones y las promesas de Dios para con Israel. Por si fuera poco, indicaba que la salvación no derivaba de las obras de la Torah —obras que para los gentiles

podían resultar aún más gravosas que para los judíos, cultural-
mente predispuestos hacia su observancia—, sino de aceptar a
través de la fe la obra salvadora de Jesús.

La respuesta de los judíos ante lo que, muy posiblemente,
consideraban una peligrosa perversión de su religión fue aprovechar la estructura administrativa de Antioquía de Pisidia en contra de Bernabé y Saulo. Dado que la ciudad se regía como Roma
y que esa circunstancia otorgaba un peso notable al gobierno de
la población, los judíos optaron por soliviantar los ánimos de algunas conversas importantes y de los gobernantes. Como resultado, Bernabé y Saulo se vieron obligados a abandonar la población (Hch 13, 50-51). Sin embargo, esta vez el resultado de la
labor evangelizadora de los dos misioneros no resultó desdeñable.
A sus espaldas quedó una nueva congregación —la primera de
Galacia— en la que se reunían de manera significativa conversos
procedentes de los gentiles, pero también con un cierto conocimiento del judaísmo.

La ciudad a la que inmediatamente se encaminaron, Iconio,
la moderna Konya, se encontraba situada a unos ciento cincuenta kilómetros al este-sureste de Antioquía de Pisidia. El islam ha
borrado cualquier resto clásico en esta ciudad, pero en aquella
época constituía un importante nudo de comunicaciones situado
en los confines de Frigia y limitando con la llanura licaonia. Esta
última circunstancia explica que algunos autores latinos como
Cicerón (*Ad Familiares* XV, 4, 2) o Plinio (*Historia natural* V, 95)
la consideraran, erróneamente, por cierto, licaonia. El emperador
Claudio le había concedido recientemente el derecho de usar su
nombre como un prefijo de honor, por lo que fue conocida durante algún tiempo con la denominación de *Claudiconium*.

La experiencia de Bernabé y Pablo en Iconio presentó similitudes con la sufrida en Antioquía de Pisidia. Una vez más, se dirigieron a la sinagoga y anunciaron que las Escrituras habían encontrado su cumplimiento en Jesús; una vez más, hubo judíos y gentiles
que aceptaron su predicación y, una vez más, los judíos que habían

rechazado el mensaje se entregaron a denigrar a los misioneros entre la población (Hch 14, 1-2). A pesar de todo, también se produjo una diferencia significativa. Durante una temporada, Bernabé y Pablo pudieron quedarse en la ciudad y, como fruto de su labor, quedó constituida una nueva comunidad. En esta ocasión, al éxito de la predicación contribuyó además la noticia de que los dos apóstoles realizaban milagros (Hch 14, 3). Semejantes hechos —cuyo contenido exacto ignoramos— fueron considerados intolerables por los adversarios de Bernabé y Pablo, que no tardaron en abrigar el propósito de lapidarlos. Es muy posible que la decisión estuviera relacionada con la disciplina de la sinagoga y que la acusación que pendiera sobre los dos misioneros fuera la de blasfemia. Fuera como fuese, alguien puso al corriente a los apóstoles de lo que se les avecinaba y optaron por abandonar la población. Sin embargo, por segunda vez desde su llegada a Galacia, sus esfuerzos no resultaron en vano. Por el contrario, dejaban tras de sí una nueva comunidad cristiana. Hasta qué punto esta resultó floreciente y se sintió orgullosa de su fundación por Pablo puede desprenderse del hecho de que los *Hechos de Pablo y Tecla* —un escrito apócrifo del siglo II d. de C.— se centran precisamente en Iconio.

Bernabé y Pablo cruzaron ahora la frontera entre Frigia y Licaonia y se adentraron en esta. Se detuvieron a unos treinta kilómetros en dirección sur-sureste, en la ciudad de Listra. El islam aniquiló la ciudad de Listra, que no fue descubierta hasta 1885. Pero su pasado fue importante. Al igual que Antioquía de Pisidia —con la que estaba unida por una calzada militar—, Listra se había convertido en colonia romana gracias a Augusto. Sabemos que había judíos en la ciudad, pero el único episodio que recoge la fuente lucana de la estancia de Bernabé y Pablo en Listra no se relaciona ni con ellos ni con residente romanos, sino con los naturales del lugar. Estos quedaron impresionados al ver cómo Pablo curaba a un cojo y llegaron a la conclusión de que los dos visitantes eran dioses con forma humana. Así, «a Bernabé lo llamaban Zeus, y a Pablo, Hermes, porque era el que llevaba la palabra» (Hch 14, 12).

La asociación de un hecho prodigioso con estos dos dioses y su adoración conjunta aparece documentada en Asia Menor. De hecho, Ovidio la recoge en la conocida leyenda de Filemón y Baucis (*Metamorfosis* VIII, 626 y ss.), y no faltan los restos arqueológicos que nos ofrecen el mismo dato. El más conocido es un altar de piedra dedicado a Zeus, como «el que escucha la oración», y a Hermes[3]. No resulta por ello sorprendente que el sacerdote de Zeus Propolis —el Zeus cuyo templo se alzaba en frente de la puerta de la ciudad— iniciara la celebración de los ritos de sacrificio en honor de los dos visitantes. Al parecer, durante un tiempo ni Bernabé ni Pablo se dieron cuenta de lo que sucedía porque la gente se expresaba en licaonio, pero al comprender sus intenciones se quedaron horrorizados y, dirigiéndose a los lugareños en griego, les suplicaron que abandonaran sus propósitos. El hecho ha quedado recogido con especial patetismo en la fuente lucana:

> [13]Y el sacerdote de Zeus, Propolis, trajo toros y guirnaldas delante de las puertas y junto con el pueblo deseaba ofrecerles sacrificios. [14]Y, al escucharlo, los apóstoles Bernabé y Pablo, se rasgaron las vestiduras y se abalanzaron sobre la multitud gritando [15]y diciendo: «Varones, ¿por qué hacéis esto? Nosotros también somos hombres como vosotros, que os anunciamos que de estas vanidades os convirtáis al Dios vivo, el que hizo el cielo y la tierra, y el mar, y todo lo que hay en ellos. [16]En tiempos pasados ha permitido que todas las gentes anduvieran por sus caminos; [17]bien es cierto que no se dejó sin testimonio, ya que ha hecho el bien, dándonos lluvias desde el cielo y tiempos fructíferos, llenando de sustento y de alegría nuestros corazones». [18]Y diciendo estas cosas, a duras penas lograron sosegar al pueblo, para que no les ofreciesen sacrificios. (Hch 14, 13-18.)

Si el discurso de Pablo en la sinagoga de Antioquía de Pisidia constituye un esquema de su predicación para judíos y con-

---

[3] MAMA VIII, Manchester, 1962, n. 1. Más noticias de este tipo, en W. M. Calder, «Zeus and Hermes at Lystra», *Expositor*, serie 7, 10, 1910, p. 1 y ss., e ídem, «The Priest of Zeus at Lystra», *ibídem*, p. 148 y ss.

versos al judaísmo, el de Listra recoge en buena medida el que dirigía a gente procedente del paganismo y que no había escuchado nunca referencias a lo contenido en las Escrituras. No aparecen menciones —carecería de sentido— a la historia de Israel o a la promesa de un Mesías. Sin embargo, existe una clara afirmación de que existe un solo Dios creador. Por supuesto, en el pasado este Dios había permitido que las gentes siguiera sus caminos extraviados, pero no se le podía acusar de haberse despreocupado del género humano. Por el contrario, fenómenos como la indispensable lluvia o las cosechas que nos permiten vivir dan testimonio de su existencia.

Aquella exposición —en la que de manera bien significativa Pablo se guardó muy claramente de identificar al Dios creador con Zeus— acabó apaciguando a las gentes de Listra y disuadiéndolas de sus primeras intenciones. Sin embargo, la permanencia de Bernabé y Pablo en Listra no iba a ser fácil. A esas alturas, algunos judíos de Antioquía e Iconio habían llegado a la conclusión de que las predicaciones de los dos apóstoles resultaban intolerables y que debían ser impedidas a toda costa. Guiados por ese propósito, llegaron a Listra y provocaron un motín contra los misioneros. Si en Iconio habían logrado escapar a la lapidación, esta vez Pablo no tuvo tanta suerte. Se apoderaron de él y lo apedrearon. Una vez consumada la acción, lo abandonaron a las afueras de la ciudad convencidos de que estaba muerto (Hch 14, 19). Afortunadamente para él, no era así. De hecho, cuando un grupo de discípulos acudió a buscarlo, logró ponerse en pie y regresar a la ciudad. Posiblemente, Pablo había perdido el conocimiento como consecuencia de alguna pedrada en la cabeza, pero no sufrió lesiones de importancia. A pesar de todo, no podía negarse que el apóstol había salvado la vida por muy poco. Tras de sí, como en el resto de las poblaciones de Galacia que había visitado, quedaba establecida una comunidad (Hch 14, 20). Años después, Pablo recordaría aquella vez en que había sido apedreado (2 Cor 11, 25), en clara referencia a lo sucedido en Listra. De manera bien significativa, su memoria de lo acontecido aparecía en un contexto en el que expresaba cómo ninguna de las tribulaciones que había padecido había tenido como efecto el que se doblegara.

Al día siguiente de aquellos hechos, Bernabé y Pablo abandonaron la ciudad de Listra en dirección a Derbe. El islam borró de la faz de la tierra esta ciudad, que no fue hallada hasta 1888. Se encontraba a unos noventa kilómetros al sureste de Listra. Al igual que sucedía con Iconio, Listra tenía como prefijo de honor el nombre del emperador Claudio. Derbe se encontraba en la misma frontera entre la provincia romana de Galacia y el reino cliente de Comagene, del que era monarca el aliado Antíoco IV. Algunos autores han señalado que, de hecho, Derbe se hallaba al otro lado de la frontera[4]. De ser ese el caso, habría constituido un lugar ideal para refugiarse a la espera de que pasara la tormenta desencadenada por los adversarios judíos de los apóstoles. Semejante eventualidad no tardó, desde luego, en producirse. La fuente lucana indica que, tras anunciar el Evangelio en Derbe, Bernabé y Pablo volvieron a visitar las comunidades que habían fundado en Listra, Iconio y Antioquia de Pisidia:

> [21] Y después de anunciar el Evangelio en aquella ciudad y enseñado a muchos, regresaron a Listra, Iconio y Antioquía, [22] confortaron los ánimos de los discípulos, exhortándolos a que perseverasen en la fe y enseñándoles: «Es necesario que entremos en el reino de Dios a través de muchas tribulaciones». [23] Y, tras haber designado ancianos en cada una de las iglesias y haber orado con ayunos, los encomendaron al Señor en el que habían creído. (Hch 14, 21-23.)

Los resultados del viaje misionero de Bernabé y Pablo habían resultado verdaderamente sugestivos. Aunque el inicio en Chipre había tenido nulo fruto, no podía decirse lo mismo del periplo por Galacia. Era cierto que Juan Marcos los había abandonado, muy posiblemente desanimado por la experiencia chipriota.

---

[4] Así, G. Ogg, «Derbe», en *NTS*, 9, 1962-3, pp. 367-70.

No era menos verdad que las dificultades habían sido crecientes a medida que se desplazaban por Galacia. Sin embargo, ahora, en la fase final del viaje, no podía negarse que los frutos eran prometedores. En las ciudades principales del sur de la provincia romana de Galacia, Bernabé y Pablo habían dejado establecida una red de congregaciones. Resultaba obvio que no podían atenderlas de manera directa, pero para ese menester los apóstoles echaron mano de un recurso procedente del judaísmo sinagogal, el nombramiento de ancianos que se ocuparan de enseñar y gobernar las comunidades. De manera bien significativa —y a diferencia de movimientos judíos como los esenios de Qumrán[5]—, ni Bernabé ni Pablo intentaron crear un sistema sacerdotal paralelo y sustitutivo del Templo de Jerusalén. Por el contrario, establecieron una forma de organización muy semejante a la de las sinagogas judías de la época. Los fieles se reunían para orar, entonar cánticos religiosos y escuchar y estudiar las Escrituras. El sistema era tan sencillo que todo parece indicar que, de la misma manera que había sucedido en Jerusalén, los cristianos se congregaban no en templos sino en domicilios particulares, y las tareas de administración y de enseñanza recaían en los denominados ancianos. Sin embargo, precisamente la simplicidad de las comunidades paulinas iba a demostrar una enorme fuerza para la expansión y la profundización de la experiencia espiritual. No extraña, en absoluto, que Bernabé y Pablo pudieran sentirse satisfechos tras aquel periplo que había durado año y medio. Llegaron, pues, a Perga donde predicaron, descendieron a Atalía y desde allí regresaron por barco a Antioquía, la ciudad desde la que habían partido tiempo atrás (Hch 14, 24-26).

De manera bien comprensible, Bernabé y Pablo proporcionaron a la comunidad antioquena un informe detallado de su viaje. El balance final era obviamente positivo, no solo porque Dios

---

[5] Sobre la organización de los mismos con bibliografía, véase C. Vidal, *Jesús y los documentos del mar Muerto*, Barcelona, 2006, p. 112 y ss.

había realizado obras poderosas —era difícil no interpretar como tal el simple hecho de que los dos misioneros hubieran regresado sanos y salvos—, sino también porque se había producido la apertura de una extraordinaria puerta de la fe a los gentiles (Hch 14, 27-28). Lo que hasta entonces parecía algo excepcional y limitado prácticamente a la iglesia de Antioquía, adquiría ahora dimensiones verdaderamente prometedoras. No solo eso. En realidad, lo sucedido daba la impresión de perfilarse como el inicio de una fase extraordinaria en la historia de la salvación, precisamente aquella ya anunciada por los profetas y según la cual el Mesías se convertiría en luz también para las naciones que no eran Israel (Is 42, 1, 4-6; 52, 15, etc.). Sin embargo, aquel paso trascendental que cambiaría la historia del género humano no discurriría sin dificultades. A decir verdad, no pasaría mucho tiempo antes de que aquella misma iglesia antioquena, verdadera adelantada en la aceptación de los gentiles en el seno de los discípulos de Jesús, fuera testigo de amargas controversias.

CAPÍTULO VIII

El Evangelio según Pablo:
La Epístola a los Gálatas

La reacción judeocristiana

L A expansión del movimiento cristiano por Asia Menor —y muy especialmente su crecimiento entre los gentiles gracias a la labor de Bernabé y de Pablo— iba a tener consecuencias inmediatas sobre el judeocristianismo. Con seguridad, durante la década de los años cuarenta del siglo I d. de C., el número de seguidores de Jesús que procedían de estirpe judía era muy superior al de los de ascendencia gentil. Con todo, la posibilidad de que el crecimiento de los conversos acabara desnaturalizando, siquiera en parte, a un movimiento por su propia naturaleza judío no resultaba descabellada. Pedro ya había estado conectado con la obra entre la Diáspora (Gál 1, 18; 2, 11-14; 1 Cor 1, 10 y ss.; 3, 4 y ss.) y los gentiles por esta fecha (aunque no sepamos exactamente los detalles) y, quizá, cabría señalar lo mismo de Juan. Por lo que sabemos, su ministerio tuvo éxito. A menos, pues, que la situación mencionada fuera abordada de manera prudente, los resultados podrían resultar fatales para el movimiento.

El peligro mayor, obviamente, era el presentado por el sincretismo. Para los gentiles desconocedores del trasfondo judío, la nueva fe carecía de significado comprensible. No podemos olvidar, por ejemplo, la manera en que interpretaron la presencia de Bernabé y Pablo en Listra asociándola con su propia mitología y la dificultad que tuvieron los apóstoles para disuadirlos del error en que se hallaban. Lamentablemente, aquel episodio distaba mucho de reducirse a lo excepcional. Jesús podía ser presentado como el Mesías de Israel, pero resulta dudoso que semejante enunciado pudiera ser atractivo para alguien que ni era judío ni sabía qué o quién era el Mesías. La misma traducción de esta palabra al griego como «Jristós» —el término del que procede el castellano Cristo— no resultaba tampoco especialmente clarificadora porque carecía de connotación religiosa en un ámbito gentil. No tardaría, por lo tanto, en identificarse con un nombre personal —y así sigue siendo hasta el día de hoy— e incluso con el nombre Jrestos, típico de los esclavos. Otros títulos utilizados por los cristianos de origen judío, del tipo de Señor o Hijo de Dios, podían ser comprendidos por los gentiles, pero con un contenido semántico radicalmente distinto. Y, por si todo lo anterior fuera poco, las dificultades de comprensión en el terreno teológico no se limitaban a lo que podríamos denominar cristología. Términos como los de «reino de Dios» o «reino de los cielos» de nuevo carecían prácticamente de significado para un gentil. Otros, como «vida eterna», eran susceptibles de ser interpretados en un sentido diferente al judío.

El choque resultaba aún mayor cuando se abordaba la cuestión ética. Los judíos que habían recibido a Jesús como Mesías y Señor partían de una fe dotada de una carga ética muy elevada —la más noble de la Historia antigua hasta esa fecha— que les proporcionaba patrones de conducta moral y digna. De hecho, muchos de los gentiles que se integraban en la asistencia a las sinagogas en calidad de «temerosos de Dios», lo hacían, en multitud de ocasiones, obedeciendo al nivel del comportamiento moral de los judíos. Para estos, caso de convertirse a Jesús el Mesías, el mensaje de los discípulos era solo una reinterpretación de esa ética a la luz de las enseñanzas e interpretaciones del Maestro. Todo esto hacía presagiar que el nuevo movimiento mantendría un envidiable nivel moral, y seguramente así hubiera sido de no verse tal posibilidad en situación de peligro a causa de la perspectiva de entrada masiva de conversos procedentes de la obra misionera entre los gentiles.

La admisión de nuevos miembros en número suficiente como para desequilibrar el elemento judío resultaba una amenaza clara. Pasajes como el que escribiría años después Pablo en Romanos 1, 18 y ss., o los contenidos en Sabiduría 13, 1 y ss., y 14, 12, o la carta de Aristeas 134-8, ponen de manifiesto que los judíos en general —y no solo algunos de los judeocristianos— sentían auténtico horror ante la relajación moral en la que yacía el mundo gentil.

En el caso de algunos judeocristianos de Palestina, la preocupación ante tal posibilidad llegó a ser lo suficientemente acuciante como para desplazarse hasta Antioquía —a fin de cuentas la comunidad origen de todas aquellas complicaciones— e intentar imponer lo que consideraban que sería una solución óptima para el problema. Al parecer, los mencionados judeocristianos eran de origen fariseo (Hch 15, 5) y cabe al menos la posibilidad de que aún siguieran formando parte de alguna hermandad de esta secta. Su entrada en el movimiento judeocristiano no debería resultarnos extraña, ya que los judeocristianos admitían como ellos la resurrección de los muertos —incluso pretendían contar con la prueba definitiva de la misma en virtud de la resurrección de Jesús (Hch 2, 29 y ss.; 4, 10 y ss.; 1 Cor 15, 1 y ss.)— y eran críticos hacia los saduceos, que controlaban el servicio del Templo. Por otro lado, la figura de Santiago —un riguroso cumplidor de la ley— no debía de carecer de atractivo para muchos fariseos. Ciertamente, la *halajá* judeocristiana era distinta de la farisea, pero nada hacía suponer que la ley de Moisés careciera de vigencia en sus aspectos morales para los judeocristianos.

No terminaba ahí todo. El control romano sobre Judea estaba despertando a la sazón brotes de un nacionalismo rebelde dotado ya de tintes violentos. Los judíos denominados por Josefo «bandidos» comenzaban a enfrentarse directamente al poder invasor empuñando las armas. Los rebeldes contra el poder romano estaban pagando su osadía con la muerte de manera generalizada, y aquellas ejecuciones servían para soliviantar más los ánimos de la población judía.

Todo este entramado social e ideológico, siquiera indirectamente, iba a plantear problemas a los judeocristianos. En aquellos momentos, la menor sospecha de simpatizar con los romanos, aunque fuera mínimamente, implicaba el riesgo de hacerse acreedor a los ataques de estos elementos judíos subversivos (*Guerra* II, 254 y ss., y *Ant.* XX, 186 y ss.). Si la iglesia de Jerusalén tendía puentes hacia el mundo gentil —y era difícil no interpretar así la postura de Pedro o, muy especialmente, la evangelización de los gentiles fuera de Palestina—, no tardaría en verse atacada. Razón de más, por lo tanto, para marcar distancias. No iba a ser la primera vez que un sector concreto del cristianismo absorbería tendencias nacionalistas —o marcadas por grupos nacionalistas—, con lamentables consecuencias espirituales.

Debido a todo lo anterior, la solución propuesta por estos judeocristianos, la de convertir en judíos a los gentiles conversos, resultaba considerablemente tentadora. Por un lado, serviría de barrera de contención frente al problema de un posible deterioro moral causado por la entrada de los gentiles en el movimiento. La circuncisión de los mismos y el cumplimiento subsiguiente de los preceptos de la ley mosaica constituirían garantía suficiente de ello. Acostumbrados a la visión multisecular de un cristianismo meramente gentil, tal propuesta puede resultar chocante para el hombre moderno, pero partía de bases muy sólidas. Si se deseaba dotar de una vertebración moral a los conversos gentiles procedentes del paganismo, poca duda podía haber de que lo mejor sería educarlos en una ley que Dios mismo había entregado a Moisés en el Sinaí. Si se pretendía preceder la entrada de los gentiles en el grupo de seguidores de

Jesús por un periodo de aprendizaje espiritual, tampoco parecía que pudiera haber mejor norma de enseñanza que la ley de Moisés. Por otro lado, tal medida permitiría además alejar la amenaza de un ataque nacionalista, siquiera por la manera en que los gentiles que se integraban en las comunidades de discípulos dejaban de serlo para convertirse en judíos. No parecía posible que ningún judío —por muy nacionalista que pudiera ser— fuera a objetar en contra de las relaciones con un gentil que, a fin de cuentas, se había convertido al judaísmo circuncidándose y comprometiéndose a guardar meticulosamente la ley de Moisés.

La propuesta de aquellos jerosolimitanos resultaba tan lógica, al menos en apariencia, que cabe la posibilidad de que incluso hubiera sido prevista —y ulteriormente defendida— también por miembros de la iglesia de Antioquía. De hecho, eso explicaría la acogida, siquiera parcial, que dispersaron a los judeocristianos palestinos que la propugnaban.

Tal rigorismo en relación con el tema de la circuncisión, sin embargo, no parece haber tenido precedentes en el judeocristianismo ni tampoco era generalizado en el judaísmo, como tuvimos ocasión de ver al referirnos al grupo conocido como los «temerosos de Dios». Ciertamente, de las fuentes se desprende que la insistencia en la circuncisión dentro del judeocristianismo era nueva, y no existe ningún dato en el sentido de que el tema fuera discutido al inicio de la misión entre los gentiles. De hecho, incluso algunos maestros judíos se habían mostrado con anterioridad partidarios de dispensar a aquellos de semejante rito, siempre que cumplieran moralmente con su nueva fe. La misma escuela de Hillel mantenía que el bautismo de los prosélitos gentiles era válido sin necesidad de verse acompañado por la circuncisión (TB Yebamot 46a). Ananías, el maestro judío del rey Izates de Adiabene, recomendó a este último que no se circuncidara pese a adorar al Dios de Israel (*Ant.* XX, 34 y ss.), y cabe la posibilidad de que Juan mantuviera un punto de vista paralelo al insistir en el bautismo como señal de arrepentimiento[1]. Indudablemente, no era esa la visión de los judeocristianos que visitaron Antioquía, procedentes de Palestina, y quizá podría verse en ello, siquiera indirectamente, además de los motivos aducidos, también un intento de dificultar así el acceso de los gentiles al seno del movimiento. La situación era de tanta relevancia que llegaría a provocar un enfrentamiento entre dos personajes que poco antes se habían repartido amigablemente las zonas de actividad misionera.

La disputa de Antioquía

La visita de los judeocristianos partidarios de la circuncisión de los gentiles a Antioquía (Hch 15, 1) no careció de consecuencias. De hecho, entre ellas se encontraría un episodio narrado por Pablo en Gálatas 2, 11-14, referente a un enfrentamiento con Pedro. Al parecer, Pedro había visitado Antioquía con anterioridad y había compartido con los miembros de la comunidad de esta ciudad su punto de vista favorable a no imponer el yugo de la ley a los gentiles. La información proporcionada por Pablo encaja, de hecho, con los datos que la fuente lucana recoge en el episodio descrito en Hechos 10 y 11 relativo a Cornelio, así como con lo referido a Simón, el curtidor de Jope (Hch 10, 28), y pone de manifiesto que, sustancialmente, Pablo y Pedro tenían el mismo punto de vista en relación con el tema. De hecho, Pedro «no tenía ningún reparo en comer con los gentiles» (Gál 2, 12), un paso que chocaba, por ejemplo, con las normas judías relacionadas con la pureza de los alimentos, pero que armonizaba con una evolución destinada a permitir que los gentiles vieran la luz del Mesías y se integraran entre sus seguidores. Esta situación cambió cuando se produjo la llegada de algunos judeocristianos

---

[1] Una comparación entre ese bautismo hillelita y el de Juan, en H. H. Rowley, «Jewish Proselyte Baptism and the Bbaptism of John», en *From Moses to Qumran*, Londres, 1963, p. 211 y ss.

palestinos cercanos a Santiago (Gál 2, 12) que sostenían la necesidad de que los gentiles se circuncidaran aceptando el judaísmo si deseaban formar parte de las comunidades de discípulos. Atemorizado, Pedro optó por desviarse de su línea inicial de conducta, lo que provocó —bastante lógicamente dado su peso en el movimiento— una postura similar en los demás judeocristianos de Antioquía. Incluso alguien tan comprometido con la misión entre los gentiles como Bernabé (Gál 2, 13) acabó incurriendo en una conducta similar. No sabemos cuál fue exactamente el mensaje que entregaron aquellos judeocristianos palestinos a Pedro, pero posiblemente vendría referido al escándalo que tal conducta podría estar causando entre los judíos que no creían en Jesús y a los que aquella conducta hacia los gentiles no ayudaba precisamente a acercarse a la predicación del Evangelio. T. W. Manson[2] ha sugerido que el origen de aquel mensaje era el propio Santiago y que fue entregado a Pedro por medio de un tercero. Sin embargo, tal tesis ve en las fuentes más de lo que nos dicen, puesto que atribuye a Santiago directamente lo que estas relacionan solo con alguno de sus partidarios. Para un judío que se tomara la ley en serio, no era posible sentarse a una mesa en que el alimento no fuera «kasher», y el judío que actuara así distaba mucho ante sus ojos de ser observante[3] y, por lo tanto, poco podía atenderse a su testimonio sobre la llegada del Mesías o el cumplimiento de las profecías bíblicas. Cabe también la posibilidad de que hicieran asimismo referencia a la revuelta situación política de Palestina y la manera en que creaba tensiones relacionadas con los gentiles. Semejantes criterios de oportunidad —de evangelización de los judíos y de evitar conflictos con los nacionalistas de Israel— colocaban a los conversos gentiles ante la disyuntiva de convertirse en judíos para poder seguir al Mesías Jesús o la de verse cerrada la puerta de la salvación.

---

[2] T. W. Manson, *Studies in the Gospels and Epistles*, Manchester, 1962, p. 178 y ss.
[3] Ver R. Jewett, «The Agitators and the Galatian congregation», en *New Testament Studies*, 17, 1970-1, p. 198 y ss.

La reacción de Pablo fue inmediata, por cuanto una conducta de ese tipo no solo amenazaba con dividir drásticamente la comunidad antioquena, sino que además implicaba un retroceso en la postura de Pedro susceptible de influir en el resto del judeocristianismo y de limitar, si es que no abortar casi por completo, la prometedora misión entre los gentiles. Existía asimismo el riesgo de que una insistencia meticulosa en relación con este tipo de normas de cara a los gentiles llevara a los mismos a ver el cristianismo no como una enseñanza en la que la salvación era obtenida mediante la fe en Jesús, sino a través de la práctica de una serie de ritos, algo que, a decir verdad, tampoco sostenían los judeocristianos palestinos.

Lugar aparte debieron de merecer también las posibles consecuencias comunitarias de la actitud de Pedro. Si un cristiano judío y otro gentil no podían sentarse juntos a comer, tampoco podrían hacerlo para celebrar el partimiento o fracción del pan, que era la señal de unión de los creyentes en Jesús. Llegados a ese punto, ¿cuánto tiempo pasaría antes de que el movimiento acabara expulsando de su seno a los gentiles?

Para terminar de empeorar la situación, Pablo parece haber estado convencido —y seguramente no estaba equivocado— de que ni Pedro ni Bernabé creían en lo que ahora estaban haciendo. A decir verdad, chocaba frontalmente con lo que habían defendido durante años. Precisamente por ello, a juicio de Pablo, las semillas de la hipocresía y de la conveniencia podían enraizarse con facilidad en el seno de la comunidad cristiana a menos que se atajara la situación de raíz. No sorprende que el enfrentamiento resultara inevitable[4]. El mismo Pablo lo relataría poco después en términos inequívocos:

---

[4] A pesar de todo, es posible que Pedro quizá solo intentara contemporizar y no causar escándalo a posibles conversos como, por cierto, Pablo mismo recomendaría en alguno de sus escritos posteriores (Rom 14, 13-21). A favor de esta interpretación, ver F. F. Bruce, *Paul, Apostle of the Heart set Free*, Grand Rapids, 1990, p. 176 y ss.

[14]Cuando vi que no caminaban correctamente de acuerdo con la verdad del Evangelio, dije a Pedro delante de todos: «¿Por qué obligas a los gentiles a judaizar cuando tú, pese a ser judío, vives como los gentiles y no como un judío?». [15]Nosotros, que hemos nacido judíos, y no somos pecadores gentiles, [16]sabemos que el hombre no es justificado por las obras de la ley, sino por la fe en Jesús el Mesías, y hemos creído asimismo en Jesús el Mesías a fin de ser justificados por la fe en el Mesías y no por las obras de la ley, ya que por las obras de la ley nadie será justificado. (Gál 2, 14-16.)

El enfrentamiento de Pablo con Pedro se produjo ante toda la iglesia de Antioquia y quedó definido en unos términos enormemente claros. La salvación no era algo que se ganaba por las obras. No era algo que pudiera comprarse, adquirirse, merecerse por las obras. No, se trataba de un regalo de Dios, y ese regalo de Dios solo podía ser recibido mediante la fe, una fe en que Jesús era el Mesías y había muerto expiatoriamente en la cruz para la salvación del género humano. Si esa concepción del mecanismo de la salvación era pervertido, el mensaje del Evangelio —de las Buenas Noticias— quedaría adulterado. ¿Cómo podía sustituirse la predicación de que Dios entregaba gratuitamente la salvación a través de Jesús por la de que era preciso convertirse en judío para salvarse, la de que la salvación se obtenía mediante las propias obras y la de que esto tenía entre otras consecuencias levantar una barrera entre judíos y gentiles a menos que estos se circuncidaran y entraran a formar parte del Israel nacional? Para Pablo resultaba obviamente imposible, y Pedro —que sabía que tenía razón— no tenía ningún derecho a obligar a los gentiles a actuar de esa manera (Gál 2, 14).

No sabemos el resultado final de aquel áspero encuentro entre Pedro y Pablo. Sí nos consta que el problema no se limitó a Antioquía. De hecho, los judeocristianos partidarios de exigir a los cristianos gentiles la conversión al judaísmo habían decidido imponer sus tesis en las comunidades fundadas por Pablo y Bernabé en Galacia. El conflicto acabaría provocando una clara reacción en Pablo y dando inicio al aspecto de su legado que ha perdurado con más fuerza durante casi dos milenios, la redacción de sus cartas.

La Carta a los Gálatas [5]

Comos ya hemos tenido ocasión de señalar, las enseñanzas de Jesús —derivadas de su interpretación del Antiguo Testamento— contenían en su seno todos los elementos para alcanzar la categoría de una fe universal sin que eso implicara la ruptura con la fe histórica de Israel. También hemos podido ver que esa universalización, lejos de proceder de una ruptura, en realidad arrancaba de la convicción de que ya se estaban cumpliendo en Jesús las profecías del Antiguo Testamento relativas a un Mesías-Siervo que no solo moriría para expiar los pecados de Israel, sino también para llevar la luz a los no judíos.

Estos principios generales no provocaron ningún problema durante los primerísimos tiempos del cristianismo. De hecho, como sabemos, la aplastante mayoría de sus seguidores eran judíos y no personas nacidas fuera del judaísmo y convertidas a esta fe. Al respecto, no deja de ser significativo que de los siete primeros diáconos elegidos por la comunidad judeocristiana de Jerusalén seis fueran judíos de nacimiento y solo uno resultara un prosélito procedente del mundo gentil (Hch 6, 5).

En realidad, la primera discusión relativa al estatus de los gentiles en el seno del joven cristianismo se produjo en torno a

---

[5] Sobre la Carta a los Gálatas, véase: W. Barclay, *The Letters to the Galatians and Ephesians*, Edimburgo, 1976; F. F. Bruce, *The Epistle to the Galatians*, Gran Rapids, 1982; G. W. Hansen, *Galatians*, Downer Grove, 1994, W. M. Ramsay, A. *Historical Commentary on St. Paul's Epistle to the Galatians*, Londres, 1990. Sobre esta carta, siguen resultando de interés los comentarios de C. K. Barret, *Freedom and Obligation*, Londres, 1985; W. M. Ramsay, *A Historical Commentary on St. Paul´s Epistle to the Galatians*, Londres, 1899, y J. H. Ropes, *The Singular Problem of the Epistle to the Galatians*, Cambridge, Mass, 1929. De especial interés ya no solo teológico sino también histórico son los comentarios a la carta de Lutero y Calvino.

un lustro después de la muerte de Jesús. Siguiendo los dictados de una visión, el apóstol Pedro acudió a casa de un centurión romano llamado Cornelio (Hch 10). Este, que era un hombre piadoso y conocedor del monoteísmo judío, convocó al resto de su casa y escuchó el mensaje de Pedro. Cuando en ese momento «el Espíritu Santo descendió sobre los que oían la predicación» (Hch 10, 44), los judeocristianos que acompañaban a Pedro «se quedaron pasmados» (Hch 10, 45). Con todo, el contexto había sido tan especial que ninguno se opuso a la entrada de una familia de gentiles —que previamente no se habían convertido al judaísmo— en el seno del cristianismo. De hecho, Cornelio se bautizó «junto con su casa», una expresión típica del derecho romano que hace referencia no a los niños como muy equivocadamente se ha interpretado a veces, sino a los adultos dependientes de él.

También hemos tenido ocasión de ver cómo la postura de los primeros cristianos —en realidad, judeocristianos— de Jerusalén favorable a la absorción de los gentiles tuvo además un paralelo fuera de Palestina. En torno al año 33 d. de C. algunos judeocristianos habían emigrado a Fenicia, Chipre y Antioquía, donde comenzaron a predicar el Evangelio de Jesús a los gentiles, y el resultado fue que un número nada despreciable de ellos comenzó a creer (Hch 11, 20-21). Con posterioridad, la misión de Bernabé y Pablo en Galacia había proporcionado un impulso extraordinario a la misión entre los gentiles. Ahora todo pendía de un hilo, e incluso las iglesias de Galacia, visitadas por algunos judeocristianos, estaban revisando totalmente los puntos de vista del apóstol. Para un cristianismo que a lo largo de siglos ha sido mayoritariamente gentil este tipo de cuestiones puede parecer una suma de bizantinismos especulativos. Sin embargo, para un movimiento que tenía poco más de una década de existencia presentaba un desafío extraordinario y, según la respuesta que diera al mismo, se convertiría en una fe realmente universal, con enormes posibilidades de extenderse fuera del ámbito del judaísmo, o se autolimitaría a ser un grupo judío más con conexiones con el mundo gentil no mayores de las que ya se daban. En torno al 48 d. de C., Pablo decidió abordar la tarea de responder por escrito a estas cuestiones. El resultado sería lo que conocemos como la Carta o Epístola a los Gálatas.

El escrito en cuestión es considerablemente breve. Dividido modernamente en seis capítulos, en su conjunto se extiende a lo largo de cinco o seis páginas en cualquier edición de la Biblia. Aunque el texto original griego permite imaginar a un hombre presa del celo espiritual más encendido y que casi recorre a zancadas una habitación mientras dicta la carta, lo cierto es que la lógica y la contundencia que respira su contenido siguen resultando de una claridad y una fuerza realmente impresionantes.

Pablo comienza señalando que está absolutamente sorprendido de que los gálatas a los que él anunció a Jesús se hayan apartado de aquella predicación, y al indicarlo señala uno de los principios fundamentales del cristianismo, el de que ninguna revelación espiritual puede ir en contra del mensaje del Evangelio, y si se da esa circunstancia debe ser rechazada:

> [6]Estoy atónito de que os hayáis apartado tan pronto del que os llamó por la gracia del Mesías, para seguir un Evangelio diferente. [7]No es que haya otro, sino que hay algunos que os confunden y desean pervertir el Evangelio del Mesías. [8]Pero que sea anatema cualquiera que llegue a anunciaros otro Evangelio diferente del que os hemos anunciado, aunque el que lo haga sea incluso uno de nosotros o un ángel del cielo. (1, 6-8.)

Tras señalar esta cuestión central, Pablo indica en la carta cuál ha sido su trayectoria. Para empezar, desea dejar claro que su labor no arranca de la legitimidad que deriva del nombramiento emanado de una institución formada por hombres, sino del propio Jesús (1, 12). A diferencia de sus adversarios, que habían intentado imponer sus puntos de vista apelando alguna autoridad humana —la de Santiago seguramente—, Pablo señalaba que él debía solo a Jesús precisamente el haber pasado de ser un antiguo perseguidor del cristianismo (1, 13-14) a cristiano. No es que con esta afirmación deseara distanciarse de los otros apóstoles o descalificarlos, pero sí quería poner de manifiesto que, en primer lugar, no existía una jerarquía que pudiera imponer sus opiniones sobre las de él; segundo, que lo que él predicaba no se contradecía con lo que aquellos anunciaban, y tercero, que la guía de los creyentes no podía ser nunca la de uno o varios hombres, sino solo el Evangelio.

La manera en que Pablo desarrolla estos aspectos en los dos primeros capítulos de la carta es ciertamente brillante. Para empezar, señala que aunque había tenido la posibilidad de visitar Jerusalén dos veces después de su conversión y charlar con Pedro, Juan y Santiago, en ningún momento descalificaron lo que él enseñaba. No solo eso. Habían compartido su postura de no obligar a los gentiles a convertirse en judíos solo porque habían creído en Jesús. De hecho, Tito, uno de sus colaboradores más cercanos, «con todo y siendo griego» (2, 3), no había sido obligado a someterse a la circuncisión, pese a las presiones que en este sentido habían realizado algunos judeocristianos, y tanto él como Bernabé habían sido reconocidos por los apóstoles como las personas que debían encargarse de transmitir el Evangelio a los gentiles (2, 9-10).

Pese a todo, Pablo —y en esto demuestra una honradez no tan común en personas relacionadas con la religión— reconoce que aquel proceso de no someter al judaísmo a los cristianos de origen gentil se había visto expuesto a ataques en medio de los que no todos habían sabido mantenerse a la altura de las circunstancias. A este respeto, el comportamiento del apóstol Pedro constituía un verdadero ejemplo de cómo no debían hacerse las cosas. El choque entre él y Pablo se había producido precisamente en Antioquía.

Inicialmente, Pedro había aceptado sin ningún problema, en régimen de completa igualdad, a los cristianos de origen gentil, e incluso había comido con ellos a pesar de que no guardaban los preceptos de la ley de Moisés relativos a los alimentos puros e impuros (2, 11-12). Al comportarse de esa manera, Pedro seguía fundamentalmente las conclusiones a las que había llegado al tener lugar la conversión del centurión Cornelio y mantenía coherentemente el principio que consistía en afirmar que la salvación derivaba de la fe en el Mesías y no de cumplir la ley mosaica, principio defendido también por Bernabé y Pablo. Sin embargo, se produjo entonces una circunstancia que alteró sustancialmente el panorama :

> [12] Pero después que vinieron[6], dio marcha atrás (Pedro) y se apartó, porque tenía temor de los de la circuncisión. [13] Y en su simulación participaron también los demás judíos, de manera que incluso Bernabé se vio arrastrado por su hipocresía. (2, 12-13.)

En otras palabras, Pedro —que había sido un verdadero precursor de la entrada de los no judíos en el seno del cristianismo— había cedido en un momento determinado a las presiones de algunos judeocristianos y había abandonado la práctica de comer con los hermanos gentiles. Aquella conducta —que Pablo califica de hipócrita— había tenido nefastas consecuencias, de las cuales no era la menor el hecho de que otros decidieran actuar también así pese a que les constaba que tal conducta era inaceptable. La reacción de Pablo ante ese comportamiento que vulneraba los principios más elementales del Evangelio había sido fulminante:

> [14] Cuando vi que no caminaban correctamente de acuerdo con la verdad del Evangelio, dije a Pedro delante de todos: «¿Por qué obligas a los gentiles a judaizar cuando tú, pese a ser judío, vives como los gentiles y no como un judío?». [15] Nosotros, que hemos nacido judíos, y no somos pecadores gentiles, [16] sabemos que el hombre no es justificado por las obras de la ley sino por la fe en Jesús el Mesías, y hemos creído asimismo en Jesús el Mesías a fin de ser justificados por la fe en el Mesías, y no por las obras de la ley, ya que por las obras de la ley nadie será justificado. (2, 14-16.)

---

[6] Los partidarios de que los gentiles guardaran la ley mosaica.

Con un valor que hoy resultaría difícil de concebir en situaciones equivalentes, Pablo había reprendido públicamente a Pedro acusándolo de actuar con hipocresía y contribuir con ello a desvirtuar el mensaje del Evangelio. Para él, era obvio que la justificación no procedía de cumplir las obras de la ley, sino, por el contrario, de creer en Jesús el Mesías. Precisamente por ello, el someter a los gentiles a un comportamiento propio de judíos no solo era un sinsentido, sino que contribuiría a que estos creyeran que su salvación podía derivar de su sumisión a la ley y no de la obra realizada por Jesús.

Algunas personas sin mucha formación teológica manifiestan su perplejidad ante la afirmación paulina de que la salvación pueda derivar de la fe. Semejante estupor arranca de identificar la fe con una especie de obra y de considerarla, por lo tanto, escasa para adquirir algo tan valioso como es la salvación. Semejante punto de vista —como tendremos ocasión de ver— parte de no comprender en absoluto el mensaje de salvación evangélico expuesto no solo por Pablo sino, en general, por todos los apóstoles. Porque el tema en sí no es si se puede adquirir algo tan valioso como la salvación aportando obras o aportando fe, o una suma de ambas. La cuestión de fondo es si la salvación es fruto del mérito personal o, por el contrario, un regalo que inmerecidamente Dios ofrece al ser humano. Si el primer supuesto es el correcto, no cabe duda de que la salvación se obtiene por obras, pero si, por el contrario, la salvación es un don inmerecido, lo único que puede hacer el hombre es aceptarlo, según la predicación apostólica mediante la fe, o rechazarlo. Para Pablo —que no creía en la salvación por obras, sino por la gracia a través de la fe—, este aspecto resultaba tan esencial que no dudó en formular una afirmación, clara, tajante y trascendental, la consistente en señalar que si alguien pudiera obtener la salvación por obras no hubiera hecho falta que Jesús hubiera muerto en la cruz:

... [20] lo que ahora vivo en la carne, lo vivo en la fe del Hijo de Dios, que me amó y se entregó por mí. [21] No rechazo la gracia de

Dios, ya que si fuese posible obtener la justicia mediante la ley, entonces el Mesías habría muerto innecesariamente. (2, 20-21.)

La afirmación de Pablo resultaba tajante (la salvación se recibe por la fe en el Mesías y no por las obras), y no solo había sido aceptada previamente por los personajes más relevantes del cristianismo primitivo, sino que incluso podía retrotraerse a las enseñanzas de Jesús. Con todo, obligaba a plantearse algunas cuestiones de no escasa importancia. En primer lugar, si era tan obvio que la salvación derivaba solo de la gracia de Dios y no de las obras, ¿por qué no existían precedentes de esta enseñanza en el Antiguo Testamento? ¿No sería más bien que Jesús, sus discípulos más cercanos y el propio Pablo estaban rompiendo con el mensaje veterotestamentario? Segundo, si ciertamente la salvación era por la fe y no por las obras, ¿cuál era la razón de que Dios hubiera dado la ley a Israel y, sobre todo, cuál era el papel que tenía en esos momentos la ley? Tercero y último, ¿aquella negación de la salvación por obras no tendría como efecto directo el de empujar a los recién convertidos —que procedían de un contexto pagano— a una forma de vida similar a la existencia inmoral de la que procedían?

A la primera cuestión, Pablo respondió basándose en las propias palabras del Antiguo Testamento y, más concretamente, de su primer libro, el del Génesis. En este se relata (Gén 15, 6) cómo Abraham, el antepasado del pueblo judío, fue justificado ante Dios, pero no por obras o por cumplir la ley mosaica (que es varios siglos posterior), sino por creer. Como indica el Génesis: *Abraham creyó en Dios y le fue contado por justicia.* Esto tiene una enorme importancia no solo por la especial relación de Abraham con los judíos, sino también porque cuando Dios lo justificó por la fe ni siquiera estaba circuncidado. En otras palabras, una persona puede salvarse por creer sin estar circuncidada ni seguir la ley mosaica —como los conversos gálatas de Pablo—, y el ejemplo más obvio de ello era el propio Abraham, el padre de los judíos. Por añadidura, Dios había prometido bendecir a los gentiles no mediante la ley mosaica, sino a través de la descendencia de Abraham, en otras palabras, del Mesías:

> ... [16]a Abraham fueron formuladas las promesas y a su descendencia. No dice a sus descendientes, como si se refiriera a muchos, sino a uno: a tu descendencia, que es el Mesías. Por lo tanto, digo lo siguiente: El pacto previamente ratificado por Dios en relación con el Mesías no lo deroga la ley que fue entregada cuatrocientos treinta años después, porque eso significaría invalidar la promesa, ya que si la herencia fuera por la ley, ya no sería por la promesa, y, sin embargo, Dios se la otorgó a Abraham mediante la promesa. (3, 16.)

El argumento de Pablo es de una enorme solidez, porque muestra que más de cuatro siglos antes de la ley mosaica, e incluso antes de imponer la marca de la circuncisión, Dios había justificado a Abraham por la fe y le había prometido bendecirlo no a él solo sino a toda la humanidad mediante un descendiente suyo. Ahora bien, la pregunta que surge entonces resulta obligada. Si la salvación se puede obtener por creer y no deriva de las obras, ¿por qué entregó Dios la ley a Israel? La respuesta de Pablo resulta, una vez más, de una enorme concisión y, a la vez, contundencia:

> [19]Entonces, ¿para qué sirve la ley? Fue añadida por causa de las transgresiones **hasta que viniese la descendencia** a la que se había hecho la promesa... [23]Antes que viniese la fe, estábamos confinados bajo la ley, recluidos en espera, [24]de aquella fe que tenía que ser revelada, de tal manera que la ley ha sido nuestro ayo para llevarnos hasta el Mesías, para que fuéramos justificados por la fe. [25]Pero, llegada la fe, **ya no estamos bajo ayo**, [26]pues todos sois hijos de Dios por la fe en Jesús el Mesías. (3, 19-26.) (La negrita es nuestra.)

> [1]También digo que mientras el heredero es niño, no se diferencia en nada de un esclavo, aunque sea señor de todo. [2]Por el

contrario, se encuentra sometido a tutores y cuidadores hasta que llegue el tiempo señalado por su padre. [3]Lo mismo nos sucedía a nosotros cuando éramos niños: estábamos sometidos a la esclavitud de acuerdo con los rudimentos del mundo. [4]Sin embargo, cuando llegó el cumplimiento del tiempo, Dios envió a su Hijo, nacido de una mujer y nacido bajo la ley, [5]para que redimiese a los que estaban bajo la ley, a fin de que recibiéramos la adopción de hijos. (4, 1-5.)

Para Pablo, resultaba innegable que la ley de Moisés [7] ciertamente era de origen divino y, por supuesto, tenía un papel en los planes salvadores de Dios. Sin embargo, ese papel estaba cronológicamente limitado, extendiéndose desde su entrega en el Sinaí hasta la llegada del Mesías. También era limitado su papel en términos espirituales. Fundamentalmente, la ley cumplía una misión, que no era la de servir de instrumento de salvación, sino la de preparar a las personas para reconocer al Mesías. Igual que el esclavo denominado por los griegos *paidagogos* (ayo) acompañaba a los niños a la escuela, pero carecía de papel una vez que estos llegaban al estado adulto, la ley mosaica servía para mostrar a los hombres que el camino de la salvación no se podía encontrar en las obras sino en la fe en el Mesías.

De esto, además, se desprendía otra consecuencia no carente de relevancia. A los ojos de Dios, el linaje de Abraham no lo forman aquellos que tienen una relación física o genealógica con este patriarca, sino los que han creído en el Mesías, su descendencia. En otras palabras, la condición de judío no es física, nacional o racial, sino espiritual. Como escribiría Pablo:

> [28]Ya no hay judío ni griego; no hay esclavo ni libre; no hay varón ni mujer; porque todos vosotros sois uno en Jesús el Mesías. [29]Y sois del Mesías, sois realmente linaje de Abraham y herederos de acuerdo con la Promesa. (3, 28-29.)

---

[7] Sobre la visión de la ley en Pablo, véase: M. G. Barclays, *Obeying the Truth: A Study of Paul's Ethics in Galatians*, Edimburgo, 1988; W. D. Davies, *Paul and Rabbinic Judaism*, Filadelfia, 1980, p. 142 y ss.; T. R. Schreiner, «The Abolition and Fulfillment of the Law in Paul», en *JSNT*, 35, 1989, pp. 47-74.

Semejantes palabras, sin duda, podían ser interpretadas de manera muy ofensiva por los judíos de la época de Pablo, ya que separaban de Israel a un número considerable de judíos y por añadidura concedía tal consideración a gentiles de origen pagano. Con todo, no era, en absoluto, original. Como ya vimos, está claramente contenida en la enseñanza de Jesús y cuenta además con precedentes en los profetas judíos. Fue Juan el Bautista y no Pablo el que señaló que solo aquellos que se volvían a Dios eran hijos de Abraham y no todos sus descendientes, ya que Dios podía levantar hijos de Abraham hasta de las piedras (Lc 3, 8-9 y par.). De la misma manera, Isaías, posiblemente el profeta más importante del Antiguo Testamento, consideró que los judíos contemporáneos que se negaban a volverse a Dios no eran tales judíos sino ciudadanos de Sodoma y Gomorra (Is 1, 10). En todos los casos, la perspectiva era palpable: sean cuales sean los condicionamientos nacionales, Israel, el pueblo espiritual de Dios, está formado por los que se comportan como Israel, no por los que pertenecen genealógicamente a él.

Hasta aquí el razonamiento de Pablo puede ser calificado de impecable, pero, obviamente, surgía un problema que, en el fondo, resultaba esencial para la vida de la comunidad cristiana. Si los gentiles convertidos no iban a guardar la ley mosaica, ¿qué principios morales debían regir su vida? La respuesta de Pablo resulta de una enorme importancia al señalar que los cristianos debían vivir no como esclavos sino como hijos de Dios[8], no de acuerdo con rudimentos legales del pasado, sino según el impulso del Espíritu Santo:

> [6]Ya que sois hijos, Dios envió a vuestros corazones el Espíritu de su Hijo, que clama: ¡Abbá, Padre! [7]De manera que ya no

---

[8] Por supuesto, Pablo no creía que todos los hombres eran hijos de Dios. En ese sentido, pensaba, como todos los primeros cristianos, que solo eran hijos de Dios los que habían creído en Jesús (Jn 1, 12) y por eso habían sido adoptados por Dios. Sobre el tema, véase: F. Lyall, *Slaves, Citizens, Sons: Legal Metaphors in the Epistles*, Grand Rapids, 1984; J. M. Scott, *Adoption as Sons of Good: An Exegetical Investigation into the Background of* ΥΙΟΘΕΣΙΑ *in the Corpus Paulinum*, Tubinga, 1992.

eres un esclavo, sino un hijo; y puesto que eres un hijo, también eres un heredero de Dios por medio del Mesías. [8]Ciertamente, en otro tiempo, cuando no conocíais a Dios, servíais a los que por naturaleza no son dioses. [9]Pero ahora que conocéis a Dios, o más bien, que Dios os conoce, ¿cómo es posible que os volváis a los rudimentos frágiles y pobres? ¿Cómo es posible que deseéis volver a convertiros en esclavos? [10]Guardáis días, meses, tiempos y años. [11]Me temo por vosotros que haya trabajado en vano en medio vuestro. (4, 8-11.)

Ciertamente, se podía alegar que los judíos —que seguían guardando la ley mosaica— eran los descendientes directos, carnales de Abraham, pero, como ya ha indicado antes Pablo, esa circunstancia es mucho menos importante que la de la promesa de Dios. En realidad, se trataba de una especie de repetición del pasado, cuando Abraham quiso por sus propios medios forzar el cumplimiento de la promesa que Dios le había hecho de darle un hijo y con esa finalidad mantuvo relaciones con la esclava Agar. En aquel entonces Dios insistió en que sus propósitos se cumplirían no por las obras de Abraham —en este caso, tener un hijo de Agar—, sino mediante su propia promesa, que cristalizó en el hijo que Sara, la esposa de Abraham, le dio. Ahora, buena parte de los judíos pretendía obtener la salvación mediante su esfuerzo como antaño había hecho Abraham juntándose a su esclava para tener descendencia. Sin embargo, al igual que en el pasado, el camino no vendría por el propio empeño personal, sino por la sumisión a la promesa de Dios. Igual que el hijo de Agar, la esclava, fue rechazado por Dios en favor de Isaac, el hijo de Sara, ahora son hijos de Abraham no los procedentes de la carne (los judíos), sino los que se apegan a la promesa de Dios (los cristianos, sean judíos o gentiles). Estos, además, se deben caracterizar por una vivencia ética de libertad —pero no de libertinaje— que, por sus propias características, tienen que superar la normativa de la ley mosaica:

[1]Por lo tanto, permaneced firmes en la libertad con que el Mesías nos liberó y no os sujetéis de nuevo al yugo de la escla-

vitud... del Mesías os desligasteis los que os justificáis por la ley, de la gracia habéis caído... [6] Porque en el Mesías Jesús ni la circuncisión ni la incircuncisión tienen valor, sino la fe que actúa mediante el amor... [13] Porque vosotros, hermanos, fuisteis llamados a la libertad, solo que no debéis usar la libertad como excusa para la carne, sino que debéis serviros los unos a los otros por amor, [14] ya que toda la ley se cumple en esta sola frase: «Amarás a tu prójimo como a ti mismo». (5, 1, 6, 13-14.)

Lo que caracteriza, pues, fundamentalmente al creyente es el hecho no de que se haya visto liberado de la ley mosaica y caiga en una especie de indeterminación ética o de relativismo moral, sino, por el contrario, que ahora, como hijo de Dios y descendiente de Abraham, se somete al Espíritu Santo. Esto tiene como consecuencia su repulsa ante las obras de la carne y su caracterización por los frutos del Espíritu [9]:

[16] Por lo tanto digo: Andad en el Espíritu y no satisfagáis los deseos de la carne. [17] Porque el deseo de la carne es contrario al Espíritu, y el del Espíritu es contrario al de la carne... [18] Sin embargo, si sois guiados por el Espíritu, no os encontráis bajo la ley. [19] Las obras de la carne son evidentes: adulterio, fornicación, inmundicia, lascivia, [20] idolatría, hechicerías, enemistades, disensiones, envidias, iras, contiendas, enfrentamientos, herejías, [21] celos, homicidios, borracheras, orgías y cosas similares a estas, sobre las que os amonesto, como ya he dicho con anterioridad, que los que las practican no heredarán el reino de Dios. [22] Pero el fruto del Espíritu es amor, alegría, paz, paciencia, benignidad, bondad, fe, [23] mansedumbre, gobierno de uno mismo. Contra estas cosas no existe ley. (5, 16-23.)

Sin duda, el modelo ético de Pablo era más difícil que el de cumplir la ley, en la medida en que implicaba no tanto ceñirse a un código moral como incorporar una serie de principios éticos

---

[9] Sobre los frutos del Espíritu, véase: R. N. Longenecher, *New Testament Social Ethics for Today*, Grand Rapids, 1984; ídem, *Paul, Apostle of Liberty*, Nueva York, 1964; F. Mussner, *Theologie der Freiheit nach Paulus*, Düsseldorf, 1976; P. Richardson, *Paul's Ethic of Freedom*, Filadelfia, 1979.

coronados por el del amor al prójimo. Que se trataba de una concepción inspirada en la de Jesús resulta innegable, pero que de ella se derivaba una enorme dificultad práctica también resulta imposible de negar. Precisamente por ello, Pablo insistiría en la necesidad de someterse a esa nueva vida del Espíritu sin desanimarse por los posibles contratiempos, y de comprender que lo importante en Jesús es transformarse en una nueva criatura:

> [7]No os engañéis. De Dios nadie se burla, porque todo lo que el hombre siembra, lo segará. [8]Porque el que siembra para su carne, segará corrupción de la carne, pero el que siembra para el Espíritu, segará vida eterna del Espíritu. [9]Por lo tanto, no nos cansemos de hacer el bien, porque llegado el tiempo segaremos si no hemos desfallecido... [15]En Jesús el Mesías no tienen ningún valor, ni la circuncisión ni la incircuncisión, sino una nueva creación. (6, 7-9, 15.)

Como ya hemos indicado, las tesis de Pablo —la salvación es por la fe sin las obras de la ley, los cristianos gentiles no están sometidos a esta última, los verdaderos descendientes de Abraham son los de la fe en la promesa, y entre ellos no podía existir discriminación por ser gentiles, esclavos o mujeres, y la ética debe fundamentarse no en un código, sino en la guía del Espíritu Santo— no eran, en absoluto, originales. De hecho, encontramos precedentes suyos en la enseñanza de Jesús y de los judeocristianos e incluso en el Antiguo Testamento. Sin embargo, su sistematización y, especialmente, la manera clara y contundente como las exponía Pablo, iban a hacer fortuna, a proporcionarles una enorme difusión e incluso a provocar que —muy erróneamente— se adscribieran a él como creador. Partiendo de esa base, no puede sorprender que la Carta a los Gálatas haya tenido una repercusión verdaderamente extraordinaria en la Historia de las religiones y, en términos generales, de la Humanidad.

CAPÍTULO IX

El Concilio de Jerusalén

El Concilio de Jerusalén (I):
Las circunstancias [1]

L AS primeras consecuencias de aquel escrito no se hicieron esperar. En torno al año 49, es decir, apenas unos meses después de la redacción de la Carta a los Gálatas, la cuestión de la relación entre los gentiles y la ley volvió a plantearse en Antioquía. Algunos judeocristianos de Palestina sintieron una preocupación tan honda por el problema como para

---

[1] Sobre este episodio, véase: H. Lietzmann, «Der Sinn des Aposteldekretes und seine Textwandlung», en *Amicitiae Corolla presented to J. R. Harris*, ed. H. G. Wood, Londres, 1933, pp. 208-11; K. Lake, «The Apostolic Council of Jerusalem», en *Beginnings*, I, 5, Londres, 1933, pp. 195-212; M. Dibelius, «The Apostolic Council» en *Studies in the Acts of the Apostles*, Londres, 1955, pp. 93-111; B. Reicke, «Der geschichtliche Hintergrund des Apostelkonzils und der Antiocheia-Episode», en *Studia Paulina in honorem J. de Zwaan*, ed. J. N. Sevenster y W. C. van Unnik, Haarlem, 1953, pp. 172-87; E. Haenchen, «Quellenanalyse und Kompositionsanalyse in Act 15», en *Judentum, Urchristentum, Kirche: Festschrift für J. Jeremias*, ed. W. Eltester, Berlín, 1964, pp. 153-64; M. Simon, «The Apostolic Decree and its Setting in the Ancient Church», en *Bulletin of John Rylands Library*, Manchester, 52, 1969-70, pp. 437-60; G. Zuntz, «An Analysis of the Report about the Apostolic Council», en *Opuscula Selecta*, Manchester, 1972, pp. 216-49; T. Holtz, «Die Bedeutung des Apostelkonzils für Paulus», en *Novum Testamentum*, 16, 1974, pp. 110-48; D. R. Catchpole, «Paul, James and the Apostolic Decree», en *New Testament Studies*, 23, 1976-7, pp. 428-44; E. Bammel, «Der Text von Apostelgeschichte 15», en *Les Actes des Apotres, Bibliotheca Ephemeridum Theologicarum Lovaniensium*, 48, ed. J. Cremer, Gembloux-Lovaina, 1979, pp. 439-46; A. Strobel, «Das Aposteldekret als Folge des Antiochenischen Streites», en *Kontinuitat und einheit: Festschrift für*

desplazarse hasta Antioquía e intentar imponer lo que consideraban que sería una solución óptima para el problema. Al parecer, los mencionados judeocristianos eran de origen fariseo
(Hch 15, 5), y cabe al menos la posibilidad de que aún siguieran formando parte de alguna hermandad de esta secta.

De acuerdo con la fuente lucana, la insistencia del partido de
la circuncisión en favor de su postura terminó por crear tal malestar en la comunidad antioquena que esta optó por enviar una
delegación a Jerusalén —en la que Pablo y Bernabé parecen haber tenido un papel relevante— para solventar el conflicto. Lo
que allí se decidió resultaría esencial en el desarrollo posterior del
judeocristianismo, en particular, y del cristianismo, en general.

El denominado Concilio de Jerusalén es un suceso al que la
fuente lucana dota de una significación absolutamente esencial[2],
similar a la que otorga a la visita de Pedro a la casa de Cornelio y
a la conversión de Pablo. Sustancialmente, coincidimos con ese
punto de vista. El episodio aparece descrito como una reunión de
apóstoles —sin determinar cuántos de ellos estaban presentes y
citando solo alguno de los nombres— y ancianos de la comunidad jerosolimitana, cuya finalidad era zanjar de manera definitiva
la cuestión de los términos en que un gentil podía ser admitido
en el seno de la comunidad (lo que implicaba una referencia al
tema de la circuncisión), así como el grado de contacto social
que podía existir entre judeocristianos y gentilcristianos. De acuerdo con la fuente lucana, el Concilio fue precedido por un informe de Pablo y Bernabé acerca de la misión entre los gentiles en
Chipre y Asia Menor, aunque ninguno de los dos pudo participar
de manera activa en la reunión subsiguiente.

F. *Mussner*, ed. P. G. Müller y W. Stenger, Friburgo, 1981, pp. 81-104; R. Kiefer, *Foi
et justification a Antioche. Interpretation d'un conflit*, París, 1982; C. K. Barrett, «Apostles in Council and in Conflict», en *Freedom and Obligation*, Londres, 1985, pp. 91-
108; P. J. Achtemeier, *The Quest for Unity in the New Testament Church*, Filadelfia,
1987; R. Aguirre, *La iglesia de Antioquía de Siria*, Bilbao, 1988, p. 33 y ss.
    [2] Según F. F. Bruce, *The Acts of the Apostles*, Grand Rapids, 1990, p. 282.

La fuente —o fuentes— reflejada en el libro de los Hechos parece dotada de una notable claridad y precisión a la hora de describir el evento y, de hecho, los problemas de comprensión surgen solo cuando se pretende identificar lo narrado en Hechos con lo relatado por Pablo en Gálatas 2, 1-10, donde se habla de un encuentro diferente de este y Bernabé con los tres pilares de la iglesia jerosolimitana: Santiago, Pedro y Juan. Sin embargo, de una lectura simple de las fuentes se desprende con facilidad que los sucesos recogidos en Gálatas 2, 1-10, y Hechos 15 son dos acontecimientos distintos e independientes. Las razones para esta interpretación pueden resumirse de la siguiente manera:

a) El tema de discusión. En Gálatas 2, 1-10, el objeto del encuentro fue la delimitación de zonas de misión —Pablo y Bernabé entre los gentiles, Pedro entre los judíos—, y parece dudoso que se llegara a hablar de la circuncisión[3]. El episodio narrado en Hechos 15 relata, por el contrario, una reunión relacionada de manera casi exclusiva con este tema y en la que no se abordó la discusión sobre la adscripción de competencias en la misión.

b) Los protagonistas. Mientras que en Gálatas 2, 1-10, se nos habla de una reunión privada (Gál 2, 2) en la que habrían estado solo Pablo y Bernabé, por un lado, y los dirigentes jerosolimitanos, por otro, en Hechos 15 nos hallamos con una conferencia pública (Hch 15, 12 y 22), en la que ni Pablo ni Bernabé participaron de manera directa.

c) El momento. Por último, como ya vimos, Pablo menciona en Gálatas 1 y 2 varias visitas a Jerusalén que excluyen la

---

[3] En el mismo sentido, ver: T. W. Manson, *Studies in the Gospels and Epistles*, Manchester, 1962, pp. 175-6; B. Orchard, «A New Solution of the Galatians Problem», en *Bulletin of John Rylands library*, 28, 1944, pp. 154-74; ídem, «The Ellipsis between Galatians 2, 3 y 2,4» en *Biblica*, 54, 1973, pgs. 469-81; M. Hengel, *Acts and the History of Earliest Christianity*, Filadelfia, 1980, p. 117.

posibilidad de que los dos relatos se refieran al mismo episodio. La primera visita fue tres años después de su conversión y corresponde con el episodio narrado en Hechos 9, 26-30. En el curso de la misma estuvo con Pedro quince días (Gál 1, 18-19), pero no vio a ningún otro apóstol salvo a Santiago, «el hermano del Señor». La segunda visita —que se produjo catorce años después acompañado de Bernabé y Tito (Gál 2, 1 y ss.)— corresponde, como ya señalamos en un capítulo anterior, al relato recogido en Hechos 11, 30, y es en el curso de la misma cuando se produjo una división del área de misión, pero, en absoluto, se nos menciona nada similar a lo narrado en Hechos 15.

d) La conclusión. Mientras que el episodio de Gálatas no hace referencia a ninguna solución dispositiva final, el de Hechos 15 sí contiene la misma —como veremos más adelante—, y esta se halla bien atestiguada históricamente por otras fuentes como el Apocalipsis (2, 14 y 20), Tertuliano (*Apología* IX, 13) y Eusebio (*Hist. Ecles.* V, 1, 26). No parece que el mismo fuera ya entendido correctamente por los mencionados Padres —por ejemplo, en relación con los mandatos del pacto con Noé—, pero la referencia al mismo indica que venía de antiguo y que su origen tenía la suficiente autoridad como para que no se considerara abrogado. Razones muy similares, sin duda, debieron llevar al autor de Hechos a recogerlo en su texto, lo que es suficiente como para atribuirle un origen muy antiguo y, dada su aparente antigüedad, apostólico. Tales notas encajan perfectamente con la aceptación de un Concilio como el descrito en Hechos 15, pero son imposibles de admitir si pensamos que la entrevista de Gálatas y Hechos 15 se refieren al mismo episodio.

De las enormes diferencias entre los dos episodios algunos han deducido o que la fuente lucana recoge el mismo suceso, pero lo narra peor —lo que como hemos visto es imposible dadas las enormes diferencias entre los dos y la imposibilidad de armonizarlas—, o que el episodio de Hechos 15 es falso y, en realidad, solo aconteció lo narrado en Gálatas 2, 1 y ss. —lo que colisiona con la universalidad de aceptación de los mandatos de Hechos 15 que describiremos más adelante en este capítulo—. Lo cierto es que ambos puntos de vista parecen partir de una conjetura bien discutible —o la falsedad del relato lucano o la necesidad de identificar este con lo mencionado en Gálatas, una fuente paulina escrita antes del episodio de Hechos 15—, que ni es cuidadosa en la crítica de fuentes ni les hace justicia, porque estas resultan armónicas. De hecho, Pablo coincide totalmente con la fuente lucana en todas las visitas realizadas a Jerusalén con anterioridad a la mencionada en Hechos 15. Esta última, sin embargo, no es mencionada en Gálatas porque todavía no había tenido lugar. Tal circunstancia cronológica explica asimismo el episodio sobre la comunión con los gentiles —disputa con Pedro, etc. [4]—. Otra tercera opción es la de admitir que ambos episodios son distintos, pero que la entrevista de Gálatas tuvo lugar en privado inmediatamente antes de la reunión pública de Hechos 15 [5]. Precisamente por ello, la Carta a los Gálatas reconoce la tensión con Pedro —pese a los frutos de la entrevista recogida en Hechos 11— y no menciona el Concilio de Jerusalén, sino que recurre a la elaboración teológica para abogar en favor de la justificación por la fe, que excluye la idea de una salvación por obras y exime a los gentiles de la circuncisión.

---

[4] Se han propuesto otras alternativas a las de esta secuencia cronológica, y así algunos han fechado la discusión de Gálatas 2, 11-14 antes de la conferencia de 2, 1-10, ver: T. Zahn, *Der Brief des Paulus an die Galater*, Leipzig, 1922, p. 110; H. M. Feret, *Pierre et Paul á Antioche et á Jérusalem*, París, 1955; J. Munck, *Paul and the Salvation of Mankind*, Londres, 1959, pp. 100-3. W. L. Knox considera, por el contrario, que la controversia de Antioquía entre Pedro y Pablo es anterior al primer viaje misionero de este y que, de hecho, fue causa del mismo, ver: *The Acts of the Apostles*, Cambridge, 1948, p. 49. La tesis plantea enormes problemas como sería el del enfrentamiento de un Pablo desconocido con un Pedro de enorme relevancia.

[5] En ese sentido: J. B. Lightfoot, *St. Paul's Epistle to the Galatians*, Londres, 1865, pp. 125-26; H. N. Ridderbos, *The Epistle of Paul to the Churches of Galatia*, Grand Rapids, 1953, pp. 78-82. Tal posibilidad choca con la seria objeción de que, de haber sido así, Pablo hubiera utilizado tal argumento al escribir a los gálatas. Ver F. F. Bruce, *The Acts of the Apostles*, Nueva York, 1990, p. 283.

Con posterioridad a la redacción de Gálatas, el problema no solo no se solventó, sino que incluso se agudizó con la visita de los jerosolimitanos partidarios de la circuncisión (Hch 15, 5). Tal episodio obligó, finalmente, a pedir ayuda a Jerusalén en la resolución del conflicto, y fruto de ello es precisamente el Concilio que tuvo lugar en esta ciudad.

El Concilio de Jerusalén (II): La discusión

Según la fuente lucana, la solución del problema no debió de resultar fácil ni se decidió de manera inmediata. Tras una prolongada discusión —en la que parece que no se llegó a una solución definitiva (Hch 15, 7)—, Pedro optó por volcar su autoridad en favor de una postura que afirmaba la idea de la salvación por la fe y que insistía no solo en la inutilidad de obligar a los gentiles a guardar la ley y ser circuncidados, sino también en la imposibilidad de guardar aquella de una manera total (Hch 15, 10):

> [5]Mas algunos de la secta de los fariseos, que habían creído, se alzaron, diciendo: «Resulta necesario circuncidarlos, y ordenarles que guarden la ley de Moisés». [6]Y se reunieron los apóstoles y los ancianos para ocuparse de este asunto. [7] Y, al tener lugar una gran discusión, se levantó Pedro y les dijo: «Hermanos, vosotros sabéis cómo ya hace algún tiempo Dios escogió que los gentiles oyesen por mi boca la palabra del Evangelio, y creyesen. [8]Y Dios, que conoce los corazones, les dio testimonio, otorgándoles el Espíritu Santo al igual que a nosotros; [9]y no hizo ninguna diferencia entre nosotros y ellos, purificando sus corazones con la fe. [10]Ahora, pues, ¿por qué tentáis a Dios, poniendo sobre la cerviz de los discípulos un yugo, que ni nuestros padres ni nosotros hemos podido llevar? [11]Por el contrario, creemos que nos salvaremos por la gracia del Señor Jesús, igual que ellos». [12]Entonces toda la multitud calló... (Hch 15, 5-12.)

La intervención de Pedro venía a recoger la esencia del Evangelio predicado por Jesús, por sus discípulos y, al fin y a la postre, por Pablo. La salvación jamás puede ser obtenida por las obras. Es un regalo de Dios, absolutamente inmerecido, como Pedro había escuchado docenas de veces enseñar a su Maestro. La misma ley de Moisés si muestra algo es precisamente la incapacidad del ser humano para cumplir sus exigencias. Hasta los judíos más piadosos lo sabían si tenían la suficiente humildad como para ver las cosas de manera adecuada. El argumento —que hemos visto en la Carta a los Gálatas de Pablo— no podía ser más coherente. Cualquiera que contempla con seriedad la ley de Dios descubre no que la pueda cumplir, sino que su cumplimiento es imposible, que jamás la salvación puede derivar de su obediencia, que la salvación solo puede ser fruto de la acción misericordiosa y compasiva de Dios, como Jesús narró en las parábolas de la oveja perdida, de la moneda extraviada o del hijo pródigo (Lc 15). Cualquier acción o enseñanza que se desviara de esa acción chocaba totalmente con la esencia del Evangelio. Por lo tanto, ¿cómo iba, pues, a imponerse ese yugo a los gentiles? El impacto del razonamiento de Pedro debió resultar decisivo, y buena prueba de ello es que el texto occidental señala en la variante de Hechos 15, 12, que «todos los ancianos consintieron a las palabras de Pedro». La fuente lucana no vuelve a mencionar a este personaje[6], pero como ha señalado M. Hengel[7], «la legitimación de la misión a los gentiles es virtualmente la última obra de Pedro». La intervención petrina resultó un magnífico introito para que Pablo y Bernabé relataran los éxitos del primer viaje misionero entre los gentiles (Hch 15, 12). Poco puede dudarse de que sus palabras venían a corroborar lo que había sido un discurso contundente. Eran los hechos que remachaban la fe.

---

[6] Peter O. Cullmann: *Disciple-Apostle-Martyr*, Londres, 1953, p. 50, ha señalado la posibilidad de que Pedro hubiera interrumpido momentáneamente su actividad misionera entre la Diáspora para intervenir en el Concilio. C. P. Thiede, *Simon Peter*, Grand Rapids, 1988, p. 158 y ss., ha señalado incluso que Pedro podría haberse enterado de la situación a través de Marcos, que ya habría abandonado a Pablo y Bernabé (Hch 13, 13). Ambas tesis cuentan con bastante posibilidad de ser ciertas, pero no puede afirmarse de manera categórica.

[7] M. Hengel, *Acts...*, p. 125.

El Concilio de Jerusalén (III): La decisión

Con todo, lo que zanjó la discusión fue la intervención final de Santiago (Hch 15, 13 y ss.). La fuente lucana la ha recogido de la manera siguiente:

> [13]Y después de que guardaran silencio, Santiago dio la respuesta, diciendo: «Hermanos, escuchadme: [14]Simón ha contado en primer lugar cómo Dios visitó a los gentiles, para tomar de entre ellos un pueblo para su nombre. [15]Y con esto concuerdan las palabras de los profetas, como está escrito: [16]Después de esto volveré y restauraré el tabernáculo de David, que estaba caído; y repararé sus ruinas, y lo volveré a levantar; [17]para que el resto de los hombres busque al Señor, y todos los gentiles, sobre los cuales es invocado mi nombre, dice el Señor, que hace todas estas cosas. [18]A Dios le son conocidas desde siempre todas sus obras. [19]Por lo cual juzgo que no se ha de inquietar a los que procedentes de entre los gentiles se convierten a Dios, [20]sino escribirles que se aparten de las contaminaciones de los ídolos, y de fornicación, y de lo ahogado, y de sangre. [21]Porque Moisés desde la Antigüedad tiene en cada ciudad quien le predique en las sinagogas, donde es leído cada sábado». (Hch 15, 13-21.)

El hecho de que Santiago concluyera el debate indica que, ya en esa época, era el jefe indiscutible de la comunidad de Jerusalén y que podía imponer su criterio sin provocar discusión alguna. El texto de su discurso recogido en la fuente lucana presenta además, como ya demostró en el pasado J. B. Mayor, notables paralelismos con las expresiones contenidas en la carta del Nuevo Testamento que lleva su nombre[8]. Santiago respaldó el argumento emanado de la interpretación de Pedro y de la experiencia personal de Pablo y Bernabé. Además, estableció la manera en que la misma podría armonizar con la Escritura. Lo hizo a través de un «pesher» —una forma de interpretación bíblica que hemos llegado a conocer mejor en las últimas décadas

---

[8] J. B. Mayor, *The Epistle of St. James*, Londres, 1897, pp. III-IV

gracias a los documentos del mar Muerto—, a partir del texto de Amós 9, 11 y ss. La forma en que el mismo nos ha sido transmitido por Lucas indica o bien que extrajo su información de una fuente semítica escrita o de un testimonio directo, sin referencia a los cuales no se puede entender el argumento de Santiago. Este universalizó la profecía de Amós vocalizando la palabra *'adam* (humanidad) en lugar de *'edom* (Edom), y leyendo *yidreshu* (para que el resto de la humanidad busque al Señor) en lugar de *yireshu* (para que posean al resto de Edom). Naturalmente, también podría darse el caso de que Santiago hiciera referencia a un texto más antiguo y fidedigno que el transmitido por el Texto Masorético. Con todo, como ha indicado C. Rabin, «el TM ha apoyado de hecho la exégesis ofrecida aquí»[9]. Igualmente, parece que Santiago ignora la partícula *et*, propia del complemento directo, antes de *sheerit*. Viene a recurrir así al modelo de respuesta rabínica conocido como *yelammedenu* (que nuestro maestro responda)[10], consistente en apelar a la Escritura para confirmar lo que ya se ha dicho o hecho y lo que se va a decidir.

La solución del problema propuesta por Santiago, «el hermano del Señor», quizá podría considerarse de compromiso, pero, en realidad, salvaba la entrada de los gentiles en el seno del movimiento sin obligarlos a ser circuncidados ni a guardar la ley mosaica, al mismo tiempo que limaba las posibilidades de escándalo en relación con los judíos, algo que, en aquel periodo concreto de la historia palestina, no solo tenía una trascendencia evangelizadora sino también social.

El contenido concreto del denominado decreto apostólico —que, en realidad, sería más apropiado denominar «decreto jacobeo»— presenta alguna dificultad, dadas las variantes textuales que tenemos de la fuente lucana. En el texto occidental a

---

[9] C. Rabin, *The Zadokite Documents*, Oxford, 1958, p. 29.

[10] En el mismo sentido, J. W. Bowker, Speeches in Acts: A Study in Proem and Yelammedenu Form», en *New Testament Studies*, 14, 1967-8, pp. 96-111.

los gentiles se les prohíbe la idolatría, la fornicación y la sangre, a la vez que se añade la fórmula negativa de la Regla de Oro: «No hagáis a los demás las cosas que no queréis que os hagan a vosotros». Esta última formulación aparece igualmente en la literatura del periodo intertestamentario (Tob 4, 15), rabínica (TB Shabbat 31a; Abot de R. Nathan 2:26) y paleocristiana (*Didajé* 1, 2). Es bastante probable que el texto occidental represente, sin embargo, una revisión de los mandatos originales surgida en una época en que los mismos carecían ya de la relevancia primigenia y en que se buscaba, posiblemente, armonizarlos con posturas más extremas de rechazo de la ley mosaica en el seno del cristianismo[11]. Así, en otros textos se prohíbe la carne de animales sacrificados a los ídolos, así como la sangre (seguramente una referencia al precepto noáquico de no comer de un animal que no estuviera muerto, es decir, que aún tuviera su vida o sangre en el interior). Posiblemente, a estas dos prohibiciones se añadía la de abstenerse de *porneia*, entendiendo por la misma no tanto la «fornicación» —la práctica de la misma estaba prohibida a cristianos judíos y gentiles por igual y no se discutía[12]— cuanto la violación de los grados de consanguinidad y afinidad prohibidos en la ley de Moisés a la hora de contraer matrimonio, por ejemplo, en Levítico 18, 6-18. *Porneia* vendría así a traducir el término hebreo *zenut* y presentaría paralelos con lo recogido, por ejemplo, en el *Documento de Damasco* IV, 17 y ss. Estas normas relativas al matrimonio resultaban esenciales en el judaísmo y no puede negarse su influencia en la ley canónica posterior. Con ello se pretendía evitar, fundamental-

---

[11] P. H. Menoud, «The Western Text and the Theology of Acts», en *Studiorum Novi Testamenti Societas Bulletin*, 2, 1951, p. 19 y ss. piensa que el decreto originalmente solo prohibía la carne con sangre y la sacrificada a los ídolos, pero que estas dos prohibiciones fueron ampliadas posteriormente. En un sentido similar, ver C. S. C. Williams, *Alterations to the Text of the Synoptic Gospels and Acts*, Oxford, 1951, p. 72 y ss.

[12] Ver, al respecto, Gálatas 6, 19, como ejemplo de la enseñanza paulina anterior al Concilio de Jerusalén en relación con la fornicación. Ejemplos cercanamente posteriores en 1 Corintios 5 y 1 Tesalonicenses 4, 3 y ss.

mente, el escándalo de los judíos[13]. La disposición articulada por Santiago venía a resultar una respuesta clara al problema. Por un lado, era evidente que no podía ponerse cortapisas a la entrada de los gentiles en el movimiento. Tal conducta hubiera chocado con lo establecido en las Escrituras y con muestras de lo que se consideraba bendecido por Dios a través de testimonios como los de Pedro, Bernabé y Pablo. Por otro lado, no tenía ningún sentido obligar a los gentiles a circuncidarse y a guardar una ley reservada para Israel, y más teniendo en cuenta que la salvación se obtenía por la fe en Jesús y no por las obras de la ley.

En cuanto al problema de las comidas comunes entre judíos y gentiles —que tanto conflicto había ocasionado en la comunidad de Antioquia—, también se articulaba una inteligente solución de compromiso. Ciertamente, los gentiles no estaban obligados a someterse a la normativa mosaica sobre alimentos, pero deberían abstenerse de aquellos sacrificados a los ídolos o de comer animales vivos (prohibición de la sangre). No deja de ser significativo que incluso en la literatura rabínica (Sanh 56a) encontremos una solución parecida. Asimismo —y para evitar conflictos en relación con posibles matrimonios mixtos o escándalo de los judeocristianos con respecto a otros contraídos solo entre cristianos gentiles—, no debería permitirse un grado de consanguinidad y afinidad en los matrimonios distinto del contemplado en la ley de Moisés.

Dado que, además, Santiago había optado por imponer unas normas muy similares a las exigidas en las sinagogas a los «temerosos de Dios» gentiles, su solución no podía ser tachada de antijudía o de relajada. De hecho, venía a corresponder, *grosso modo*, con los preceptos del pacto de Noé, que son aplicables por igual, según la Biblia y la ley oral, a todos los pueblos de la tierra descendientes de aquel personaje.

---

[13] En tal sentido creemos que debe interpretarse la referencia a los mismos de Hechos 15, 21. Un punto de vista similar en R. B. Rackham, *The Acts of the Apostles*, Londres, 1912, p. 254.

El Concilio de Jerusalén (IV): Las consecuencias

La tesis de Santiago obligaba ciertamente a aceptar un compromiso a las dos partes. Por un lado, los partidarios de imponer la circuncisión y la práctica de la ley a los gentiles se veían obligados a renunciar a su punto de vista, aunque se aceptaba una tesis encaminada a no causar escándalo a los judíos. Por el otro, Pablo, Bernabé y los defensores del punto de vista que señalaba que los gentiles no estaban obligados a la circuncisión ni al cumplimiento de la ley mosaica veían reconocido el mismo como correcto, pero, a cambio, se veían sometidos a aceptar concesiones encaminadas también a no provocar escándalo.

Desde luego, la veracidad de lo consignado en la fuente lucana aparece, siquiera indirectamente, confirmado por la universalidad que alcanzó la medida. El texto de la misma aparece como vinculante en fuente tan temprana como es el Libro de Apocalipsis (2, 14 y 20), dirigido a las iglesias de Asia Menor; en el siglo II era observado por las iglesias del valle del Ródano —y más concretamente por los mártires de Viena y Lyon (*Hist. Ecles.* V, 1, 26)— y por las del norte de Africa (Tertuliano, *Apología* IX, 13); y todavía en el siglo IX el rey inglés Alfredo lo citó en el preámbulo de su código de leyes.

Aquella transacción asentaba como consagrados los puntos de vista defendidos previamente por Pedro, la comunidad de Antioquía, Bernabé y Pablo. No resulta sorprendente que estos dos últimos fueran encargados de entregar el texto del decreto a otras iglesias gentiles como un modelo de convivencia [14]:

> [22] Entonces pareció bien a los apóstoles y a los ancianos, con toda la iglesia, elegir varones de entre ellos y enviarlos a Antioquía con Pablo y Bernabé: a Judas, que tenía por sobrenombre

---

[14] Sobre el tema véase, A. S. Geyser, «Paul, the Apostolic Decree and the Liberals in Corinth», en *Studia Paulina in honorem J. de Zwaan*, ed. J. N. Sevenster y W. C. van Unnik, Haarlem, 1953, pp. 124 y ss.

Barsabás, y a Silas, varones principales entre los hermanos. [23] Y escribir por su mano: «Los apóstoles y los ancianos y los hermanos, a los hermanos de entre los gentiles que se encuentran en Antioquía, en Siria y en Cilicia, salud. [24] Por cuanto hemos oído que algunos que han salido de nosotros, os han inquietado con palabras, trastornando vuestras almas, al mandar que os circuncidéis y guardéis la ley, a los cuales no mandamos; [25] nos ha parecido, congregados de manera unánime, elegir varones, y enviároslos con nuestros amados Bernabé y Pablo, [26] son hombres que han expuesto sus vidas por el nombre de nuestro Señor el Mesías Jesús. [27] Así que, enviamos a Judas y a Silas, los cuales también por palabra os harán saber lo mismo: [28] que ha parecido bien al Espíritu Santo, y a nosotros, no imponeros ninguna carga más que estas cosas necesarias: [29] que os abstengáis de cosas sacrificadas a ídolos, de sangre, de los animales estrangulados, y de la fornicación; de las cuales cosas si os guardareis, bien haréis. Pasadlo bien». [30] Ellos, entonces, tras ser enviados, descendieron a Antioquía y reuniendo a la multitud, entregaron la carta. (Hch 15, 22-30.)

El resultado fue provocar un enorme alivio entre los creyentes de Antioquía, algo lógico si se tiene en cuenta que se había cuestionado no solo su forma de actuación, sino todo su modelo de comportamiento misionero. La fuente lucana es al respecto muy explícita:

[31] Tras leer la carta, se sintieron llenos de alegría por aquel consuelo. [32] Judas y Silas, dado que también ellos eran profetas, consolaron y confirmaron a los hermanos con abundancia de palabra. [33] Y, tras pasar algún tiempo, fueron enviados por los hermanos en paz y de regreso a los apóstoles. [34] Sin embargo, a Silas le pareció bien quedarse allí. (Hch 15, 31-34.)

El denominado Concilio de Jerusalén tuvo por añadidura una consecuencia de enorme relevancia histórica. No se trataba únicamente de que hubiera quedado confirmada sin discusión posible la tesis de que la justificación no era por las obras, sino por gracia y recibida a través de la fe; no se trataba únicamente de que se hubiera mantenido abierta la puerta a los gentiles; no se trataba únicamente de que se habían delimitado las condiciones para la convivencia entre judíos y gentiles en el seno del cristianismo. Por añadidura, la misión de Pablo y Bernabé había salido moralmente muy fortalecida por lo establecido en el decreto jacobeo. No resulta en absoluto extraño que tuviera un resultado inmediato al que dedicaremos el próximo capítulo.

CAPÍTULO X

El segundo viaje misionero (I):
De Antioquía a Filipos

El nuevo equipo de Pablo[1]

E L Concilio de Jerusalén y el decreto jacobeo habían significado un respaldo claro al contenido de la predicación de Pablo en Galacia. Resulta por ello lógico que decidiera volver a recorrer las iglesias fundadas por él y por Bernabé para informarlas de lo sucedido. A esas alturas, lo que había quedado de manifiesto era que su teología, que afirmaba la justificación por la fe sin obras, era la correcta, y no la que defendían aquellos que atribuían la justificación a las obras de la ley. Sin embargo, la gente que acompañaría a Pablo, en lo que se ha denominado convencionalmente el segundo viaje misionero, iba a formar un equipo distinto. La fuente lucana lo refiere de la siguiente manera:

> [35] Y Pablo y Bernabé se quedaron en Antioquía enseñando la palabra del Señor y anunciando el Evangelio con otros muchos. [36] Y después de algunos días, Pablo dijo a Bernabé: «Volvamos a visitar a los hermanos de todas las ciudades en las que hemos anunciado la palabra del Señor para ver cómo están». [37] Y Bernabé quería que llevasen con ellos a Juan, el que tenía por sobrenombre Marcos. [38] Pero a Pablo no le parecía bien llevar consigo al que se había separado de ellos en Panfilia y no

---

[1] Sobre los colaboradores de Pablo, véase: F. F. Bruce, *The Pauline Circle*, Exeter, 1985; F. M. Gillman, *Women Who Knew Paul*, Collegeville, 1992; E. B. Redlich, *S. Paul and His Companions*, Londres, 1913.

había seguido con ellos en la obra. [39] De manera que se produjo un desacuerdo tal entre ellos que se separaron, y mientras que Bernabé, tomando a Marcos, navegó hacia Chipre, [40] Pablo, eligiendo a Silas, partió encomendado por los hermanos a la gracia del Señor. [41] Y recorrió Siria y Cilicia confirmando a las iglesias. (Hch 15, 35-41.)

El inicio del segundo viaje misionero implicó, en primer lugar, la separación de Pablo y Bernabé. Convertido antes a la fe de Jesús y miembro destacado de la comunidad judeocristiana de Jerusalén, Bernabé había sido una persona más relevante que Pablo durante años. Cuando dio inicio el viaje de evangelización de los gentiles, el destino escogido había sido Chipre, su tierra natal. Después, la fuente lucana lo menciona siempre antes que a Pablo, indicando su mayor importancia. Semejante prelación desaparece al término del viaje, tras el establecimiento de las iglesias de Galacia. A esas alturas, para Lucas resultaba obvio que Pablo era el personaje de más talla. La conclusión no era errónea. De hecho, cuando Bernabé pretendió que llevaran como colaborador a Juan Marcos, Pablo se opuso alegando —no sin razón— que el muchacho ya los había abandonado en el viaje anterior. En la discusión que siguió, Bernabé no logró imponer su criterio, y Pablo no estaba dispuesto a ceder. Finalmente, optaron por separarse, y ahora Pablo decidió llevar consigo a colaboradores nuevos y de su confianza. En este caso, se trataba de Silas, al que volveremos a encontrarnos en los años siguientes.

El itinerario seguido por los dos es relativamente fácil de reconstruir. Se encaminaron al norte a través de la Alejandría de Siria, la moderna Iskenderun, y se dirigieron después hacia occidente hasta entrar en Cilicia. Una vez allí debieron tomar el camino que pasaba por Mopsuestia, Adana y Tarso. Desde esta ciudad torcieron al norte y cruzaron el Taurus por las Puertas Cilicias que permitían pasar de Cilicia a Capadocia. Torciendo hacia occidente, siguieron una calzada romana que los llevó hasta el territorio del rey Antíoco, aliado de Roma, y desde allí llegaron a Derbe. Se trataba del punto más oriental alcanzado por Pablo y Bernabé cuando atravesaron el sur de Galacia desde la dirección opuesta.

Desde Derbe, Pablo y Silas llegaron a Listra, que, al igual que Derbe, había sido uno de los escenarios de su actividad misionera anterior (Hch 16, 1). En esta localidad se encontraba un discípulo llamado Timoteo. El joven procedía de una familia mixta. Su madre era judía —y por lo que refiere la fuente lucana y contaría tiempo después Pablo— y muy piadosa (Hch 16, 1; 2 Tim 1, 5 y ss.; 3, 14 y ss.). Sin embargo, se había casado con un gentil, y el niño, a pesar de haber recibido una educación judía, no había sido circuncidado. Es muy posible que cuando se convirtió al Evangelio fuera un temeroso de Dios y acudiera puntualmente a la sinagoga. Los hermanos de Listra y de Iconio, desde luego, tenían un excelente concepto de él, tanto que Pablo concibió la idea de convertirlo en uno de sus colaboradores (Hch 16, 2-3). Sin embargo, existía el riesgo de que los judíos no estuvieran dispuestos a escuchar a un gentil. Precisamente por ello, «Pablo... lo circuncidó por causa de los judíos que estaban en aquellos lugares, porque todos sabían que su padre era griego». (Hch 16, 3.)

El episodio resulta bien revelador de la manera en la que Pablo procuraba evitar cualquier obstáculo a la predicación del Evangelio. La circuncisión le resultaba intolerable como una obligación para los conversos gentiles, ya que podía ser interpretada como una afirmación de que la salvación era por obras. Esa había sido su posición en la carta dirigida a las comunidades de Galacia y también en el curso del denominado Concilio de Jerusalén. Sin embargo, estaba dispuesto a realizar concesiones si eran precisamente eso, no obligaciones, sino cesiones para que el Evangelio fuera aceptado con más facilidad por los inconversos. A decir verdad, el principio seguido por Pablo era el mismo que hemos observado en el Concilio de Jerusalén y que, dicho sea de paso, continuaremos viendo a lo largo de su carrera apostólica.

Determinadas prohibiciones no podían ser aceptadas como preceptos de carácter general, pero sí como renuncias voluntarias acometidas para evitar el poner tropiezos a las personas a las que se iba a comunicar el Evangelio. Si en Jerusalén se había decidido que los gentiles debían evitar cierto tipo de matrimonios consanguíneos y algunos alimentos para impedir que los judíos los contemplaran con resquemor, Pablo podía ahora disponer la circuncisión de Timoteo apelando al mismo criterio. Al respecto, no deja de ser significativo que uno de los cometidos que Pablo adoptó al pasar por las ciudades donde había iglesias establecidas por él fuera el de comunicarles las decisiones adoptadas por el Concilio de Jerusalén (Hch 16, 4). Se trataba únicamente de los prolegómenos.

Pablo llega a Europa

¿Hacia dónde debían dirigirse ahora el apóstol y sus colaboradores? Una de las posibilidades era torcer al norte y encaminarse hacia Bitinia, la provincia situada en el noroeste de Asia Menor, donde se encontraban las ciudades de Nicea y Nicomedia. Una vez en Bitinia, podían dirigirse hacia Antioquía de Bitinia y tomar el camino que conducía a la parte norte de la Frigia Paroreios —el territorio situado al norte y al sur de la cordillera de Sultan Dag— o bien podían encaminarse hacia Antioquía de Pisidia y alcanzar el norte de Frigia Paroreios desde allí cruzando la cordillera de Sultan Dag. Tanto en un caso como en otro llegarían a Filomelio, la moderna Aksehir.

Lucas hace una referencia a la «región frigia y gálata», es decir, a la parte de Frigia que pertenecía a la provincia romana de Galacia, la región donde estaban Iconio y Antioquía de Pisidia. Tras dejar Filomelio por el noroeste, podrían entrar inmediatamente en la zona asiática de Frigia y llegar a Dorileo, que era un importantísimo cruce de caminos. Una vez allí se encontraban con dos opciones. Hacia el norte se hallaba la frontera de la provincia de Bitinia y hacia occidente se encontraba Misia, el territorio noroccidental de la provincia de Asia. El plan de Pablo era continuar adentrándose en Bitinia predicando el Evangelio. Se trataba de proseguir el camino hacia occidente y alcanzar la ciudad de Éfeso, que, como veremos, tenía una enorme relevancia. Sin embargo, lo que sucedió fue muy diferente. De hecho, sería de una extraordinaria importancia para la historia de Europa. La fuente lucana lo refiere de la siguiente manera:

> [6]Y pasando a Frigia y la provincia de Galacia, el Espíritu Santo les prohibió hablar la palabra en Asia. [7]Y cuando llegaron a Misia, intentaron ir a Bitinia, pero el Espíritu no les dejó. (Hch 16, 6-7.)

Al menos por dos veces, Pablo y sus colaboradores intentaron seguir penetrando en Asia. Les resultó imposible. Distintas manifestaciones del Espíritu les indicaron que debían abandonar ese propósito. ¿De qué manera se produjeron esas manifestaciones? Lo más probable es que a través de profecías pronunciadas en el curso de los cultos comunitarios. Eso fue lo que, muy posiblemente, sucedió en Antioquía cuando el Espíritu eligió a Bernabé y a Pablo para ser misioneros, y lo que ahora volvía a acontecer. La única opción que le quedaba ahora a Pablo era desviarse hacia occidente, pasar el territorio de Misia y alcanzar la costa del Egeo en el puerto de Alejandría Tróade, la moderna Kestambol. Este fue precisamente el camino que siguieron (Hch 16, 8).

Tróade se alzaba en el enclave de la antigua ciudad griega de Sigeia. Su fundación original —con el nombre de Antigonia Tróade— se debió a Antígono, uno de los sucesores de Alejandro Magno. Sin embargo, el año 300 a. de C. la ciudad fue fundada nuevamente por Lisímaco, rey de Tracia, esta vez con el nombre de Alejandría Tróade, y recibió el estatus de ciudad libre. En la fuente lucana es denominada Troas (o Tróade), que también era el nombre del distrito que la rodeaba, derivado a su vez de la antigua ciudad de Troya. La ciudad atrajo la atención de los gobernantes más diversos. Julio César pensó en convertirla en su capital, quizá en un intento por vincularse con los legendarios fundadores troyanos de Roma[2]. Constantino volvería a considerar la cuestión varios siglos después, aunque, al final, se decidió en favor de Constantinopla. Por lo que se refiere a Augusto, estimaba lo suficiente a la ciudad como para establecer en ella una colonia romana.

Años después habría una iglesia en Tróade (Hch 20, 5-12), aunque no conozcamos si Pablo la fundó en esta ocasión o en otra posterior. Lo que sí sabemos es que aquí al grupo formado por Pablo, Silas y Timoteo se unió un cuarto colaborador. El personaje en cuestión fue Lucas, el autor del libro de los Hechos que, a partir de este momento, es redactado en primera persona del plural —nosotros— en lugar de en la tercera, ya que refiere hechos en los que intervino. La aparición de este nuevo miembro del equipo de Pablo coincidió con un episodio de enorme relevancia que la fuente lucana narra de la siguiente manera:

> [9]Y fue mostrada a Pablo de noche una visión: Un varón macedonio se puso ante él, rogándole, y diciendo: «Pasa a Macedonia y ayúdanos». [10]Y en cuanto que tuvo la visión, procuramos partir a Macedonia, dando por cierto que Dios nos llamaba para que les anunciásemos el Evangelio. (Hch 16, 9-10.)

La visión del varón macedonio fue uno de esos acontecimientos que cambian la Historia. Pablo abandonó totalmente la idea de internarse en Asia —al menos de momento— y decidió pasar a Europa y extender el Evangelio. Se ha especulado con la posibilidad de que el varón macedonio no fuera sino Lucas que, previamente, había rogado a Pablo que se dirigiera a su tierra natal, Ma-

---

[2] Suetonio, *Julio César*, 79, 3, donde la Alejandría mencionada es Alejandría Tróade

cedonia, para predicar allí la Buena Noticia. Supuestamente Lucas habría resultado tan persuasivo que Pablo debió quedar impresionado por sus argumentos y, ya en la noche, la imagen de Lucas pidiendo ayuda se le habría aparecido repitiendo su súplica. La hipótesis es aceptable, pero, en realidad, no contamos con base alguna como para afirmarla con total certeza. Fuera como fuese, Pablo obedeció la visión nocturna y junto con su equipo se encaminó a Macedonia.

Pablo en Filipos

El primer pasaje para Macedonia que Pablo y sus tres colaboradores pudieron encontrar los llevó a Samotracia, una isla montañosa en la que pasaron una noche de camino hacia Neápolis, la moderna Kavalla. Este enclave en cuestión era el puerto más cercano a la ciudad de Filipos. Debieron contar con viento favorable, ya que el itinerario en total desde Tróade solo les costó dos días de viaje. Algunos años después, el mismo trayecto les llevaría más del doble (Hch 20, 6). Hasta Neápolis llegaba la Vía Egnatia, la gran calzada romana que unía el Adriático con el Egeo y el Bósforo. Pablo y sus compañeros la siguieron unos dieciséis kilómetros en dirección noroeste y alcanzaron la ciudad de Filipos. La fuente lucana parece mostrar un especial interés por Filipos, a la que presenta como colonia y capital del primer distrito de Macedonia. Ambos datos son meticulosamente exactos. De hecho, Macedonia había sido dividida en cuatro distritos por el romano Lucio Emilio Paulo en el 167 a. de C.

El nombre de la ciudad derivaba de Filipo II de Macedonia, el padre de Alejandro Magno, que la fundó en el 356 a. de C., en el lugar de un antiguo enclave llamado Krenides. En el año 42 a. de C. se convirtió en una colonia romana después de que Marco Antonio y Octavio derrotaran en Filipos a Bruto y Casio, los asesinos de Julio César. Los vencedores establecieron en Filipos a algunos veteranos y la denominaron Colonia Victrix Philippensium. Doce años después, tras la victoria de Octavio sobre Marco Antonio, fueron establecidos en Filipos algunos de los seguidores de este último. Filipos recibió entonces el nombre de Colonia Iulia Philippensis, al que se añadió el de Augusta cuando Octavio se convirtió en Augusto el año 27 a. de C.

No parece que existiera una sinagoga en Filipos. Desde luego, si había judíos en la ciudad, o carecían de medios o no llegaban al número mínimo de diez varones indispensable para contar con un *minyan*[3]. Sin embargo, sí existía un lugar oficioso de reunión fuera de las murallas de la ciudad, a orillas del río Gangites (Hch 16, 13). Es muy posible que los congregados fueran en su mayoría mujeres, en algún caso judías y, quizá, mayoritariamente, temerosas de Dios. Fue precisamente a este grupo de mujeres a las que, según la fuente lucana, se dirigieron Pablo y sus acompañantes:

> [13]Y un día de sábado salimos por la puerta situada junto al río, donde solía celebrarse la oración; y sentándonos, hablamos a las mujeres que se habían reunido. [14]Entonces una mujer, llamada Lidia, que vendía púrpura en la ciudad de Tiatira, temerosa de Dios, estaba oyendo; y el Señor le abrió el corazón para que estuviese atenta a lo que Pablo decía. [15]Y, después de ser bautizada, junto con su casa, nos rogó, diciendo: «Si consideráis que soy fiel al Señor, entrad en mi casa y quedaos en ella». Y nos obligó a hacerlo. (Hch 16, 13-15.)

El caso de Lidia resulta —una vez más— bien iluminador acerca de los conversos que formarían en Europa las comunidades paulinas. Se trataba de una mujer que no procedía del paganismo, que tampoco ignoraba el judaísmo, pero que no había llegado a integrarse totalmente en su seno quizá por la resistencia que podía plantear su familia. Al escuchar a Pablo, no solo consideró que era cierto su anuncio de que la fe de Israel había

---

[3] Rabí Halafta, en *Pirke Avot* 3, 7.

encontrado su consumación con la venida del Mesías Jesús. Además, descubrió que existía una comunidad espiritual en la que podía integrarse plenamente sin ser un miembro de segunda clase como, en no escasa medida, eran los temerosos de Dios, y en la que, además, las mujeres no tenían una posición marcadamente subordinada como en el judaísmo. De la sucinta noticia de Lucas parece desprenderse también que su casa —los adultos tanto esclavos como libres según el derecho romano, pero no los niños— abrazó asimismo el Evangelio, aunque no tenemos noticia de que antes se hubieran acercado siquiera al judaísmo. Seguramente, para todos ellos resultaba obvio que la predicación del apóstol superaba la de los misioneros judíos, siquiera porque se refería a promesas de Dios ya cumplidas en Jesús. Pero es que, además, les permitía enraizarse en un ámbito comunitario en el que no existía diferencias entre hombre y mujer, esclavo o libre, judío o gentil (Gál 3, 28-29), diferencias todas ellas bien presentes en el judaísmo. No extraña el entusiasmo de Lidia, ni tampoco su insistencia en poder manifestar su hospitalidad a aquellos que le habían traído aquel mensaje liberador.

A pesar de todo, Pablo no estaba dispuesto a dejarse mantener por sus conversos. Siguiendo una conducta típica de los rabinos, Pablo rechazó que sus discípulos se hicieran cargo de sus necesidades económicas, y tanto él como sus acompañantes se sustentaron mediante el expediente de fabricar tiendas de campaña, el oficio de la familia del apóstol que él mismo había aprendido tiempo atrás. Las razones para este tipo de conducta eran diversas. Por un lado, tenía la ventaja de evitar cualquier referencia a motivos mercenarios en su actividad misionera; por otro, le permitía dar un ejemplo de desinterés a los creyentes.

En Filipos se produjo un episodio que muestra la manera en que la llegada a un territorio totalmente gentil implicaba desafíos nuevos para la predicación del Evangelio. La historia es narrada de la siguiente manera por la fuente lucana:

¹⁶Y aconteció que yendo nosotros a la oración, una muchacha que tenía espíritu de adivinación nos salió al encuentro. Se trataba de una joven que proporcionaba abundantes ganancias a sus amos adivinando. ¹⁷Esta, mientras seguía a Pablo y a nosotros, daba voces, diciendo: «Estos hombres son siervos del Dios Altísimo, que os anuncian el camino de salvación». ¹⁸Y esto lo estuvo haciendo durante muchos días; pero causando desagrado a Pablo, este se volvió y dijo al espíritu: «Te ordeno en el nombre de Jesús el Mesías que salgas de ella». Y salió en ese mismo momento. ¹⁹Y al ver sus amos que había salido la esperanza de su ganancia, prendieron a Pablo y a Silas y los trajeron al foro, al magistrado; ²⁰y presentándolos a los magistrados, dijeron:«Estos hombres, que son judíos, alborotan nuestra ciudad, ²¹y predican ritos que no nos resulta lícito recibir ni hacer, porque somos romanos». (Hch 16, 16-21.)

El texto resulta en su sencillez enormemente elocuente. Las prácticas propias del paganismo —como la adivinación[4], prohibida por la ley de Moisés y por el cristianismo— podían resultar muy lucrativas. Desconocemos la divinidad a la que apelaba la esclava a la hora de llevar a cabo su trabajo mántico. Muy posiblemente, se dedicaba a imitar a la pitonisa de Delfos y estaba también acogida a la devoción al dios Apolo, pero no podemos asegurarlo con total certeza. Sí sabemos que constituía una fuente de ingresos nada desdeñable para sus amos que estos apreciaban. ¿Qué vio aquella muchacha en Pablo? Quizá únicamente la acción de un hombre cargado de espiritualidad, pero no podemos saberlo a ciencia cierta. En un primer momento, parece que Pablo no dio mayor importancia a las palabras de la esclava que, a fin de cuenta, reflejaban la realidad. Posiblemente, la situación cambió cuando el apóstol llegó a la conclusión de que los gentiles podían terminar por asociarlo con algún mago o filósofo propio del paganismo, algo totalmente lógico si se tiene en cuenta el respaldo

---

[4] Sobre el tema, véase: J. Bidez y F. Cumont, *Les Mages hellénisés*, 2 vols., París, 1938; A. Bouché-Leclercq, *Histoire de la divination dans l'Antiquité*, 4 vols., París, 1879-82; G. Luck, *Arcana Mundi*, Madrid, 1995.

que le proporcionaba la adivinadora. El enfrentamiento fue breve, pero decisivo. Pablo reprendió al espíritu de la muchacha, que salió de ella. El problema es que a partir de ese momento también los dueños de la joven se vieron privados de una fuente de ingresos. Al considerarse dañados en sus intereses, condujeron a Pablo y Silas ante los magistrados y los acusaron de judíos, es decir, fieles de una religión que los romanos debían rechazar. Es posible que aquí aparezca la clave que permite explicar la ausencia de congregaciones judías en Filipos. Los habitantes de la colonia se consideraban tan medularmente romanos que, bajo ningún concepto, iban a permitir el establecimiento de una fe tan extraña como el monoteísmo judío. Como mucho, podían tolerar que algunas mujeres se reunieran a orar fuera de las puertas de la ciudad, pero Pablo y sus compañeros habían excedido aquellos estrechos límites.

La colonia de Filipos se regía como una especie de Roma en miniatura y sus dos magistrados colegiados disfrutaban del título honorario de pretores aunque el oficial era el de duunviros[5]. Al igual que sucedía con los cónsules romanos, los duunviros eran asistidos por los lictores. Estos llevaban como enseña de su cargo el haz (*fasces*) de varas y las hachas que denotaban su autoridad. No deja de ser significativo que en griego los lictores fueran denominados precisamente *rabdujoi*, es decir, los que llevan las varas. El símbolo de autoridad, de imperio de la ley y de orden, unido a las varas y a las hachas, dejó una huella tan obvia en la historia de Roma que milenios después Benito Mussolini las escogería como lema de su movimiento político dando lugar al término fascismo.

Lo que esperaban ahora los dueños de la muchacha que se había quedado sin el espíritu de adivinación era que los magistrados castigaran a aquellos inoportunos judíos. La acusación, claramente teñida de antisemitismo, recayó precisamente sobre

---

[5] Cicerón ha señalado (*De lege agraria* II, 93) cómo esa conducta no era extraña en otros enclaves romanos. Así, en Capua los duunviros también deseaban ser denominados pretores.

Pablo y Silas, que tenían esa condición. Ni Lucas, que era gentil, ni Timoteo, que era hijo de griego, fueron objeto de acusación alguna. Pero el antisemitismo no se limitaba a los dueños de la joven. Según relata la fuente lucana,«agolpose el pueblo contra ellos» (Hch 16, 22). Los magistrados deberían haber hecho frente a aquel comportamiento y llevado a cabo una investigación en regla. Sin embargo, optaron por contentar a la turba. Puede que incluso pensaran que el intento de proselitismo por parte de judíos, aunque no prohibido legalmente, rozaba el ámbito de los antijurídico[6]. Así,«tras rasgarles las ropas, los mandaron azotar con varas» (Hch 16, 22). A continuación, los arrojaron en la cárcel con la intención de expulsarlos de la ciudad al día siguiente (Hch 16, 23).

Sin embargo, la terrible experiencia no había quebrantado a Pablo. Por una parte, ya había sido azotado varias veces por los judíos años atrás, y, por otra, era consciente de que la ley estaba de su parte. La presencia de ánimo de Pablo y Silas —que hubieran podido escapar de la prisión al producirse uno de los frecuentes temblores de tierra de la zona y que, no obstante, siguieron en ella— impresionó enormemente a uno de los carceleros, que acabó abrazando el Evangelio. La manera en que la fuente lucana narra el episodio constituye un breve resumen de la predicación de Pablo centrada en que la salvación se obtiene a través de la fe en Jesús:

> [29]El carcelero entonces, pidiendo luz, entró y, temblando, cayó a los pies de Pablo y de Silas; [30]y sacándolos, les dijo: «Señores, ¿qué tengo que hacer para salvarme?». [31]Y ellos dijeron: «Cree en el Señor, Jesús el Mesías, y serás salvo tú y tu casa». [32]Y le anunciaron la palabra del Señor, junto con todos los que estaban en su casa. [33]Y tomándolos en aquella misma hora de la noche les lavó las heridas de los azotes; y se bautizó junto con todos los suyos. (Hch 16, 29-33.)

---

[6] Al respecto, véase A. N. Sherwin-White, *Roman Society and Roman Law in the New Testament*, Oxford, 1963. A pesar de todo, como hemos tenido ocasión de ver, ese proselitismo se practicaba.

Sin embargo, para Pablo el episodio con las autoridades de Filipos no había concluido. Lo vivido el día anterior no había constituido una manifestación de la legalidad de Roma. Más bien, había constituido un ejemplo de tumulto antisemita respaldado de forma vergonzosa por las autoridades de la colonia. Semejante desafuero no podía quedar así. Una vez más, Lucas, un testigo directo de los hechos, relata lo que sucedió al día siguiente de la flagelación:

> [35] Y cuando se hizo de día, los magistrados enviaron a los alguaciles para que comunicaran: «Deja en libertad a aquellos hombres». [36] Y el carcelero se lo comunicó a Pablo: «Los magistrados han ordenado que se os ponga en libertad, así que ahora, salid e idos en paz». [37] Entonces Pablo les dijo: «Hemos sido azotados públicamente sin condena previa. A pesar de ser ciudadanos romanos, nos arrojaron en la cárcel; ¿ahora nos echan de manera encubierta? No, que vengan ellos y nos saquen». [38] Y los alguaciles regresaron a decir a los magistrados estas palabras. Y les entró miedo al escuchar que eran romanos. [39] De manera que acudieron y les ofrecieron excusas; y poniéndolos en libertad, les suplicaron que salieran de la ciudad. (Hch 16, 35-39.)

El episodio concluyó de forma satisfactoria para ambas partes. Pablo estuvo dispuesto a no emprender acciones legales contra los magistrados que habían violado sus derechos como ciudadano romano. Incluso no tuvo inconveniente en aceptar marcharse de Filipos, comprendiendo que los magistrados no se verían capaces de protegerlos contra una población impregnada de antisemitismo. Sin embargo, es muy posible que, a través de esas concesiones, Pablo se granjeara la buena voluntad de los magistrados en relación con la comunidad que dejaba establecida en Filipos. Al frente de ella quedó Lucas, que desaparece del relato de los Hechos en este momento y no vuelve a reaparecer hasta algunos años más tarde, y precisamente en este mismo lugar. Lo que a lo largo de los años los judíos no habían logrado —dejar establecida una comunidad estable en Filipos— lo consiguió Pablo mediante una acción que demuestra su enorme flexibilidad táctica. Su primera meta era lograr el avance del Evangelio. Si para conseguirlo tenía que renunciar a los derechos que le otorgaba su ciudadanía romana, estaba dispuesto a hacerlo. Se trataba, a fin de cuentas, de la misma convicción con que se había sometido en Jerusalén a la abstención de ciertos alimentos para los conversos gentiles o a la circuncisión de Timoteo para no escandalizar a los judíos, a los que deseaba comunicar el mensaje de Jesús. El comportamiento de Pablo, desde luego, tuvo su fruto. Como veremos más adelante, la congregación de Filipos fue objeto de una de las cartas del apóstol, misiva en la que se refiere a miembros de esta comunidad como Evodia, Síntique o Clemente (Flp 4, 2 y ss.) con verdadero aprecio. Sabemos también que aquella iglesia envió periódicamente ofrendas a Pablo que este no gustaba de recibir —ya conocemos su opinión sobre cómo debería mantenerse un misionero—, pero que aceptó, en parte, para no ofender a los filipenses y, en parte, como dirigidas a Dios y no a él (Flp 4, 10 y ss.). Pero, por ahora, todo eso se hallaba situado en un futuro lejano. El inmediato —que era el que preocupaba a Pablo— estaba en seguir expandiendo el Evangelio por Europa.

CAPÍTULO XI

El segundo viaje misionero (II): De Tesalónica a Atenas

Pablo en Tesalónica

TRAS salir de Filipos, Pablo, Silas y Timoteo se encaminaron por la Vía Egnatia hacia el oeste. Atravesaron Anfípolis, la capital del primer distrito de Macedonia, y Apolonia, y llegaron a Tesalónica, una localidad situada a unos ciento cincuenta kilómetros de Filipos. Desde luego, se trató de un itinerario no pequeño —ni sin paralelos— que ponía de manifiesto el ardor de Pablo y también una fortaleza física que encaja mal con las tesis sobre una enfermedad crónica. Tesalónica se encontraba situada cerca de una antigua ciudad llamada Terma, que dio su nombre al golfo Termaico, ahora denominado golfo de Tesaloniki. Fue fundada en torno al año 315 a. de C. por Casandro, rey de Macedonia, que le dio su nombre por su esposa Tesalónica, hija de Filipo II de Macedonia y medio hermana de Alejandro Magno. Casandro estaba además empeñado en que la ciudad se convirtiera en una población importante, y para conseguirlo asentó de manera forzada en Tesalónica a los habitantes de la antigua Terme y de otras veinticinco ciudades cercanas. No puede discutirse que logró su propósito. Cuando en el 167 a. de C. los romanos dividieron Macedonia en cuatro distritos, Tesalónica fue designada capital del segundo. Con posterioridad, en el 146 a. de C., cuando Macedonia se convirtió en provincia romana, Tesalónica fue elegida como sede de la administración provincial.

Desde el año 42 a. de C. Tesalónica disfrutó del estatus de ciudad libre gobernada por sus propios politarcas. Resulta obligado señalar que esta denominación de los magistrados no aparece en ninguna fuente escrita griega aparte de Hechos 17, 6. La tentación de deducir que Lucas se equivocaba en la terminología era lógica. La cuestión, sin embargo, es que la exactitud de Lucas ha quedado corroborada por distintas fuentes epigráficas encontradas tanto en Tesalónica como en el resto de Macedonia[1]. Se trata, sin duda, de uno de esos detalles que confirman la tesis de un Lucas excepcionalmente meticuloso en su narración histórica.

Dada la importancia de la ciudad de Tesalónica, no sorprende que contara con una comunidad judía importante. Como tenía por costumbre, Pablo, acompañado de sus colaboradores, comenzó su labor evangelizadora dirigiéndose a la sinagoga:

> [1] ... llegaron a Tesalónica, donde estaba la sinagoga de los judíos. [2] Y Pablo, como tenía por costumbre, se dirigió al lugar donde se reunían, y por tres sábados discutió sobre las Escrituras con ellos, [3] afirmando y sosteniendo que era indispensable que el Mesías padeciese y que resucitase de los muertos, y que «Jesús, al que os anuncio, según decía, era el Mesías». (Hch 17, 1-3.)

El esquema de la predicación paulina recogido por Lucas está impregnado de una notable autenticidad. Pablo exponía, en primer lugar, que el Mesías debía sufrir y resucitar, un extremo que, como ya hemos visto, aparecía recogido en pasajes de las Escrituras como el Canto del Siervo de Isaías 53, entre otros. Asentado ese principio teológico —que encontramos en otras fuentes judías desde los documentos del mar Muerto al Talmud pasando por el Tárgum de Isaías—, Pablo señalaba cómo esas profecías mesiánicas se habían cumplido en Jesús. La reacción fue que aceptaron la predicación de Pablo y se unieron con él y con Silas «algunos

---

[1] E. D. Burton, «The Politarchs», en *American Journal of Theology*, 2, 1898, p. 598 y ss.

judíos y una gran multitud de griegos religiosos y no pocas mujeres nobles» (Hch 17, 4). En otras palabras, hubo judíos que creyeron que las profecías sobre el Mesías se habían cumplido en Jesús, pero, presumiblemente, el impacto mayor se produjo entre aquellos asistentes a la sinagoga que o formaban parte de los temerosos de Dios o eran prosélitos de origen pagano. Entre ellos, como en otros lugares del Imperio, se encontraban mujeres de cierta posición. Poseemos incluso datos adicionales sobre algunos de los conversos. Ese sería el caso, por ejemplo, de Jasón, que alojó a los tres misioneros. De él sabemos que era judío y, posiblemente, su nombre griego ocultaba el hebreo de Josué [2]. A este habría que sumar a Aristarco y a Segundo (Hch 20, 4).

Se mire como se mire, la actividad misionera de Pablo y Silas implicaba un trastorno para la comunidad judía de Tesalónica. Por un lado, se traducía en la captación de no pocos conversos que ahora habían decidido creer en una especie de judaísmo realizado. Se trataba de una fe que se enraizaba en la historia de Israel —¡y de qué manera!— y que, a la vez, se presentaba mucho más flexible para con los gentiles y, sobre todo, eliminaba las barreras que el judaísmo mantenía hacia los temerosos de Dios o las mujeres. Esa circunstancia ya era de por sí grave, pero es que, por añadidura, entre los que habían aceptado el mensaje de Pablo se encontraban personajes de influencia en Tesalónica. Presumiblemente, hasta ese momento habían respaldado a la sinagoga. A partir de ahora, esa conducta la seguirían con la congregación establecida por Pablo y Silas. No sorprende que ante ese panorama se produjera una reacción de los judíos de la que informa la fuente lucana:

> [5]Entonces los judíos que no habían creído, presa de la envidia, tomaron consigo a algunos hombres ociosos y malos, y juntando una turba provocaron un alboroto en la ciudad; y asal-

---

[2] Encontramos referencias sobre Jasón en Hechos 19, 29; 20, 4; 27, 2, y Colosenses 4, 10, donde se indica expresamente su condición de judío.

tando la casa de Jasón, tenían intención de entregarlos al pueblo. [6]Sin embargo, al no hallarlos, trajeron a Jasón y a algunos hermanos ante los gobernadores de la ciudad, gritando: «Estos que alborotan el mundo también han llegado hasta aquí; [7]Jasón los ha recibido; y todos ellos actúan contra los decretos del César diciendo que hay otro rey, Jesús». (Hch 17, 5-7.)

En un primer momento, los judíos asaltaron la casa de Jasón con la intención de apoderarse de Pablo y Silas. No parece que buscaran someterlos a la disciplina sinagogal y flagelarlos, una experiencia, por cierto, por la que ya había pasado Pablo varias veces. Más bien, todo indica que pretendían entregarlos a una turba hostil, quizá con la intención de apedrearlos, como ya le había sucedido en alguna otra localidad al apóstol. Sin embargo, no encontraron a Pablo y a Silas, sino a algunos de sus conversos. Fue en ese momento cuando los judíos optaron por apoderarse de ellos y poner el asunto en manos de las autoridades romanas. De manera bien significativa, decidieron acusarlos de sedición, un cargo de extraordinaria gravedad que, presumiblemente, hubiera podido aniquilar a la joven congregación. En el pasado había sido de utilidad a las autoridades del Templo de Jerusalén para conseguir del gobernador romano que ordenara la crucifixión de Jesús; ahora podía servir para abortar cualquier obra de evangelización, sobre todo si se tiene en cuenta que las comunidades judías del Imperio estaban siendo objeto en los últimos tiempos de una creciente agitación nacionalista. El emperador Claudio había dado inicio a su principado con advertencias en contra de los problemas que los judíos causaban en Egipto y acabó recurriendo al expediente de expulsarlos de Roma[3]. Los misioneros, ciertamente, no eran nacionalistas —a decir verdad, el cristianismo ya había sufrido mucho por culpa del nacionalismo y, por definición, no podía aceptar tesis semejantes—, pero la cuestión era si las autoridades romanas los verían como tales. A esa acusación

---

[3] H. I. Bell (ed.), *Jews and Christians in Egypt*, Londres, 1924, p. 1 y ss. Sobre la expulsión de los judíos de Roma por orden de Claudio, véase más adelante p. 181 y ss.

pudo añadirse otra relacionada con el énfasis sobre la segunda venida de Jesús que Pablo hizo en Tesalónica. Como tendremos ocasión de ver más adelante, los cristianos de Tesalónica esperaban con verdadero ardor que el Mesías regresara para establecer su reino, e incluso se dedicaban a especular sobre el tiempo que faltaba para que se produjera semejante evento. Anhelar a otro rey podía interpretarse como un deseo de derrocamiento del emperador, pero predecir además al respecto entraba de lleno en el terreno de lo delictivo. En el año 11 d. de C. Augusto había promulgado un decreto que prohibía las predicciones, precisamente por el temor de que se pudieran utilizar políticamente[4]. Cinco años después, Tiberio confirmó la penalización de los pronósticos. Ciertamente, los adversarios judíos de Pablo y Silas habían colocado en un terreno muy peligroso a los misioneros. Si, efectivamente, los politarcas aceptaban la acusación formulada contra ellos, si asociaban la labor de los evangelizadores con un movimiento subversivo, no solo su trayectoria europea podría verse concluida, sino que, además, los judíos recuperarían su ascendiente sobre aquellos gentiles. A fin de cuentas, ellos no pretendían que existiera otro rey...

El plan de los judíos fracasó —como, dicho sea de paso, sucedería durante las décadas siguientes— por la sencilla razón de que ni los misioneros eran vehículo de un mensaje político ni las autoridades romanas tenían la intención de entremeterse en discusiones de carácter meramente religioso. Tras escuchar a Jasón y a los otros cristianos, «los pusieron en libertad» (Hch 17, 9). Sin embargo, resultaba obvio que la vida de Pablo y Silas estaba en peligro y que, en cualquier momento, podían ser objeto de un linchamiento. Jasón y los demás conversos, de manera comprensiblemente prudente, tomaron la decisión de enviarlos fuera de la ciudad.

Las alternativas con que se encontraban Pablo y Silas no eran muy numerosas. Si se quedaban, no solo asumían un riesgo para

---

[4] Dión Casio, *Historia* LVI, 25, 5 y ss.

sus vidas, sino también el de que se desencadenara una persecución sobre la joven iglesia de Tesalónica. Si, por el contrario, se marchaban, los conversos se verían expuestos a las burlas de una población que señalaría la manera en que aquellos dos judíos habían huido del peligro. Finalmente, optaron por la segunda alternativa con la esperanza de que podrían regresar en algún momento. De hecho, sabemos, por lo consignado en 1 Tesalonicenses 2, 18, que Pablo intentó —infructuosamente— regresar a Tesalónica y ayudar a la iglesia establecida en esta ciudad, aunque no lo consiguió. En cualquier caso, muy posiblemente, la decisión de Pablo resultó la más adecuada. A pesar de los innegables peligros, detrás de ellos quedaba establecida una comunidad cristiana con la que volveremos a encontrarnos más adelante.

En Berea

Como ya vimos, Pablo llegó a Tesalónica tras recorrer ciento cincuenta kilómetros desde Filipos utilizando la Vía Egnatia. Este camino cruzaba Macedonia y llegaba hasta su conclusión en Dirraquio, ya en el Adriático. Es muy posible que el plan inicial de Pablo fuera ir surcando Macedonia, llegar al Adriático y dirigirse a Italia para alcanzar la ciudad de Roma, la capital del Imperio. De hecho, algunas referencias en su carta a los cristianos de esta ciudad, escrita seis o siete años después (Romanos 1, 13; 15, 22 y ss.), nos permiten ver que había intentado visitar Roma, pero que le resultó imposible. De hecho, en lugar de seguir el itinerario mencionado, Pablo abandonó el camino principal y se encaminó a Berea, que se encontraba a alguna distancia al sur, y a la que Cicerón calificó como una ciudad fuera del camino[5]. ¿A qué se debió ese cambio sustancial? Por un lado, es obvio que la elección de Berea derivó de los cristia-

---

[5] Cicerón, *In Pisonem* 89.

nos tesalonicenses, que deseaban que Pablo y Silas pudieran resguardarse en algún lugar seguro. También cabe la posibilidad de que Pablo considerara retrasar su llegada a Roma hasta que se viera libre de cualquier sospecha de sedición como la que habían arrojado sobre él los judíos de Tesalónica. Sin embargo, la razón más sólida para actuar así —que no tiene por qué excluir a las anteriores— pudo haber sido que le llegaron noticias de que Claudio había decidido expulsar a los judíos de Roma (*c.* 49 d. de C.). Partiendo de esa circunstancia y de la pasajera inaccesibilidad de la capital, Berea parecía un destino tan apropiado como otro cualquiera para esperar a que cambiaran las circunstancias.

La presencia romana en Berea era antigua. De hecho, la ciudad había sido la primera que se había entregado a los romanos tras la victoria de estos en Pydna en 168 a. de C. Como en el caso de Tesalónica, contaba con una comunidad judía a la que se dirigió Pablo para predicarles el Evangelio. La respuesta de los judíos de Berea fue muy positiva. Se trataba de gente piadosa, sin duda, pero, a la vez, muy interesada en determinar la veracidad de lo que pudieran escuchar. Precisamente por ello, al oír a Pablo se dedicaron a contrastar el contenido de su predicación con lo que aparecía en las Escrituras. El resultado de esa actitud resultó verdaderamente alentador. Ciertamente, entre los conversos no faltaron algunas mujeres importantes del grupo de las prosélitas, pero, en esta ocasión, el grueso de los que abrazaron el Evangelio fueron judíos que habían llegado a la convicción de que en Jesús se habían cumplido las Escrituras (Hch 17, 8-12). Entre ellos se encontraba un tal Sópatros, hijo de Pirro, que años después acompañaría a Pablo en un viaje a Jerusalén (Hch 20, 4). Posiblemente, se trate del mismo Sosípatro mencionado con posterioridad por Pablo como uno de los conversos judíos (Rom 16, 21)

La situación transcurrió pacíficamente hasta que los judíos de Tesalónica tuvieron noticia de lo que estaba sucediendo. Al saberlo, se dirigieron a Berea y desencadenaron un tumulto. El recurso había dado buen resultado en Tesalónica y, obviamente, esperaban que volviera a funcionar. Quizá incluso esperaban que esta vez Pablo cayera en sus manos. Muy posiblemente, el apóstol debió oponerse a la posibilidad de tener que dejar a otra iglesia recientemente fundada. Al final, sus colaboradores, Silas y Timoteo, optaron por quedarse en Berea atendiendo a la joven congregación a la vez que convecían a Pablo para que se pusiera a salvo embarcándose (Hch 17, 13-4). La idea era que Silas y Timoteo se ocuparían de la comunidad establecida en Berea y, en cuanto fuera posible, se reunirían con el apóstol para continuar su viaje misionero. A pesar de todo, no debían estar muy convencidos [6] de que la seguridad física de Pablo no peligraría si abandonaba Berea, porque la fuente lucana narra que realizó el viaje hasta Atenas —un viaje que implicaba atravesar toda la región de Tesalia— acompañado. De esa manera, Pablo llegó hasta la ciudad más gloriosa del mundo helenístico.

Pablo en Atenas [7]

Aunque en el siglo I d. de C. Atenas no era ni lejanamente la gran ciudad que había sido, continuaba simbolizando los logros más sublimes del alma griega. A partir de las guerras médicas, entabladas contra los persas en defensa de Grecia a inicios del siglo V a. de C., Atenas había adquirido un papel sobresaliente en el mundo helenístico. Durante el medio siglo siguiente se convirtió en la primera potencia política, económica y cultural de la época. Bajo un sistema democrático —que aparecía por primera vez en la Historia y que no se hallaba exento de características imperialistas—, Atenas acabó viéndose enfrentada a Esparta, una ciu-

---

[6] El texto occidental de Hechos 17, 15 menciona expresamente que los cristianos consideraron que Tesalia no era un lugar seguro para Pablo.

[7] Sobre Atenas, véase: J. Travlos, *A Pictorial Dictionary of Ancient Athens*, Londres, 1971; J. M. Camp, *The Athenian Agora*, Londres, 1986; ídem, *The Athenian Agora II*, Atenas, 1990.

dad regida por un sistema totalitario. En el curso de las guerras del Peloponeso (421-404 a. de C.) Esparta acabó imponiéndose a Atenas. Sin embargo, la cuna de la democracia volvió a recuperar su papel preponderante durante el siglo siguiente e incluso se convirtió en la cabeza de la resistencia contra el expansionismo macedonio de Filipo II, el padre de Alejandro Magno. Atenas fue derrotada en el año 338 a. de C. en el curso de la batalla de Queronea, pero Filipo II decidió tratarla con generosidad y consentir que conservara buena parte de su antigua libertad. Por lo que se refiere a su influencia cultural continuó siendo sobresaliente. De hecho, la base de la *koiné*, el griego que se hablaba en el Mediterráneo y en el que se escribiría el Nuevo Testamento, fue el dialecto ático, es decir, el griego específico de Atenas.

En esa situación se hallaba Atenas cuando, en el 146 a. de C., los romanos conquistaron Grecia. Roma deseaba incorporar Atenas a sus territorios, pero, a la vez, profesaba una rendida admiración por su legado cultural, un legado en el que se podía mencionar haber sido la ciudad natal de Sócrates y Platón, la adoptiva de Aristóteles, Epicuro y Zenón, y el escenario de las obras de Sófocles, Solón, Eurípides o Aristófanes, entre otros. Sin embargo, a pesar de lo extraordinario de sus aportes, no todo era positivo en Atenas. Su democracia había estado limitada a unos pocos y había terminado degenerando en una demagogia que la acabó destruyendo; sus filósofos derivaron en no pocas ocasiones hacia doctrinas políticas de carácter totalitario, y, por añadidura, tampoco estaban ausente otras carencias morales propias del mundo clásico. De hecho, ese fue un aspecto que llamó enormemente la atención de Pablo.

Cuando los acompañantes del apóstol lo dejaron en la ciudad, este hizo hincapié en que se reunieran con él Timoteo y Silas (Hch 17, 14-15). Posiblemente, lo impulsaba a esa insistencia la preocupación sobre su futuro en un medio que podía manifestarse muy hostil. De momento, lo único que le quedaba era esperarlos en Atenas, y mientras lo hacía no pudo dejar de sentirse

irritado por el paganismo que impregnaba la ciudad. Pablo era
—y nunca quiso renunciar a serlo— un judío convencido. Precisamente por ello, profesaba un estricto monoteísmo y aborrecía la idea de que la divinidad pudiera ser representada a través
de imágenes y que estas pudieran ser objeto de culto. A decir
verdad, esa era la misma esencia de la Torah entregada por Dios
a Moisés y cuyos primeros mandamientos afirmaban:

> [2] «Yo soy YHVH, tu Dios, que te sacó de la tierra de Egipto,
> de la casa de servidumbre. [3] No tendrás otros dioses aparte de
> mí. [4] No te harás imagen ni semejanza de nada de lo que hay
> arriba en el cielo, ni abajo en la tierra, ni en las aguas de debajo
> de la tierra. [5] No te inclinarás ante ellas ni les rendirás culto,
> porque yo soy YHVH, tu Dios... (Éx 20, 2-5.)

Con seguridad, Pablo asistió en Atenas a la violación más escandalosa de aquellos dos mandamientos de la ley de Dios que
hubiera podido contemplar hasta la fecha. Los atenienses eran
paganos como otros gentiles, sin duda, pero de una manera mucho más profusa. Sus templos, sus festivales, sus ritos, sus actividades más intrascendentes se hallaban impregnados de aquel paganismo omnipresente. Desde una perspectiva relativista como
la que caracteriza a buena parte del Occidente actual, aquellos
hechos quizá no revestirían mayor importancia. A lo sumo, se
podría pensar que eran reflejo de una cosmovisión errónea. Sin
embargo, para Pablo —y para el cristianismo anterior y posterior
a él—, en aquellas manifestaciones había ocultas realidades espirituales de enorme gravedad. Una era que los hombres se habían entregado a adorar a las criaturas en lugar de al Creador,
cambiando la Verdad por una sarta de mentiras (Rom 1, 23 y ss.),
y la otra era que detrás de aquellas ceremonias y ritos se aga-
zapaban seres demoníacos (1 Cor 10, 20) que ejercían su nefasta
influencia sobre sus adoradores. Para colmo, muy posiblemente,
la presencia de Pablo coincidió con la celebración anual de algunos de los grandes misterios de la religión griega.

A pesar de todo, Pablo no cayó en el desánimo. Por el contrario, visitó —como era su costumbre— la sinagoga para predicar a judíos y temerosos de Dios, y comenzó a acudir al ágora ateniense para dirigirse a los paganos (Hch 17, 16-7). Fue precisamente esta última actividad la que llamó la atención de algunos seguidores de las escuelas filosóficas epicúrea y estoica. Que no lo comprendían bien parece desprenderse del hecho de que algunos pensaban que predicaba a dioses nuevos de los que uno se llamaba Jesús y otro Anástasis, es decir, resurrección. No sería la última vez que los paganos entendían de manera errónea a un misionero cristiano, pero hay que decir, en crédito de los atenienses, que en esta ocasión decidieron conducirlo al Areópago para darle la oportunidad de exponer su mensaje. La fuente lucana ha dejado un relato de enorme interés sobre este episodio:

> [18] Y algunos filósofos de los epicúreos y de los estoicos disputaban con él; y unos decían: «¿Qué pretende este charlatán?». Y otros: «Parece que es un predicador de nuevos dioses»: porque les predicaba a Jesús y la resurrección. [19] Y agarrándolo, lo trajeron al Areópago, diciendo: «¿Sería posible que supiéramos en qué consiste esta nueva doctrina de la que hablas? [20] Ya que nos cuentas cosas nuevas, queremos saber su significado». [21] Entonces todos los atenienses y los residentes extranjeros no se ocupaban de otra cosa más que de decir o escuchar la última novedad. [22] Pablo, puesto en pie en medio del Areópago, dijo: «Varones atenienses, en todo os veo muy religiosos; [23] porque mientras paseaba y miraba vuestros santuarios, he dado también con un altar en el que aparecía la inscripción: AL DIOS DESCONOCIDO. A aquel, pues, que vosotros honráis sin conocerlo, es al que os anuncio yo. [24] El Dios que hizo el mundo y todas las cosas que en él hay, este, al ser Señor del cielo y de la tierra, no habita en templos hechos por manos de hombres, [25] ni recibe culto de manos de hombres, como si necesitara algo; ya que él es quien otorga a todos vida, respiración y todas las cosas. [26] Y de una sangre ha hecho todo el linaje de los hombres, para que habitase sobre toda la faz de la tierra, y les ha prefijado el orden de los tiempos y los límites de su morada, [27] para que

buscasen a Dios, a ver si de alguna manera, a tientas, lo encontraban; y eso que es verdad que no se encuentra lejos de cada uno de nosotros; [28] porque en él vivimos, y nos movemos, y existimos como también han dicho algunos de vuestros poetas: «Porque somos también linaje suyo». [29] Siendo, pues, linaje de Dios, no hemos de considerar que la Divinidad sea algo semejante al oro, o a la plata, o a la piedra, a una imagen fruto del arte o de la imaginación de los hombres. [30] Sin embargo, Dios, tras haber pasado por alto los tiempos de esta ignorancia, ahora ordena a todos los hombres en todos los lugares que se arrepientan, [31] ya que ha establecido un día en el que ha de juzgar al mundo con justicia, por medio de aquel varón al que escogió, ofreciendo a todos una prueba fidedigna de ello al levantarlo de entre los muertos». (Hch 17, 18-31.)

Ocasionalmente, se ha señalado que el relato de Lucas es ficticio. Sin embargo, todo indica su autenticidad, ya que, como en su día señaló H. J. Cadbury, «los especialistas en el mundo clásico se encuentran entre los más inclinados a defender la historicidad de la escena de Pablo en Atenas» [8]. De hecho, Eduard Meyer llegó a afirmar que no lograba entender «cómo alguien había considerado posible explicar esta escena como una invención» [9]. De manera peculiar y significativa ha sido el prejuicio teológico el que ha negado el paulinismo del texto, algo que, como veremos, resulta insostenible. De entrada, el discurso de Pablo en el Areópago guarda una notable similitud con lo que ya conocemos de su predicación ante un auditorio fundamentalmente pagano. En buena medida, constituye un desarrollo más elaborado de su predicación en Listra (Hch 13, 14 y ss.), con referencias además específicas a la situación concreta de Atenas. El apóstol era consciente de que no tenía ningún sentido apelar a las Escrituras en medio de un ambiente que no las conocía y que incluso las desdeñaba como correspondientes a una religión extraña. Por el

---

[8] *BC*, I, 5, p. 406.
[9] E. Meyer, *Ursprung und Anfänge des Christentums* III, Stuttgart-Berlín, 1923, p. 105.

contrario, apuntaba a algunos aspectos esenciales a partir de los cuales pudiera apuntar hacia Jesús. Pablo no negaba —y la manera en que lo exponía podía servir para allanar el camino hacia el corazón de sus oyentes— que los atenienses eran muy religiosos (Hch 17, 22). Lo eran tanto que incluso se habían permitido levantar un altar al dios desconocido [10] por temor a que si dejaban de rendir culto a alguna divinidad, esta pudiera vengarse de ellos. De este Dios que no conocían tenía Pablo precisamente la intención de hablarles. Ese Dios había creado todo y, precisamente por ello, no parecía verosímil que necesitara habitar en templos o recibir culto humano (Hch 17, 23 y ss.). Lo afirmado por Pablo constituía una notable —y a la vez sólida— pirueta intelectual. De hecho, hasta ese punto podía ser seguido con interés e incluso con cierto asentimiento por estoicos y epicúreos. Tampoco debió resultar inverosímil ni disparatado para estos el que afirmara a continuación que todos los seres humanos pertenecían al mismo linaje, a una especie de familia universal (Hch 17, 26). Precisamente en ese momento, Pablo introdujo en su predicación un elemento nuevo pero esencial. En el pasado, Dios había esperado que los hombres lo buscaran —aunque fuera a tientas— y, de hecho, era obvio que algunos poetas griegos habían intuido ciertas verdades espirituales (Hch 17, 27-28). Pablo cita expresamente a Epiménides el cretense —que había rechazado que en la isla pudiera encontrarse la tumba de Zeus, ya que «en Ti vivimos, y nos movemos y existimos»— y a Arato, un autor estoico, de origen cilicio como Pablo, que había defendido que «todos somos linaje suyo», en referencia a Zeus. Por supuesto, el apóstol no estaba identificando al Zeus de los estoicos con el Dios único, pero sí subrayaba que, ocasionalmente, el paganismo, a ciegas, había dado con realidades espirituales esenciales. Cuestión aparte es que hubiera sacado las consecuencias lógicas.

---

[10] Las fuentes clásicas se refieren a esos altares Agnosto Zeo (Al Dios Desconocido) que podían encontrarse en Atenas. El dato aparece mencionado en Pausanias, *Descripción de Grecia* I, 1, 4, y en Filóstrato, *Vida de Apolonio* VI, 3, 5.

Por ejemplo, de todo lo anterior había que deducir que Dios no podía ser representado a través de imágenes, aunque, obviamente, los atenienses —y los paganos en general— hacían todo lo contrario (Hch 17, 29). Llegado a ese punto, Pablo introdujo otro aspecto esencial en su discurso. Dios no solo era el creador de todo. También ejercía su autoridad sobre esa creación. A diferencia del Dios de los teístas del siglo XVIII que había creado todo para luego abandonarlo a su arbitrio y no intervenir en la Historia, el Dios predicado por Pablo ni abandonaba a su creación ni estaba dispuesto a no intervenir en ella. Ese Dios único —que había soportado con paciencia la ceguera de los hombres— ahora los invitaba a cambiar de vida, a arrepentirse (Hch 18, 30). Se trataba de una oportunidad que les ofrecía antes de que llegara el día del juicio, un juicio que realizaría a través de un hombre al que había levantado de entre los muertos (Hch 18, 31). Si hasta ese momento la predicación de Pablo podía referirse a paralelos paganos y, a la vez, absorber de raíces procedentes de las Escrituras que se referían al Dios único, creador de todo el género humano y que no puede ni debe ser representado, ahora vino a introducir el elemento esencialmente cristiano. Por supuesto, las Escrituras judías también se referían a un Dios que juzgaría a todos los pueblos (Salmo 98, 9) a través del Mesías (Daniel 7, 13 y ss.), pero el apóstol subrayaba además que ya había llegado el cumplimiento del tiempo. Dios iba a juzgar al mundo y lo haría a través de un hombre al que había reivindicado haciéndolo volver del otro lado de la muerte.

Este aspecto provocó una inmediata reacción entre los oyentes. Según la fuente lucana, «cuando oyeron hablar de la resurrección de los muertos, unos se burlaron, y otros dijeron: "Ya te oiremos hablar de eso en otra ocasión"». (Hch 17, 18-32). Como hombres educados en la filosofía griega, el auditorio de Pablo podía llegar hasta un punto, pero este no incluía la creencia en que el cuerpo pudiera volver a vivir. No se trataba únicamente de incredulidad. Existía también un elemento de repugnancia ante esa idea. Se suele repetir de manera insistente que el paganismo rendía culto al cuerpo, mientras que el cristianismo lo aborrecía y acabó introduciendo un claro ascetismo en el pensamiento de Occidente. Ambas afirmaciones son erróneas. El paganismo pudo dispensar un culto al cuerpo en la admiración por los atletas o en un erotismo más o menos sofisticado y no por ello menos controlado. Sin embargo, veía algo innatamente malo en lo material y sostenía la máxima *soma sema*, es decir, que el cuerpo (*soma*) es una tumba (*sema*) para el alma. ¿Cómo hubiera podido aceptar que el alma libre de lo material regresara para encerrarse nuevamente en aquella prisión? Por el contrario, el cristianismo —y en ello seguía al judaísmo— consideraba que la materia había sido creada por Dios y afirmaba que el ser humano no se vería reducido a un alma, sino que recibiría un cuerpo en la resurrección [11].

Sin embargo, no todos reaccionaron con incredulidad al mensaje del apóstol. La fuente lucana se refiere a la conversión de un miembro del Areópago llamado Dionisio, a la de una mujer llamada Damaris y a la de algunos otros (Hch 17, 34). Sin embargo, no tenemos noticia de que en Atenas —a diferencia de lo sucedido en otros lugares— quedara establecida una comunidad de creyentes. De hecho, cuando tiempo después Pablo se refiera a la primera iglesia establecida por él en Acaya, no mencionará a Atenas, sino a una familia de Corinto (1 Cor 16, 15), precisamente la ciudad a la que se dirigió el apóstol a continuación.

---

[11] Excede el tema de nuestro estudio el analizar cómo el cristianismo se fue apartando de ese punto de vista primigenio para desplazarse en la dirección opuesta. Baste señalar que se debió en no escasa medida a la influencia de la filosofía griega que rechazó a Pablo aquel día en el Areópago ateniense.

CAPÍTULO XII

El segundo viaje misionero (III): Corinto

Pablo llega a Corinto [1]

ESPUÉS de su discurso en el Areópago, Pablo abandonó la ciudad de Atenas en dirección a Corinto. A decir verdad, a estas alturas, no le sobraban las razones para sentirse satisfecho. Estaba convencido de que Dios lo había impulsado a proclamar el Evangelio en Macedonia, pero, por el momento, los resultados habían sido escasos. Ciertamente, habían quedado establecidas pequeñas comunidades en Filipos, Tesalónica y Berea, pero no era menos cierto que sobre ellas pesaban amenazas considerables y que él mismo había tenido que huir de una ciudad a otra para salvar la vida. Por si fuera poco, su entrada en Acaya no se podía decir que se hubiera traducido en una mejora. Los atenienses habían sido correctos más allá de algunas burlas prepotentes, pero el fruto, una vez más, había resultado muy magro. No sorprende, en absoluto, que, años después, Pablo afirmara que había llegado a Corinto «con debilidad y mucho temor y temblor» (1 Cor 2, 3). A la pobre cosecha se sumaba la reputación de la ciudad. Corinto era conocida muy específicamente por su inmoralidad sexual. Al respecto, los refranes griegos que se referían a ella no son escasos. El proverbio

---

[1] Acerca de Corinto, véase: D. W. J. Gill, «Corinth: a Roman Colony in Achaca», BZ, 37, 1993, pp, 259-64; J. Wiseman, «Corinth and Rome I: 228 BC-AD 267», en ANRW II, 7.1, 1979, pp. 438-548, y D. Engels, *Roman Corinth*, Chicago, 1990.

«No está al alcance de cualquiera la navegación a Corinto» constituía una referencia a lo caras que eran las numerosas prostitutas de la ciudad; el dicho «Vas a ganarte el sueldo a Corinto» era sinónimo de prostituirse, y la expresión «Corintia, vas a vender cerdos» servía para señalar a una mujer que ejercía de ramera. Es muy posible que el hecho de que la ciudad dispensara culto a Afrodita, la diosa helénica del amor, contribuyera a esos comportamientos. No en vano en el templo de la diosa se prostituían un millar de esclavas, lo que se traducía en un floreciente turismo sexual[2]. Como tendremos ocasión de ver, Pablo comprobaría en su actividad misionera lo fundado de estas expresiones populares.

Resultaría, sin embargo, injusto el pretender asociar a la ciudad de Corinto única y exclusivamente con la inmoralidad sexual. De hecho, la urbe ya existía antes de la llegada de los dorios a Grecia en el primer milenio antes de Cristo[3] y aparece mencionada por Homero en la *Ilíada* (II, 70, y XIII, 664)[4]. Situada en el istmo de Corinto, controlaba las rutas terrestres que unían la Grecia central con el Peloponeso, pero gracias a sus puertos de Leceo en el lado occidental del istmo y de Cencreas en el oriental, se convirtió en un verdadero emporio marítimo. Se hallaba situada en el lado norte del Acrocorinto, una elevación situada a una altura de casi seiscientos metros que dominaba la llanura y que también servía de ciudadela para eventualidades militares. La mencionada ciudadela contaba con un suministro continuo de agua procedente de la fuente superior de Peirene, mientras que la fuente inferior del mismo nombre suministraba a la ciudad. Esta circunstancia se escapa al visitante de hoy, ya que en 1858 un terremoto la destruyó y sus habitantes la reedificaron más cerca del golfo.

---

[2] Estrabón, *Geografía* VIII, 6, 20-23, y Pausanias, *Descripción de Grecia* II, 1, 1-5. 2.

[3] Al respecto, véase O. Broneer, «Corinth: Center of St. Paul´s Miyssionary Work in Greece», en *Biblical Archaeologist*, 14, 1951, pp. 78-96.

[4] Con el nombre de Efira aparece también en VI, 152.

A lo largo de su dilatada historia, Corinto había logrado salir airosa de las crisis más difíciles. Sin embargo, en el año 146 a. de C. asumió el mando de la Liga Aquea que se enfrentaba con Roma. La respuesta de los romanos no se hizo esperar, y cuando Lucio Mumio tomó la ciudad, la arrasó, vendió a sus habitantes como esclavos y se apropió del territorio en nombre de Roma. Durante un siglo, pudo pensarse que Corinto nunca sería reconstruida. Fue precisamente Julio César el que la sacó de esa situación convirtiéndola, en el año 44 a. de C. —el mismo de su asesinato—, en una colonia romana que recibió el nombre de Laus Iulia Corinthiensis. Esta circunstancia explica que buen número de los habitantes de Corinto fueron romanos —en no escasa proporción libertos procedentes de Italia—, aunque también había muchos griegos y gente procedente del Mediterráneo, incluida una colonia judía. A partir del año 27 a. de C. Corinto pasó, además, a convertirse en la sede del gobierno de la provincia romana de Acaya.

Años después, Pablo mencionaría que existe gente que tiene muchos dioses y muchos señores, a diferencia del monoteísmo cristiano (1 Cor 8, 5). La afirmación resultaba especialmente apropiada en Corinto, donde, además del culto a Afrodita, que ya hemos mencionado, se rendía especialmente culto a Melicertes, una divinidad tiria que protegía a los navegantes, y a Poseidón, el dios del mar, en cuyo honor se celebraban cada dos años los juegos ístmicos, presididos por Corinto, pero con la participación de todas las ciudades griegas.

La mezcla del culto —o la obsesión— al sexo, del paganismo y de la codicia impregnaban de manera muy especial a la ciudad de Corinto, y Pablo tendría que enfrentarse durante los años siguientes con esas realidades tan distantes del mensaje que predicaba.

El inicio de la predicación

Tal y como era habitual en él, Pablo se mantuvo durante su estancia en Corinto gracias al oficio familiar, es decir, confeccionando tiendas de campaña. Fue así como se encontró con un matrimonio judío —Aquila y Priscila— que practicaban la misma ocupación y con los que se quedó. La pareja había tenido que abandonar Roma como consecuencia de la disposición del emperador Claudio que expulsaba de la capital a todos los judíos. Durante aquellas largas horas de trabajo en común, Pablo debió de predicarles acerca del Mesías Jesús, porque lo cierto es que Aquila y Priscila abrazaron el Evangelio y con posterioridad se convertirían en dos de los colaboradores más apreciados del apóstol. Pablo tuvo aún que esperar un tiempo a que Silas y Timoteo se reunieran con él procedentes de Macedonia, pero durante ese intervalo no se entregó al ocio en lo que a su actividad misionera se refiere. Tal y como era su costumbre, comenzó a visitar la sinagoga para persuadir a los judíos y a los prosélitos de que Jesús era el Mesías (Hch 18, 1-4). En realidad, cuando Silas y Timoteo llegaron a Corinto, el ambiente estaba ya tan cargado que Pablo había decidido apartarse de los judíos y dedicarse a evangelizar a los temerosos de Dios (Hch 18, 5-6).

No ha resultado históricamente nada inhabitual que un predicador que obtiene poco eco acabe adaptando sus predicaciones a su auditorio con la esperanza de obtener resultados más vistosos. Semejante acomodamiento no pocas veces se ha traducido en el compromiso con principios de una enorme relevancia. Pablo hizo todo lo contrario. En Corinto decidió centrar su predicación, única y exclusivamente, en «Jesús el Mesías, y este crucificado» (1 Cor 2, 2). Era perfectamente consciente de que en el ambiente pagano de Corinto la referencia al Crucificado era una locura, y tampoco se le escapaba que aquella interpretación del Mesías no era bien recibida entre los judíos. Sin embargo, para él resultaba obvio que ese era el corazón del Evangelio. Dios había decidido salvar a los hombres —que eran incapaces de obtener la salvación por sus propias obras (Gál 2, 21)— a través de la indispensable muerte del Mesías. De aceptar a través de la fe ese sacrificio expiatorio dependía la salvación o la condenación, y en esa proclama centró Pablo sus predicaciones.

Los resultados, por sorprendente que pudiera resultar, fueron buenos. Entre los nuevos conversos se encontraron Titio Justo, un temeroso de Dios, que vivía al lado de la sinagoga, pero también Crispo, el jefe de la sinagoga. Es muy posible que Titio Justo fuera el Cayo (o Gayo) al que hace referencia Pablo en Romanos 16, 23. De ser así, su nombre completo sería Cayo Titio Justo y nos encontraríamos ante un ciudadano romano[5]. Tanto Crispo como Cayo, junto a un tal Estéfanas, son mencionados por Pablo como los primeros conversos de Acaya (Rom 16, 23) —un dato que coincide con la fuente lucana como hemos visto—, a los que además habría bautizado personalmente (1 Cor 1, 15 y ss., ver también 16, 15). Este último dato resulta de cierto interés, ya que Pablo indica que no bautizó después a ninguno de los conversos. Tal tarea debió recaer entonces en Silas y Timoteo. ¿A qué se debía que Pablo entregara la tarea de bautizar a sus colaboradores y no la realizara él mismo salvo en algunos casos excepcionales? No lo sabemos a ciencia cierta, pero cabe la posibilidad de que fuera una manera de proporcionar a sus compañeros una señal de autoridad ante los nuevos conversos, especialmente necesaria si tenían que hacerse cargo de la congregación por una precipitada salida del apóstol.

Silas y Timoteo traían consigo una ofrenda de los creyentes de Macedonia que difícilmente pudo resultar más oportuna, ya que permitió a Pablo abandonar la confección de tiendas de campaña y dedicarse a predicar y a evangelizar a tiempo completo (2 Cor 11, 9). La posibilidad de dedicarse exclusivamente a su labor apostólica y el cobijo para las reuniones que proporcionaba la casa de Justo constituían magníficas circunstancias que debieron compensar a Pablo del agitado estado de ánimo con que había llegado a Corinto. Por si fuera poco, en aquellos días fue objeto de una experiencia singular:

[9]Entonces el Señor, una noche, le dijo a Pablo en una visión: «No temas, sino continúa hablando, y no te calles;[10] por-

---

[5] E. J. Goodspeed, «Gaius Titius Justus», *JBL*, 69, 1950, p. 382 y ss.

que yo estoy contigo, y nadie podrá hacerte daño; porque yo tengo un pueblo numeroso en esta ciudad». (Hch 18, 9-10.)

Aquella experiencia debió provocar un impacto considerable en el apóstol, porque no solo siguió en Corinto, sino que permaneció en la ciudad un año y medio, un periodo de tiempo muy superior al que había dedicado a cualquiera de los puntos de misión anteriores (Hch 18, 11). Los resultados fueron verdaderamente prometedores.

Entre los que abrazaron el Evangelio se encontraba un tal Erasto. Lucas lo menciona como uno de los amigos de Pablo que lo ayudaron en su labor evangelizadora (Hch 19, 22), y lo mismo señala el apóstol (Rom 16, 23; 2 Timoteo 4, 20). De Erasto sabemos que desempeñaba el puesto de tesorero de la ciudad, un cargo que es denominado en griego *oikonomos* y en latín *arcarius*. El 15 de abril de 1929, una expedición arqueológica de la American School en Atenas descubrió en Corinto una inscripción latina que podía traducirse: «Erasto, en consideración a su cargo de edil, puso el pavimento a sus expensas». La pieza en cuestión debió ser colocada durante la segunda mitad del siglo I y se retiró cuando el pavimento fue reparado en torno al 150 d. de C. Es muy probable que este Erasto sea el amigo de Pablo, que era tesorero de la ciudad en el año 57 d. de C. De ser así, debió hacerlo tan bien que unos veinte años después fue promovido al cargo de edil y decidió dejar huella de su nombramiento poniendo a su cargo el pavimento de la ciudad.

Sin embargo, no todo resultó fácil para Pablo y sus colaboradores. El éxito de la predicación —como había sucedido en Tesalónica o en Filipos— acabó provocando la oposición de la comunidad judía. A fin de cuentas, no resulta extraño que no pudiera ver con buenos ojos que un número importante de los temerosos de Dios y judíos tan relevantes como el jefe de la sinagoga aceptaran aquella interpretación peculiar de que el Mesías no solo era el siervo sufriente de Isaías 53, sino que además ya se había manifestado en Jesús. Como en casos anteriores, decidieron abortar la obra de Pablo y sus colaboradores y para ello recurrieron a las autoridades romanas. El resultado de este episodio tendría una trascendencia que traspasaría los límites de Corinto y se extendería a lo largo de varios años.

El Imperio protege el Evangelio

La fuente lucana ha dejado una descripción ajustada del enfrentamiento de los judíos de Corinto con Pablo. El texto señala lo siguiente:

> [12] Y siendo Galión procónsul de Acaya, los judíos se levantaron de común acuerdo contra Pablo y lo llevaron al tribunal, [13] diciendo: «Este persuade a los hombres a honrar a Dios contra la ley». [14] Y, cuando Pablo iba a abrir la boca, Galión dijo a los judíos: «Si se tratara de algún delito o de algún crimen grave, oh judíos, conforme a derecho yo os atendería. [15] Pero, tratándose de cuestiones de palabras y de nombres, y de vuestra ley, ocupaos de ello vosotros, porque yo no quiero ser juez de esas cuestiones». [16] Y los echó del tribunal. [17] Entonces todos los griegos echando mano de Sóstenes, el jefe de la sinagoga, empezaron a golpearlo delante del tribunal, sin que a Galión le importara lo más mínimo. (Hch 18, 12-17.)

En julio del año 51 d. de C., Lucio Junio Galión había llegado a Corinto para desempeñar el cargo de procónsul de Acaya. Su nombre original era, en realidad, Marco Anneo Novato. De hecho, pertenecía a una familia española en la que también había nacido su hermano pequeño, el filósofo Marco Anneo Séneca, que, a la sazón, era tutor del futuro emperador Nerón. Marco Anneo Novato había cambiado su nombre al ser adoptado por Lucio Junio Galión, un amigo de su padre.

Hacía poco que había asumido el cargo de procónsul, cuando los judíos de Corinto comparecieron ante él acusando a Pablo.

Tal y como planteaban la maniobra aquellos judíos, resultaba muy hábil. Se trataba de acusar a Pablo de predicar algo que, a pesar de lo que él afirmaba, no era el judaísmo en forma realizada, sino una *religio illicita*. Si quedaba establecido ese aspecto judicialmente, Pablo —y los otros misioneros cristianos—, se verían situados fuera de la ley. Precisamente por ello, las autoridades romanas debían tomar cartas en el asunto. De ser así, no solo se impediría la continuación de su labor misionera, sino que además se obtendría algo mucho más valioso. Dado que Galión era procónsul —y no una simple autoridad local como los pretores de Filipos o los politarcas de Tesalónica—, su decisión sentaría un precedente por el que podrían orientarse otros magistrados romanos.

Sin embargo, Galión captó con enorme rapidez lo que se estaba discutiendo. Aquella no era una disputa legal ni tenía nada que ver con los asuntos que habitualmente juzgaba. Era una mera discusión teológica que a él y a la autoridad de Roma les resultaba absolutamente indiferente. Por supuesto, hubiera aceptado conocer el asunto si lo que se hubiera ventilado hubiera sido la transgresión del derecho de Roma, pero en cuestiones relacionadas con asuntos de la ley judía no tenía la menor intención de entrometerse. Su decisión —impecable desde el punto de vista jurídico— posiblemente facilitó la misión de Pablo, y de otros predicadores cristianos, en el curso de los años siguientes. De hecho, no se produciría un cambio en la actitud de los gobernantes romanos hasta la persecución desencadenada por Nerón ya en la década de los sesenta.

La fuente lucana incluye otro dato que resulta muy significativo. El procedimiento se había llevado a cabo ante el tribunal de Galión, cuya plataforma de piedra puede contemplarse en el Corinto antiguo. Se trataba de una vista abierta que contemplaban no pocos corintios. Al parecer, cuando estos vieron la manera en que las pretensiones de la comunidad judía eran rechazadas, echaron mano del presidente de la sinagoga y comenzaron a golpearlo. El hecho ya resultaba grave de por sí, pero es que, además, Galión fingió que no lo veía. Tanto en uno como en otro comportamiento, cuesta no ver un claro sentimiento antisemita. A la muchedumbre corintia la disputa entre aquellos judíos que afirmaban, como Pablo, que el Mesías había llegado y los que lo negaban le traía sin cuidado, pero no dejaba de sentir una clara repulsión por la comunidad judía, hasta tal punto que los presentes aprovecharon el rechazo de sus pretensiones para golpear a su presidente. Por lo que se refería a Galión, no estaba dispuesto a dejarse arrastrar por disputas internas del judaísmo, y cuando los corintios decidieron arremeter contra el jefe de la sinagoga prefirió no ver. Posiblemente, pensaba que se merecía más que justificadamente aquella paliza.

Las razones del rechazo de los judíos entre los corintios pudieron ser varias. Eran, desde luego, rigurosos monoteístas en medio de una sociedad volcada sobre el paganismo. Su moralidad era estricta en el seno de una ciudad de la que casi puede decirse que tenía obsesión por el sexo. Para remate, cabe la posibilidad de que compitieran con los naturales de Corinto en el comercio. Ninguna de esas circunstancias debió contribuir a hacerlos populares, y ahora, ante el tribunal de Galión, dieron rienda suelta a su resentimiento. De manera bien significativa, como tendremos ocasión de ver, ese resentimiento iría desplazándose poco a poco hacia los cristianos, aunque, de momento, la resolución de Galión lo hubiera impedido.

Las cartas a los tesalonicenses [6]

El año y medio que Pablo pasó en Corinto resultó indudablemente fructífero y, a la vez, constituyó el marco de redacción de otras dos nuevas epístolas. Si la primera carta paulina, la dirigi-

---

[6] Sobre estos escritos, véase: F. F. Bruce, *1 and 2 Thessalonians*, Waco, 1982; I. H. Marshall, *1 and 2 Thessalonians*, Grand Rapids, 1983; L. Morris, *The First and Second Epistles to the Thessalonians*, Grand Rapids, 1959; C. A. Wanamaker, *1 and 2 Thessalonians*, Grand Rapids, 1990.

da a los gálatas, a pesar de su carácter circunstancial, había recogido en miniatura el Evangelio predicado por Pablo, las dos cartas destinadas a los creyentes de Tesalónica se ocupan de problemas más locales. Como se recordará, los amigos del apóstol lo habían llevado a Berea para ponerlo a salvo del ataque de los judíos de Tesalónica, y cuando estos a su vez llegaron a Berea, lo condujeron hasta Atenas, donde esperó a Timoteo y Silas. La reunión se realizó, pero no pasó mucho tiempo antes de que el apóstol los enviara de regreso a Macedonia para averiguar cuál era el estado en que se encontraban las comunidades fundadas en este viaje. Mientras Timoteo se dirigía a Tesalónica, Silas, casi seguro, se encaminó a Filipos. Es muy posible que en esos momentos Timoteo llevara consigo la carta que conocemos como la Segunda Epístola a los Tesalonicenses, una misiva que, a diferencia de, por ejemplo, Gálatas, aparece firmada por Pablo, Silas y Timoteo (2 Tes 1, 1). Los argumentos para pensar que la denominada segunda se escribió antes que la primera arrancan de su propio contenido. De hecho, en la segunda se menciona a los creyentes como sometidos a persecución (2 Tes 1, 4 y ss.), una circunstancia que en la primera carta ya es citada como algo del pasado (1 Tes 1, 6 y 2, 14) [7].

Las noticias que Timoteo trajo a Pablo sobre la marcha de la comunidad de Tesalónica le produjeron una enorme alegría, aunque también lo obligaron a responder a algunas cuestiones de carácter teológico que los conversos le habían planteado a Timoteo. Esa respuesta sería precisamente la misiva que aparece en nuestras Biblias como la Primera Carta a los Tesalonicenses. A esas alturas, resultaba obvio que los fieles de Tesalónica se habían comportado de una manera tan modélica que se habían convertido en «un ejemplo para los creyentes de Macedonia y Acaya» (1 Tes 1, 7). La persecución, ya concluida, no había limitado en absoluto su entusiasmo.

---

[7] Que en el canon del Nuevo Testamento aparezcan en orden diverso no debería sorprendernos, ya que las cartas de Pablo no aparecen agrupadas por orden cronológico sino por su longitud, y, efectivamente, la que conocemos como primera —aunque seguramente se escribió después de la segunda— es más larga.

El análisis de las dos epístolas nos proporciona datos muy interesantes acerca de las vivencias de una comunidad cristiana de reciente fundación que se hallaba inserta en un medio pagano y que sufría las presiones —incluso la persecución— de judíos y gentiles. Sin embargo, a pesar de ese panorama, lo cierto es que Pablo y sus colaboradores podían felicitarlos porque «vuestra fe va creciendo, y la caridad de cada uno de todos vosotros abunda en medio de vosotros, de tal manera que nos gloriamos de vosotros en las iglesias de Dios, de vuestra paciencia y fe en todas las persecuciones y tribulaciones que sufrís» (2 Tes 1, 3-4). Los tesalonicenses podían descansar, además, en el hecho de que Dios ejecutaría su juicio sobre el mundo, un juicio que sería justo y que estaría vinculado a la presencia (*parusía*) del Mesías Jesús:

> [6]Porque para Dios resulta justo pagar con tribulación a los que os atribulan; [7]y a vosotros, que sois objeto de la tribulación, proporcionaros reposo a nuestro lado, cuando se manifieste Jesús, el Señor, desde el cielo junto a los ángeles de su poder, [8]en llama de fuego, para dar el pago a los que no conocieron a Dios, ni obedecen al Evangelio de nuestro Señor Jesús el Mesías; [9]los cuales serán castigados con eterna perdición, apartados de la presencia del Señor y de la gloria de su poder, [10]cuando venga en aquel día para ser glorificado en sus santos y admirado en todos los que creyeron (por cuanto nuestro testimonio ha sido creído entre vosotros). (2 Tes 1, 6-10.)

El retrato que emerge de estos versículos de Pablo resulta muy iluminador. La comunidad de Tesalónica era objeto de persecución, pero, a pesar de su juventud, no se había dejado doblegar. A decir verdad, se había convertido en un verdadero ejemplo en Macedonia y Grecia, y no solo por su valor, sino también por la forma en que la fe y el amor la caracterizaban. Una parte considerable de la fuerza espiritual que animaba a aquellos jóvenes creyentes era la fe en que Jesús el Mesías volvería para establecer su reino. Cuando eso sucediera, los que se habían negado a recibirlo serían castigados con la perdición eterna, mientras que sus fieles recibirían una recompensa que resultaba incluso difícil de imaginar. No sorprende, por lo tanto, que en medio de esa tensión escatológica y sometidos a presiones externas, algunos de los cristianos tesalonicenses se hubieran entregado a especulaciones sobre la fecha de la parusía[8] y, sobre todo, sobre su inmediatez. Al respecto, la advertencia de Pablo no puede ser más clara:

> [1]Sin embargo, os rogamos, hermanos, que en lo que se refiere a la venida de Jesús el Mesías, nuestro Señor, y a nuestra reunión con él, [2]no os dejéis conmover fácilmente, ni os alarméis ni por espíritu, ni por palabra, ni por carta, como si fuera nuestra, en el sentido de que el día del Señor está cerca. (2 Tes 2, 1-2.)

Pablo podía comprender perfectamente el entusiasmo escatológico de los tesalonicenses, pero deseaba dejar establecido con claridad que bajo ningún concepto debían permitir que un espíritu —posiblemente una declaración profética similar a otras a las que ya nos hemos referido—, ni una carta falsa que pretendiera venir de él o de sus colaboradores, los arrastrara a creer que la segunda venida de Jesús estaba cerca. Las razones para formular esa afirmación se encontraban ligadas al hecho de que la parusía sería precedida por una serie de acontecimientos que, desde luego, no habían tenido lugar ni lejanamente:

> [3]Que no os engañe nadie de ninguna manera; porque no vendrá sin que llegue antes la apostasía y se manifieste el Hombre de pecado, el Hijo de perdición, [4]el que se opone y se rebela contra todo lo que se llama Dios o es objeto de adoración; hasta el punto de sentarse en el templo de Dios como Dios, haciéndose pasar por Dios. [5]¿No os acordáis que cuando estaba todavía con vosotros os decía esto? [6]Y vosotros sabéis lo que ahora lo retiene hasta que a su tiempo se manifieste. [7]Porque ya está actuando el misterio de iniquidad; solamente falta que sea quitado de en medio el que

---

[8] Sobre la escatología de Pablo, véase: D. C. Allison, *The End of the Ages Has Come*, Filadelfia, 1987; J. C. Beker, *Paul's Apocalyptic Gospels: The Coming Triumph of God*, Filadelfia, 1982; J. Munck, *Paul and the Salvation of Monkind*, Atlanta, 1977; G. Vos, *The Pauline Eschatology*, Princeton, 1930; B. Witherington, *Jesus, Paul and the End of the World*, Downers Grove, 1992.

ahora le es un impedimento; [8]y entonces se manifestará aquel inicuo, al cual el Señor matará con el espíritu de su boca, y destruirá con el resplandor de su venida; [9]al inicuo cuya venida tendrá lugar de acuerdo con la acción de Satanás, con gran poder, y milagros, y portentos mentirosos, [10]y con todo engaño de iniquidad para los que van por el camino de la perdición, por cuanto no dieron acogida al amor a la verdad para salvarse. [11]Por lo tanto, Dios les envía una fuerza que induce al error para que crean en la mentira; [12]para que sean condenados todos los que no creyeron en la verdad, sino que consintieron la iniquidad. (2 Tes 2, 3-12.)

Como indica Pablo (2 Tes 2, 5-6), los tesalonicenses sabían de sobra, porque él se lo había enseñado, que la parusía había de ser precedida por la apostasía y por la aparición de un personaje misterioso, el Hombre de pecado, que ahora se veía contenido. Lamentablemente, nosotros no disponemos de los datos que el apóstol había proporcionado a sus conversos. Podemos suponer que el Hombre de pecado sería una manifestación colosal de maldad previa a la parusía y es obvio que ya estaba actuando —¿cómo?— en la época de Pablo. Sin embargo, a pesar de esos datos, no resulta posible dilucidar si en este texto se hace referencia a un individuo, una institución o una falsa doctrina, e históricamente han abundado las más diversas interpretaciones al respecto. Aún más difícil es saber qué impide su manifestación. De hecho, el sujeto gramatical del versículo 6 es de género neutro, mientras que el del versículo 7 es masculino. En cualquiera de los casos, lo esencial para Pablo era que la conclusión de ese enfrentamiento final entre la iniquidad y el bien acabaría con la clara victoria del Mesías.

Los últimos versículos de esta epístola nos muestran que el apóstol tenía una personalidad poco dada a la mera especulación teológica. Por el contrario, la vertiente práctica que lo lleva a exhortar a los creyentes para que se comporten de manera digna del Evangelio aparece aquí con una energía especial. Al parecer, algunos tesalonicenses habían decidido —con buena fe o con descaro, no es fácil saberlo— que la proximidad de la venida de Jesús les permitía dejar de trabajar. Para Pablo, semejante conducta resultaba intolerable, y tanto él como sus colaboradores habían dado un ejemplo bien nítido de cómo había que comportarse:

> [6]Además, os mandamos, hermanos, en el nombre de nuestro Señor, Jesús el Mesías, que os apartéis de todo hermano que anduviere de manera desordenada y no conforme a la doctrina que recibieron de nosotros. [7]Porque vosotros mismos sabéis de qué manera debéis imitarnos, porque no anduvimos de forma desordenada entre vosotros, [8]ni comimos de balde el pan que perteneciera a nadie, sino que trabajamos ardua y fatigosamente, de noche y de día, para no ser una carga para ninguno de vosotros; [9]no porque no tuviésemos derecho, sino para daros un ejemplo que podáis imitar. [10]Porque incluso cuando estábamos con vosotros, os ordenamos que si alguno no quiere trabajar, que tampoco coma. [11]Porque hemos oído que algunos de vosotros andan de manera desordenada, no trabajando en nada, salvo en meterse en la vida de los demás. [12]A esos les mandamos y rogamos por nuestro Señor, el Mesías Jesús, que, trabajando sosegadamente, se ganen el pan. (2 Tes 3, 6-11.)

Resulta obvio que Pablo no estaba dispuesto a tolerar que hubiera nadie que viviera de los demás apelando al entusiasmo religioso. Sin embargo, tampoco deseaba que el temor a ser víctimas de los aprovechados retrajera a los tesalonicenses de comportarse debidamente. Por el contrario, tras las severas palabras que acabamos de reproducir, el apóstol insiste en que no deben «cansarse de hacer el bien» (2 Tes 3, 13). Aún más. Ciertamente, el que no se portaba de manera adecuada debía ser señalado para que se avergonzara, pero la finalidad de ese comportamiento no debía ser nunca la de situarlo entre los enemigos, sino la de suministrarle la amonestación propia de un hermano (2 Tes 3, 14-5).

La carta concluía, por último, con un deseo de paz para todos los creyentes de Tesalónica (2 Tes 3, 16) y con un dato curioso, el de que Pablo marcaba sus misivas con un signo que ponía de manifiesto que eran verdaderamente suyas, y no una falsificación (v. 17). El hecho de que tan solo unos versículos antes se refiriera también a cartas que pretendían ser suyas, pero que no habían sido escritas por él, nos obliga a pensar que algún enemigo suyo —o aprovechados que deseaban valerse de su autoridad— estaban recurriendo al innoble expediente de mostrar epístolas falsas. El apóstol no estaba dispuesto a consentir esa conducta y, aparte de que sus cartas eran siempre llevadas por un portador de confianza —en este caso Timoteo—, contaban con una señal que las autentificaba.

Al parecer, Timoteo entregó la carta a los tesalonicenses y, ya de regreso en Corinto, informó a Pablo de que seguían existiendo algunas cuestiones relacionadas con la parusía que resultaba indispensable aclarar. De ese deseo surgió precisamente la siguiente epístola de Pablo a los tesalonicenses, la que aparece en el Nuevo Testamento como primera.

Pablo —que firma la carta junto a Silvano y a Timoteo— volvió a manifestar la satisfacción que sentía por la iglesia establecida en Tesalónica. Desde muchos puntos de vista, los tesalonicenses eran creyentes ejemplares (1, 2-3), y no resultaba extraño que su fama se hubiera extendido por Macedonia y Acaya (1, 8). En buena medida, ese comportamiento arrancaba de la propia conducta de Pablo y sus colaboradores que habían trabajado día y noche para no ser gravosos a nadie mientras predicaban el Evangelio (2, 9). Ese comportamiento ejemplar debía quedar de manifiesto en todas las facetas de la vida:

> [1]Además, hermanos, os rogamos y exhortamos en el Señor Jesús, que de la manera que fuisteis enseñados por nosotros sobre cómo os conviene andar y agradar a Dios, así continuéis creciendo, [2]porque ya sabéis qué mandamientos os dimos por el Señor Jesús. [3]Porque la voluntad de Dios es vuestra santificación: que os apartéis de fornicación; [4]que cada uno de vosotros sepa tener su cuerpo en santificación y honor; [5]no en pasión de concupiscencia, como los gentiles que no conocen a Dios. [6]Que ninguno abuse ni engañe en nada a su hermano, porque el Señor es vengador de todo esto, como ya os hemos dicho y testificado, [7]porque no nos ha llamado Dios a la impureza, sino a la santificación. (1 Tes 4, 1-7.)

Es precisamente al llegar a este punto cuando Pablo aborda un tema que, por lo visto ya con anterioridad, debía causar una especial inquietud a los tesalonicenses. Nos referimos al destino de los que ya habían muerto y la relación entre ellos y la segunda venida del Mesías. ¿Sería superior la situación de aquellos que todavía estuvieran vivos cuando el Mesías se manifestara de nuevo? ¿Existía esperanza para los muertos o no tenían ninguna? ¿Cómo sería la segunda venida de Jesús? ¿De qué manera tendría lugar la unión con él cuando regresara? Preguntas como estas o similares habían sido planteadas por los tesalonicenses a Pablo, y ahora el apóstol las respondía:

[13]Tampoco, hermanos, queremos que estéis en ignorancia respecto a los que están muertos, ni que os entristezcáis como los otros que no tienen esperanza. [14]Porque si creemos que Jesús murió y resucitó, así también traerá Dios con él a los que murieron en Jesús. [15]Por lo cual, os decimos esto como palabra del Señor: que nosotros, que vivimos, los que hayamos quedado hasta la venida del Señor, no precederemos a los que hayan muerto. [16]Porque el mismo Señor, con grito de mando, con voz de arcángel y con trompeta de Dios, descenderá del cielo, y los muertos en el Mesías resucitarán primero. [17]Después, nosotros, los que vivamos, los que quedemos, juntamente con ellos seremos arrebatados en las nubes para recibir al Señor en el aire, y así estaremos siempre con el Señor. [18]Por tanto, consolaos los unos a los otros mediante estas palabras. [1]Sin embargo, por lo que se refiere a los tiempos y a las ocasiones, no tenéis, hermanos, necesidad de que os escriba, [2]porque vosotros sabéis bien que el día del Señor vendrá como un ladrón por la noche. [3]Que cuando digan: «Paz y seguridad», entonces les sobrevendrá una destrucción repentina, como los dolores que asaltan a la mujer preñada; y no escaparán. [4]Pero vosotros, hermanos, no estáis en tinieblas como para que aquel día os sorprenda como un ladrón; [5]porque todos vosotros sois hijos de la luz, e hijos del día; no somos de la noche ni de las tinieblas. [6]Por tanto, no durmamos como los demás, sino más bien velemos y mantengámonos serenos. [7]Porque los que duermen, de noche duermen, y los que se emborrachan, de noche se emborrachan. [8]Por el

contrario, nosotros, que somos del día, mantengámonos serenos, vestidos con la coraza de la fe y del amor, y con el yelmo de la esperanza de la salvación. [9] Porque no nos ha destinado Dios a la ira, sino a alcanzar la salvación gracias a nuestro Señor Jesús el Mesías, [10] que murió por nosotros, para que, lo mismo si velamos que si dormimos, vivamos junto a él. (1 Tess 4, 13-18; 5, 1-10.)

El pasaje de Pablo ha dado, desde mediados del siglo XIX, lugar a interpretaciones un tanto atrabiliarias sobre la segunda venida de Jesús y la realización de un rapto o arrebatamiento de los creyentes previo a la misma. El tema resulta tan sugestivo que incluso ha generado en los últimos años varias series de novelas de escatología-ficción y de películas derivadas de las mismas. Sin embargo, por atractivo que pueda ser ese planteamiento, hay que señalar que poco o nada tiene que ver con lo que aquí señala Pablo. El apóstol no conoce nada similar a un arrebatamiento, primero, de los creyentes en el Mesías que luego, ¡años después!, será seguido por la venida de Jesús y la resurrección de los muertos. Lo que dice de manera meridianamente clara es que Jesús volverá, y, cuando lo haga, los creyentes serán arrebatados para estar con él y así permanecer siempre a su lado. Obviamente, acontecimiento tan trascendental provocaba en los tesalonicenses —lo sigue haciendo en personas de todo tipo— preguntas sobre cuándo sucedería. Pablo ya indicó, en la primera carta dirigida a los tesalonicenses —la que aparece como segunda en el Nuevo Testamento—, que no sería antes de la apostasía y de la aparición del Hombre de pecado [9]. Ahora añade que será en una era en que los hombres hablarán de «paz y seguridad» sin percatarse de que va a caer sobre ellos una destrucción repentina. Con esos datos, fácilmente extrapolables a cualquier época, no resulta extraño que la segunda venida del Mesías vaya a sorprender a los habitantes del mundo. Podría incluso suceder lo mismo con los creyentes, pero no debe ser así, y no debe

---

[9] Acerca del Hombre de pecado, véase: D. Ford, *The Abomination of Desolation in Biblical Eschathology*, Washington, 1979; A. L. Moore, *The Parousia in the New Testament*, Leiden, 1966; G. Vos, *The Pauline Eschathology*, Grand Rapids, 1953.

serlo no porque posean un calendario de los acontecimientos inmediatamente anteriores a la segunda venida del Mesías, sino porque, por definición, deben estar alerta para no verse sorprendidos.

Los últimos versículos de la carta los dedica el apóstol, siempre pragmático, a recordar algunos conceptos elementales que, en apariencia, no tienen que ver con el tema de la segunda venida. Los hermanos deben reconocer a los que se esfuerzan en la obra del Señor (v. 12-13), ocuparse de todos los hermanos con paciencia (v. 14), seguir siempre el bien para con todos (v. 15), estar siempre alegres (v. 16), orar sin cesar dando gracias a Dios por todo (v. 17-18), no apagar el Espíritu ni menospreciar las profecías (v. 19-20) y —un consejo verdaderamente luminoso— examinar todo, pero quedarse solo con lo bueno (v. 21). Y, precisamente en ese momento, Pablo retoma la cuestión del regreso de Jesús. Los creyentes deben comportarse de esa manera y «el mismo Dios de paz os santificará completamente; y todo vuestro ser, espíritu, alma y cuerpo, será guardado irreprensible para la venida de nuestro Señor, Jesús el Mesías» (v. 22). Precisamente, al llegar a ese punto, el apóstol formula una promesa de la que pende todo lo anterior: «Fiel es el que os llama y lo hará» (v. 24).

Durante siglos, la creencia en la segunda venida del Mesías ha ocasionado no pocos trastornos, distracciones, especulaciones, divagaciones e incluso conductas inmorales. Nada de ello puede retrotraerse a la enseñanza o a la conducta de un Pablo que aceptaba todos los aspectos escatológicos derivados de las Escrituras —venida del Mesías, consumación de su reino, juicio final, resurrección, reunión con él, etc.—, pero que enfatizaba, como anteriormente lo habían hecho los profetas de Israel, Jesús y los judeocristianos, los aspectos prácticos de ese cambio que iba a experimentar el cosmos. No había que pensar en cómo y cuándo vendría el Mesías, sino comportarse igual que si ahora mismo estuviera a punto de llegar. Que por añadidura eso no implicaba una pizca de pasividad era algo que elocuentemente se podía ver en la incansable actividad del apóstol.

CAPÍTULO XIII

El tercer viaje misionero (I):
Éfeso

La llegada a Éfeso [1]

EN la primavera del año 52 Pablo abandonó Corinto y, acompañado por Aquila y Priscila, se dirigió a Éfeso cruzando el Egeo. Se trata de un nuevo intento de llevar a cabo un proyecto no realizado años atrás. El trayecto ha sido descrito brevemente por Lucas:

> [18] Mas Pablo, tras quedarse muchos días, se despidió de los hermanos y navegó a Siria, y con él Priscila y Aquila, habiéndose rasurado la cabeza en Cencreas, porque tenía voto. [19] Y llegó a Éfeso, y los dejó allí... (Hch 18, 18-19.)

Como era habitual en Pablo, su primer paso fue encaminarse hacia la sinagoga local para compartir el mensaje del Evangelio con otros judíos. Al parecer, la acogida que recibió fue positiva e incluso se le invitó a quedarse por algún tiempo, pero Pablo tenía intención de llegar a Jerusalén para celebrar una fiesta judía que pudo ser la Pascua o Pentecostés. Tras dejar a Aquila y Priscila en Éfeso, se dirigió a Cesarea. De allí pasó a Jerusalén, donde saludó a la iglesia madre y se dirigió a Antioquía. Como ya vimos, la relación de Pablo con esta iglesia había sido especial-

---

[1] Sobre Éfeso, véase: E. C. Blake y A. G. Edmonds, *Biblical Sites in Turkey*, Estambul, 1977; W. Elliger, *Ephesos*, Stuttgart, 1985; P. Trebilco, *Jewish Communities in Asia Minor*, Cambridge, 1991; E. Yamauchi, *New Testament Cities in Western Asia Minor*, Grand Rapids, 1980.

mente importante en el pasado, por lo que no sorprende que permaneciera allí durante algún tiempo (Hch 18, 19-22). Acto seguido, Pablo visitó a las comunidades que había establecido en Galacia y Frigia con la intención de confirmar a los discípulos (Hch 18, 23). En paralelo a este recorrido paulino, iba a llegar a Éfeso un predicador cristiano de características verdaderamente peculiares. La descripción que nos proporciona la fuente lucana resulta notablemente interesante:

> [24]Llegó entonces a Éfeso un judío, llamado Apolo, que era natural de Alejandría, un hombre elocuente (*loguios*) y con un enorme conocimiento de las Escrituras. [25]Había sido instruido en el camino del Señor y fervoroso de espíritu hablaba y enseñaba diligentemente las cosas que son del Señor, aunque solo conocía el bautismo de Juan. [26]Y comenzó a hablar confiadamente en la sinagoga. Cuando lo oyeron Priscila y Aquila, lo tomaron aparte y le declararon con mayor exactitud el camino de Dios. (Hch 18, 24-26.)

El visitante, Apolo, era un judío de Alejandría en Egipto. Lucas lo denomina «loguios», lo que puede entenderse como elocuente, pero también como persona culta o educada, perita en la cultura griega. A ese conocimiento de la cultura clásica, Apolo sumaba el de la Biblia. Las circunstancias son bien reveladoras, porque implican que el cristianismo ya se había asentado en Egipto en los años cincuenta del siglo I, y que había alcanzado a sectores de cierto relieve cultural. Que hubiera empezado su asentamiento entre los judíos era —como hemos visto repetidamente— lo más natural. Pero el texto nos muestra algo más. En concreto, que había comunidades de creyentes en Jesús que ya habían comenzado a existir antes de la experiencia pneumática de Pentecostés. Posiblemente, esos grupos empezaron a articularse en Samaria y Palestina durante la vida misma de Jesús (Hch 8, 5-25), y el caso de Apolo indica que trascendieron de las fronteras de Israel. Estaban convencidos de que Jesús era el Mesías y el Señor, pero desconocían la experiencia espiritual que se había producido en la iglesia de Jerusalén. En cualquier caso, su entusiasmo era tan acentuado que podían enviar misioneros a lugares tan distantes como Éfeso. De manera bien significativa, su visión acerca de Jesús era la misma en todos los casos, y lo único que variaba era la aceptación de un bautismo en agua solo o la creencia adicional en una experiencia añadida relacionada con el Espíritu Santo. Esa enorme cercanía de posiciones explica que Aquila y Priscila pudieran convencer a Apolos con facilidad. Las enseñanzas paulinas —y las de la comunidad de Jerusalén, dicho sea de paso— no contradecían la que circulaba en aquellas comunidades de seguidores de Jesús que se habían formado antes de que este fuera crucificado. Coincidían, pero, a la vez, incluían aspectos nuevos como el del bautismo en el Espíritu Santo. Apolo aceptó aquella novedad fácilmente, ya que podía conectarla con la promesa del Espíritu Santo descrita en el capítulo 2 del profeta Joel. De esa manera, inició una fecunda colaboración con el grupo paulino. Como señala la fuente lucana:

> [27]Y al mostrar el deseo de pasar a Acaya, los hermanos lo animaron y escribieron a los discípulos para que lo recibiesen; y cuando llegó, fue de enorme provecho a los que por medio de la gracia habían creído; [28]porque con gran vehemencia convencía públicamente a los judíos, al mostrarles con las Escrituras que Jesús era el Mesías. (Hch 18, 27-28.)

Por su parte, Pablo, al encaminarse a Palestina y Siria, y confirmar a los discípulos de Galacia y Frigia, en la primavera del año 52 dio inicio a lo que, convencionalmente, se denomina el tercer viaje misionero, regresando a Éfeso por tierra. La fuente lucana se refiere a «las regiones superiores» (Hch 19, 1), lo que hace pensar que, en lugar de tomar el camino principal por los valles del Lycus y el Meandro, viajó por una ruta situada más al norte y llegó hasta Éfeso desde el lado norte del monte Messogis, el moderno Aydin Daglari.

La provincia de Asia se había formado a partir del reino de Pérgamo, que fue legado por su rey Atalo III al Senado y al pueblo de Roma al morir en el año 133 a. de C. Comprendía las regiones de Misia, Lidia, Caria, Licia y Frigia occidental. Aunque a inicios del siglo VI a. de C. el territorio había sido incorporado por Creso al reino de Lidia, en 546 a. de C. fue unido a Persia por Ciro. Todo ello sin contar los asentamientos griegos, de origen jonio, situados en la costa que existían desde hacía siglos. Desde el 480 a. de C. —en que el rey persa Jerjes fue derrotado por los griegos— hasta la paz del rey de 387 a. de C., las ciudades griegas habían sido libres. Su nuevo sometimiento a los persas concluyó al cabo de unas décadas cuando Alejandro Magno los liberó en 334 a. de C. A la muerte del conquistador macedonio, la zona siguió siendo regida por distintos gobernantes griegos, e incluso, tras verse unida a Roma, las ciudades disfrutaron de una autonomía extraordinaria.

Aunque Pérgamo era la capital de la provincia, la ciudad más importante —y el asentamientos jonio más relevante— era Éfeso. Originalmente, sus habitantes habían sido carios adoradores de la gran diosa madre de Anatolia. Sin embargo, la llegada posterior de los jonios no desplazó ese culto local, hasta el punto de que la diosa sobre la que giraba la vida de la ciudad tenía un nombre —Artemis— que era prehelénico. Para los griegos, Artemis era una virgen cazadora a la que se representaba con muchos pechos para acentuar los aspectos maternales. Su templo albergaba una imagen «caída del cielo» (Hch 19, 35), lo que hace pensar quizá en un meteorito que tuviera forma femenina.

El dominio romano no había borrado el carácter griego de las ciudades, hasta tal punto que estas formaban una confederación que recibía el nombre de *koinon* de Asia, y cuyos representantes eran denominados asiarcas.

A finales del verano del 52 Pablo se encontraba de nuevo en Éfeso, y allí permanecería casi tres años. Durante el tiempo que Pablo pasó en Éfeso, Lucas no se encontraba a su lado y, posiblemente, eso explica lo sucinta que es la narración de este periodo que hallamos en los Hechos. Con todo, los episodios recogidos en la fuente lucana resultan muy vívidos y hacen pensar en testimonios oculares que pudieron ser recogidos por Lucas.

Lo primero que llama la atención es que Pablo encontró en Éfeso a un conjunto de discípulos con una teología similar a la de Apolo. Su cristología, su soteriología, eran similares a las de los otros grupos cristianos, pero solo conocían el bautismo de agua:

> [1]Y sucedió que mientras Apolo estaba en Corinto, Pablo, tras recorrer las regiones superiores, llegó a Éfeso, y al encontrarse a algunos discípulos, [2]les dijo: «¿Habéis recibido el Espíritu Santo después de creer?». Y ellos le dijeron: «Ni siquiera habíamos oído que hubiera Espíritu Santo». [3]Entonces dijo: «¿En qué, pues, fuisteis bautizados?». Y ellos dijeron: «En el bautismo de Juan». [4]Y dijo Pablo: «Juan bautizó con bautismo de arrepentimiento, diciendo al pueblo que creyesen en el que había de venir después de él, es decir, en Jesús el Mesías». [5]Cuando oyeron esto, fueron bautizados en el nombre del Señor Jesús. [6]Y, habiéndoles impuesto Pablo las manos, vino sobre ellos el Espíritu Santo y se pusieron a hablar en lenguas y a profetizar. [7]Y eran en total como unos doce hombres. (Hch 19, 1-7.)

El texto resulta interesante no solo porque confirma la existencia de distintas comunidades cristianas formadas antes de la muerte de Jesús con una coincidencia teológica verdaderamente notable salvo en la cuestión del bautismo, sino porque además es la única vez en toda la Biblia en que se hace referencia a un rebautismo. La cuestión resulta aún más chocante porque Apolo no había sido rebautizado. Quizá la razón sea que la repetición de la experiencia pentecostal —una repetición que implicaba también el hablar en lenguas— seguía siempre un esquema de bautismo e imposición de manos, pero no se puede afirmar con seguridad.

En cualquier caso, aquel grupo de discípulos no constituía el interés principal de Pablo. Por el contrario, como había sucedido en su primera estancia, el primer objetivo del apóstol fue la sinagoga. Durante tres meses, el apóstol pudo expresarse con absoluta libertad ante la comunidad judía. Sin embargo, como había resultado habitual en otros lugares, acabó apareciendo un grupo que rechazaba la predicación paulina y que incluso se permitió vilipendiarla en público (Hch 19, 8-9). La respuesta de Pablo, también como en otros casos, fue buscarse un nuevo acomodo. Sacó, pues, a los discípulos de la sinagoga y se estableció en la escuela de Tirano.

El arreglo, a pesar de todo, no dejaba de implicar un claro sacrificio no solo para Pablo, sino también para la gente que acudía a escuchar su enseñanza. Tirano era un maestro de filosofía y, de manera comprensible, ocupaba su local en las horas más frescas del día, aquellas en que sus alumnos no corrían el peligro de verse agobiados por el calor. Hacia las once del mediodía, cuando el sol comenzaba a convertirse en insoportable, Tirano —y, por supuesto, sus discípulos— se marchaba a comer y dormir la siesta. Precisamente entonces era cuando Pablo llegaba a la escuela, donde se quedaba hasta la cuatro de la tarde[2]. A esas alturas, llevaba a las espaldas varias horas de trabajo manual fabricando tiendas de campaña para poder mantenerse (Hch 20, 34). Sin embargo, en lugar de ir a descansar como el resto de los efesios, Pablo comenzaba una nueva jornada, bajo un calor asfixiante, ante unos alumnos con el suficiente interés por la verdad como para soportar a su lado aquel mismo sofoco. Sobre las cuatro, cuando concluía su enseñanza, el apóstol reemprendía su trabajo manual hasta la puesta del sol.

Aquella combinación de espíritu de sacrificio, de entrega y de inteligencia no dejó de dar fruto. Durante los casi tres años que Pablo pasó en la ciudad dirigió la evangelización no solo en Éfeso sino también en toda la provincia de Asia. A esas alturas, el apóstol contaba con un equipo de colaboradores de especial valía. Por ejemplo, uno de ellos llamado Epafras se ocupó de ex-

---

[2] El texto occidental de Hechos 19, 9 habla de «la hora quinta a la décima», es decir, de las once a las cuatro, según nuestra manera de hablar.

pandir el mensaje por las ciudades frigias de Colosas, Laodicea y Hierápolis, situadas en el valle del Licus (Col 1, 7; 2, 1; 4, 12 y ss.). La fuente lucana indica que, fruto de esa labor trienal, fue que «todos los residentes de Asia, tanto judíos como griegos, escucharan la palabra del Señor» (Hch 19, 10). Desde luego, su influencia resultó extraordinaria, porque la presencia del cristianismo se mantuvo incólume en la zona hasta 1923. En esa fecha tuvo lugar el intercambio de poblaciones entre Grecia y Turquía y el territorio fue islamizado.

A todo lo anterior debe añadirse otra característica muy especial de Éfeso. A su carácter abiertamente pagano, e incluso al culto a la diosa virgen —que tenía paralelos en otros lugares del Mediterráneo—, la ciudad unía el estar especialmente contaminada por la afición a las ciencias ocultas. Los autores antiguos[3] nos han transmitido repetidamente la noticia de cómo los documentos que contenían conjuros y fórmulas mágicas recibían el nombre de *Ephesia grammata* (escritos efesios)[4].

En medio de ese ambiente, Lucas relata cómo «Dios realizaba notables prodigios por mano de Pablo. De tal manera que aun se colocaban sobre los enfermos los delantales y los pañuelos que había llevado y las enfermedades se iban de ellos, y los malos espíritus salían» (Hch 19, 11-12). Lo cierto es que la realización de prodigios por parte de misioneros cristianos en zonas del mundo y épocas donde abunda el ocultismo es un fenómeno muy repetido a lo largo de la Historia, y el caso de Pablo no resultó excepcional. Sin embargo, llama la atención que semejantes acciones no fueran impulsadas por el apóstol sino por gente que lo conocía.

Hasta qué punto Pablo debía ser visto en la zona como alguien vinculado con el mundo de lo prodigioso se desprende de

---

[3] Ateneo, *Deipnosofistas* XII, 548 c; Plutarco, *Charlas de sobremesa* VII, 5, 706e; Clemente de Alejandría, *Stromateis* V, 242, 45, 2.

[4] Una colección en K. Preisendanz, *Papyri Graecae Magicae I-II*, Leipzig, 1928-31.

una historia recogida en la fuente lucana. La misma va referida a unos exorcistas ambulantes. Era este un tipo común en la zona, y de la misma manera que hoy podemos ver en los periódicos los anuncios de personas que prometen deshacer hechizos o adivinar el futuro, no era extraña en Éfeso la existencia de sujetos que vivían del ocultismo y de, supuestamente, ayudar a aquellos que padecían la opresión de espíritus inmundos. Como sucede también hoy en día, estos personajes no dejaban de cosechar fracasos estrepitosos. El texto es el siguiente:

> [13]Y algunos judíos, exorcistas itinerantes, intentaron invocar el nombre del Señor Jesús sobre los que tenían espíritus malignos, diciendo: «Os conjuro por Jesús, al que Pablo predica». [14]Había siete hijos de un judío llamado Esceva, príncipe de los sacerdotes, que hacían esto. [15]Y respondiendo el espíritu maligno, dijo: «A Jesús conozco y sé quién es Pablo, pero vosotros, ¿quiénes sois?». [16]Y el hombre en quien estaba el espíritu maligno, saltando sobre ellos y dominándolos, pudo más que ellos, de tal manera que huyeron de aquella casa desnudos y heridos. [17]Y esto resultó notorio a todos, tanto judíos como griegos, los que habitaban en Éfeso; y el temor los sobrecogió y fue ensalzado el nombre del Señor Jesús. (Hch 19, 13-17.)

Del relato hay que deducir que, al cabo de un tiempo, el nombre del Jesús predicado por Pablo era considerado por los practicantes del ocultismo como un personaje de suficiente relieve como para invocarlo en el curso de sus acciones. Resulta obvio que en ese conocimiento de Jesús debió de tener que ver la labor del apóstol. Sin embargo, Jesús no era una de las fuerzas demoníacas que podían movilizar a su antojo aquellos que se dedicaban a las ciencias ocultas. El episodio de Esteva concluyó de mala manera para los que lo habían iniciado. Para ellos sí, que no para Pablo. Desde su nacimiento, el cristianismo había marcado una clara línea de separación con no pocos de los comportamientos de la sociedad en que se encontraba. Ahora, una de las cosas que quedaría claramente de manifiesto sería que abrazar la fe en Jesús y practicar alguna forma de ocultismo resultaban radicalmente incompatibles. La fuente lucana es contundente al respecto:

> [18] Y muchos de los que habían creído acudían a reconocer y dar cuenta de sus hechos. [19] Asimismo, muchos de los que habían practicado artes ocultas trajeron los libros y los quemaron delante de todos; y calculado su valor, descubrieron que era de cincuenta mil piezas de plata. [20] Así crecía poderosamente la palabra del Señor y prevalecía. (Hch 19, 18-20.)

El pasaje, a pesar de su brevedad, constituye un paradigma de las consecuencias del proceso de conversión en el seno de una comunidad cristiana. El individuo aceptaba, por supuesto, algunas nociones teológicas claves como podía ser la identificación de Jesús con el Mesías o el Señor; la salvación regalada por Dios por pura gracia y recibida a través de la fe en el Mesías; la creencia en la resurrección de los muertos al final de los tiempos, etc. Pero ese paso iba seguido inmediatamente por otro, el de abandonar las prácticas cotidianas que había tenido hasta entonces y que chocaban con los principios éticos de la nueva fe. En este caso concreto, la oposición entre el ocultismo y el cristianismo se tradujo en el rechazo absoluto de la vida anterior. Los libros eran caros en la época de Pablo, y cuando estaban relacionados con artes ocultas su precio se disparaba. A pesar de todo, los conversos decidieron deshacerse de ellos quemándolos, un gesto bien claro del rechazo que sentían por todo aquello de su vida anterior que se oponía a la enseñanza del Evangelio. Lo que significaba esa nueva vida y la manera en que podía ocasionar choques con la cultura dominante queda aún más de manifiesto en otro de los episodios relacionados con la estancia de Pablo en Éfeso y transmitido también por la fuente lucana.

Los hechos tuvieron lugar precisamente cuando Pablo tenía diseñada su estrategia misionera posterior. A esas alturas, pensaba recorrer Macedonia y Acaya, pasar una vez más por Jerusalén y, finalmente, coronar uno de sus viejos sueños, la visita a Roma. Con la finalidad de preparar el camino había enviado a Timoteo y a Erasto a Macedonia (Hch 19, 21-22). Precisamente entonces estalló el conflicto que la fuente lucana denomina «un alboroto no pequeño acerca del Camino» (Hch 19, 23). Los hechos aparecen narrados de la manera siguiente:

[24]Porque un platero llamado Demetrio, que fabricaba templetes de plata de Artemisa, proporcionaba a los artífices no poca ganancia; [25]los reunió con los obreros del oficio y dijo: «Varones, sabéis que de este oficio derivan nuestras ganancias; [26]y veis y oís que este Pablo, no solamente en Éfeso, sino en casi toda la provincia de Asia, ha persuadido a mucha gente para que crean que no son dioses los que se hacen con las manos. [27]Y no solamente existe peligro de que este negocio quede desprestigiado, sino también de que el templo de la gran diosa Artemisa sea estimado en nada y comience a ser destruida su majestad, que es honrada por toda la provincia de Asia y por todo el mundo». [28]Al oír todas estas cosas, se llenaron de ira y lanzaron alaridos diciendo: «¡Grande es la Artemisa de los efesios!». [29]Y estalló un tumulto en la ciudad; y todos a una se precipitaron al teatro, arrastrando a Gayo y a Aristarco, que eran macedonios y compañeros de Pablo. [30]Y aunque Pablo deseaba presentarse ante el pueblo, los discípulos no le dejaron. [31]También algunos de los funcionarios principales de la provincia de Asia, que eran amigos suyos, le enviaron comunicación rogándole que no se presentase en el teatro. [32]Y unos gritaban una cosa y otros gritaban otra; porque la concurrencia estaba confusa, y los más no sabían por qué se habían reunido. [33]Y sacaron de entre la multitud a Alejandro, empujándolo los judíos. Entonces Alejandro, tras pedir silencio con la mano, quería dar explicaciones al pueblo. [34]Pero cuando se dieron cuenta de que era judío, se levantó un clamor de todos, que gritaron durante casi dos horas: «¡Grande es la Artemisa de los efesios!». [35]Entonces el escribano, cuando logró apaciguar a la gente, dijo: «Efesios, ¿y qué hombre hay que no sepa que la ciudad de los efesios custodia a la gran diosa Artemisa y a la imagen venida del cielo? [36]Por lo tanto, dado que esto no se puede discutir, lo

más conveniente es que os tranquilicéis y que no hagáis nada de manera temeraria; [37] ya que habéis traído a estos hombres, sin que sean sacrílegos ni blasfemen contra vuestra diosa. [38] De manera que si Demetrio y los artesanos que están con él tienen demanda contra alguno, se celebran audiencias y hay procónsules, para que puedan acusarse los unos a los otros. [39] Y si queréis alguna otra cosa, que se decida en legítima asamblea. [40] Porque existe el peligro de que seamos acusados de sedición por lo sucedido hoy, ya que no existe ninguna causa por la cual podamos explicar este tumulto». Y, tras decir esto, disolvió la asamblea. (Hch 19, 24-40.)

Entre los puntos de fricción que enfrentaban a las comunidades cristianas y la sociedad pagana se encontraba obviamente el del culto a otras divinidades. Por supuesto, se trataba de una cuestión claramente religiosa, pero no se hallaba desvinculada de otro tipo de intereses. El avance de una fe que no rendía culto a los dioses ni —siguiendo la tradición judía— a las imágenes chocaba obviamente con el fecundo negocio de los imagineros. Si la comunidad se mantenía en buena medida encerrada sobre sí misma —como era el caso de los judíos—, esas posibilidades de choque quedaban limitadas. Si, por el contrario, como sucedía con los cristianos, las comunidades no solo no se replegaban sobre sí mismas, sino que además expandían su mensaje, se convertía en casi inevitable. En el caso de Éfeso, el estallido vino motivado por el imaginero Demetrio, que se daba cuenta del impacto que podía tener sobre su negocio el aumento de una fe que rechazaba el culto a los dioses y a las imágenes.

De manera comprensible, la multitud identificó el problema con los judíos, y no resulta extraño que uno de los miembros de esa comunidad, Alejandro, intentara explicar todo. Su intención, con certeza, era disociar a los judíos de su comunidad de la predicación de aquel otro judío que afirmaba que había llegado el Mesías de Israel. Sospechaba —no sin razón— que la ira de los efesios podía caer sobre su gente y deseaba apuntar a los cristianos como un objeto más adecuado para la cólera popular. Semejante comportamiento puede parecernos ahora políticamente incorrecto, pero tenía una enorme coherencia. Los judíos compartían con los cristianos la repugnancia por la idolatría y el politeísmo, pero no estaban dispuestos a crearse problemas en Éfeso. La experiencia les decía que no era difícil que se produjera una explosión de cólera antisemita, que, de hecho, no eran tan raras en Asia

Por su parte, Pablo también tenía la pretensión de hablar a la multitud, una actitud de la que lo disuadieron amigos influyentes que, con seguridad, percibían el peligro en mayor medida que el apóstol. Al final, prevaleció la tendencia a la ley y el orden propia de los territorios administrados por Roma. El razonamiento del funcionario difícilmente pudo ser más claro. Había tribunales y procónsules que se ocupaban de administrar justicia, de manera que si alguien consideraba que se le dañaba en sus derechos legales, lo que debía hacer era recurrir a las instituciones encargadas de aplicar la ley. Actuar de manera diferente implicaba un riesgo de ser juzgados culpables del delito de sedición, un cargo que Roma reprimía con especial dureza. Por otro lado, ¿quién podía creer que una tradición religiosa tan asentada como la de la diosa Artemisa iba a ser eliminada por un personaje como Pablo? Al fin y a la postre, la asamblea se disolvió pacíficamente. El apóstol tampoco permanecería ya mucho tiempo en la ciudad.

CAPÍTULO XIV

El tercer viaje misionero (II):
Antes de Jerusalén

Macedonia y Acaya

LA fuente lucana es muy sucinta a la hora de narrarnos lo que sucedió después del tumulto. Supuestamente, Pablo se despidió de los discípulos y marchó hacia Macedonia (Hch 20, 1). La información, sin duda, es correcta, pero no menciona episodios que desconocemos, que tuvieron una notable carga dramática y que tan solo podemos intuir. Por ejemplo, en 1 Corintios 15, 32, Pablo afirma «haber combatido con fieras en Éfeso». La afirmación, sin duda, es metafórica, pero va referida a alguna situación de enorme dificultad que ignoramos y que no se puede identificar sin más con el episodio de Demetrio. De manera semejante, en 2 Corintios 1, 8-10, hace referencia a un peligro sufrido en la provincia de Asia que pudo resultar letal y del que llegó a creer que no conseguiría escapar. Los intentos de explicar este episodio señalando, por ejemplo, que Pablo padeció alguna enfermedad grave[1] no carecen de ingenio, pero también hay que señalar que no poseen base sólida. Algo semejante podemos decir de las referencias paulinas a «las conjuras de los judíos» (Hch 20, 19) o a la mención de Aristarco en Colosenses 4, 10, como «un compañero de prisión». Algunos autores han considerado que Pablo

---

[1] C. H. Dodd, «The Mind of Paul; I», en *New Testament Studies*, Manchester, 1953, p. 68.

llegó a estar encarcelado en Éfeso y que en esa época precisamente habría que situar las denominadas epístolas de la cautividad a las que nos referiremos más adelante[2]. Sin embargo, una vez más, hay que consignar que estas teorías no pasan de ser especulaciones. Lo que sabemos de cierto es que la estancia de Pablo en Éfeso duró cerca de tres años, que estuvo vinculada a enormes sacrificios, que tuvo una considerable repercusión en toda la provincia de Asia —una repercusión que llegó hasta inicios del siglo XX—, que se enfrentó con una oposición judía, que tuvo momentos de enorme dificultad que incluyeron detenciones y peligro de muerte y que concluyó tras un tumulto ocasionado por los imagineros de Éfeso. Ir más allá de esas conclusiones significa adentrarse en el peligroso terreno de la imaginación.

Sí sabemos —como ya indicamos antes— que, al final de la estancia en Éfeso, Pablo tenía trazado un plan (Hch 19, 21) que culminaba con su llegada a Roma. La capital del Imperio, sin embargo, no era contemplada como el final de sus actividades misioneras, sino como el punto de arranque para alcanzar España (Rom 15, 23 y ss.). Semejante continuación posee una lógica aplastante, porque España constituía el extremo occidental del Imperio; alcanzado ese punto, Pablo habría cubierto todo el mundo civilizado de un extremo a otro. Revela también hasta qué punto la mente organizadora del apóstol era verdaderamente excepcional. Tesalónica servía de base para irradiar el mensaje cristiano hacia Macedonia, Corinto cumplía el mismo papel en relación con Acaya y Éfeso, respecto a la provincia de Asia. Además, Asia era el punto de origen ideal para nuevos misioneros cristianos que alcanzaran la Galia Narbonense, en la medida en que desde hacía siglos los griegos de Jonia mantenían contac-

---

[2] G. S. Duncan, *St. Paul's Ephesian Ministry*, Londres, 1929, es la exposición clásica, aunque no la primera. Al respecto, véase también: H. Lisco, *Vincula Sanctorum*, Berlín, 1900; W. Michaelis, *Die Gefangenschaft des Paulus in Ephesus*, Gütersloh, 1925, e ídem, *Einleitung in das Neue Testament*, Berna, 1946, p. 205 y ss.; M. Dibelius, *Paul*, Londres, 1953, p. 81.

to con esta parte del Mediterráneo[3]. Por su parte, el norte de África ya estaba siendo penetrado con el mensaje del Evangelio por otros misioneros. Por lo tanto, en cuanto que llegara a España, todo el orbe romano habría escuchado la predicación de la salvación mediante la fe en Jesús. Es muy posible que el tumulto desencadenado por Demetrio tuviera como consecuencia directa la de adelantar esos proyectos, pero, desde luego, no los creó.

La fuente lucana es muy sucinta a la hora de referirse al paso de Pablo durante tres meses por Macedonia y Acaya (Hch 20, 3), pero podemos trazar con bastante certeza el itinerario del apóstol en este periodo. Según la fuente lucana, «tras andar por aquellas partes, y tras exhortarlos con abundantes palabras, vino a Grecia. [3]Y después de haber estado allí tres meses, y teniendo intención de navegar a Siria, los judíos se conjuraron contra él, de manera que decidió regresar por Macedonia» (Hch 20, 2-3). En torno a la primavera del año 55, por lo tanto, Pablo debió visitar Corinto y, posteriormente, enviar la «carta severa»[4] por mano de su discípulo Tito. En el verano, Pablo podría haber sufrido un peligro mortal en Asia, al que nos hemos referido, pero cuya naturaleza exacta desconocemos, y abandonado Éfeso. A finales de esa estación se encontraba en Tróade. Según la fuente lucana:

> «[4]Y lo acompañaron hasta Asia Sópatros, de Berea, y los tesalonicenses Aristarco y Segundo, y Gayo, de Derbe, y Timoteo; y de Asia, Tíquico y Trófimo. [5]Estos, adelantándose, nos esperaron en Tróade. [6]Y nosotros, pasados los días de los panes sin levadura, navegamos de Filipos y nos reunimos con ellos en Tróade al cabo de cinco días. Allí estuvimos siete días.» (Hch 20, 2-6.)

La mayor parte del grupo salió desde Cencreas en el momento adecuado cuando el Egeo se hallaba abierto a la navegación después del verano. Pablo, sin embargo, quizá advertido de que

---

[3] Así fue, por otra parte. Eusebio (*Hist Ecles*. V, 1, 1 y ss.) señala cómo las iglesias de Lyon y Viena en las Galias habían sido fundadas por cristianos procedentes de Asia y Frigia.

[4] Sobre las cartas a los corintios, véase más adelante p. 231 y ss.

podía existir alguna conjura contra su vida en la nave, cambió de planes y se dirigió al norte, hacia Filipos. Encontró un barco en Neápolis, el puerto de Filipos, con destino a Tróade. Allí embarcó Pablo con Lucas «después de los días de los panes sin levadura» (Hch 20, 6). El año 57, la fiesta de los panes sin levadura cayó durante la semana del 7 al 14 de abril. La intención de Pablo era estar en Jerusalén para la fiesta de Pentecostés, que ese año tenía que comenzar durante la última semana de mayo. Naturalmente, para que se cumpliera su propósito dependía de encontrar barcos que partieran en la fecha adecuada.

Al cabo de cinco días llegaron a Tróade. Ocho años antes había llevado a cabo ese viaje en tan solo dos días (Hch 16, 11 y ss.). Es muy posible que la tardanza ahora se debiera a los vientos contrarios. En Tróade se encontraron con el resto del grupo, que había navegado desde Cencreas, y ya los estaba esperando. Se quedaron en Tróade una semana, muy posiblemente a la espera de una nave que pudiera llevarlos en la dirección que deseaban. En esta ciudad se encontraba una pequeña comunidad cristiana que, muy posiblemente, fue fundada por Pablo uno o dos años antes durante un episodio de evangelización que quedó interrumpido (2 Cor 2, 12 y ss.).

Precisamente, en Tróade también se produjo un episodio notable que la fuente lucana narra con cierto detalle. El texto tiene su interés, entre otras cosas, porque nos proporciona datos notables sobre lo que el culto representaba en la vida de la iglesia primitiva. De entrada, el pasaje pone de manifiesto que, apenas unas décadas después de la muerte de Jesús, los cristianos no judíos ya no se reunían en sábado, sino el «primer día de la semana», es decir, el domingo. Es muy posible que esa costumbre fuera incluso iniciada por los judeocristianos, que deseaban tener un día de reunión especial aparte del destinado al culto en la sinagoga. En cualquier caso, este cambio fue admitido con enorme rapidez, contaba con respaldo de los propios apóstoles y haría fortuna. A día de hoy, solo alguna secta milenarista mantiene que los cristianos deben tener su día de reunión en sábado. Las reuniones no se celebraban en lugares de culto específicos, sino en la vivienda de alguno de los creyentes. El contenido de las reuniones, por otra parte, parece también obvio. Se celebraba la Cena del Señor y había asimismo una predicación. Tendremos ocasión de ver que también se daban otros elementos, pero no aparecen referidos en este pasaje. En el episodio de Tróade, que tuvo lugar durante una de esas reuniones dominicales, Pablo se alargó en su predicación (Hch 20, 7). Uno de los presentes, un muchacho llamado Eutico, que estaba sentado en la ventana, se durmió y cayó desde un tercer piso matándose. Inmediatamente, Pablo abandonó su predicación, examinó al joven y señaló que no debían tener temor porque todavía albergaba el alma en el cuerpo. Acto seguido, Pablo regresó al lugar en que estaban congregados los discípulos, celebró la Cena del Señor con los presentes y continuó departiendo con ellos hasta el alba, en que se marchó. Efectivamente, como había indicado el apóstol, Eutico sobrevivió y se reunió con los demás creyentes (Hch 20, 7-12).

Al día siguiente zarpó la nave que debía llevar a Pablo y a sus acompañantes, pero, una vez más, el apóstol prefirió hacer el camino por tierra cruzando la península hasta Asso (Behramkale). Ignoramos las razones de esa decisión. Quizá deseaba prolongar la estancia en Tróade para asegurarse de que Eutico no sufría ninguna secuela de la caída, sabiendo además que llegaría a tiempo de subir al barco en Asso, ya que este tendría que bordear el cabo Lectum (Bababurun). Fuera como fuese, Pablo calculó bien el tiempo. En Asso subió a bordo y la embarcación continuó su camino hasta Mitilene, en la costa oriental de la isla de Lesbos. Desde allí siguieron navegando para echar el ancla al día siguiente frente a Quíos. Allí debieron detenerse para negociar el paso del canal entre Quíos y Anatolia y al día siguiente llegaron a Samos. Una jornada después se encontraban en Mileto, en la costa sur del golfo de Latmia, en la desembocadura del Meandro (Hch 20, 13-15).

La nave tenía que permanecer en Mileto algún tiempo y Pablo aprovechó la estancia para enviar un mensaje urgente a Éfeso, que se halla a unos cincuenta kilómetros de distancia, para que acudieran los ancianos (presbíteros) de las comunidades cristianas a reunirse con él. Era implanteable la posibilidad inversa, en la medida en que el barco podía zarpar de Mileto antes de que Pablo regresara de Éfeso y el apóstol «se había propuesto dejar de lado Éfeso, para no detenerse en Asia, porque tenía prisa por celebrar Pentecostés, si fuera posible, en Jerusalén» (Hch 16, 16).

En Mileto debía existir igualmente una comunidad cristiana, aunque no sabemos el momento de su fundación. Lo más probable es que fuera fruto de la irradiación del ministerio de Pablo en Éfeso que, según sabemos, estaba alcanzando al conjunto de la provincia de Asia (Hch 19, 10). También cabe, dentro de lo verosímil, que comenzara con la predicación del Evangelio a los judíos, ya que la ciudad contaba con una sinagoga en la que había incluso asientos destinados a los «temerosos de Dios» o gentiles cercanos a la Torah de Moisés, pero no convertidos del todo al judaísmo[5].

Los ancianos de Éfeso llegaron efectivamente a Mileto antes de que Pablo embarcara. A esas alturas, como ya vimos, Lucas se encontraba nuevamente con el apóstol, por lo que el sumario del encuentro que encontramos en Hechos es el de un testigo ocular. El relato, desde luego, resulta profundamente entrañable:

[17]Y enviando recado desde Mileto a Éfeso, convocó a los ancianos de la iglesia. [18]Y cuando llegaron donde se encontraba, les dijo: «Vosotros sabéis cómo me he comportado con vosotros todo el tiempo desde el primer día que entré en Asia, [19]sirviendo al Señor con toda humildad y con muchas lágrimas y en las pruebas que me han sobrevenido por las asechanzas de los judíos; [20]cómo no he dejado de anunciaros y enseñaros nada que fuese útil, tanto en público como por las casas, [21]dando testimonio tanto a los judíos como a los gentiles de que deben arrepentirse para con Dios y de que han de tener fe en nuestro Señor Jesús el Mesías. [22]Y

---

[5] A. Deissmann, *Light from the Ancient East*, Londres, 1927, p. 451 y ss.

ahora, mirad, encadenado por el Espíritu, voy a Jerusalén, sin saber lo que me ha de acontecer allí; [23] pero el Espíritu Santo por todas las ciudades me da testimonio, diciendo que me esperan prisiones y tribulaciones. [24] Pero no me preocupo por nada, ni estimo mi vida como algo precioso, con tal de que pueda acabar mi carrera con alegría, y el ministerio que recibí del Señor Jesús, para dar testimonio del Evangelio de la gracia de Dios. [25] Y ahora, mirad, sé que ninguno de todos vosotros, a los que he ido predicando el reino de Dios, verá más mi rostro. [26] Por tanto, yo os doy testimonio en el día de hoy de que estoy limpio de la sangre de todos, [27] porque no he rehuido anunciaros todo el consejo de Dios. [28] Por tanto, tened cuidado de vosotros y de todo el rebaño en que el Espíritu Santo os ha puesto por supervisores, para apacentar la iglesia de Dios que compró con su propia su sangre. [29] Porque yo sé que después de mi partida entrarán entre vosotros lobos rapaces que no perdonarán al rebaño; [30] y de entre vosotros mismos se levantarán hombres que hablarán cosas perversas, para apoderarse de los discípulos. [31] Por tanto, velad, acordándoos de que durante tres años, de noche y de día, no he dejado de amonestaros con lágrimas a todos. [32] Y ahora, hermanos, os encomiendo a Dios y a la palabra de su gracia, que puede edificar y daros herencia con todos los santificados. [33] No he codiciado la plata, el oro o el vestido de nadie. [34] Por el contrario, vosotros sabéis que lo que necesitaba tanto yo como los que están conmigo lo han proporcionado estas manos. [35] En todo os he enseñado que, trabajando así, es necesario socorrer a los débiles y tener presente las palabras del Señor Jesús, el cual dijo: Hay más dicha en dar que en recibir». [36] Y, tras decir estas cosas, se puso de rodillas, y oró con todos ellos. [37] Entonces todos se pusieron a llorar y, echándose al cuello de Pablo, lo besaban, [38] enormemente apenados por las palabras que había dicho en el sentido de que no habían de ver más su rostro. Y lo acompañaron hasta la nave. (Hch 20, 17-38.)

Este texto constituye el único discurso de Pablo recogido por la fuente lucana en el que los destinatarios son, precisamente, otros cristianos. Quizá, por ello, no deba extrañar que sea la predicación de los Hechos más parecida a las epístolas de Pablo. En él encontramos una recapitulación de la actividad del apóstol. Durante tres años, su tarea de evangelización se había sostenido sobre su propio trabajo, un trabajo suficiente para mantenerse él y su equipo. Desde luego, para él la religión no había sido ni lejanamente un negocio. Por el contrario, su misión —lejos de propiciar que amasara una fortuna— había sido la de anunciar a la gente un mensaje que se centraba en dos polos: el primero, el arrepentimiento ante Dios, y, el segundo, la fe en Jesús para obtener la salvación. Ese era el resumen de su vida y ese era el ejemplo que dejaba tras de sí a los ancianos de cada comunidad. A esas alturas, todavía los responsables de cada iglesia debían su puesto a un impulso que podríamos denominar pneumático o carismático. Era el Espíritu (*pneuma*) el que los había nombrado —y no un complicado sistema jerárquico—, y su misión era fundamentalmente pastoral, la de cuidar de aquellas personas por las que el propio Dios encarnado había derramado su sangre. Lamentablemente, Pablo era consciente de que aquella situación no iba a durar mucho. Después de su marcha surgirían personas que, en lugar de atender a las ovejas, desearían devorarlas como si fueran lobos, e incluso algunos se desviarían de la enseñanza recibida del apóstol. Por lo que a él se refería, deseaba recordarles aquellas palabras de Jesús —por cierto, no recogidas en los Evangelios— que afirman que «existe más felicidad en dar que en recibir».

No cabe duda de que el mensaje de Pablo debió causar una enorme impresión a los oyentes. No se trataba solo de que el apóstol les anunciaba que aquella sería la última vez que los vería. Por añadidura, les anunciaba la corrupción del cristianismo que habían visto en él en un plazo brevísimo. Algunos de los allí presentes incluso no tardarían en convertirlo en motivo de negocio y en pervertir, llegado el caso, sus enseñanzas. El hecho de que la afirmación se dirigiera a gente de Éfeso —la ciudad que se había alborotado a causa de una falsa enseñanza con la intención añadida de proteger sus ganancias religiosas— no deja, desde luego, de entrañar una sobrecogedora ironía.

Sin embargo, nada de aquello iba a detener la voluntad de Pablo de acercarse a Jerusalén. Su deseo ahora era volver a estrechar lazos con la primera comunidad judeocristiana antes de dirigirse a Roma, y de allí partir hacia España para terminar de cubrir todo el orbe con la predicación de Jesús. De hecho, en las distintas comunidades donde se había detenido había recibido avisos del Espíritu Santo —posiblemente a través de profecías o de manifestaciones de glosolalia[6]—, en el sentido de que sería detenido si persistía en viajar a la ciudad donde Jesús había sido crucificado. Sin embargo, ni siquiera esos anuncios podían disuadir a Pablo de sus intenciones. Era consciente de cuál era su misión y no la iba a interrumpir ante la posibilidad de ser encarcelado por enésima vez. Efectivamente, llegaría a Jerusalén, pero antes de ocuparnos de esa cuestión debemos detenernos en un grupo de escritos redactados por Pablo en esa época y que tendrían una relevancia extraordinaria no solo en la historia del cristianismo, sino, en términos generales, de Occidente.

---

[6] Sobre la glosolalia, véase más adelante p. 245 y ss.

CAPÍTULO XV

El tercer viaje misionero (III):
Las cartas a los corintios

Una correspondencia incompleta [1]

SIN ningún género de dudas, las comunidades con las que Pablo mantuvo una correspondencia más numerosa y, a la vez, más apasionada fueron las que estaban asentadas en la ciudad griega de Corinto. Aunque en el Nuevo Testamento están recogidas dos cartas dirigidas a estas iglesias, no es menos cierto que sabemos que el apóstol les envió más misivas, a las que incluso se refiere en sus escritos. El hecho de que una parte de esa correspondencia se haya perdido ha provocado diversas especulaciones sobre su contenido e incluso sobre su posible supervivencia en el seno de las epístolas que nos han llegado. Con todo, puede reconstruirse con bastante probabilidad la secuencia de las cartas.

Primero, hubo una carta previa a nuestra 1 Corintios a la que se refiere el propio Pablo [2]. En esta misiva el apóstol habría puesto un especial énfasis en la necesidad de que los cristianos se mantuvieran distanciados de la inmoralidad que reinaba en Corinto. Esa temática concreta ha llevado a algunos autores a identificar esa carta con 2 Corintios 6, 14-7, 1, pero la verdad

---

[1] Sobre las cartas a los corintios, véase: F. F. Bruce, *1 and 2 Corinthians*, Gran Rapids, 1971; G. D. Fee, *The First Epistle to the Corinthians*, Grand Rapids, 1917; P. R. Martin, *2 Corinthians*, Waco, 1986; C. H. Talbert, *Reading Corinthians: A Literary and Theological Commentary on 1 and 2 Corinthians*, Nueva York, 1987.
[2] 1 Corintios 5, 9.

es que los argumentos a favor de esa hipótesis distan mucho de ser concluyentes. Lo más lógico parece ser deducir que esa carta —la denominada carta previa— se perdió.

La segunda carta a los corintios —nuestra primera— se debió a una serie de cuestiones que podemos reconstruir a partir de las diferentes fuentes. Por un lado, los creyentes de la casa de Cloe lo informaron de que existían divisiones entre los miembros de las distintas congregaciones (1 Cor 1, 11). Esta información fue confirmada por Estéfanas, Fortunato y Acaico cuando lo visitaron en Éfeso (1 Cor, 1, 16-17). A todo ello se añadió una carta de los creyentes corintios en que lo consultaban sobre algunos temas de carácter moral y teológico, tal y como señala el mismo Pablo (1 Cor 7, 1). La necesidad de responder a las dudas que le planteaban, y la inquietud pastoral por las divisiones en el seno de la comunidad acabaron impulsando a Pablo a escribir una carta —la 1 Corintios— que fue llevada personalmente por Timoteo (1 Cor 4, 17)[3].

En contra de lo que hubiera sido de desear, la carta no solo no consiguió sus objetivos, sino que además la situación empeoró. Ese deterioro de las circunstancias impulsó a Pablo a realizar una segunda visita a Corinto —la primera aparece descrita en Hechos 18, 1-17—, de la que no tenemos datos directos. Lo único que sabemos es que se produjo porque el apóstol se refiere a una tercera visita (2 Cor 13, 1-2) que, obviamente, tuvo que ser precedida por una segunda.

Ni siquiera la visita de Pablo sirvió para tranquilizar los ánimos. Por el contrario, las discrepancias aún se agudizaron más y el apóstol se vio obligado a enviar una nueva carta especialmente dura. Por lo que comenta Pablo en 2 Corintios 2, 4 y 7, 8, debió ser muy severa y, esta vez, el emisario fue Tito

[3] Acerca del Corinto paulino, véase: J. Murphy-O'Connor, *St. Paul's Corinth: Texts and Archaeology*, Wilmington, 1983; G. Theissen, *The Social Setting of Pauline Christianity: Essays on Corinth*, Filadelfia, 1982; W. L. Willis, *Idol Meat at Corinth: The Pauline Argument in 1 Corinthians 8 and 10*, Chico, 1985.

(2 Cor 2, 13; 7, 13). Algunos estudiosos han identificado esta carta con los capítulos 10 al 13 de 2 Corintios, pero no pasa de ser una mera especulación sin base documental. Lo más seguro es que esa carta se haya perdido.

La dureza de la carta y la enorme preocupación por los corintios impidieron a Pablo esperar hasta que regresara Tito con la respuesta, de manera que decidió ponerse en camino para salirle al encuentro (2 Cor 2, 13; 7, 5-13). Coincidieron así en algún lugar de Macedonia, donde Pablo, con enorme alivio, fue informado por su colaborador de que todo se había solucionado. Aquella buena noticia calmó a Pablo, que entonces escribió —posiblemente en Filipos— una última misiva, a la que se suele denominar la carta de la reconciliación. Se trata, obviamente, de nuestra 2 Corintios, aunque los que consideran que los capítulos 10-13 de esa carta son la carta dura, sostienen que esta última misiva estaba formada únicamente por los capítulos del 1 al 9. Dado que, en nuestra opinión, las cartas primera y segunda a los corintios son textos completos en sí mismos, escritos y recibidos precisamente en ese orden, será así como los analizaremos sucintamente en las próximas páginas.

La primera carta a los corintios

Como ya hemos indicado, la motivación de la primera carta a los corintios —en realidad, la primera que ha llegado hasta nosotros— fue doble. Por un lado, Pablo deseaba acabar con las divisiones existentes en las comunidades de Corinto y, por otro, pretendía dar respuesta a una serie de cuestiones de fe y práctica que le habían sido planteadas por los cristianos de esta ciudad.

Pablo comienza su carta reconociendo que en las comunidades de Corinto —a cuyos miembros denomina «santos» siguiendo un uso con precedentes en el Antiguo Testamento— abundan en dones del Espíritu Santo o carismas (1 Cor 1, 5). Sin embargo, esa circunstancia positiva no puede ocultar el hecho de la división:

¹¹Porque me ha sido informado de vosotros, hermanos míos, por los de Cloe, que hay entre vosotros contiendas. ¹²Quiero decir, que algunos de vosotros dicen: «Yo en verdad soy de Pablo», «Pues yo soy de Apolo», «Y yo de Cefas», «Y yo del Mesías». (1 Cor 1, 11-12.)

Para Pablo, semejante conducta resultaba absolutamente intolerable. En primer lugar, y de manera sobresaliente, porque era absurda y chocaba con realidades espirituales esenciales:

¹³¿Está dividido el Mesías? ¿Fue crucificado Pablo por vosotros? ¿O habéis sido bautizados en el nombre de Pablo? ¹⁴¡Doy gracias a Dios de que a ninguno de vosotros he bautizado, salvo a Crispo y a Gayo! ¹⁵Para que ninguno diga que habéis sido bautizados en mi nombre. ¹⁶Y también bauticé la familia de Estéfanas. Pero no sé si he bautizado a alguno más. (1 Cor 1, 13-16)[4].

De hecho, ese comportamiento chocaba con el de Pablo, que había llevado a cabo una predicación nada dada al particularismo, al partidismo o a la soberbia. A decir verdad, en contra de dar pie a cualquier manifestación de orgullo espiritual, el apóstol se había limitado a predicar al Mesías en su posición más humillante, la de un simple crucificado:

¹⁷Porque no me envió el Mesías a bautizar, sino a predicar el Evangelio. Y no con sabiduría de palabras, para que no se reduzca el valor de la cruz del Mesías. ¹⁸Porque la palabra de la cruz es una locura para los que se pierden; pero para los que se salvan, es decir, para nosotros, es poder de Dios... ²¹Porque... agradó a Dios salvar a los creyentes mediante la locura de la predicación. ²²Porque los judíos piden señales y los griegos bus-

---

4 El bautismo paulino, como en todo el Nuevo Testamento, es, como puede verse, el de los conversos. Sobre el tema, véase: G. R. Beasley-Murray, *Baptism in the New Testament*, Londres, 1962; R. Burnish, *The Meaning of Baptism*, Londres, 1985; D. Moody, *Baptism*, Filadelfia, 1967; R. Schnackenburg, *Baptism in the Thought of St. Paul: A Study in Pauline Theology*, Oxford, 1964; A. J. M. Weddernburn, *Baptism and Resurrection: Studies in Pauline Theology against its Graeco-Roman Background*, Tubinga, 1987

can sabiduría, [23]pero nosotros predicamos al Mesías crucificado, que para los judíos es ciertamente un escándalo y para los gentiles una locura... [29]Para que ninguna carne se jacte en su presencia. (1 Cor 1, 17-18; 21-22, 29.)

Lamentablemente, los corintios no habían aprendido algo que, a juicio de Pablo, resultaba verdaderamente elemental. Por el contrario, si algo los caracterizaba era una más que acusada tendencia a la división. En buena medida, de ellos se podía decir que, a pesar de la abundancia de carismas, no pasaban de ser niños en lo que a la vida espiritual se refería:

> [1]De manera que yo, hermanos, no pude hablaros como a espirituales, sino como a carnales, como a niños en el Mesías. [2]Os di leche y no carne, porque entonces no la podíais comer, ni tampoco ahora; [3]porque todavía sois carnales. Pues al darse entre vosotros celos, contiendas, disensiones, ¿no sois carnales y andáis como hombres? [4]Porque cuando dice uno: «Yo soy de Pablo»; y otro: «Yo de Apolo», ¿no sois carnales? [5]Porque ¿qué es Pablo?, ¿y qué es Apolo? Siervos a través de los cuales habéis creído, e incluso eso en la medida en que el Señor lo ha concedido. [6]Yo planté, Apolo regó, pero es Dios el que ha dado el crecimiento. [7]Así que ni el que planta es algo, ni el que riega, sino Dios, que da el crecimiento. [8]Y el que planta y el que riega son una misma cosa; aunque cada uno recibirá su recompensa conforme a su labor... [11]Porque nadie puede poner otro fundamento que el que está puesto, que es Jesús el Mesías. (1 Cor 3, 1-8, 11.)

Por si todo lo anterior fuera poco, a Pablo le preocupaban las deficiencias morales de la congregación de Corinto, una congregación, dicho sea de paso, que no mostraba la capacidad que era de esperar para resistirse al mensaje de la sociedad en la que estaba inmersa. De los cristianos se esperaba que dieran testimonio de una visión de la sexualidad totalmente distinta a la «corintia». Sin embargo, a Pablo había llegado la noticia de que se daban conductas relacionadas con la fornicación que ni siquiera se encontraban entre los paganos, ya que alguno incluso mantenía relaciones sexuales con la mujer de su padre (1 Cor 5, 1-2). Era muy posible que algunos de los miembros de la comunidad cristiana de Corinto consideraran que ese comportamiento era digno de orgullo, que implicaba, a decir verdad, una amplitud de miras envidiable. Sin embargo, el apóstol lo veía de una manera muy diferente. El que había pecado de esa manera debía recibir un correctivo que, posiblemente, le haría daño humanamente hablando, pero lo llevaría a cambiar de vida y así comparecer de manera digna ante Dios en el día del juicio (1 Cor 5, 4 y ss.).

Lo que era de esperar en una congregación cristiana no era la tolerancia frente a la inmoralidad —mucho menos la jactancia por ese comportamiento—, sino el mantenimiento de unos patrones éticos que indicaban la práctica de una vida nueva y que excluían la fornicación, la avaricia, el robo o la idolatría, conductas, dicho sea de paso, que no eran patrimonio únicamente de la pagana Corinto (1 Cor 5, 10 y ss.). Ocasionalmente, en la actualidad, hay quien señala que el cristianismo debería cambiar sus enseñanzas morales siquiera porque la sociedad contemporánea es más permisiva que la del siglo I. La afirmación, si algo pone de manifiesto, es una supina ignorancia de los conceptos morales propios de aquella época. Con seguridad, nuestra sociedad posmoderna y occidental se encuentra mucho más cerca de la Corinto que Pablo conoció que de la sociedad del siglo XVII, por poner un ejemplo. Precisamente, frente a esa situación, Pablo no abogó por la relajación moral, sino, más bien, por el fortalecimiento de los comportamientos éticos específicamente cristianos. Que esas conductas podían implicar un coste incluso económico era algo que no se le ocultaba al judío de Tarso. Por ejemplo, entre sus instrucciones se halla la de evitar ir a juicio con otros cristianos. Semejante enseñanza nos resulta chocante hoy en día, pero a la sazón tenía una enorme importancia. Aún más que los judíos, los seguidores de Jesús eran una pequeña minoría que debía destacar por su altura moral. Poco puede dudarse de que la imagen de ese reducido grupo no se vería favorecida si sus miembros acababan enfrentándose en los tribunales, por ejemplo, por una cuestión monetaria. Para el apóstol, la solución hubiera sido —siguiendo el modelo judío— que los asuntos se ventilaran ante un grupo de hombres dignos de la propia congregación (1 Cor 6, 4-5). Con todo, llegado el caso, le parecía preferible perder dinero incluso a pleitear contra un hermano ante los paganos (1 Cor 6, 6). Para Pablo, no cabía engañarse. Las personas que practicaban determinados pecados no entrarían en el reino de Dios:

> [9]¿Acaso no sabéis que los injustos no poseerán el reino de Dios? ¡No os equivoquéis! Ni los fornicadores, ni los idólatras, ni los adúlteros, ni los que practican la homosexualidad, ni los hombres que mantienen relaciones sexuales con hombres, [10]ni los ladrones, ni los avaros, ni los borrachos, ni los que maldicen, ni los que roban, heredarán el reino de Dios. (1 Cor 6, 9-10.)

Para Pablo, el nivel moral apropiado para un cristiano resultaba tan evidente que semejantes conductas podían haberse dado en aquellas personas que estaban integradas en la comunidad de Corinto, pero era obvio que ya no podían repetirse como prácticas habituales:

> [11]Y esto erais algunos, pero ya habéis sido lavados, pero ya habéis sido santificados, pero ya habéis sido justificados en el nombre del Señor Jesús y por el Espíritu de nuestro Dios. (1 Cor 6, 11.)

A lo anterior, Pablo sumaba un nuevo argumento que podríamos denominar místico. Se refería este a la comunión especial que estaba establecida entre un creyente y el Mesías. A decir verdad, los que creían en Jesús formaban un solo cuerpo con él, eran miembros suyos. Dado que esa era la realidad, ¿cómo iban a descender a cometer el pecado de ser un solo cuerpo con una prostituta? ¿Acaso podía alguien aceptar que se juntara en un solo cuerpo a Jesús con una ramera? (1 Cor 6, 12-19). Por supuesto que no. La única salida acorde con la vida del creyente en el Mesías era la de glorificar a Dios en su cuerpo y en su espíritu, lo que se traducía, por ejemplo, en apartarse de la fornicación. (6, 20).

Por supuesto, este tipo de consideraciones no afectaba a la vida conyugal. Pablo consideraba que el celibato tenía ventajas (7, 1), pero no era menos cierto que veía también enormes beneficios en el hecho del matrimonio[5], unión de la que, por supuesto, no debían excluirse las relaciones sexuales, ya que un comportamiento así, salvo de mutuo acuerdo, por un tiempo y para dedicarse a la oración, solo serviría para abrir camino a Satanás (7, 5). La preocupación por la estabilidad del matrimonio llevaba a Pablo, a diferencia de lo establecido en la Torah, a excluir el divorcio, salvo en los casos en que uno de los dos cónyuges no fuera creyente (7, 10 y ss.), e incluso en esas situaciones el apóstol recomendaba que se tuviera en cuenta el futuro de los hijos, ya que estos podían derivar beneficios espirituales de vivir en un hogar en el que, al menos, uno de los padres era cristiano (7, 16 y ss.). Esta licencia paulina ha hecho correr ríos de tinta. Si la Iglesia católica la ha interpretado en los últimos siglos en términos de un «privilegio» excepcional, tampoco han faltado los exégetas que han considerado que esta licencia dejaba abierto el divorcio para los cristianos en determinadas situaciones en que la conducta de uno de los dos cónyuges no fuera la apropiada de un cristiano. Como en tantas otras cuestiones, la exégesis ha quedado muy determinada por la afiliación confesional de los que la practican y, quizá involuntariamente, se aleja así del contexto de la carta.

Eso sucede también en relación con otro caso planteado por los corintios que, hoy en día, nos resulta chocante, pero que de-

---

[5] Sobre el matrimonio y el divorcio en Pablo, véase: V. P. Boyer, *Divorce and Remarriage*, Stow, 1976; G. Duty, *Divorce and Remarriage*, Minneapolis, 1967; S. A. Ellisen, *Divorce and Remarriage in the Church*, Grand Rapids, 1977; C. S. Keener, *And Marries Another*, Peabody, 1991; J. Murphy-O'Connor, «The Divorced Woman in I Corinthians 7:10-11», en *JBL*, 100, 1981, pp. 601-6.

bía resultar relativamente común en aquella época. Al parecer, se daba el caso de hombres que habían optado por llevar una vida de celibato, pero al no existir instituciones como los monasterios posteriores, recurrían a la compañía de una virgen que los atendía y se ocupaba de sus necesidades domésticas. Puede imaginarse que en no pocas situaciones esa cercanía debió llevar a más de uno a plantearse si resultaba lícito abandonar su celibato y casarse con la mujer que hasta entonces se había limitado a atenderlo. La respuesta de Pablo para esta cuestión resulta muy comprensiva. El celibato tenía la enorme ventaja de no distraer a la persona del servicio al Señor para desviarlo hacia los deberes conyugales (7, 32 y ss.), pero si alguien llegaba a la conclusión de que no podía soportar más aquella situación, era mejor que abandonara la vida de célibe y contrajera matrimonio (7, 35 y ss.).

El siguiente problema planteado al apóstol por los corintios era el relativo a los alimentos sacrificados a los ídolos. En una ciudad como Corinto era muy común que la carne procedente de los sacrificios ofrecidos a las distintas divinidades se vendiera luego en las carnicerías. ¿Podía un cristiano consumir ese alimento que había estado vinculado de manera tan estrecha al culto pagano? La respuesta del apóstol constituye un prodigio de delicadeza. El ídolo, a fin de cuentas, no era nada, ya que solo existe un Dios y un Señor (8, 1-6). No debía existir, por lo tanto, obstáculo para consumir esa carne. Sin embargo, se planteaba otro problema que no podía pasarse por alto:

> [7]Pero no todos tienen este conocimiento, ya que algunos, habituados hasta ahora a los ídolos, comen como sacrificado a los ídolos, y su conciencia, siendo débil, es contaminada. [8]Lo cierto es que la comida no nos hace más afectos a Dios. Porque ni seremos más porque comamos, ni seremos menos porque no comamos. [9]Sin embargo, vigilad para que vuestra libertad no haga tropezar a los débiles. [10]Porque si te ve alguno, a ti que tienes conocimiento, que estás sentado a la mesa en el lugar de los ídolos, ¿la conciencia de aquel que es débil no se verá impulsada a comer de lo sacrificado a los ídolos? [11]Y, de esa manera, por

tu conocimiento se echará a perder el hermano débil por el que el Mesías murió. [12]De esta manera, pues, pecando contra los hermanos, e hiriendo su conciencia débil, contra el Mesías pecáis. [13]Por lo cual, si la comida le resulta a mi hermano ocasión de caer, jamás comeré carne por no hacer tropezar a mi hermano. (1 Cor 8, 7-13.)

El problema de los alimentos sacrificados a los ídolos nos parece actualmente algo lejano y anacrónico. Seguramente es así. No obstante, el principio moral enunciado por Pablo conserva una enorme actualidad. En no pocas ocasiones, la persona que tiene una mayor formación teológica capta que determinadas conductas carecen de sentido y que no deberían regir ciertas prohibiciones. Sin embargo, el criterio de su conducta no tendría que ser, según Pablo, tanto su superioridad de conocimiento como el bien del otro. En el caso de lo sacrificado a los ídolos, los hermanos débiles podrían verse arrastrados a cometer actos contrarios a su conciencia contaminándose. Era cierto que un cristiano podía comer de todo lo que se vendiera en el mercado sin problemas de conciencia (10, 25), pero, vistas así las cosas, ¿no era mejor renunciar a algo a lo que se tenía derecho por el bien espiritual de alguien por el que había muerto el Mesías? Pablo no planteaba la cuestión desde la perspectiva de una especulación lejana. Por el contrario, su propia vida era un ejemplo de cómo siempre es mejor renunciar a derechos reales y ciertos si de esa manera no se pone obstáculo al avance del Evangelio. Al respecto, los primeros versículos del capítulo 9 de esta carta no pueden ser más elocuentes:

[1]¿No soy yo un apóstol? ¿No soy libre? ¿No he visto a Jesús nuestro Señor? ¿No sois vosotros mi obra en el Señor?... [4]¿Acaso no tenemos derecho a comer y beber? [5]¿Acaso no tenemos derecho a llevar con nosotros una esposa como hacen también los otros apóstoles y los hermanos del Señor y Pedro? [6]¿O es que acaso solo yo y Bernabé carecemos del derecho de no trabajar?

[7]¿Quién peleó jamás a sus expensas? ¿Quién planta una viña y no come de su fruto? ¿O quién apacienta el ganado y no bebe su leche?[8]¿Acaso estoy recurriendo a un razonamiento humano? ¿No dice eso mismo la Torah?[9]Porque en la Torah de Moisés está escrito: «No pondrás bozal al buey que trilla». ¿Se preocupa Dios de los bueyes?[10]¿O lo dice enteramente por nosotros? Por nosotros está escrito, porque con esperanza ha de arar el que ara; y el que trilla, con esperanza de recibir el fruto.[11]Si nosotros os sembramos lo espiritual, ¿es mucho que seguemos en lo material?[12]Si otros tienen sobre vosotros ese derecho, ¿no debe suceder todavía más con nosotros? Sin embargo, no nos hemos valido de ese derecho. Por el contrario, soportamos todo, por no poner ningún obstáculo al Evangelio de Cristo.[13]¿No sabéis que los que trabajan en el templo, comen del Templo; y que los que sirven al altar, del altar participan?[14]Así también ordenó el Señor a los que anuncian el Evangelio que vivan del Evangelio.[15]Sin embargo, yo no me he aprovechado de nada de esto, ni tampoco he escrito esto para que se haga así conmigo, porque prefiero morir antes de que alguien me prive de esta gloria.[16]Porque si anuncio el Evangelio no tengo por qué gloriarme, ya que se trata de una necesidad que me ha sido impuesta, y ¡ay de mí si no anunciare el Evangelio!...[18]¿Cuál, pues, es mi galardón? Que predicando el Evangelio lo haga gratis, para no abusar de mi derecho en el Evangelio.[19]Por lo cual, siendo libre para con todos, me he hecho siervo de todos para ganar a más.[20]Me he hecho judío a los judíos para ganar a los judíos; a los que están sujetos a la ley (aunque yo no esté sujeto a la ley) me he hecho como sujeto a la ley, para ganar a los que están sujetos a la ley;[21]y para los que no tienen ley, me he comportado como sin ley como si yo fuera sin ley (no porque esté yo sin ley de Dios, ya que estoy en la ley del Mesías), para ganar a los que estaban sin ley.[22]Me he hecho débil para los débiles para ganar a los débiles. A todos me he hecho todo, para de todos modos salvar a algunos.[23]Y esto lo hago por causa del Evangelio, para participar en él. (1 Cor 9, 1-23.)

La posición de Pablo proporciona una de las claves de su carácter y también de su enseñanza. Lo esencial para el creyente ha de ser el facilitar a los incrédulos el conocimiento del Evangelio y el cuidar del bien de los otros hermanos en la fe. Semejante compromiso puede implicar la renuncia a derechos totalmente legítimos. Sin embargo, esa pérdida no debería de ocasionar malestar alguno. Todo lo contrario. Tendría que ser motivo de un orgullo legítimo, el que nace de saber cuáles son las verdaderas prioridades y de adaptarse a ellas.

A fin de cuentas, los creyentes en Jesús debían ser conscientes de que su ética no era la del mundo que los rodeaba. De ella quedaba excluida la idolatría (10, 7), la fornicación (10, 8), el tentar al Señor (10, 9), la murmuración (10, 10) y la participación en ceremonias paganas (10, 14 y ss.), y se caracterizaba fundamentalmente por el hecho de que «ya se comiera o se bebiera, o se hiciera cualquier cosa, todo debía hacerse para la gloria de Dios» (10, 31).

A continuación, Pablo se ocupa de problemas relacionados con el culto. La primera cuestión es la referente al atavío de las mujeres y a su papel en la celebración. A diferencia de lo que sucedía en la sinagoga, Pablo —al que se suele acusar injusta e inexactamente de misógino— enseña que la mujer[6] puede orar y profetizar en el seno de la comunidad cristiana (11, 4). No solo eso. Aunque sabe que algunos pretenden que el varón es superior porque Eva fue creada para Adán, Pablo indica que podría llegarse a la conclusión opuesta si se piensa que los hombres nacen de una mujer. Ambas conclusiones, empero, resultarían erróneas, ya que «en el Señor, ni el varón es sin la mujer, ni la mujer sin el varón, porque así como la mujer procede del varón, también el varón nace de la mujer, pero todo procede de Dios» (11, 11-12). El pasaje que indica una nueva visión de las relaciones entre hombre y mujer en el seno de la fe en Jesús encaja con las afirmaciones de Pablo cuando escribió a los gálatas y también con el

---

[6] Sobre la mujer en Pablo, véase: C. S. Keener, *Paul, Women and Wives; Marriage and Women's Ministry in the Letter of Paul*, Peabody, 1992; G. Theissen, *The Social Setting of Pauline Christianity*, Filadelfia, 1982; A. Mickelsen (ed.), *Women, Authority and the Bible*, Downers Grove, 1986.

ejemplo del Mesías. No obstante, a Pablo no se le escapa la necesidad de guardar el decoro en las celebraciones, y más en una ciudad donde las mujeres no destacaban por su honestidad. Se trataba de una cuestión sobre la que no estaba dispuesto a discutir, entre otras cosas porque la costumbre de las iglesias de Dios no era perder el tiempo con esas minucias (11, 16).

Más grave era la situación planteada por la Cena del Señor[7]. Inicialmente, las primeras comunidades cristianas dieron a esta celebración un carácter comprensiblemente festivo, y junto con la participación en el pan y en el vino tenía lugar una comida fraternal. El problema era que en Corinto la práctica había degenerado gravemente. Los más acomodados aprovechaban la ocasión para mostrar su mejor situación económica, llegando a emborracharse, mientras que los más humildes pasaban no pocas veces hambre (11, 21). A juicio de Pablo, esto «no es comer la Cena del Señor» (11, 20), sino una manera de «avergonzar a los que no tienen nada» (11, 22). El sentido de la Cena del Señor era comer el pan y beber el vino en conmemoración de la última Pascua celebrada por Jesús junto a sus discípulos y anunciada ahora hasta el momento en que regresara:

> [23] Porque yo recibí del Señor lo que también os he enseñado: que el Señor Jesús, la noche en que fue entregado, tomó pan, [24] y, habiendo dado gracias, lo partió, y dijo: «Tomad, comed, esto es mi cuerpo que por vosotros es partido, haced esto en memoria mía». [25] Asimismo, después de haber cenado, tomó también la copa, diciendo: «Esta copa es el nuevo pacto en mi sangre, haced esto todas las veces que la bebiereis en memoria mía». [26] Porque todas las veces que comiereis este pan y bebiereis esta copa, la muerte del Señor anunciáis hasta que venga. (1 Cor 11, 23-26.)

---

[7] Sobre el tema, véase: C. K. Barrett. *Church, Ministry and Sacramens in the New Testament*, Exeter, 1985; H. Lietzmann, *Mass and Lord's Supper*, Leiden, 1953-79; I. M. Marshall, *Last Supper and Lord's Supper*, Exeter, 1980; E. Schweizer, *The Lord's Supper According to the New Testament*, Filadelfia, 1967.

En los tres siguientes capítulos Pablo se ocupa del tema de los dones o carismas concedidos por el Espíritu Santo[8]. Aunque su presencia parece haber sido común en todas las congregaciones cristianas sin excluir a las de origen judío, en el caso de Corinto parece que se hacía un énfasis especial en algunos de ellos. Los dones debieron tener un papel considerable en alimentar la sensación de igualdad en el seno de las comunidades, ya que el Espíritu Santo se los concedía por igual a «judíos y gentiles, esclavos y libres» (12, 13). Pablo desea poner de manifiesto que la diferencia de dones no puede alimentar jamás un sentimiento de superioridad. En realidad, la Iglesia es el cuerpo del Mesías —que es su cabeza—, y los distintos creyentes con sus carismas son sus miembros. Precisamente por eso deben permanecer unidos de la misma manera que el ojo no rechaza a la mano ni la cabeza a los pies (12, 21). A pesar de todo, y aceptando su importancia, Pablo tenía claro que los carismas carecían de valor si no iban acompañados por el amor. La manera en que lo expone en el capítulo 13 de la primera carta a los corintios no solo constituye uno de los pasajes más hermosos de los escritos paulinos, sino de la historia de la literatura universal[9]:

[1]Si yo hablase lenguas humanas y angélicas, y no tengo amor, vengo a ser como un bronce que resuena o un címbalo que retiñe. [2]Y si tuviese el don de profecía, y entendiese todos los misterios y toda la ciencia; y si tuviese toda la fe, hasta tal punto que pudiera mover montañas, y no tengo amor, nada soy. [3]Y si repartiese toda mi hacienda entre los pobres, y si entregase mi cuerpo para ser quemado, y no tengo amor, de nada me sirve. [4]El amor es sufrido, es benigno; el amor no tiene envidia, el amor no es presumido, no

---

[8] Sobre el tema de los dones, véase: A. Bittlinger, *Gifts and Graces*, Grand Rapids, 1967; G. D. Fee, *God's Empowering Presence: The Holy Spirit in the Letters of Paul*, Peabody, 1993; J. W. Mac Gorman, *The Gifts of the Spirit*, Nashville, 1974; S. Schatzmann, *A Pauline Theology of Charismata*, Peabody, 1986
[9] Sobre el amor en Pablo, véase: V. P. Furnish, *The Love Command in the New Testament*, Nashville, 1968; J. Mollatt, *Love in the New Testament*, Londres, 1929; O. Wischmeyer, *Der höchste Weg. Das 13. Kapitel des 1 Korintherbriefes*, Gütersloh, 1981.

cae en el engreimiento; [5]no se comporta de manera indecorosa, no busca lo suyo, no se irrita, no guarda rencor; [6]no se alegra con la injusticia, sino que se alegra de la verdad. [7]Todo lo sufre, todo lo cree, todo lo espera, todo lo soporta. [8]El amor nunca deja de ser. Las profecías se han de acabar, y cesarán las lenguas, y la ciencia quedará anulada; [9]porque en parte conocemos y en parte profetizamos. [10]Pero cuando venga lo que es perfecto, entonces lo que es incompleto quedará anulado. [11]Cuando yo era niño, hablaba como niño, pensaba como niño, juzgaba como niño, mas cuando me hice un hombre, dejé lo que era de niño. [12]Ahora vemos mediante un espejo, de manera oscura; pero entonces veremos cara a cara. Ahora conozco en parte, pero entonces conoceré como soy conocido. [13]Y ahora permanecen la fe, la esperanza y el amor, estas tres, pero la mayor de ellas es el amor. (1 Cor 13, 1-13.)

Es precisamente tras abordar la importancia del amor —y su clara superioridad sobre los dones— cuando Pablo se detiene en la cuestión del don de lenguas o glosolalia [10]. Al igual que sucede hoy en las iglesias de orientación carismática, en Corinto se atribuía una enorme importancia a la glosolalia, un fenómeno consistente en que la persona de manera repentina comenzaba a hablar en una lengua desconocida que, supuestamente, podía ser humana o angélica. Pablo no negaba la existencia de este carisma. Incluso lo experimentaba con considerable profusión (14, 18), pero creía que debía ser ejercido en el seno de la congregación solo bajo ciertas condiciones. La primera era que alguien pudiera traducir el mensaje transmitido mediante glosolalia (14, 27). Si no existía ese intérprete, Pablo consideraba que el hermano dotado del don de glosolalia debía mantenerse en silencio y orar no en voz alta sino para sí mismo y para con Dios (14, 28).

El último tema de carácter doctrinal planteado por los corintios era el referente a la resurrección y la forma en que tendría lu-

---

[10] Sobre el don de lenguas, véase: D. Christie-Murray, *Voices from the Gods: Speaking with Tongues*, Nueva York, 1978; H. N. Maloney y A. A. Love-Kin, *Glossolalia*, Oxford, 1985; W. E. Mills (ed.), *Speaking in Tongues*, Gran Rapids, 1980; ídem, A. *Theological-Exegetical Approach to Glossolalia*, Lanham, 1986.

gar[11]. Para Pablo, como para todos los cristianos, la cuestión revestía una enorme importancia. A fin de cuentas, se encontraba en el núcleo de su mensaje y todavía a esas alturas podía defenderse su veracidad —la crucifixión de Jesús había tenido lugar muy pocos años antes— sobre la existencia de testigos oculares:

> [1] Además os declaro, hermanos, el Evangelio que os he predicado, que también recibisteis, en el que también perseveráis; [2] por el que igualmente, si preserváis la palabra que os he predicado, sois salvos, a menos que creyerais en vano. [3] Porque, en primer lugar, os he enseñado lo que asimismo recibí: que el Mesías murió por nuestros pecados conforme a las Escrituras; [4] y que fue sepultado, y que resucitó al tercer día, conforme a las Escrituras; [5] y que se apareció a Pedro y luego a los doce. [6] Después se apareció a más de quinientos hermanos a la vez, de los que muchos siguen vivos, aunque otros ya han muerto. [7] Luego se apareció a Santiago; más tarde a todos los apóstoles. [8] Y el último de todos, como si fuera un aborto, se me apareció a mí. [9] Porque yo soy el más pequeño de los apóstoles, que no soy digno de ser llamado apóstol, porque perseguía la iglesia de Dios. (1 Cor 15, 1-9.)

Para Pablo, la creencia en la resurrección no procedía de una mera especulación filosófica ni era fruto de un devaneo teológico. Se trataba de una realidad histórica de la que él era testigo, aunque ni el primero ni el más importante. Al Jesús resucitado lo habían visto centenares de personas, de las que la mayoría aún seguía viva para poder dar testimonio y que incluían a gente primitivamente incrédula —como Santiago, el hermano del Señor— o que incluso había sido abiertamente enemiga, como era el caso del propio Pablo.

La resurrección del Mesías tenía una importancia verdaderamente esencial para la predicación del Evangelio. Si Jesús no ha-

---

[11] Sobre el tema, véase: C. S. Duthie, *Resurrection and Inmortality*, Londres. 1979, pp. 68-88; H. C. C. Cavallin, *Life after Death: Paul's Argument for the Resurrection of the Dead in 1 Cor 15*, Lund, 1974; M. E. Dahl, *The Resurrection of the Body*, Londres, 1962; M. J. Harris, *Revised Inmortal*, Grand Rapids, 1983.

bía resucitado, entonces la fe de los cristianos «era vana» (15, 14), e incluso seguían «en sus pecados» (15, 17), pero dado que sí había tenido lugar —los testigos abundaban—, de ello se desprendían hechos enormemente trascendentales. El primero era que habría resurrección —la creencia histórica de los fariseos, dicho sea de paso— y, tras la del Mesías, tendría lugar la de los que creían en él una vez que regresara (15, 23). Después, el Mesías acabaría definitivamente con las potencias demoníacas y entregaría el reino a su Dios y Padre (15, 24) y, finalmente, la misma muerte desaparecería (15, 26). El segundo es que la resurrección se produciría en términos peculiares. De la misma manera que la planta que nace no es igual que la semilla echada en tierra, el cuerpo de los creyentes, un cuerpo material, entrará en tierra para que surja en la resurrección un cuerpo espiritual e incorruptible exento de debilidad y rezumante de gloria y poder (15, 42 y ss.). Todo esto sucedería cuando el Mesías se manifestase, lo que implicaba que muchos creyentes no llegarían a morir, sino que, estando vivos en ese momento, serían transformados de manera instantánea (15, 51 y ss.). Sería entonces cuando se pondría de manifiesto que su trabajo en el Señor no había sido en vano (15, 58).

Los últimos versículos de la carta están dedicados al tema de la ofrenda que Pablo estaba recogiendo con la intención de ayudar a las iglesias judeocristianas, un tema al que nos referiremos más adelante [12]. Los cristianos se reunían el domingo, «el primer día de la semana», y parecía que lo más idóneo era que el dinero se recogiera entonces (16, 2).

La segunda epístola

Como ya hemos señalado, la carta que aparece como segunda de corintios en el Nuevo Testamento es la última de una serie de misivas, la que marca precisamente la restauración de las bue-

---

[12] Ver más adelante, p. 282 y ss.

nas relaciones entre el apóstol y los creyentes de Corinto. El texto, en buena medida, constituye una recapitulación de la crisis previa con los corintios. Ahora todo estaba aclarado y el apóstol insistía en que no se recordaran las antiguas ofensas y pecados:

> [5]Pero si alguno me ha causado tristeza, no me la ha causado a mí, sino en cierta medida, para no exagerar, a todos vosotros. [6]A esa persona debe bastarle esta represión procedente de muchos; [7]así que, al contrario, vosotros más bien debéis perdonarlo y consolarlo, para que no se vea consumido por una excesiva tristeza. [8]Por lo que os ruego que confirméis el amor para con él. [9]Porque también por este fin os escribí para comprobar si obedecéis en todo. [10]Y al que vosotros perdonáis, yo también lo hago; porque también yo lo que he perdonado, si algo he perdonado, por vosotros lo he hecho ante el Mesías. (2 Cor 2, 5-10.)

Afortunadamente, las tensiones y la angustia eran ya cosa del pasado (2, 12-13). Era lógico que así fuera, porque, a fin de cuentas, Pablo y sus colaboradores eran servidores de un Nuevo Pacto basado en el Espíritu y en la Luz, y no en la letra y las tinieblas (3, 1-4-6). Es cierto que, al ser ellos los transmisores del mensaje, era como si la gloria se guardara en vasos de barro (4, 7), y no podía negarse que esa entrega implicaba llevar la muerte de Jesús en el cuerpo, pero esa circunstancia se iba a traducir en que también la vida de Jesús acabara manifestándose en el cuerpo (4, 10). Esa era la razón por la que los evangelizadores no desmayaban:

> [18]... porque no miramos a las cosas que se ven, sino a las que no se ven; porque las cosas que se ven son temporales, mas las que no se ven son eternas. (2 Cor 4, 18.)

Es precisamente en ese momento de la carta cuando Pablo introduce un tema de especial relevancia, el del destino de los creyentes cuando se produce su muerte. Ya hemos visto que el apóstol creía en la resurrección no solo porque apareciera en las

Escrituras y fuera una enseñanza tradicional de los fariseos, sino también porque existían centenares de testigos oculares de que Jesús había resucitado y, por añadidura, él mismo lo había visto. Sin embargo, ¿qué sucedía entre el momento de la muerte y aquel en que se recibiría un nuevo cuerpo al regresar el Mesías? La respuesta de Pablo es que, al verse el creyente desnudado de su cuerpo material en la muerte, su existencia perduraba en el cielo al lado de su salvador, de una manera que no puede describirse adecuadamente en términos exclusivamente humanos:

> [1] Porque sabemos que si esta casa terrestre en que vivimos se deshiciere, contamos con un edificio de Dios, una casa no hecha por manos, eterna en los cielos. [2] Y por esto también gemimos, deseando ser revestidos de aquella nuestra habitación celestial; [3] porque así seremos vestidos, y no quedaremos desnudos. [4] Porque los que seguimos en esta casa gemimos agobiados; porque no quisiéramos vernos desnudos, sino revestidos para que lo mortal sea absorbido por la vida. [5] Pero el que nos hizo para esto mismo es Dios, el cual nos ha dado la prenda del Espíritu. [6] Así que continuamente estamos confiados, y sabiendo que entre tanto que estamos en el cuerpo, somos como peregrinos lejos del Señor, [7] porque por fe andamos, no por vista; [8] pero confiamos, y desearíamos partir del cuerpo, y estar junto al Señor. [9] Por lo tanto, procuramos, ya estemos lejos o cerca, serle gratos. [10] Porque es indispensable que todos nosotros comparezcamos ante el tribunal del Mesías, para que cada uno reciba según lo que hubiere hecho por medio del cuerpo, sea bueno o malo. (2 Cor 5, 1-10.)

Mientras llega ese momento, la misión de los creyentes consiste en comportarse como alguien que es consciente del amor que Dios ha derramado y derrama en sus existencias y que, por eso mismo, debe impulsar una forma de vida diferente:

> [14] Porque el amor del Mesías nos apremia, al pensar que si uno murió por todos, por tanto, todos han muerto. [15] Y por todos murió, para que los que viven, ya no vivan para sí, sino para aquel que murió y resucitó por ellos. [16] De manera que nosotros, de aquí

en adelante, a nadie conocemos según la carne, e incluso si al Mesías lo conocimos según la carne, ahora ya no lo conocemos así. [17]De modo que si alguno está en el Mesías, es una nueva criatura; las cosas viejas pasaron; mira, todas son hechas nuevas. [18]Y todo esto procede de Dios, que nos reconcilió consigo a través del Mesías; y nos dio el ministerio de la reconciliación. [19]Porque ciertamente Dios estaba en el Mesías reconciliando el mundo consigo mismo, no imputándole sus pecados, y nos encomendó la palabra de la reconciliación. [20]Somos, pues, embajadores en nombre del Mesías, como si Dios rogase a través de nosotros. Os rogamos en nombre del Mesías: ¡Reconciliaos con Dios! (2 Cor 5, 14-20.)

El resto de la carta se encuentra relacionada con aspectos más personales. Pablo vuelve a insistir en la alegría que le provoca el que se hayan zanjado los problemas que existían con los corintios (7, 1-16); vuelve a instar a los corintios para que participen en la ofrenda destinada a los santos de Jerusalén (8-9) y rememora las razones por las que su misión apostólica merece respeto y reconocimiento. Ciertamente, la relación que hace de sus padecimientos resulta impresionante y pone de manifiesto el coste que para Pablo implicaba su tarea apostólica; pero lo que más llama la atención es tal vez el reconocimiento de una carga que pesa sobre él a diario, y que no es otra que la de la situación espiritual de los miembros de las diferentes comunidades:

[24]De los judíos cinco veces he recibido cuarenta azotes menos uno. [25]Tres veces he sido azotado con varas; una vez me lapidaron; tres veces he naufragado; una noche y un día he estado perdido en alta mar. [26]Muchas veces he realizado viajes a pie; he sufrido peligros de ríos, peligros de ladrones, peligros de los de mi nación, peligros de los gentiles, peligros en la ciudad, peligros en el desierto, peligros en la mar, peligros entre falsos hermanos; [27]con trabajo y fatiga, quedándome sin dormir muchas noches, pasando hambre y sed, sufriendo muchas veces ayunos, con frío y con desnudez. [28]Sin tener en cuenta otras cosas, como la carga que soporto a diario, la preocupación por todas las iglesias. [29]¿Quién enferma y yo no enfermo? ¿Quién tropieza sin que yo arda de pesar? (2 Cor 11, 24-29.)

Pablo incluso podría jactarse de experiencias que podríamos denominar místicas, como la de haber sido arrebatado al tercer cielo (12, 1-5). Sin embargo, no lo hace. Por el contrario, reconoce humildemente cómo sufre de «un aguijón en la carne» [13], del que no se ha visto libre hasta la fecha a pesar de que se lo ha pedido al Señor tres veces (12, 7-8). Pero incluso esa circunstancia que le causaba dolor no le hacía caer en el desánimo. Todo lo contrario. A su juicio, le brindaba una magnífica oportunidad para ver el poder del Mesías manifestándose en su debilidad (12, 9-10). Finalmente, la carta concluye con el anuncio de una tercera visita que el apóstol piensa realizar a Corinto (12, 13 y ss.).

Como sucede con la misiva dirigida a los gálatas, y en menor medida con las epístolas a los tesalonicenses, las cartas enviadas a Corinto nos permiten observar el carácter humano de Pablo. Sacrificado, abnegado, convencido, entregado a la causa de la predicación del Evangelio, deseoso de encarnar las enseñanzas de Jesús, ni cedía lugar al orgullo espiritual ni tampoco caía en una frialdad distante. Pablo era un hombre verdaderamente consciente de sus enormes limitaciones personales, y, sin embargo, no por ello se retraía de la cercanía de sus hermanos. Hay que imaginarlo sometido a penalidades continuas, pero sin caer en la amargura o el resentimiento; enfrentándose con enormes problemas personales, pero más bien inquieto por las dificultades que surgían en las comunidades establecidas por él; sufriendo privaciones sin cuento, pero empeñado en no recibir dinero de otros creyentes, en no ser una carga para ellos. Como él mismo señalaba al final de la última carta dirigida a los corintios, «la autoridad que el Señor me ha dado es para edificación y no para destrucción» (2 Cor 13, 10). De ese ejemplo, los hermanos deberían derivar algunas conclusiones sencillas, las de «estar alegres, avanzar en la perfección, consolarse, ser de un mismo sentir y vivir en paz», porque, como diría Pablo, «el Dios de paz estará con vosotros» (2 Cor 13, 11).

---

[13] Sobre la naturaleza del aguijón, véase *supra* p. 95 y ss.

CAPÍTULO XVI

El tercer viaje misionero (IV): La Carta a los Romanos, o el Evangelio según Pablo

El mensaje del Evangelio: La humanidad, culpable [1]

S
IN ningún género de dudas, el escrito más importante que saldría nunca de la pluma de Pablo es la Carta o Epístola a los Romanos. A diferencia de la mayoría de sus textos, esta carta no pretende responder a situaciones circunstanciales que se han planteado en iglesias fundadas por él. Tampoco pretende atender a necesidades de carácter pastoral. Por el contrario, se encuentra dirigida a unos hermanos en la fe que solo lo conocían de oídas y a los que deseaba ofrecer un resumen sistemático de su predicación. En ese sentido, más que ninguna otra de sus obras, la dirigida a los romanos merece el nombre del Evangelio según Pablo, y también más que ninguna otra recoge la mayor parte de su cosmovisión de forma sistemática y completa. No debe, por lo tanto, extrañar que la Carta a los Romanos tuviera un papel esencial en la conversión de personajes de tan espectacular trayectoria como Agustín de Hipona, Martín Lutero o John Wesley.

Como es común en el género epistolar, Pablo comienza este escrito presentándose y haciendo referencia al afecto que siente

---

[1] Sobre la Carta a los Romanos, véase: C. K. Barrett, *Romans*, Londres, 1991; C. E. B. Cranfield, *Romans*, 2 vols., Edimburgo, 1975 y 1979; J. D. G. Dunn, *Romans*, 2 vols., Dallas, 1988; O. Michel, *An die Römer*, Gotinga, 1978; J. Ziesler, *Romans*, Filadelfia, 1989.

hacia los destinatarios de la carta (Rom 1, 1-7), para, acto seguido, indicar que su deseo es viajar hasta Roma y poder compartir con los fieles algún don espiritual (Rom 1, 10-11). Como señala a continuación, «muchas veces me he propuesto ir a vosotros» (Rom 1, 13), pero siempre se había encontrado con un obstáculo que se lo había impedido. Ahora había llegado el momento «de anunciar el Evangelio también a vosotros que estáis en Roma», un Evangelio del que no se avergonzaba (Rom 1, 15-16). ¿En qué consistía ese Evangelio, esa Buena Noticia? Pablo lo dice con sencilla elocuencia:

> [16]El Evangelio... es poder de Dios para la salvación de todo aquel que cree: para el judío en primer lugar, pero también para el griego. [17]Porque en él la justicia de Dios se manifiesta de fe en fe, como está escrito: Pero el justo vivirá por la fe. (Rom 1, 16b-17.)

El resumen que Pablo hace de su predicación no puede ser más claro. La justicia de Dios, el proceso en virtud del cual salva al hombre, no se manifiesta a través de obras o méritos personales, sino por la fe, y su consecuencia lógica es que el justo vivirá por la fe. La afirmación la conocemos ya por otras conclusiones similares de Pablo que aparecen, por ejemplo, en la Carta a los Gálatas. Sin embargo, en Romanos, Pablo desarrolla de manera más amplia las bases de su afirmación, verdadera piedra angular de su teología. En primer lugar, el apostol va a dejar sentado el estado de culpabilidad universal del género humano. Se trata de una descripción que Pablo realiza por partes, iniciándola por los gentiles, por los paganos, por los que no pertenecen al pueblo de Israel, del que él mismo sí formaba parte. De los gentiles puede afirmar lo siguiente:

> [18]Porque es manifiesta la ira de Dios del cielo contra toda impiedad e injusticia de los hombres que detienen la verdad con la injusticia; [19]porque lo que de Dios se conoce, a ellos les es manifiesto; porque Dios se lo manifestó. [20]Porque las cosas que de él

son invisibles, su eterno poder y su deidad, se perciben desde la creación del mundo, pudiendo entenderse a partir de las cosas creadas, de manera que no tienen excusa; [21] porque a pesar de haber conocido a Dios, no lo glorificaron como a Dios, ni le dieron gracias; por el contrario, se enredaron en vanos discursos y su corazón necio se entenebreció. [22] Asegurando que eran sabios, se convirtieron en necios, [23] cambiaron la gloria del Dios incorruptible por una imagen que representaba a un hombre corruptible, y aves, y animales de cuatro patas, y reptiles. [24] Por eso Dios los entregó a la inmundicia, a las ansias de sus corazones, de tal manera que contaminaron sus cuerpos entre sí mismos; [25] ya que cambiaron la verdad de Dios por la mentira, honrando y sirviendo a las criaturas antes que al Creador, el cual es bendito por los siglos. Amén. [26] Por esto Dios los entregó a pasiones vergonzosas; pues aun sus mujeres cambiaron el natural uso del cuerpo por el que es contrario a la naturaleza. [27] Y de la misma manera, también los hombres, abandonando el uso natural de las mujeres, se encendieron en pasiones y concupiscencias los unos con los otros, realizando cosas vergonzosas hombres con hombres, y recibiendo en sí mismos la paga adecuada a su extravío. [28] Y como no se dignaron reconocer a Dios, Dios los entregó a una mente depravada, que los lleva a hacer indecencias, [29] rebosando de toda iniquidad, de fornicación, de maldad, de avaricia, de perversidad; llenos de envidia, de homicidios, de contiendas, de engaños, de malignidades; [30] murmuradores, detractores, aborrecedores de Dios, injuriosos, soberbios, altivos, inventores de maldades, desobedientes a los padres, [31] ignorantes, desleales, sin afecto natural, despiadados; [32] estos, aun sabiendo de sobra el juicio de Dios —que los que practican estas cosas merecen la muerte—, no solo las hacen, sino que además respaldan a los que las hacen. (Rom 1, 18-31.)

La descripción que Pablo hace del mundo pagano en el texto previo coincide, en líneas generales, con otros juicios expresados por autores judíos de la Antigüedad y, en menor medida, con el de algunos filósofos paganos. La línea argumental resulta de especial nitidez, desde luego. De entrada, a juicio de Pablo, la raíz de la degeneración moral del mundo pagano arranca de su negativa a reconocer el papel de Dios en la vida de los seres humanos. Que Dios existe es algo que se desprende de la misma creación, pero el ser humano ha preferido sustituirlo por el culto a las criaturas. Ha entrado así en un proceso de declive en el que, de manera bien significativa, las prácticas homosexuales constituyen un paradigma de perversión en la medida en que implican la comisión de actos contrarios a los que la propia naturaleza dispone. El volverse de espaldas a Dios tiene como consecuencia primera el rechazo de unas normas morales, lo que deriva en prácticas pecaminosas que van de la fornicación a la deslealtad, pasando por el homicidio, la mentira o la murmuración. Sin embargo, el proceso de deterioro moral no concluye ahí. Da un paso más allá cuando los que hacen el mal no se limitan a quebrantar la ley de Dios, sino que además se complacen en que otros sigan su camino perverso. Se trata del estadio en el que el adúltero, el ladrón, el desobediente a los padres o el que practica la homosexualidad no solo deja de considerar que sus prácticas son malas, sino que incluso invita a otros a imitarlo y obtiene con ello un placer especial.

Sin embargo, Pablo, que era muy realista en su análisis de la sociedad pagana, no era tan ingenuo como para pensar que el veredicto de culpa pesaba únicamente sobre los gentiles. Por el contrario, estaba convencido de que, ante Dios, también los judíos, el pueblo que había recibido la Torah de Dios, eran culpables. Al respecto, sus palabras no pueden ser más claras:

> [17]He aquí, tú tienes el sobrenombre de judío, y descansas en la Torah y presumes de Dios; [18]y conoces su voluntad, y apruebas lo mejor, instruido por la Torah, [19]y confías en que eres guía de los ciegos, luz de los que están en tinieblas, [20]maestro de los que no saben, educador de niños, que tienes en la Torah la formulación de la ciencia y de la verdad. [21]Tú, pues, que enseñas a otro, ¿no te enseñas a ti mismo? ¿Tú, que predicas que no se ha de hurtar, hurtas? [22]¿Tú, que dices que no se ha de cometer adulterio, cometes adulterio? ¿Tú, que abominas los ídolos, robas templos? [23]¿Tú, que te jactas de la Torah, con in-

fracción de la Torah deshonras a Dios? [24] Porque el nombre de Dios es blasfemado por vuestra culpa entre los gentiles, tal y como está escrito. [25] Porque la circuncisión, en realidad, tiene utilidad si guardas la Torah, pero si la desobedeces, tu circuncisión se convierte en incircuncisión. (Rom 2, 17-25.)

La conclusión a la que llegaba Pablo difícilmente podía ser refutada. Los gentiles podían no conocer la Torah dada por Dios a Moisés, pero eran culpables en la medida en que desobedecían la ley natural que conocían, e incluso podían llegar a un proceso de descomposición moral en el que no solo no se oponían al mal, sino que se complacían en él, y hasta llegaban a impulsar a otros a entregarse a quebrantar la ley natural. Los gentiles, por lo tanto, eran culpables. En el caso de los judíos, su punto de partida era superior, siquiera porque habían recibido la Torah, pero su culpa era, como mínimo, semejante. Lo era desde el mismo momento en que desobedecían lo establecido en sus mandamientos. El veredicto final para ambos resultaba, pues, obvio:

[9] ... ya hemos acusado a judíos y a gentiles de que todos están bajo pecado. [10] Como está escrito: No hay justo, ni siquiera uno. (Rom 3, 9-10.)

El hecho de que, a fin de cuentas, todos los hombres son pecadores y lo son porque, en mayor o menor medida, han quebrantado la ley natural o la Torah, parece que admite poca discusión. Sin embargo, históricamente no han faltado las interpretaciones teológicas que afirman que esa culpabilidad podría quedar equilibrada o compensada mediante el cumplimiento, siquiera parcial, de la ley de Dios. En otras palabras, es cierto que todos somos culpables, pero ¿podríamos salvarnos mediante la obediencia, aunque no sea del todo completa y perfecta, de la ley divina? La objeción parece haber estado presente en la mente de Pablo, porque la refuta de manera contundente al afirmar que la ley no puede salvar:

[19]Porque sabemos que todo lo que la ley dice se lo dice a los que están bajo la ley, para que toda boca se tape y todo el mundo se reconozca culpable ante Dios, [20]porque por las obras de la ley ninguna carne se justificará delante de él, porque por la ley es el conocimiento del pecado. (Rom 3, 19-20.)

Una vez más, Pablo refuta con una lógica contundente a la posible objeción. La ley, sea la Torah o la natural, no puede salvar, porque, en realidad, lo único que pone de manifiesto es que todo el género humano es culpable. De alguna manera, la ley es como un termómetro. Sin duda, puede mostrar la fiebre —el mal— que tiene un paciente, pero no puede hacer nada para curarlo. Cuando un ser humano es colocado contra la vara de medir de la ley, lo que se descubre es que es culpable ante Dios en mayor o menor medida. La ley incluso puede mostrarle hasta qué punto llegan sus pecados, pero nada más. Muestra el mal, pero no puede remediarlo. Lógicamente, surge una pregunta trascendental: ¿Más allá de las obras propias, de la ley de Dios, de los méritos personales que en nada compensan los pecados propios, existe algún camino de salvación? La respuesta de Pablo es rotundamente afirmativa.

El mensaje del Evangelio: La salvación a través de la fe [2]

Si el hombre no puede salvarse por sus propias obras, por sus propios méritos, por sus propias acciones; si la ley de Dios, lejos de salvarlo, solo le muestra que es incluso más culpable de lo

---

[2] Sobre la justificación, véase: A. E. McGrath, *Iustitia Dei: A History of the Christian Doctrine of Justification*, 2 vols., Cambridge, 1986; R. P. Martin, *Reconciliation*, Atlanta, 1981; Reumann, *Righteousness in the New Testament*, Filadelfia,1982; M. A. Seifrid, «Justification by Faith: The Origin and Development of a Central Pauline Theme», en *Novrt*, sup. 68, 1992; J. A. Ziesler, *The Meaning of Righteousness in Paul*, Cambridge, 1972.

que cree, ¿cómo puede salvarse de la justa condenación de Dios? La respuesta de Pablo hunde sus raíces en los textos del Antiguo Testamento que hacen referencia a la muerte de un ser inocente en pago por los pecados de los culpables, en las profecías sobre un Mesías que morirá en expiación por las culpas del género humano (Is 53) y en la propia predicación de Jesús que se presentó como ese Mesías-Siervo que entregaría su vida en rescate por muchos (Mc 10, 45). No es original, por lo tanto, aunque sí extraordinariamente bien expuesta. Dios —que no puede ser justo y, a la vez, declarar justo a alguien que es pecador e injusto— ha enviado a alguien para morir en expiación por las faltas del género humano. Esa obra, llevada a cabo por el Mesías Jesús, no puede ser ni pagada, ni adquirida ni merecida. Tan solo cabe aceptarla a través de la fe o rechazarla. Aquellos que la aceptan a través de la fe son los que Dios declara justos, a los que justifica, no porque sean buenos, ni porque cumplan la ley, sino porque han aceptado recibir los efectos del sacrificio expiatorio que Jesús llevó a cabo en la cruz. De esa manera, al quedar pagada la deuda del pecado mediante la muerte del Mesías inocente, Dios puede ser justo y, al mismo tiempo, justificar al que no lo es. De esta forma también queda claro que la salvación es un regalo de Dios, un resultado de su gracia y no de las obras o del esfuerzo humano:

> [21] Pero ahora, sin la ley, la justicia de Dios se ha manifestado, testificada por la ley y por los profetas, [22] la justicia de Dios por la fe en Jesús el Mesías, para todos los que creen en él: porque no hay diferencia; [23] por cuanto todos pecaron y están destituidos de la gloria de Dios; [24] siendo justificados gratuitamente por su gracia a través de la redención que hay en el Mesías Jesús, [25] al cual Dios ha colocado como propiciación a través de la fe en su sangre, para manifestación de su justicia, pasando por alto, en su paciencia, los pecados pasados, [26] con la finalidad de manifestar su justicia en este tiempo, para ser justo, y, a la vez, el que justifica al que tiene fe en Jesús. [27] ¿Dónde queda, por lo

tanto, el orgullo? Se ve excluido. ¿Por qué ley? ¿Por la de las obras? No, sino por la de la fe. [28]Así que llegamos a la conclusión de que el hombre es justificado por fe, sin las obras de la ley. (Rom 3, 21-28.)

El argumento de Pablo no resulta novedoso y, en realidad, ya lo vimos expuesto al examinar la Carta a los Gálatas. Sin embargo, es obvio que en la dirigida a los romanos lo desarrolla, lo argumenta, lo fortalece todavía más. En realidad, da la sensación de que dialoga con un adversario invisible que le plantea distintas objeciones, a las que responde de manera sólida y contundente. Por ejemplo, se puede plantear si todo lo que Pablo sostiene no choca con las Escrituras del Antiguo Testamento, en las que la Torah tiene un papel central. La respuesta, sin embargo, es que precisamente en la propia Torah ya se enseña que la salvación no es por obras, sino por gracia, a través de la fe. El caso de Abraham, el padre de Israel y de todos los creyentes, o el del rey David, son una buena muestra de ello:

[1]¿Qué, pues, diremos que halló Abraham nuestro padre según la carne? [2]Porque si Abraham fue justificado por la obras, tiene de qué gloriarse, aunque no para con Dios. [3]Pero ¿qué dice la Escritura? Y creyó Abraham a Dios, y le fue computado como justicia. [4]Sin embargo, al que hace obras no se le cuenta el salario como gracia, sino como una deuda; [5]pero al que no realiza obras, sino que cree en aquel que justifica al impío, la fe le es contada por justicia. [6]También David dice que es bienaventurado el hombre al que Dios atribuye justicia sin obras, [7]al afirmar: Bienaventurados aquellos cuyas iniquidades son perdonadas, y cuyos pecados son cubiertos. [8]Bienaventurado el hombre al que el Señor no imputó pecado. [9]¿Esta bienaventuranza es en la circuncisión o también en la incircuncisión? Porque decimos que a Abraham le fue contada la fe por justicia. [10]¿Cómo, pues, le fue contada? ¿En la circuncisión, o en la incircuncisión? No en la circuncisión, sino en la incircuncisión. [11]Y recibió la circuncisión como señal, como sello de la justicia por la fe que tuvo en la incircuncisión:

para que fuese padre de todos los creyentes no circuncidados, para que también a ellos les sea contado por justicia; [12] y padre de la circuncisión, no solamente para los que son de la circuncisión, sino también para los que siguen las pisadas de la fe que tuvo nuestro padre Abraham antes de ser circuncidado. [13] Porque la promesa no le fue dada a Abraham por la ley, ni tampoco a su descendencia, que sería heredero del mundo, sino que le fue dada por la justicia de la fe... [16] Por tanto, es por la fe, para que sea por gracia; para que la promesa sea firme para toda descendencia, no solamente para el que es de la ley, sino también para el que es de la fe de Abraham, el cual es padre de todos nosotros. (Rom 4, 1-16.)

Precisamente, el inicio del capítulo 5 constituye un resumen de de toda la exposición del camino de salvación expuesto por Pablo:

[1] Justificados, pues, por la fe, tenemos paz para con Dios por medio de nuestro Señor Jesús el Mesías, [2] por el cual también tenemos entrada mediante la fe a esta gracia en la cual estamos firmes y nos gloriamos en la esperanza de la gloria de Dios. (Rom 5, 1-2.)

Pero para Pablo no basta con señalar la fe como la vía por la que el hombre al final recibe la salvación de Dios, por la que es declarado justo por Dios, por la que es justificado. Además, quiere poner claramente de manifiesto que el origen de esa circunstancia es el amor de Dios, un amor que no merece el género humano, porque fue derramado sobre él cuando se caracterizaba por hallarse en un estado de enemistad con Dios:

[5] ... y la esperanza no avergüenza, porque el amor de Dios ha sido derramado en nuestros corazones por el Espíritu Santo que nos ha sido dado. [6] Porque el Mesías, cuando aún éramos débiles, a su tiempo, murió por los impíos. [7] Es cierto que ya es raro que alguien muera por una persona que sea justa. Sin embargo, es posible que alguien se atreva a morir por alguien bueno, [8] pero Dios pone de manifiesto su amor para con nosotros en que siendo aún pecadores, el Mesías murió por nosotros. [9] Por lo tanto, justificados ahora en su sangre, con mucha más razón seremos salvados por él de la ira. [10] Porque si cuando éramos enemigos, fuimos reconciliados con Dios mediante la

muerte de su Hijo, mucho más ahora, que ya estamos reconciliados, seremos salvados por su vida. (Rom 5, 5-10.)

Sobre ese conjunto de circunstancias claramente establecido por Pablo —el que Dios nos ha amado sin motivo, el que ha enviado a su Hijo a morir por el género humano y el que la salvación es un regalo divino que se recibe no por méritos propios, sino a través de la fe— viene a sustentarse el modelo ético del cristianismo al que se referirá a continuación. Se trata, por lo tanto, de una peculiar ética, porque no arranca del deseo de garantizar o adquirir la salvación, sino de la gratitud que brota de haber recibido ya esa salvación de manera inmerecida. Para Pablo (véase Ef 2, 8-10), las buenas obras no se realizan para obtener la salvación, sino, precisamente, porque ya se ha obtenido en virtud del amor de Dios manifestado en la cruz.

El mensaje del Evangelio: La nueva vida

La primera conclusión ética de Pablo tras exponer su visión de la salvación —visión, insistamos en ello, que no es original, sino que corresponde a la de otros predicadores cristianos del siglo I y puede incluso enlazarse con el Antiguo Testamento— no es, por lo tanto, la de un antinomianismo que excluye la moralidad, sino todo lo contrario. Así lo plantea de manera inmediata:

> [1] ¿Qué vamos a decir, entonces? ¿Vamos a continuar en el pecado para que crezca la gracia? [2] De ninguna manera, porque los que hemos muertos al pecado, ¿cómo vamos a seguir viviendo en él? [3] ¿O no sabéis que todos los que hemos sido bautizados en el Mesías Jesús hemos sido bautizados en su muerte? [4] Porque somos sepultados juntamente con él en la muerte a través del bautismo, para que como el Mesías resucitó de los muertos para la gloria del Padre, así también nosotros andemos en una manera nueva de vida... [6] Sabiendo esto, que nuestro viejo hombre fue crucificado junto con él, para que el cuerpo del pecado sea deshecho a fin de que ya no sigamos sirviendo al pecado. (Rom 6, 1-4, 6.)

Naturalmente, Pablo no era tan ingenuo como para pensar que la suma de la gratitud por la salvación recibida por la gracia y de la mera voluntad humana pudieran operar un cambio total de naturaleza. Sabía, más bien, que la insistencia en negar la propia naturaleza humana y en afirmar la impecabilidad podía provocar las disfunciones espirituales que aquejaban a no pocos fariseos. Gustara o no gustara, reconocía la realidad de que la naturaleza humana está inclinada claramente hacia el mal, incluso en aquellos que han sido justificados por la fe. De hecho, el pasaje que vamos a ver a continuación —cuya fuerza ha intentado ser descartada por algunos aduciendo que describe al Pablo anterior a la conversión— nos muestra a un hombre que, de manera humilde y sincera, reconoce su propia condición:

> [15]Porque lo que hago no lo entiendo; y tampoco hago lo que quiero. Por el contrario, hago precisamente lo que aborrezco. [16]Y si hago lo que no quiero, apruebo que la ley es buena. [17]De manera que no soy yo el que actúa, sino el pecado que mora en mí. [18]Y yo sé que en mí (es decir, en mi carne) no reside el bien; porque el querer lo tengo, pero el hacer el bien no lo consigo, [19]porque no hago el bien que quiero, sino que hago el mal que no quiero. [20]Y si hago lo que no quiero, ya no lo realizo yo, sino el pecado que mora en mí. [21]Así que, al querer hacer el bien, me encuentro con esta ley: que el mal está en mí. [22]Porque, según el hombre interior, me deleito en la ley de Dios. [23]Sin embargo, veo otra ley en mis miembros que se rebela contra la ley de mi espíritu y que me lleva cautivo a la ley del pecado que está en mis miembros. (Rom 7, 15-23.)

Conmueve el ver la forma en que Pablo concluye esta exposición señalando sus carencias humanas y, a la vez, su confianza en que Dios lo ayudará a vencerlas:

> [24]¡Miserable de mí! ¿Quién me librará de este cuerpo de muerte? [25]¡Gracias doy a Dios por Jesús el Mesías, Señor nuestro! Así pues, yo mismo con la razón sirvo a la ley de Dios, pero con la carne a la ley del pecado. (Rom 7, 24-25.)

Es cierto que Pablo no puede negar la inclinación al mal propia de la naturaleza humana, y también es obvio que no puede ocultar que su razón deseaba hacer el bien por encima de su capacidad para ejecutarlo. Y, sin embargo, ese Pablo crudamente realista no cae en el desánimo. Es consciente de que, a pesar de sus limitaciones, resulta posible —y obligado— vivir de una manera nueva. La clave para esa novedad de vida reside en someterse a la acción del Espíritu Santo[3]. Al respecto, puede afirmarse que Pablo es un confiado optimista, no porque creyera en la bondad de la naturaleza humana —de hecho, conocía de sobra su inclinación hacia el mal—, sino porque era consciente del poder del Espíritu:

[1]Por lo tanto, no existe ninguna condenación para los que están en Jesús el Mesías, los que no andan conforme a la carne, sino conforme al espíritu. [2]Porque la ley del espíritu de vida en el Mesías Jesús me ha librado de la ley del pecado y de la muerte. [3]Porque lo que era imposible para la ley, por cuanto era débil por la carne, Dios lo ha llevado a cabo enviando a su Hijo en semejanza de carne de pecado, y a causa del pecado condenó al pecado en la carne, [4]para que la justicia de la ley se cumpliera en nosotros, los que no andamos conforme a la carne, sino conforme al Espíritu. [5]Porque los que viven conforme a la carne, se ocupan de las cosas que son de la carne; pero los que viven según el Espíritu, se ocupan de las cosas del Espíritu. [6]Porque la intención de la carne es muerte; pero la intención del Espíritu, vida y paz, [7]y la inclinación de la carne es enemistad con Dios: porque no se somete a la ley de Dios, ni tampoco puede; [8]de manera que los que están en la carne no pueden agradar a Dios, [9]pero vosotros no estáis en la carne, sino en el Espíritu, si es que el Espíritu de Dios mora en vosotros. Y si alguno no tiene el Espíritu del Mesías, es que no es de él. [10]Sin embargo, si el Mesías está en vosotros, el cuerpo a la verdad está muerto a causa del pecado, pero el Espíritu vive a causa de la justicia. [11]Y si el Espíritu de aquel que levan-

---

[3] Sobre el Espíritu Santo en Pablo, véase; I. Hermann, *Kyrios und Pneuma: Studien zur Christologie der pantinischen Hanptbriefe*, Múnich, 1961; R. P. Martin, *The Spirit and the Congregation*, Grand Rapids, 1984; C. F. D. Moule, *The Holy Spirit*, Londres, 1978; E. Schweizer, *The Holy Spirit*, Londres, 1980.

tó de los muertos a Jesús mora en vosotros, el que levantó al Mesías Jesús de los muertos también dará vida a vuestros cuerpos mortales por su Espíritu que mora en vosotros... [14]Porque todos los que son guiados por el Espíritu de Dios, esos son hijos de Dios. (Rom 8, 1-11, 14.)

La vivencia del Espíritu tiene una importancia extraordinaria para Pablo, aunque, una vez más, su punto de vista al respecto no es original, sino que se puede retrotraer a la predicación judeocristiana, al mismo Jesús e incluso al Antiguo Testamento, que había prometido su efusión en los tiempos mesiánicos (Jl 2). Ese Espíritu que mora en el interior de los que han sido justificados por la fe es el que da testimonio de que son hijos de Dios (v. 16) y, como hijos, herederos de Dios y coherederos del Mesías (v. 17). En ese sentido —y en contra de un tópico erróneo muy extendido—, la fe cristiana no predicaba ni que todos los hombres son hijos de Dios ni tampoco una fraternidad universal. Solo son hijos de Dios aquellos a los que Dios ha adoptado porque han aceptado por fe a Jesús el Mesías. Precisamente, la manifestación final de esos hijos de Dios —los que tienen en su interior el Espíritu Santo— tendrá unas consecuencias que pueden calificarse como cósmicas (v. 19 y ss.). Hasta entonces, el Espíritu va a socorrer a los hijos de Dios en su debilidad ayudándolos incluso a pedir lo que más les conviene aunque no sean capaces de colegirlo por sí mismos (v. 26 y ss.). Precisamente, al llegar a este punto de su exposición, Pablo la concluye con uno de los himnos más hermosos que se han escrito nunca dedicados al amor de Dios y a la confianza que este puede infundir en los creyentes. El apóstol afirma con gozosa confianza de que nada puede separarlos del amor de Dios ni de la salvación gratuita que ya han recibido en Cristo. Por supuesto, a lo largo de la vida no faltarán dificultades considerables e incluso situaciones terribles que escapan de la compresión humana. Sin embargo, aunque puedan no entender todo lo que les sucede a diario, sí deben tener en cuenta que Dios actúa conforme a un propósito eterno cuya finalidad es que todo discurra siempre para su bien:

²⁸Y sabemos que todas las cosas ayudan para bien a los que aman a Dios, a los que han sido llamados conforme a su propósito. ²⁹Porque a los que antes conoció, también los predestinó para que fuesen hechos conformes a la imagen de su Hijo, para que él sea el primogénito de entre muchos hermanos; ³⁰y a los que predestinó, a estos también los llamó; y a los que llamó, a estos también los justificó; y a los que justificó, a estos también los glorificó. ³¹Pues ¿qué diremos a esto? Si Dios está a favor de nosotros, ¿quién puede estar contra nosotros? ³²El que no escatimó a su propio Hijo, sino que más bien lo entregó por todos nosotros, ¿cómo no va a darnos también con él todas las cosas? ³³¿Quién acusará a los escogidos de Dios? Dios es el que justifica. ³⁴¿Quién es el que condenará? El Mesías es el que murió; más aún, el que también resucitó, quien además está a la diestra de Dios, el que también intercede por nosotros. ³⁵¿Quién nos apartará del amor del Mesías?, ¿la tribulación?, ¿o la angustia?, ¿o la persecución?, ¿o el hambre?, ¿o la desnudez?, ¿o el peligro?, ¿o la espada? ³⁶Como está escrito: Por tu causa vamos a la muerte todo el tiempo. Somos contados como ovejas destinadas al matadero. ³⁷Sin embargo, en todas estas cosas somos más que vencedores por medio de aquel que nos amó. ³⁸Por lo cual estoy seguro de que ni la muerte, ni la vida, ni ángeles, ni principados, ni potestades, ni lo presente, ni lo por venir, ³⁹ni lo alto, ni lo bajo, ni ninguna criatura nos podrá apartar del amor de Dios, que es en el Mesías Jesús Señor nuestro. (Rom 8, 28-39)

El mensaje del Evangelio: El destino de Israel⁴

Es muy posible que la exposición del Evangelio «según Pablo» hubiera concluido al final del capítulo octavo si sus destina-

---

⁴ Sobre Pablo e Israel, véase: W. S. Campbell, *Paul's Gospel in an Intercultural Cotext: Jew and Gentile in the letter to the Romans*, Fráncfort, 1991; N. Elliott, *The Rhetoric of Romans. Argumentative Constraint and Strategy and Paul's Dialogue with Judaism*, JSNT, suplemento 45; R. D. Kaylor, *Paul's Covenant Community: Jew and Gentile in Romans*, Atlanta, 1988; E. P. Sanders, *Paul, the Law and the Jewish People*, Filadelfia, 1983; N. T. Wright, *The Climax of the Covenant, Christ and the Law in Pauline Theology*, Edimburgo, 1991.

tarios hubieran sido únicamente gentiles. De manera extraordinariamente sólida, Pablo había logrado exponer hasta ese momento el mensaje de la condenación universal, de la salvación mediante la fe en el sacrificio expiatorio del Mesías y de la nueva vida en el Espíritu. Sin embargo, la comunidad cristiana en Roma era mayoritariamente judía[5] y, de manera comprensible, estaba preocupada por la respuesta que otros judíos habían dado a la predicación de que Jesús era el Mesías. Ciertamente, Jesús el judío era el Mesías, y no era menos cierto que sus discípulos primeros —y posiblemente todavía en mayoría— eran judíos. E incluso podía aducirse la importancia de las comunidades judeocristianas en la misma tierra de Israel. Todo eso era cierto, pero no lo era menos que, en su conjunto, Israel no había aceptado la Buena Noticia de que Jesús era el Mesías. Se trataba de algo de enorme trascendencia espiritual, en la medida en que a Israel le pertenecen «la adopción, la gloria, el pacto, la ley, el culto, las promesas, y los antepasados de los cuales procede carnalmente el Mesías, el cual es Dios sobre todas las cosas, bendito por los siglos. Amén» (Rom 9, 4-5). ¿Cómo podía explicarse esa circunstancia?

Para Pablo, las razones son varias. En primer lugar, hay que tener en cuenta el hecho de que no todo Israel es Israel. En otras palabras, Israel no está formado por aquellos que son la descendencia física de Abraham, sino por los que proceden de la promesa. De hecho, el mismo Abraham tuvo dos hijos, pero la descendencia relevante en términos espirituales es solo la que procede de Isaac (9, 6 y ss.).

En segundo lugar, Dios es el que impulsa el proceso de salvación, una salvación que es por gracia, operada mediante su elección soberana y no por las obras. En última instancia, es Él —y únicamente Él— quien sabe por qué una persona responde a la predicación del Evangelio o por qué lo rechaza. Al respecto, los ejemplos que podían leerse en las Escrituras no eran escasos:

---

[5] Ver *infra*, p. 320 y ss.

[11] Porque cuando aún no habían nacido, ni habían hecho aún ni bien ni mal, para que perdurase el propósito de Dios conforme a la elección, no por las obras sino por el que llama, [12] le fue dicho que el mayor serviría al menor. [13] Como está escrito: A Jacob amé, pero a Esaú aborrecí. (Rom 9, 11-13.)

La idea de que Dios provoca la salvación mediante un proceso de elección-predestinación cuenta con notables paralelos a lo largo de la historia de las religiones[6]. Aparece en el Antiguo Testamento (como muy bien se ocupó de señalar Pablo) y en sectores del judaísmo como los esenios, los sectarios de Qumrán y algunos fariseos. Ni siquiera faltan las referencias de Jesús a la elección (Jn 15, 16-19). Con posterioridad, esa creencia en la predestinación vuelve a aparecer en personajes de la talla de Agustín de Hipona o Tomás de Aquino, por no citar, durante la Reforma, a Lutero o Calvino. Sin embargo, la extensión de la creencia no ha contribuido a convertirla en popular y desde siempre ha existido una clara tendencia por parte de un sector del cristianismo a encontrarla difícil de soportar. El mismo Pablo rehúye entrar en una argumentación o especulación —no digamos ya en una justificación racional— de la doctrina. Las Escrituras lo enseñan, Dios —por definición— no puede ser injusto y, por lo tanto, resulta absurdo ponerse a especular al respecto o intentar penetrar en lo que se oculta en el interior de Dios.

[14] ¿Qué vamos a decir, entonces? ¿Que hay injusticia en Dios? ¡Jamás! [15] Pero a Moisés le dice: Tendré misericordia del que tenga misericordia, y me compadeceré del que me compadezca. [16] Así que no depende del que quiere, ni del que corre, sino de Dios que

---

[6] Sobre la predestinación, véase: D. A. Carson, *Divine Sovereignity and Human Responsibility*, Atlanta, 1980; F. Davidson, *Pauline Predestination*, Londres, 1946; H. H. Rowley, *The Biblical Doctrine of Election*, 1950; J. M. Gundry Volf, *Paul and Perseverance*, Louisville, 1991; N. T. Wright, *The Climax of the Covenant*, Minneapolis, 1992.

es el que tiene misericordia. [17]Porque la Escritura dice del faraón: Para esto mismo te he levantado, para mostrar en ti mi poder, y para que mi nombre sea anunciado por toda la tierra. [18]De manera que del que quiere tiene misericordia; y al que quiere, endurece. [19]Me dirás, entonces: ¿Por qué, pues, se enoja? Porque ¿quién puede resistirse a su voluntad? [20]Pero, hombre, ¿quién eres tú, para que discutas con Dios? Va a decirle el cacharro de barro al que lo labró: ¿Por qué me has hecho de esa manera? [21]¿O es que acaso no puede el alfarero hacer de un mismo material un vaso para honra y otro para vergüenza? [22]¿Y qué pasa, si Dios, queriendo mostrar la ira y hacer notorio su poder, soportó con mucha mansedumbre los vasos de ira preparados para muerte, [23]y para hacer notorias las riquezas de su gloria las mostró en los vasos de misericordia que él ha preparado para gloria; [24]a los que también ha llamado, a nosotros, que procedemos no solo de los judíos, sino también de los gentiles? (Rom 9, 14-24.)

Pablo no se detiene, por lo tanto, en argumentar racionalmente la predestinación. Simplemente da testimonio de ella como cuando escribió a los tesalonicenses (1 Tes 5, 9) o enseñaría a los efesios (Ef 1, 4-5), o como cuando su discípulo Lucas señaló que se convertían los que habían sido elegidos para ello (Hch 2, 47) o aquellos a los que Dios tocaba el corazón (Hch 16, 14).

En tercer lugar, prosigue Pablo, las Escrituras ya habían profetizado que no todos los miembros del Israel natural responderían a la salvación de Dios. A decir verdad, lo que se repite con machacona insistencia es que no la totalidad de Israel, sino solo una parte, un residuo, un resto de todo Israel se salvaría:

[25]Como también en Oseas dice: Llamaré al que no era mi pueblo, pueblo mío; y a la no amada, amada. [26]Y sucederá que, en el lugar donde les fue dicho: Vosotros no sois pueblo mío, allí serán llamados hijos del Dios viviente. [27]También Isaías clama en relación con Israel: Aunque fuera el número de los hijos de Israel como la arena de la mar, solo un resto se salvará. [28]Porque el Señor pondrá en ejecución sin tardanza su senten-

cia sobre la tierra. [29] Y como predijo Isaías: Si el Señor de los ejércitos no nos hubiera dejado simiente, como Sodoma habríamos venido a ser, y a Gomorra nos hubiéramos asemejado. [30] ¿Qué diremos, entonces? Que los gentiles que no perseguían la justicia han alcanzado la justicia, es decir, la justicia que es por la fe; [31] y en cambio Israel, que seguía la ley de justicia, no ha llegado a la ley de justicia. [32] ¿Por qué? Porque la perseguían no por la fe, sino por las obras de la ley... (Rom 9, 25-32a.)

Los argumentos de Pablo, que —no puede negarse— aparecen sustentados en todo un entretejido de textos de las Escrituras hebreas, no constituyen, sin embargo, una formulación del rechazo de Israel. A decir verdad, históricamente, solo unos pocos israelitas han formado verdaderamente parte de Israel. Ahora, lo que ha sucedido es que Israel se asemeja a un olivo, del que, por la falta de fe en el Mesías prometido, en Jesús, han sido desgajadas algunas ramas que, por naturaleza, eran judías, y se han injertado otras inicialmente extrañas que son los gentiles. A decir verdad, Israel sigue existiendo, y sigue existiendo como un pueblo fiel, porque Israel es una realidad espiritual caracterizada por aceptar los propósitos de Dios que incluyen al Mesías y no por pertenecer a una raza concreta:

[1] Digo, pues: ¿Ha desechado Dios a su pueblo? En absoluto. Porque también yo soy israelita, de la estirpe de Abraham, de la tribu de Benjamín. [2] No ha desechado Dios a su pueblo, al que conoció antes. ¿O acaso no sabéis lo que dice de Elías la Escritura?, cómo hablando con Dios contra Israel dice: [3] Señor, han dado muerte a tus profetas y tus altares han derruido; y solo he quedado yo, y procuran matarme. [4] Pero ¿qué le responde Dios? He dejado para mí siete mil hombres, que no han doblado la rodilla delante de Baal. [5] Así también, ahora mismo ha quedado un resto elegido por gracia. [6] Y si es por gracia, no es por las obras; de otra manera la gracia ya no sería gracia. Y si fuera por las obras, ya no sería gracia; de otra manera la obra ya no sería obra. [7] ¿Qué ha pasado, por lo tanto? Que lo que buscaba Israel no lo ha alcanzado; pero los elegidos sí lo alcanzaron y los de-

más fueron endurecidos... [13] Porque a vosotros hablo, gentiles... [15] Porque si la reprobación de los judíos se ha traducido en la reconciliación del mundo, ¿qué significará su reintegración sino la vida de entre los muertos?... [17] Por que si algunas de las ramas fueron arrancadas, y tú, siendo acebuche, has sido injertado en su lugar, y te has convertido en partícipe de la raíz y de la savia del olivo, [18] no presumas contra las ramas; y si presumes, entérate de que no sustentas tú a la raíz, sino la raíz a ti. [19] Pues las ramas, dirás, fueron quitadas para que yo fuera injertado. [20] Es cierto. Por su incredulidad fueron arrancadas, pero tú por la fe estás en pie. No caigas en la soberbia, sino más bien teme, [21] porque si Dios no perdonó a las ramas naturales, a ti tampoco te va a perdonar... [23] Y aun ellos, si no siguieran siendo incrédulos, serán injertados, porque Dios es poderoso para volverlos a injertar. (Rom 11, 1-7, 13, 15-21, 23.)

¿Terminaba así la historia de los descendientes físicos de Abraham? ¿Significaba el argumento de Pablo que, en su conjunto, su historia había concluido con la llegada del Mesías? El razonamiento del apóstol podía haber concluido así sin llegar a ningún tipo de violentamiento lógico. Los judíos se habían esforzado por hallar la justicia ante Dios mediante las obras —algo que chocaba con lo establecido en la misma Torah— y, de manera trágicamente lógica, no habían alcanzado la única forma de justicia que Dios admite, aquella mediante la que justificó al propio Abraham, la justificación por la fe. El rechazo del Mesías Jesús no había sido general, por supuesto. A decir verdad, se había repetido un fenómeno dramático, pero real e innegable en la historia de Israel, el de que solo un resto se había salvado, mientras que la mayoría había manifestado su incredulidad a las acciones de Dios. A partir de aquí no resultaría difícil deducir que el Israel natural ha desaparecido de la historia de la salvación y que solo puede ser contemplado en términos de negativa incredulidad. Históricamente, ese salto conceptual ha sido dado por no pocos y ha derivado dando algunos pasos más en un antisemitismo no racial, pero sí teológico y espiritual. Sin embargo, Pablo no solo no llega a esa conclusión, sino que anuncia una restauración futura del Israel material, precisamente porque Dios sigue amando a los descendientes carnales de Abraham. Al realizar esa afirmación, Pablo sigue la línea de los profetas de Israel, de Jesús y de los predicadores judeocristianos y no la de muchos teólogos que aparecieron después de él. Al final de los tiempos, cuando todos los gentiles que tengan que salvarse hayan alcanzado esa meta, también todo Israel se salvará:

> [24] Porque si tú procedes de un olivo silvestre y contra la naturaleza fuiste injertado en el buen olivo, ¿cuánto más estos, que son las ramas naturales, serán injertados en su olivo? [25] Porque no quiero, hermanos, que ignoréis este misterio, para que no caigáis en la arrogancia: que el endurecimiento que, en parte, ha tenido lugar en Israel, es solo hasta que hayan entrado todos los gentiles; [26] y luego todo Israel será salvo, como está escrito: Vendrá de Sión el Libertador, que quitará de Jacob la impiedad. (Rom 11, 24-26.)

De esta manera, Pablo se convertía en un verdadero paladín contra el antisemitismo. No solo es que sin Israel —la raíz del olivo— era imposible la fe en el judío Jesús; no solo es que el Evangelio carece de base sin la historia de Israel, es que además, de manera misteriosa, Israel tiene un futuro glorioso de restauración que Dios le reserva.

El mensaje del Evangelio: La práctica

Los últimos capítulos de la epístola están dedicados a concretar el significado de la nueva vida en el Espíritu, a señalar situaciones específicas de comportamiento para los cristianos. En primer lugar, Pablo señala que, puesto que existen dones o carismas del Espíritu Santo en la comunidad, estos deben usarse adecuadamente, es decir, al servicio de los demás y para la gloria de Dios y no en el engrandecimiento propio (12, 1-8). De manera semejante, el creyente debe aferrarse apasionadamente al bien, al mismo tiempo que rechaza el mal (12, 9-13). Sin embargo, no debe caer en el extremo de ejecutar la justicia de Dios o caer en la venganza. Todo lo contrario. Es Dios el único que puede ejecutar la retribución del mal (12, 19). Al seguidor de Jesús le corresponde, por supuesto, intentar vencerlo, pero con el bien (12, 21).

Es precisamente a esta altura de la carta, cuando Pablo expone de manera más detallada su doctrina sobre el poder civil. Por definición, los seguidores de Jesús deben sujetarse a las autoridades políticas, y la razón fundamental es que el principio de autoridad deriva del mismo Dios (13, 1) y su misión es castigar el mal (13, 4). A diferencia de determinadas ideologías políticas que ven en el Estado una institución perversa que solo sirve para la opresión, Pablo cree que su existencia es indispensable y que por ello ha sido dispuesta por Dios. Sin embargo, el creyente debe ir más allá del mero cumplimiento de la ley civil, debe superar el estadio de buen ciudadano, debe sobrepasar lo que cualquier gobierno consideraría que es el comportamiento de un súbdito ejemplar. Su conducta no debe limitarse a evitar males como el adulterio, el homicidio o el robo, sino que tiene que incluir el amor (13, 8-10).

Pablo no era hombre de palabras vacías o declaraciones grandilocuentes. Jamás hubiera pensado que el amor no se asentaba en realidades muy concretas por más que a algunos pudieran parecerles triviales. Y es que el amor —como ya había dejado claro en el himno de 1 Corintios 13— no está referido a lejanos habitantes de un extremo del globo, sino a situaciones cotidianas. Ese amor ocasionalmente puede resultar difícil de vivir incluso en el seno de las comunidades cristianas, donde los denominados santos distan mucho de ser perfectos y no faltan los creyentes de conciencia escrupulosa empeñados en privarse de ciertos alimentos por motivos de conciencia o en cumplir determinados días de fiesta. Como en el caso de los corintios, el apóstol insiste en aplicar una regla consistente en aceptar la renuncia a ciertos derechos legítimos para evitar causar daño a un hermano que sea débil espiritualmente.

> [5]Uno hace diferencia entre un día y otro día; otro considera que todos los días son iguales. Que cada uno tenga una opinión segura en su manera de pensar. [6]El que guarda un día, lo hace para el Señor; y el que no lo guarda, también actua así para el Señor. El que come, come para el Señor, porque da gracias a Dios; y el que no come, no come para el Señor, y da gracias a Dios. [7]Porque ninguno de nosotros vive para sí, y ninguno muere para sí. [8]Ya que si vivimos, para el Señor vivimos; y si morimos, para el Señor morimos. Así que, sea que vivamos, o que muramos, del Señor somos. [9]Porque el Mesías para esto murió y volvió a vivir, para ser Señor tanto de los muertos como de los que viven... [13]Así que, no nos juzguemos más los unos a los otros; antes bien procurad no poner tropiezo u ocasionar escándalo al hermano. (Rom 14, 5-9, 13.)

Pablo dedica los últimos versículos de la carta a insistir en que desea llegar a Roma y, desde allí, continuar hasta España (15, 23), una estrategia misionera a la que nos referiremos más adelante[7]. Antes, sin embargo, debe llegar a Jerusalén con la ofrenda que las iglesias gentiles desean entregar a los judeocristianos de la comunidad original (15, 25 y ss.). Se trata de una misión importante para la que pide las oraciones de los creyentes romanos (15, 31).

Los párrafos de despedida de esta carta son los más extensos de todo el corpus paulino y, entre otras cosas, indican claramente hasta qué punto la acusación de misoginia dirigida contra Pablo choca totalmente con las fuentes históricas. Prácticamente la mitad de personas mencionadas como colaboradores son, precisamente, mujeres, algo verdaderamente extraordinario si se tiene en cuenta la evolución del cristianismo posterior, pero, sobre todo, la época, una época en la que la mujer debía enfrentarse con multitud de tareas sin el respaldo de los adelantos técnicos de las últimas épocas y, por lo tanto, con una escasez pasmosa de

---

[7] Ver p. 284 y ss.

tiempo, lo que, obviamente, no contribuía a que pensara en una posible emancipación como sucede en la atualidad. Por si fuera poco, las mujeres citadas por Pablo no obedecían a una cuota caprichosa y políticamente correcta, sino que destacaban por sus propios méritos. De manera bien significativa, Pablo recomienda incluso a una hermana en la fe llamada Febe que desempeñaba en la comunidad de Cencreas unas funciones que lo mismo podían ser las de diaconisa que las de presbítera (Rom 16, 1). Desde luego, resulta difícil negar que, como les había escrito a los gálatas, en Jesús el Mesías ya no había judío ni griego, hombre o mujer, esclavo o libre. Precisamente esa unidad de la fe por encima de orígenes o extracción era lo que Pablo deseaba afirmar en su viaje a Jerusalén llevando la colecta de las comunidades gentiles.

CAPÍTULO XVII

El último viaje a Jerusalén

Hacia Jerusalén

DESDE Mileto, el barco que llevaba a Pablo y a sus colaboradores continuó su camino hacia la isla de Cos y, al día siguiente, a la de Rodas, ambas en el Dodecaneso. De allí pasaron a Pátara[1]. Este enclave era un puerto en la costa licia del suroeste de Asia Menor, y en él Pablo y sus compañeros encontraron una nave que se dirigía a Fenicia y se embarcaron en ella. Este barco seguía un rumbo sureste, pasando Chipre a mano izquierda, y continuando hacia Siria hasta llegar a Tiro, el puerto donde la nave debía descargar (Hch 21, 2). Como había sucedido previamente en Tróade, el grupo aprovechó aquella parada forzosa para ponerse en contacto con la comunidad cristiana de la ciudad.

Desconocemos el origen de esta congregación, pero es muy posible que surgiera de la predicación de algunos de los judeocristianos de habla griega que abandonaron Jerusalén tras el linchamiento de Esteban[2]. Precisamente se reprodujo entonces un episodio al que ya nos hemos referido. En el curso de alguna de las reuniones celebradas durante aquella semana volvieron a repetirse las manifestaciones pneumáticas que indicaban a Pablo que si subía a Jerusalén se encontraría con peligros y dificultades (Hch 21, 4).

[1] Hechos 21, 1.
[2] Hechos 11, 19.

Como en los casos anteriores, el apóstol hizo caso omiso. La despedida, como en Éfeso, resultó muy emotiva. En esta ocasión, incluso las mujeres y los niños de la comunidad fueron a la playa para decir adios a Pablo y a sus compañeros (Hch 21, 5).

Su siguiente parada tuvo lugar en Ptolemaida (Akko), donde se quedaron un día con los hermanos de la congregación local. Desde allí se dirigieron a Cesarea, aunque no sabemos a ciencia cierta si el trayecto se realizó por tierra o por vía marítima. Es muy posible que, a esas alturas, Pablo hubiera llegado a la conclusión de que las previsiones de llegar a Jerusalén para la fiesta de Pentecostés se habían cumplido de sobra y que, por lo tanto, contaban con algún tiempo para detenerse en Cesarea a visitar a la comunidad de esa ciudad antes de emprender la subida a Jerusalén.

La comunidad de Cesarea era notablemente importante. Sus primeros conversos no judíos habían sido el centurión romano Cornelio y su familia, es decir, los primeros gentiles que habían entrado en el círculo de los seguidores de Jesús[3]. Con posterioridad, Felipe —uno de los siete judíos de habla griega que habían tenido puestos de responsabilidad en la comunidad judeocristiana de Jerusalén— se había asentado en Cesarea. El personaje era verdaderamente excepcional, por no hablar de sus cuatro hijas, que tenían el don de profecía. Sabemos por fuentes extrabíblicas que aquellas mujeres vivieron mucho tiempo y que gozaban de un enorme respeto entre los judeocristianos de Palestina[4]. El dato resulta de especial interés porque indica el papel relevante que la mujer tenía en aquellas primeras comunidades, un papel que ni siquiera era minimizado en los grupos de origen judío, que, supuestamente, hubieran debido ser más dados a limitarlo.

Fue precisamente mientras Pablo y sus colaboradores se encontraban en Cesarea cuando llegó hasta la ciudad un profeta de Judea llamado Ágabo que tenía un mensaje especial para el apóstol:

---

[3] Hechos 10, 44 y ss.

[4] De ello dejaron constancia tanto Polícrates de Éfeso como Proclo a finales del siglo II d. de C. La noticia es transmitida por Eusebio, *Historia Eclesiástica* III, 31, 2-5.

[11]... y cuando llegó a donde nos encontrábamos, tomó el cinto de Pablo, y atándose los pies y las manos, dijo: «Esto dice el Espíritu Santo: Así atarán los judíos en Jerusalén al hombre al que pertenece este cinto, y lo entregarán en manos de los gentiles». (Hch 21, 11.)

El mensaje de Ágabo venía a confirmar otros semejantes recibidos por el apóstol y sus acompañantes en las semanas anteriores. No resulta extraño que, al fin y a la postre, y dada la fama de Ágabo y la cercanía de Jerusalén, los acompañantes de Pablo intentaran disuadirlo de continuar con sus propósitos:

[12]Cuando lo oímos, le rogamos nosotros y los de aquel lugar que no subiese a Jerusalén. [13]Entonces Pablo respondió: «¿Qué hacéis llorando y afligiéndome el corazón? Porque yo no solo estoy dispuesto a ser atado, sino también a morir en Jerusalén por el nombre del Señor Jesús». [14]Y como no lo pudimos persuadir, desistimos diciendo: «Hágase la voluntad del Señor». [15]Y después de estos días, tras realizar nuestros preparativos, subimos a Jerusalén. (Hch 21, 12-15.).

Pablo no estaba dispuesto a dejarse disuadir. Abandonó Cesarea y, acompañado ahora por algunos hermanos de la comunidad local, emprendió, junto a sus colaboradores, la subida hacia Jerusalén. Se trataba de un viaje de un centenar de kilómetros que, posiblemente, realizaron a lomos de mulo o de caballo. En Jerusalén contaban con que los hospedaría Mnasón, un judeocristiano de habla griega. Posiblemente, la elección se debía al hecho de que Pablo iba acompañado por varios gentiles y sería difícil que alguien que tuviera reparo hacia los no judíos les proporcionara albergue. No era el caso de Mnasón, desde luego. Pero ¿cómo recibirían a Pablo los judeocristianos después de todos aquellos años?

La comunidad judeocristiana de Jerusalén

El año 52 d. de C., el gobierno de Judea recayó en Félix, que lo ejercería hasta el año 60. Según Tácito (*Hist.* V, 9), Félix ejerció los poderes de un rey con el alma de un esclavo, y, desde luego, no puede negarse que su corrupción resultó fatal para la estabilidad de esa zona del Imperio. Enfrentado con aquellos a los que Josefo denomina «engañadores e impostores» (*Guerra* II, 259) o «bandoleros y charlatanes» (*Ant.* XX, 160), tuvo que combatir al llamado «charlatán» egipcio (*Guerra* II, 261; *Ant.* XX, 169 y ss.) —quizá un judío originario del país del Nilo— que, tras labrarse una reputación como profeta, reunió a varios millares de seguidores en el desierto e intentó tomar Jerusalén. Félix lo venció con relativa facilidad, y parece que para muchos judíos aquella experiencia dejó un amargo regusto a decepción. El gobierno de Félix fue tan desafortunado y cruel (*Guerra* II, 253; *Ant.* XX, 160-1) que acabó ocasionando la protesta del sumo sacerdote Jonatán. Cuando, como represalia, el romano ordenó su muerte, solo estaba actuando de manera consecuente con su visión del gobierno de la zona (*Guerra* II, 254-7; *Ant.* XX, 162-6). Entre los resultados de aquella miopía política se contarían la rebelión abierta contra Roma (*Guerra* II, 264-5; *Ant.* XX, 172), el aumento de los partidarios de una solución armada (*Guerra* II, 258-263) y el enfrentamiento en Cesarea entre judíos y griegos en relación con la igualdad de derechos civiles (*Guerra* II, 266-270; *Ant.* XX, 173-8).

No fue Félix, sin embargo, el único responsable de la crisis hacia la que se encaminaban los judíos. Sus propias clases dirigentes dieron muestra de una especial torpeza a la hora de enfrentarse con la situación. El mismo clero no contribuyó en nada a dar ejemplo de comportamiento moral. Los sumos sacerdotes se peleaban públicamente entre ellos y se robaba desvergonzadamente a los sacerdotes más pobres el diezmo, con lo que este sector del clero se vio abocado incluso al hambre (*Ant.* XX, 179-81).

En paralelo, el rey Agripa II y las autoridades de Jerusalén demostraron ser incapaces de hallar una solución a sus tensiones recíprocas. Así, a la opresión romana se sumaba la judía, y el hecho de que las dos se alimentaran recíprocamente sirve para explicar el resentimiento que sobre ambos sectores iban a volcar los sublevados judíos del año 66 d. de C., cuando estalló la gran rebelión contra Roma.

En medio de ese contexto crecientemente deteriorado, la situación de los judeocristianos no resultaba fácil. A esas alturas, la comunidad de Jerusalén era gobernada por Santiago, «el hermano de Jesús el llamado Mesías», como lo denomina Josefo. Seguramente, para este grupo —que creía firmemente que Jesús era el Mesías y que no podía venir otro— debían resultar especialmente reales las advertencias de Jesús contenidas en Mateo 24, 23-26:

> [23] Entonces, si alguno os dice: «Mirad, aquí está el Mesías o está allá, no lo creáis». Porque se levantarán falsos Mesías y falsos profetas, y realizarán grandes señales y prodigios con la finalidad de engañar, si fuera posible, hasta a los mismos elegidos. Mirad que os lo he dicho antes de que suceda. Así que si os dicen: «Está en el desierto», no vayáis; y si os dicen que «Está en un lugar secreto», no lo creáis.

En ese sentido, no deja de ser revelador que Josefo manifestara su simpatía por Santiago, a la vez que rechazaba las acciones de los zelotes que resistían a Roma con las armas, calificándolos comúnmente de bandidos, charlatanes y ladrones.

La propia carta de Santiago[5] que aparece al final del Nuevo Testamento muestra precisamente la difícil época por la que atravesaba Palestina a la sazón y durante la que Pablo iba a realizar su visita a Jerusalén. En primer lugar, resulta evidente que el contexto histórico de este documento es de claro malestar social. Se nos habla de una evidente explotación de los campesinos (St 5, 1-6), a los que no se les abonan los jornales debidamente; de la situación de las viudas y de los huérfanos, que resulta lo suficientemente difícil y omnipresente como para que la acitud hacia ellos se convierta en piedra de toque de la autenticidad de la fe (St 1, 27), y de los ricos que, como

---

[5] Un análisis amplio de este escrito con bibliografía, en C. Vidal, *El judeo-cristianismo...*, p. 168 y ss.

siempre en época de escasez, resultan más notorios y son responsabi-
lizados de la gravedad de la situación, siquiera indirectamente (St 2,
6). La colecta para la iglesia de Jerusalén que llevaba Pablo cobra
precisamente un significado profundo a la luz de ese contexto. También permite comprender con claridad algunas de las afirmaciones
contenidas en la carta de Santiago. Partiendo del énfasis judeocristiano ya manifestado en el Concilio de Jerusalén de que la salvación
se debía a la gracia de Dios y no a las propias obras, existía un riesgo
palpable de terminar profesando una fe meramente externa que ex-
cluyera una vivencia de compasión hacia el prójimo y, especialmente, hacia los más desamparados. Esa sería una manera de creer que
Santiago asemeja con la que tienen los demonios (St 2, 19).

Santiago no cayó en el error —propio de los nacionalismos de
todos los tiempos— de culpar de la situación por la que atravesaba
Judea a las influencias extranjeras. Para él —como para los profetas de Israel (Am 2, 6-3; Is 5, 1 y ss.; Jer 7, 1 y ss., etc.) y, en parte,
para Josefo y algunos rabinos— la principal responsabilidad por la
lamentable situación que atravesaba el pueblo de Israel recaía sobre aquellos que se jactaban de conocer mejor a Dios, pero que no
vivían en consecuencia. La culpa descansaba sobre todo en aquellos que, sabiendo hacer el bien, no lo hacían (St 4, 17), una afirmación que por su contenido y por ir formulada en segunda persona no puede estar referida a los gentiles. Precisamente por ello, es
lógico que en todo el escrito no exista ni la más mínima referencia
a una acción violenta o revolucionaria. Por el contrario, se afirma
que la solución verdadera de la lamentable situación presente solo
se producirá cuando regrese el Mesías (St 5, 7). La actitud, pues, de
los fieles ha de ser de paciencia frente al mal y la explotación (St 5,
7 y ss.), de obediencia a toda la ley de Dios (no deja de ser significativo que se haga una referencia explícita que incluye el precepto
de «no matarás» (St 2, 10-12), algo que encontraba clara contra-
dicción con la violencia de los nacionalistas judíos), y de demostrar mediante las obras que la fe que profesan no es solo algo externo y formal (St 2, 14-26).

Durante el enfrentamiento entre Reforma y Contrarreforma en el siglo XVI, Santiago sería utilizado por los autores católicos contra la exégesis erasmista y protestante que afirmaba —muy correctamente— que la salvación era por gracia a través de la fe sin obras, partiendo, entre otros textos, de las Epístolas a los Gálatas y a los Romanos. Semejante uso de Santiago no se da hoy en día ni siquiera entre los autores católicos, y las razones son obvias. Santiago no cuestiona en ningún momento la doctrina paulina de la justificación por la fe sola —era la misma tesis que había sostenido junto a Pedro en el Concilio de Jerusalén—, pero sí afirma que «gracias no solo a la fe sino también a las obras es como veis que el hombre es justificado» (St 2, 24). En otras palabras, gracias a las obras es como se puede contemplar externamente la justificación realizada internamente a través de la fe. Como en tantas otras cuestiones, el paso del tiempo —y el enfriamiento de las pasiones— es el que ha permitido acercarse a un texto que armoniza con el resto de lo contenido en el Nuevo Testamento sin excluir ni mucho menos a Pablo.

El judeocristianismo de la comunidad que iba a visitar Pablo aparece así como un movimiento espiritual piadoso y pacífico, que mostraba una especial preocupación por el cumplimiento riguroso de la ley, que dedicaba buena parte de sus esfuerzos a paliar las penas de los más necesitados mediante la práctica de la beneficencia y la taumaturgia (especialmente la relacionada con la salud física), que se sentía como un foco de luz para una nación judía extraviada y que esperaba el retorno de Jesús como el Hijo del hombre glorificado en virtud del cual se instauraría un nuevo orden divino sobre la tierra.

La ofrenda de los gentiles

Precisamente en un periodo cronológico cercano a la redacción de la carta de Santiago —las fuentes no nos permiten precisarlo con más exactitud—, los judeocristianos de Jerusalén iban a recibir una muestra de aprecio fraterno que, dados los tiempos que corrían, seguramente fue interpretada de manera providencial. Tal muestra de solidaridad provenía de aquellos que, en virtud del decreto jacobeo emanado del Concilio de Jerusalén, formaban parte de la fe en Jesús[6] y, a la vez, habían conocido al Mesías de Israel a través del también judío Pablo. La ofrenda económica enviada por los gentiles por mano de Pablo sería la ocasión para el último encuentro entre el apóstol y Santiago.

La fuente lucana es muy escueta en relación con este episodio que conocemos mucho mejor gracias a las diversas fuentes paulinas. Como ya hemos indicado, a partir del libro de los Hechos (19, 21), podemos deducir que Pablo llegó a la conclusión durante su ministerio en Éfeso de que su trabajo en el Egeo estaba virtualmente concluido, de que sería interesante acometer la evangelización de España —pasando por Roma—, y de que, previamente a esa etapa final de su misión, debía acudir a Jerusalén con la ofrenda de las iglesias gentiles, pero son los datos de sus epístolas realmente los que nos permiten conocer el tema con mayor profundidad.

La primera referencia a la ofrenda para los judeocristianos se encuentra en 1 Corintios 16, 1, y permite suponer que el origen de la idea fueron los propios gentiles de Corinto que habían tenido noticias acerca de cómo Pablo estaba recogiendo una colecta entre los gálatas destinada a Jerusalén[7]. El consejo de Pablo había sido que apartaran algo de dinero cada domingo para entregárselo a él cuando los visitara tras pasar por Macedonia, puesto que se proponía quedarse en Éfeso hasta Pentecostés. Sabemos que, efectivamente, las iglesias paulinas se reunían en

---

[6] La obra clásica en relación con el tema sigue siendo K. F. Nickle, *The Collection: A Study in Paul's Strategy*, Londres, 1966. Ver también D. Georgi, *Die Geschichte der Kollekte des Paulus für Jerusalem*, Hamburgo, 1965.

[7] En este mismo sentido, J. C. Hurd, *The Origin of I Corinthians*, Londres, 1965, p. 200 y ss., y F. F. Bruce, *New Testament History*, Nueva York, 1980, p. 351.

domingo en lugar de en sábado[8] —día, pues, ideal para recoger la ofrenda— y, por otro lado, la fuente lucana confirma el itinerario al que se refiere Pablo (Hch 19, 21).

En cuanto a la fiesta de Pentecostés a la que se refiere el apóstol, posiblemente, era la del año 55 d. de C. (unas siete semanas después de que escribiera Pablo). De hecho, la referencia a las primicias y a la cosecha que se menciona en 1 Corintio 15, 20 y ss., y 5, 7 y ss., resultaría especialmente apropiada en relación con esta fiesta judía. Con todo, lo más seguro es que se produjera un cambio de planes. Por aquellas fechas posteriores a Pentecostés del 55 d. de C., Pablo pudo haber realizado la lamentable visita a que se hace referencia en 2 Corintios 2, 1 y, finalmente, se produjo una modificación de lo planeado, tal y como se desprende de 2 Corintios 1, 15 y ss. El tema de la colecta deja entonces de mencionarse, lo que es lógico si las relaciones entre el apóstol y los corintios se habían deteriorado.

Volvemos a encontrarnos con esta misma cuestión al final de la carta de la reconciliación con los corintios (2 Cor 1-9). La misma fue enviada desde Macedonia y el apóstol se refiere al tema de paso que alaba la generosidad de las iglesias de la zona. Al parecer, estas, sin tener en cuenta su propia pobreza, habían tomado la iniciativa de la colecta y la habían entregado a Pablo para que se la hiciera llegar a los necesitados de Jerusalén. Posiblemente, los cristianos gentiles de Macedonia habían preguntado acerca de la manera en que el tema de la colecta se iba desarrollando en otros lugares y Pablo había mencionado cómo desde el año anterior estaba siendo llevada a cabo en Corinto y otras partes de Acaya. La carta dirigida a los corintios es una súplica del apóstol para que no lo dejen en mal lugar ante los cristianos gentiles de Macedonia. En la misiva se señala asimismo

---

[8] Hechos 20, 7. Ver *supra* pp. 224 y 247. En este mismo sentido, pero ampliando tal costumbre al conjunto total del cristianismo y atribuyéndole un origen no paulino sino judeocristiano, ver D. Flusser, «Tensions Between Sabbath and Sunday», en E. J. Fisher (ed.), *The Jewish Roots of Christian Liturgy*, Nueva York, 1990.

que Pablo envía a Tito y a otros dos[9] para ayudarlos a terminar de recoger la ofrenda, de forma que cuando él llegase a Corinto acompañado por algunos macedonios, ni los corintios ni él mismo tuvieran que avergonzarse.

Aunque Pablo procura expresarse con el mayor tacto posible, insistiendo en que se trata de una muestra de generosidad de los corintios y no de una exigencia propia (2 Cor 9, 5), lo cierto es que algunos de los corintios no debieron sentir mucha simpatía por la idea. Buena prueba de ello son las referencias repetidas que aparecen en los capítulos finales de 2 Corintios en relación con la honradez de Pablo en lo que a asuntos monetarios se refería, así como en cuanto a la escrupulosidad de Tito en el mismo tipo de cuestiones (2 Cor 12, 16). No sabemos cuál fue el resultado exacto de las gestiones de Pablo ante los corintios relativas a la colecta. Sin embargo, es muy posible que no fuera defraudado del todo en sus expectativas, porque en la carta a los romanos señala que tiene consigo la ayuda económica proporcionada por Macedonia y Acaya y que la llevará a Jerusalén antes de emprender su viaje a España (Rom 15, 25-7). Que Pablo pretendía fortalecer los vínculos de unión entre los gentiles cristianos y los judeocristianos con aquella colecta es una cuestión más que segura; que en la realización de la misma posiblemente vio un cumplimiento de lo acordado con las tres columnas de la comunidad de Jerusalén años antes (Gál 2, 6-10), cabe asimismo dentro de lo probable; pero no puede descartarse tampoco que Pablo contemplara aquel viaje provisto de un contenido escatológico relacionado con las ofrendas que en los últimos tiempos las naciones gentiles llevarían a Jerusalén (Is 66, 20; Sof 3, 10; Salmos de Salomón 17, 34, etc.). En

---

[9] Desconocemos la identidad de los dos acompañantes de Tito, pero existe una cierta probabilidad de que uno de ellos fuera Lucas. Así lo identificó —aunque no sobre base muy firme— Orígenes en el pasado (Eusebio, *Hist. Ecles.*, VI, 25, 6). A favor de esta misma tesis, defendida de manera brillante, se ha mostrado ya en nuestro siglo A. Souter, «A Suggested Relationshipbetween Titus and Luke», en *Expository Times*, 18, 1906-7, p. 285, e ídem, «The Relationship between Titus and Luke», en *ibídem*, p. 335 y ss.

su caso concreto, el apóstol creía que los gentiles eran parte de ese nuevo pueblo de Dios. Esto explicaría el hecho de que los acompañantes de Pablo, tal y como aparecen mencionados en Hechos 20, 4, fueran miembros de las diversas iglesias asentadas en las zonas donde el apóstol había predicado. La lista contiene nombres de las comunidades de Macedonia (Berea y Tesalónica), Galacia (Derbe) y Asia. Lucas posiblemente representaría a las comunidades de Filipos, y no deja de ser significativa la ausencia de nombres procedentes de Corinto.

El último encuentro

Como tuvimos ocasión de ver, el viaje hacia Jerusalén fue contemplado por Pablo como algo peligroso ya tiempo antes de que comenzara (Rom 15, 31), y aquella impresión resultó confirmada, según la fuente lucana, a través de los mensajes proféticos que recibió durante su viaje en el seno de varias iglesias (Hch 20, 23; 21, 4, 10-14). Nada, sin embargo, había disuadido a Pablo de su propósito y, finalmente, hizo su entrada en Jerusalén, donde fue recibido por Santiago y los ancianos de la comunidad judeocristiana (Hch 21, 17 y ss.).

La fuente lucana pone de manifiesto que la visita de Pablo obtuvo una buena acogida, y no tenemos motivo para dudar de que fuera así. La época era especialmente conflictiva, los necesitados —a juzgar por la Epístola de Santiago— debían ser numerosos, y la colecta, cuya cuantía desconocemos aunque no debió ser insignificante, seguramente fue bien recibida. Por otra parte, las noticias del crecimiento misionero posiblemente fueron acogidas también con alegría, puesto que indicaban hasta qué punto las decisiones del «decreto jacobeo» habían sido acertadas (Hch 21, 19-20). Sin embargo, no todo iba a resultar igual de armonioso. En Jerusalén —y es fácil de creer que también en la Diáspora— corrían rumores contrarios a Pablo, esparcidos por algunos judíos, en el sentido de que enseñaba que estos no tenían que circuncidar a sus hijos ni cumplir la Torah de Moisés. Ni Santiago ni sus compañeros creían en tales acusaciones, y además se manifestaban satisfechos con el «decreto jacobeo» como regla relativa a los gentiles[10]. Desde luego, resultaba impensable retroceder de aquella postura para imponer a los gentiles la Torah. No obstante, a su juicio, resultaba imperativo aclarar tal situación, porque el movimiento había crecido considerablemente y los nuevos fieles procedentes de entre los judíos eran celosos cumplidores de la Torah.

Efectivamente, Pablo no había enseñado jamás que los judíos convertidos a la fe de Jesús tuvieran que dejar de circuncidar a sus hijos o de cumplir la ley mosaica, y él mismo, como vimos, se guardó cuidadosamente de escandalizar en ese tema a los judíos. Hoy en día, tales aspectos parecen fuera de duda. Por supuesto, su enseñanza —como la petrina— insistía en que el cumplimiento de la ley mosaica no era lo que abría al hombre la obtención de la salvación, sino la fe en Jesús, pero jamás rechazó el que esta fuera cumplida por los judíos. Ahora bien, como ya hemos visto, en relación con los gentiles, Pablo mantuvo una postura —por otro lado, con paralelos en el judaísmo de la época y, en cualquier caso, sancionada por la comunidad de Jerusalén—, en el sentido de que no estaban sujetos ni a la circuncisión ni al cumplimiento de la Torah.

Los enemigos judíos del judeocristianismo se veían ante la imposibilidad de acusarlo de antinomianismo. Los judeocristianos eran celosos de la Torah, y Santiago constituía un paradigma al respecto. Pero el mensaje de Pablo podía ser tergiversado en el sentido de que no solo eximía de la Torah y de la circuncisión a los gentiles, sino también a los judíos, y, a través de esta argucia, atacar la credibilidad de los judeocristianos de Judea. Estos, que

---

[10] Hechos 21, 25. En un sentido similar, ver H. Conzelmann, *Die Apostelgeschichte*, Tubinga, 1963, p. 123, y E. Haenchen, *The Acts of the Apostles*, Oxford, 1971, p. 610.

en armonía con todas las fuentes no daban crédito a la acusación, sin embargo, necesitaban mostrar que Pablo era inocente de la misma y, con tal finalidad, le recomendaron la realización de un gesto que pusiera de manifiesto que él también era un fiel cumplidor de la Torah. La ocasión la proporcionó el hecho de que cuatro jóvenes fueran a raparse la cabeza como señal de un voto y que, por ello, necesitaran presentar ofrendas (Hch 21, 23 y ss.).

El voto, en buen número de casos, se pronunciaba después de experimentar la curación de una enfermedad y puede haber sido el caso de estos jóvenes, porque los hechos taumatúrgicos están muy bien documentados en el seno del judeocristianismo, incluso en las fuentes hostiles al mismo. En cualquier caso, el costear este tipo de votos era considerado una acción especialmente digna de alabanza en el contexto judío, y sabemos que el mismo Herodes Agripa realizó un acto similar, presumiblemente también con fines propagandísticos (*Ant.* XIX, 294). Pablo aceptó la sugerencia de Santiago[11]. Por un lado, era un fiel cumplidor de la ley y el acto encajaba perfectamente dentro de la misma; por otro, él mismo lo había realizado en el pasado al menos en una ocasión, muy probablemente tras sanar de una enfermedad (Hch 18, 18)[12]. Si no se especificaba otra duración, el voto de nazireato duraba treinta días (Mishnah, Nazir 6:3). Durante ese periodo se producía una abstención total de vino y bebidas alcohólicas, se evitaba el contacto susceptible de crear un estado de contaminación ri-

---

[11] J. D. G. Dunn, *Unity and Diversity in the New Testament*, Londres, 1977, p. 257, ha especulado con la posibilidad de que el cumplimiento de la ceremonia fuera la condición previa impuesta por la comunidad jerosolimitana para aceptar la colecta. Francamente, no existe en las fuentes ningún apoyo para tal punto de vista, y no es de extrañar.

[12] A esto han añadido algunos autores el hecho de que, de alguna manera, la visita al Templo le permitiría consumir el contenido escatológico de la ofrenda de los gentiles llevada a Jerusalén. Este último aspecto es claramente especulativo y no puede apuntarse sino como una posibilidad insinuada también por otros autores. En ese sentido, ver: F. F. Bruce, *New Testament History*, 1980, Nueva York, p. 355. Este mismo autor (F. F. Bruce, *The Book of Acts*, Grand Rapids, 1990, p. 406 y ss., e ídem, *Paul: Apostle of the Heart set Free*, Grand Rapids, 1990) ha expresado sus dudas acerca de que Pablo creyera en la efectividad de la medida arbitrada por Santiago y

tual (verbigracia, con un cadáver), y no se cortaba el cabello. Al final de ese periodo se presentaba una ofrenda en el Templo y el cabello, ya cortado, era consumido en un fuego sacrificial junto con un cordero y una cordera de un año y un carnero sin defecto (Núm 6, 13-4. También Mishnah, Nazir 6:5-6). Cualquier israelita podía asociarse con el nazireo haciéndose cargo del costo de la ofrenda, que era la sugerencia que se hacía a Pablo. Para que este mismo pudiera participar debía asimismo someterse a una ceremonia de purificación, puesto que regresaba de tierra de gentiles. Por desgracia para los judeocristianos (y no digamos para Pablo) el proyecto no obtuvo éxito.

La detención de Pablo

Durante las semanas anteriores, el apóstol y sus colaboradores habían escuchado en repetidas ocasiones anuncios proféticos que se referían a su detención en caso de que bajara a la ciudad de Jerusalén. De momento, todo parecía indicar que los presagios no iban a cumplirse y entonces, de manera inesperada y repentina, se produjo un cambio radical de la situación. La fuente lucana lo relata de la siguiente manera:

> [27]Y cuando estaban para acabarse los siete días, unos judíos procedentes de Asia lo vieron en el Templo y alborotaron a todo el pueblo y le echaron mano, [28]gritando: «¡Varones israeli-

---

los judeocristianos, pero creemos que tal punto de vista arranca más que de una lectura de las fuentes de una consideración sobre los hechos posteriores. En cuanto a la visión de A. J. Mattill, «The Purpose of Acts: Schnackenburger Reconsidered», en *Apostolic History and the Gospel*, ed. W. W. Gasque y R. P. Martin, Exeter, 1970, en el sentido de que la comunidad de Jerusalén rechazó la ofrenda gentil (p. 116) y de que la sugerencia del pago de los votos fue una trampa de los judaizantes para que fuera capturado en el Templo (p. 115) —trampa descubierta por el autor de la fuente lucana en el mismo momento de la captura de Pablo—, parece, a nuestro juicio, más digna de una novela que de un estudio serio de las fuentes. Desde luego, si el autor del libro de los Hechos pensó alguna vez en que la sugerencia de Santiago era una trampa para Pablo, se ocupó de ocultar su pensamiento a conciencia.

tas, socorro! Este es el hombre que por todas partes enseña a todos en contra el pueblo, en contra de la Torah y en contra de
este lugar; y, por añadidura, ha introducido a gentiles en el
Templo, y ha contaminado este lugar santo». [29]Porque antes
habían visto con él en la ciudad a Trófimo, un hombre de Éfeso, al cual pensaban que Pablo había metido en el Templo.
[30]Así que toda la ciudad se alborotó, y se agolpó el pueblo; y
agarrando a Pablo, lo sacaron del Templo, y luego cerraron las
puertas. [31]Y cuando intentaban matarlo, avisaron al tribuno de
la compañía de que toda la ciudad de Jerusalén estaba alborota-
da. [32]Este, tomando a soldados y centuriones, acudió corriendo
a donde se encontraban, y ellos, cuando vieron al tribuno y a
los soldados, dejaron de herir a Pablo. [33]Cuando llegó el tribuno, lo prendió, y lo mandó atar con dos cadenas; y preguntó
quién era y qué había hecho. [34]Y entre la multitud, unos gritaban una cosa y otros otra. Y como no podía entender nada de
cierto a causa del alboroto, ordenó que lo llevaran a la fortaleza. [35]Y cuando llegó a las gradas fue llevado en volandas por los
soldados para salvarlo de la violencia del pueblo; [36]porque mucha gente venía detrás, gritando: «¡Mátalo!». (Hch 21, 27-36.)

Un grupo de judíos de Asia —una circunstancia que hace
pensar en una clara hostilidad hacia Pablo— lo había acusado de
haber introducido a gentiles en el Templo. El resultado inmediato
había sido una revuelta. La gravedad de la acusación puede com-
prenderse si tenemos en cuenta que acciones como aquella estaban penadas con la muerte, según se desprende de dos fuentes
epigráficas descubiertas, una en 1871 y otra en 1935[13]. A las acusaciones (falsas, como hemos visto) de enseñar a los judíos que no
debían circuncidar a sus hijos y de que no estaban sujetos a la
Torah, se acababa de añadir ahora la de profanar el Templo, algo
que recordaba en parte los cargos que habían costado la vida a

---

[13] Sobre la inscripción situada en el mismo que anunciaba la prohibición de
entrada a los gentiles, ver: C. S. Clermont-Ganneau, «Discovery of Tablet from
Herod's Temple», en *Palestine Exploration Quarterly*, 3, 1871, pp. 132-3, y J. H. Ilif-
fe, «The ZANATOS Inscription from Herod's Temple», en *Quarter of the Departa-
ment of Antiquities of Palestine*, 6, 1936, pp.1-3.

Esteban. Es muy posible que su final hubiera sido similar de no intervenir la guarnición romana que estaba acuartelada en la fortaleza Antonia (Hch 21, 27 y ss.). Una vez más, las fuerzas romanas de orden público estaban a la altura de las circunstancias en una situación especialmente difícil.

Sin embargo, Pablo captó en aquella situación una posibilidad nueva de dar testimonio de Jesús. En un gesto que indica claramente cómo era su personalidad, pidió al oficial romano que le permitiera explicarse:

> [37] Y mientras metían a Pablo en la fortaleza, dijo al tribuno: «¿Puedo decirte algo?». Y él dijo: «¿Sabes griego? [38] ¿No eres tú aquel egipcio que provocó una sedición antes de estos días, y sacaste al desierto a cuatro mil bandidos?». [39] Entonces dijo Pablo: «Yo de cierto soy judío, ciudadano de Tarso, una ciudad no oscura de Cilicia. Te ruego que me permitas que hable al pueblo». [40] Y cuando se lo permitió, Pablo, de pie en las gradas, hizo una señal con la mano al pueblo. Y, una vez que se produjo un gran silencio, dijo en lengua hebrea: [1] «Hermanos y padres, escuchad la defensa que os presento». [2] Y cuando oyeron que les hablaba en lengua hebrea, guardaron aún más silencio. Y dijo: [3] «Yo de cierto soy judío, nacido en Tarso de Cilicia, pero me crie en esta ciudad a los pies de Gamaliel, y recibí una enseñanza conforme a la verdad de la ley de la patria, celoso de Dios, como todos vosotros sois hoy. [4] He perseguido este Camino hasta la muerte, prendiendo y encerrando en prisión a hombres y a mujeres, [5] de lo que también me es testigo el príncipe de los sacerdotes, y todos los ancianos; de los cuales también recibí cartas para los hermanos, y marché a Damasco para traer presos a Jerusalén a los que estuviesen allí, para que fuesen castigados. [6] Pero sucedió que yendo yo, cuando me acercaba a Damasco, como a mediodía, de repente me rodeó mucha luz que procedía del cielo; [7] y caí al suelo y oí una voz que me decía: "Saulo, Saulo, ¿por qué me persigues?". [8] Yo entonces respondí: "¿Quién eres, Señor?". Y me dijo: "Yo soy Jesús de Nazaret, a quien tú persigues". [9] Y los que estaban conmigo vieron a la verdad la luz, y se espantaron; pero no oyeron la voz del que hablaba conmigo. [10] Y dije: "¿Qué debo hacer, Señor?". Y el Señor me dijo: "Levántate y ve a Damasco, y allí se te dirá todo lo que has de hacer". [11] Y como no

podía ver, a causa de la intensidad de la luz, llevado de la mano por los que estaban conmigo llegué a Damasco. [12] Entonces un tal Ananías, un hombre piadoso conforme a la Torah, que tenía buen testimonio de todos los judíos que vivían allí, [13] vino a donde me encontraba y acercándose me dijo: "Hermano Saulo, recibe la vista". Y yo en aquella hora recuperé la vista y lo vi. [14] Y él dijo: "El Dios de nuestros padres te ha predestinado para que conocieses su voluntad, y vieses a aquel Justo, y oyeses la voz de su boca", [15] porque has de ser testigo suyo ante todos los hombres de lo que has visto y oído. [16] Ahora, pues, ¿qué haces ahí parado? Levántate, y bautízate, y, mediante la invocación de su nombre, lava tus pecados". [17] Y me sucedió, que cuando regresé a Jerusalén, mientras estaba orando en el Templo, experimenté un éxtasis, [18] y lo vi que me decía: "Date prisa, y sal inmediatamente de Jerusalén; porque no van a recibir tu testimonio acerca de mí". [19] Y yo dije: "Señor, saben que yo encerraba en la cárcel y hería en las sinagogas a los que creían en ti; [20] y cuando se derramaba la sangre de Esteban tu testigo, yo también estaba presente, y consentía en su muerte, y guardaba las ropas de los que lo estaban matando". [21] Y me dijo: "Márchate, porque tengo que enviarte lejos, a los gentiles"». [22] Y hasta esa frase lo escucharon, porque entonces se pusieron a gritar: «Quita de la tierra a este hombre, no puede seguir viviendo». [23] Y comenzaron a dar voces, y a rasgarse las vestiduras y a echar polvo al aire. [24] Mandó el tribuno que lo llevasen a la fortaleza y ordenó que fuese interrogado utilizando los azotes para averiguar por qué causa clamaban así contra él. (Hch 21, 37-40; 22, 1-24.)

Durante unos instantes, los judíos habían escuchado a un Pablo que se dirigía en su lengua —el hebreo de la fuente lucana es, en realidad, lo que nosotros denominamos arameo— e incluso habían podido soportar su referencia a un compatriota ejecutado por los romanos que se le había aparecido en el camino de Damasco. Muy posiblemente, no habían contemplado de manera negativa que fuera recibido por Ananías, un hombre fiel a la Torah, que lo había introducido en aquella comunidad de creyentes. Lo que les resultó indignante era la posibilidad de que aquel mensaje nacido en Israel y para Israel se abriera a los odiados gentiles.

Tan solo unos años antes, hubiera sido recibido con resquemor de algunos y con tolerancia de otros. En esos momentos, de los peores del dominio romano, era natural que provocara una explosión de cólera y, muy posiblemente, muchos pudieron verlo como una confirmación de que el cargo levantado contra Pablo de haber introducido gentiles en el Templo se correspondía con la realidad.

La reacción del centurión —que, obviamente, no sabía arameo— fue la de ordenar que llevaran a Pablo a un lugar seguro y que lo sometieran a tormento para dilucidar las causas del alboroto. La reacción del apóstol fue la misma que ya vimos en Filipos[14], la de hacer valer sus derechos como *civis romanus*:

> [25]Y cuando lo ataron con correas, Pablo dijo al centurión que estaba presente: «¿Os está permitido azotar a un romano sin condena previa?». [26]Y cuando el centurión lo escuchó, fue a informar al tribuno y le dijo: «¿Qué vas a hacer? Porque este hombre es romano». [27]Y acudiendo el tribuno, le dijo: «Dime, ¿eres romano?». Y él dijo: «Sí». [28]Y respondió el tribuno: «Yo obtuve la ciudadanía mediante el pago de una gran suma». Entonces Pablo dijo: «Pues yo lo soy de nacimiento». [29]Así que inmediatamente se apartaron de él los que lo iban a someter a tormento, e incluso el tribuno, al saber que era romano, también tuvo temor por haberlo atado. (Hch 22, 25-29.)

La situación de los funcionarios romanos se presentaba delicada. Ciertamente habían salvado la vida de un ciudadano romano, pero no era menos cierto que habían estado a punto de someterlo a tormento sin decisión judicial previa, una falta de extraordinaria gravedad. Finalmente, optaron, como era su costumbre, por la aplicación estricta de la ley. Pablo había sido acusado de quebrantar la Torah, por lo tanto, lo legal era entregarlo a las autoridades judías, al Sanedrín, que tenía competencia judicial en este tipo de materias, para que decidiera al respecto. Así se hizo.

---

[14] Ver *supra*, p. 173.

Pablo ante el Sanedrín

A diferencia del poder romano, que podía ser despiadado, pero que mantenía un mínimo de respeto por la ley, las decisiones del Sanedrín, tal y como señalan las propias fuentes judías, estaban muy mediatizadas por las distintas facciones que lo componían. Semejante circunstancia había resultado fatal en su día para Jesús, pero ahora Pablo iba a aprovecharla en su beneficio de manera verdaderamente magistral. El episodio de su comparecencia nos ha sido transmitido por la fuente lucana:

> [1]Entonces Pablo, fijando la mirada en el Sanedrín, dijo: «Hermanos, hasta el día de hoy, he vivido con toda buena conciencia ante de Dios». [2]Entonces el sumo sacerdote, Ananías, mandó a los que estaban cerca de él que lo golpeasen en la boca. [3]Entonces Pablo le dijo: «Dios te golpeará a ti, pared blanqueada. ¿Estás tú sentado para juzgarme conforme a la Torah, y en contra de la Torah ordenas que me golpeenr?». [4]Y los que estaban presentes dijeron: «¿Al sumo sacerdote de Dios maldices?». [5]Y Pablo dijo: «No sabía, hermanos, que era el sumo sacerdote; porque está escrito: Al príncipe de tu pueblo no maldecirás». [6]Entonces Pablo, percatándose de que una parte era de saduceos y la otra de fariseos, clamó en medio del Sanedrín: «Hermanos, yo soy fariseo, hijo de fariseo; se me juzga por la esperanza en la resurrección de los muertos». [7]Y al decir esto se produjo una disensión entre los fariseos y los saduceos; y se dividió la multitud. [8]Porque los saduceos dicen que no hay resurrección, ni ángel, ni espíritu; pero los fariseos creen en todas estas cosas. [9]Y se levantó un gran clamor; y poniéndose en pie los escribas del partido de los fariseos se pusieron a discutir vehementemente diciendo: «Ningún mal hallamos en este hombre. ¿Qué le vamos a hacer si un espíritu o un ángel le ha hablado?». [10]Y, al producirse una tremenda discusión, el tribuno, temiendo que Pablo fuera despedazado por ellos, ordenó que acudieran los soldados y se lo llevaran, conduciéndolo a la fortaleza. [11]Y la noche siguiente se le presentó el Señor y le dijo: «¡Ten valor!, Pablo; de la misma manera que has testificado de mí en Jerusalén, es indispensable que des testimonio también en Roma». (Hch 23, 1-11.)

Pablo se había encontrado en una situación especialmente peligrosa desde el momento en que el sumo sacerdote era un saduceo nada escrupuloso de la legalidad. Según cuenta Josefo[15], Ananías, el hijo de Nedebeo, robaba los diezmos destinados a los sacerdotes de rango inferior. El propio Talmud menciona su inmunda glotonería (Pesaj 57ª). De la misma manera que había ordenado que lo golpearan en contra de lo establecido en la ley, es más que posible que no habría tenido dudas a la hora de impulsar una condena del apóstol. A fin de cuentas, su interés primordial era evitar tumultos en el Templo que diera paso a una intervención romana en la vida de la nación. Por un motivo así, algunos años antes se había tomado la decisión de matar a Jesús que era un maestro popular (Jn 11, 45 y ss.). Resultaba obvio que no iban a tener más contemplaciones con un personaje como Pablo que no contaba con el respaldo que entre la población había tenido Jesús. Sin embargo, el judío de Tarso era un adversario correoso. Captó a la perfección que el Sanedrín estaba dividido entre fariseos y saduceos y apeló a su condición de fariseo. Él —a diferencia del sumo sacerdote— creía en la resurrección de los muertos y aprovechó para señalar que, a decir verdad, era por eso por lo que se lo juzgaba, porque predicaba a uno que ya había resucitado y que constituía la garantía de que esa resurrección tendría lugar al final de los tiempos. De manera automática —y comprensible—, el Sanedrín se dividió entre saduceos y fariseos. Estos incluso aprovecharon las palabras de Pablo para dejar claro que no se podía negar ni la resurrección ni la existencia de ángeles. Hurgaban así en la herida teológica que los separaba de los saduceos, por lo que no es extraño que estallara una contienda. En medio del alboroto, las fuerzas romanas de orden tuvieron que tomar de nuevo cartas en el asunto. Bajo ningún concepto estaban dispuestas a permitir que un ciudadano romano fuera despedazado por una turba de bárbaros fanáticos. Nadie podía saberlo

---

[15] *Antigüedades* XX, 205-207.

entonces, pero, antes de que pasara una década, el sumo sacerdote ante el que había comparecido Pablo sería asesinado por nacionalistas judíos que lo consideraban intolerablemente corrupto y cercano a Roma.

En apariencia, Pablo había conseguido salvarse de las asechanzas de sus enemigos en Jerusalén. La realidad era muy distinta. Un grupo de algo más de cuarenta judíos se juramentó para no comer ni beber hasta darle muerte. Además, convencidos de la santidad de su causa, se pusieron en contacto con miembros del Sanedrín para que facilitaran sus propósitos. El plan consistía en pedir al tribuno que sacara a Pablo para poder conversar con él y aprovechar la situación para asesinarlo (Hch 23, 12-15). Con toda seguridad, el judío de Tarso no hubiera podido sobrevivir a aquella conjura de no haberse producido un hecho verdaderamente providencial. Un sobrino de Pablo, hijo de su hermana, tuvo noticia de lo que se tramaba y lo puso en conocimiento del tribuno romano (Hch 23, 16 y ss.). Es este el único dato que poseemos sobre los parientes del apóstol. Posiblemente vivían en Jerusalén como él lo había hecho durante algunos años, y nada parece indicar que hubieran abrazado la fe en Jesús. En realidad, es muy posible que mantuvieran un contacto estrecho con las autoridades judías, el suficiente al menos como para enterarse de lo que se planeaba contra Pablo. Sin embargo, esa forma distinta de ver las cosas no los había cegado como para dejar a un familiar abandonado a su suerte. Gracias a ello precisamente iba a salvar la vida.

CAPÍTULO XVIII

De Cesarea a Roma

Rumbo a Cesarea

MIENTRAS Pablo era detenido en Jerusalén, ¿qué había sucedido con sus compañeros? Cabe pensar que debieron apresurarse a abandonar la ciudad. Especialmente Trófimo se hallaba en una situación delicada, por cuanto se le acusaba de haber entrado en el recinto prohibido del Templo (Hch 21, 29). Por lo que se refiere a Lucas, es posible que acompañara a Pablo en su camino a Cesarea y allí se quedara con él, al igual que lo hizo quizá Aristarco de Tesalónica. Desde luego, la fuente lucana señala que ambos acompañarían a Pablo en el viaje de Cesarea a Italia (Hch 27, 2). Las fuentes no nos informan de la reacción de la comunidad judeocristiana de Jerusalén en relación con la detención de Pablo, sin embargo, parece evidente que no pudieron —si es que lo desearon, lo cual es dudoso— distanciarse de él.

Al poco de llegar a Jerusalén, Pablo podía sentirse más que confirmado en que todo lo que Dios le había comunicado se había cumplido al pie de la letra. Por un lado, los anuncios proféticos repetidos en el sentido de que sería prendido se habían visto realizados de manera especialmente dramática, pero, con seguridad, para él resultaba mucho más importante la visión que había tenido tras su detención. Aunque pareciera lo contrario, se encaminaba a su sueño incumplido de llegar hasta Roma, la ciudad desde la que se dirigiría a España. Sin embargo, se pensara lo que se pensara de la acción de Dios en su vida, lo cierto es que en esos momentos, de manera acentuadamente literal, la vida de Pablo dependía de las fuerzas romanas de orden público. Su respuesta ante la amenaza que se cernía sobre el apóstol fue inmediata, y no podía ser de otra manera. ¿Cómo iban a consentir que un ciudadano romano fuera asesinado por un grupo de bárbaros por muy religiosos que fueran?:

> [22]Entonces el tribuno despidió al joven ordenándole que no dijese a nadie que le había advertido de esto. [23]Y, tras convocar a dos centuriones, les ordenó que prepararan para la hora tercera de la noche a doscientos soldados, que fuesen hasta Cesarea, y a setenta jinetes y doscientos lanceros; [24]y que dispusieran monturas para Pablo, a fin de llevarlo a salvo ante Félix el gobernador. [25]Y escribió una carta en estos términos: [26]«Claudio Lisias al excelentísimo gobernador Félix: Salud. [27]A este hombre, detenido por los judíos, y al que iban a matar, lo libré yo acudiendo con la tropa, al enterarme de que era romano. [28]Y queriendo saber la causa por la que lo acusaban, lo llevé ante el Sanedrín. [29]Y descubrí que lo acusaban de cuestiones de su ley, y que no había cometido ningún crimen digno de muerte o de prisión. [30]Pero al informárseme de las asechanzas que habían tramado contra él los judíos, inmediatamente lo he enviado a ti, conminando también a los acusadores para que traten ante ti lo que tienen en su contra. Pásalo bien». (Hch 23, 22-30)

En Cesarea: Ante Félix

La ciudad[1] a la que se dirigía Pablo —y en la que iba a pasar los dos siguientes años— fue levantada por Herodes el Grande

---

[1] Sobre Cesarea, L. I. Levine, *Caesarea under Roman Rule*, Leiden, 1975, y *Roman Caesarea: An Archaeological-Topographical Study*, Jerusalén, 1975; C. T. Fritsch (ed.), *Studies in the History of Caesarea marítima* I, Missoula, 1975.

entre el 20 y el 9 a. de C., en torno a un lugar denominado la Torre de Estratón. El objetivo perseguido por el monarca idumeo era contar con un puerto mediterráneo de especial relevancia. En buena medida, Cesarea era un reflejo de la personalidad de Herodes. Su sentido práctico, su resolución a la hora de vencer las dificultades —al no existir puerto natural había tenido que levantar uno artificial— y su voluntad de mantener la alianza con Roma se dieron cita en una ciudad construida precisamente en honor de Augusto y que de él recibía el nombre. Esta última circunstancia provocó una cierta aversión de los judíos hacia el lugar que, desde sus inicios, contó con una población mayoritariamente gentil. Desde el año 6 d. de C., el gobernador romano de Judea consideró que Cesarea era un lugar más adecuado para fijar su residencia que la ciudad de Jerusalén. De hecho, es en el teatro de Cesarea donde se encontró en 1961 una inscripción latina donde se menciona a Poncio Pilato [2], el gobernador que condenó a muerte a Jesús.

El procurador con el que se iba a encontrar Pablo en Cesarea no era el típico gobernador de provincia. Marco Antonio Félix no pertenecía, como era habitual en ese puesto, al orden ecuestre, sino que era un liberto que, tiempo atrás, había sido esclavo de una mujer tan ilustre como Antonia. Antonia era hija de Marco Antonio y de Octavia, la hermana de Augusto, pero además era la viuda de Druso, el hermano de Tiberio, y la madre del emperador Claudio. Félix era hermano de Palas, otro de los libertos de Antonia, que había ascendido de manera espectacular en el seno de la administración imperial. Es posible que Palas ayudara a Félix a iniciarse en los vericuetos del poder, pero lo cierto es que el ahora gobernador había demostrado una enorme capacidad personal para relacionarse. Baste decir, por ejemplo, que sus tres esposas fueron de sangre real. Una era nieta de Antonio y Cleopatra, y Drusila, con la que estaba casado

---

[2] El texto fue publicado en primer lugar por A. Frova, *Istituto Lombardo di Scienze e Lettere: Rendiconti*, Milán, 1961, pp. 419-434.

en la época en que Pablo llegó a Cesarea, era la hija menor de Herodes Agripa y la hermana de Agripa II y Berenice.

Félix había sido nombrado gobernador en el 52 d. de C., pero es posible que previamente hubiera ocupado un puesto administrativo en Samaria bajo su predecesor en el cargo, Ventidio Cumano[3]. Quizá en esa época fue cuando trabó conocimiento con Jonatán, el hijo de Anás, un antiguo sumo sacerdote que presionó sobre Roma para que Félix fuera nombrado gobernador. Como ya indicamos en un capítulo anterior, su designación coincidió con un recrudecimiento de la actividad terrorista de los sicarios. Félix reprimió con dureza esas acciones, lo que tuvo como consecuencia que fuera muy bien considerado en Roma. De hecho, cuando Palas cayó en desgracia en el año 55 al poco de acceder Nerón al principado, Félix conservó su cargo. Ante ese personaje precisamente iba a comparecer ahora Pablo.

A los cinco días de su llegada bajo custodia, apareció en Cesarea un grupo de acusadores con la intención de defender su postura ante el gobernador Félix. En su seno se daban cita el sumo sacerdote Ananías y algunos de los ancianos, pero la tarea de presentar la acusación contra Pablo recayó en un orador profesional llamado Tértulo. La fuente lucana nos ha transmitido su informe, que presentó la forma clásica de *captatio benevolentiae*, es decir, una declaración adulatoria que pretendía granjearse la voluntad favorable del juez:

> [2]Y cuando fue citado Tértulo, comenzó su acusación diciendo: «Dado que por tu causa vivimos en gran paz, y tu prudencia permite que muchas cosas sean bien gobernadas en el pueblo, [3]siempre y en todo lugar te manifestamos nuestro reconocimiento con toda gratitud, oh excelentísimo Félix». (Hch 24, 2-3.)

El discurso no dejaba de ser significativo. Félix había contribuido a pacificar la zona, pero, precisamente, para conseguirlo,

---

[3] Tácito, *Anales* XII, 54, 3.

no había tenido inconveniente en derramar sangre en abundancia. Sin embargo, aquellas frases de alabanza constituían tan solo la introducción, y Tértulo entró inmediatamente en el fondo del asunto, en una acusación que pretendía presentar a Pablo como un personaje subversivo —un cargo gravísimo en aquellos tiempos— que debía ser castigado con toda severidad:

> [4] «Sin embargo, por no molestarte más, te ruego que nos oigas brevemente conforme a tu equidad. [5] Porque hemos descubierto que este hombre es un agitador que provoca sediciones entre todos los judíos por todo el mundo, y un dirigente de la secta de los nazarenos, [6] el cual también intentó profanar el Templo. Tras prenderlo, lo quisimos juzgar conforme a nuestra ley, [7] pero intervino el tribuno Lisias y con grande violencia nos lo quitó de las manos, [8] y ordenó a sus acusadores que comparecieran ante ti. Ahora tienes la oportunidad de juzgar y de entender todas estas cosas de que lo acusamos». (Hch 24, 4-8)

Lo señalado por Tértulo colocaba a Pablo en una dificilísima situación. Por un lado, quedaba denunciado como un cabecilla conocido por fomentar sediciones contrarias al Imperio y, por otro, como un enemigo del Templo, con el que hasta la fecha Félix había mantenido muy buenas relaciones. Tanto si el gobernador decidía entregarlo al sumo sacerdote como si le aplicaba él mismo la condena, esta solo podía ser, según los términos expuestos por Tértulo, la pena capital, o bien por profanar el Templo o bien por promover la revuelta contra el emperador. Sin embargo, el derecho de Roma imponía que el acusado pudiera defenderse, y ahora le tocaba el turno a Pablo. La fuente lucana recoge un sumario de lo que fue su alegato:

> [10] Entonces Pablo, tras haberle hecho el gobernador una señal para que hablase, respondió: «Ya que sé que hace muchos años eres gobernador de esta nación, de buena gana voy a defenderme. [11] Porque tú puedes entender que no hace más de doce días que subí en peregrinación a Jerusalén. [12] Y ni me ha-

llaron en el Templo disputando con ninguno, ni provocando tumultos en ninguna sinagoga, ni en la ciudad. [13]Ni te pueden probar las cosas de que ahora me acusan. [14]Sin embargo, sí confieso que conforme a aquel Camino que llaman herejía, sirvo al Dios de mis padres, creyendo todas las cosas que en la Torah y en los profetas están escritas, [15]teniendo esperanza en Dios que habrá una resurrección de los muertos, tanto justos como injustos, algo que también ellos esperan. [16]Y por eso me esfuerzo por tener siempre una conciencia limpia ante Dios y ante los hombres. [17]Pero pasados muchos años vine para hacer limosnas a favor de mi nación y para presentar ofrendas. [18]Fue entonces cuando me hallaron purificado en el Templo, no con una multitud ni armando alboroto, unos judíos procedentes de Asia; [19]que debieron comparecer ante de ti y acusarme si es que tenían algo en mi contra; [20]o que digan estos mismos si encontraron en mí algún crimen cuando comparecí ante el Sanedrín, [21]salvo que, estando entre ellos, dije en alta voz: "A causa de la resurrección de los muertos soy hoy juzgado por vosotros"». (Hch 24, 10-21.)

Si el alegato de Tértulo había sido brillante, no lo fue menos la defensa esgrimida por Pablo. Ante Félix se había presentado como un hombre piadoso —una realidad difícil de refutar— que nunca había entrado en cuestiones políticas —de nuevo, un hecho innegable— y cuyo comportamiento había intentado ajustarse siempre a lo contenido en las Escrituras. Las acusaciones penales que se formulaban contra él, desde luego, no podían ser probadas, y así se desprendía de la ausencia de sus acusadores y de la falta de acuerdo en el Sanedrín. A decir verdad, todo se reducía a una cuestión religiosa en el seno del judaísmo. Sin mencionarlo, Pablo estaba apelando al mismo principio legal que había permitido su absolución ante Galión años atrás.

La fuente lucana señala que Félix se había tomado el trabajo de informarse sobre las diferencias doctrinales entre los distintos grupos y, seguramente, a esas alturas había llegado a una posición muy similar a la formulada por Pablo. En aquel momento, aplazó su decisión hasta la llegada del tribuno Lisias, muy posiblemente recurriendo a la fórmula *Amplius* propia del derecho romano. A decir verdad, nada hace pensar que el nuevo testimonio pudiera aportar algo contra Pablo y, en puridad, la decisión de Félix debiera haber sido dictar su puesta en libertad. Si no lo hizo, se debió a dos razones. La primera era la curiosidad de escuchar a un maestro judío, y la segunda, la esperanza de recibir algún soborno de Pablo. En ambas cuestiones, Félix acabó sintiéndose defraudado.

Unos días después de la vista, Félix, acompañado de su mujer Drusila, que era judía, convocó a Pablo para charlar con él[4]. A la sazón, Drusila no había cumplido todavía los veinte años. Tiempo atrás había sido prometida al príncipe de Comagene, pero el matrimonio no había llegado a celebrarse porque el novio se había negado a convertirse al judaísmo. Entonces, Agripa, el hermano de Drusila, la había entregado a Azizo, monarca del reino de Emesa (Homs) en Siria, que sí se había manifestado dispuesto a abrazar la fe de Moisés. A pesar de todo, el matrimonio no había perdurado. Cuando Drusila tenía tan solo dieciséis años, Félix la sedujo. Flavio Josefo nos ha transmitido la noticia de que en esa labor fue ayudado por un mago chipriota llamado Atomos[5]. El dato seguramente es cierto, pero cabe pensar que lo que Drusila encontró en Félix fue, por primera vez en su vida, y más que la magia, una pasión que quedaba contrapuesta a las uniones políticas a las que se había visto sometida con anterioridad. Según Josefo, Félix le había ofrecido «felicidad», algo que resulta muy difícil de rechazar y que, presumiblemente, Drusila no había conocido hasta entonces. Desde luego, no exigió a Félix que se convirtiera al judaísmo para casarse con él. De la unión nació un hijo llamado Agripa que moriría en el año 79 durante la erupción del Vesubio.

El encuentro de Pablo con Félix y Drusila resultó frustrante. Sus referencias a Jesús como el Mesías fueron escuchadas con

---

[4] El texto occidental de los Hechos atribuye la decisión de llamar a Pablo a Drusila.

[5] *Antigüedades* XIX, 354 y ss., y XX, 139-143.

interés, pero cuando el apóstol se refirió a «la justicia, la continencia y el juicio venidero» (Hch 24, 25), Félix se sintió espantado y lo despidió. Lo cierto es que un hombre que le había quitado la esposa a otro y que había demostrado una resolución despiadada en el ejercicio de su cargo no tenía ante el mensaje de Pablo más alternativas que apartarlo de sí o convertirse.

Durante los meses siguientes, Félix volvió a llamarlo en varias ocasiones, pero su único interés era escuchar alguna propuesta de soborno del apóstol para que lo pusiera en libertad (Hch 24, 26). Semejante eventualidad no se produjo y durante dos años Pablo siguió detenido en Cesarea. Al cabo de ese tiempo, Porcio Festo fue designado sucesor de Félix. Este podría haber dictado la puesta en libertad del apóstol antes de abandonar su cargo. Sin embargo, llegó a la conclusión de que le resultaba más conveniente quedar bien con las autoridades judías que hacer justicia y optó por dejar a Pablo en prisión (Hch 24, 27).

En Cesarea: Ante Festo

A diferencia de Félix, Festo no tenía ninguna experiencia en asuntos judíos. Esa circunstancia lo convertía en especialmente susceptible de ser manipulado. Cuando, tres días después de haber tomado posesión de su cargo, Festo subió de Cesarea a Jerusalén, un grupo de representantes del Sanedrín compareció ante él con la intención de que trasladara a Pablo a la Ciudad Santa para ser juzgado. La fuente lucana indica que su objetivo real era apoderarse del apóstol por el camino y darle muerte (Hch 25, 3). La respuesta de Festo fue desalentadora para los enemigos judíos de Pablo, porque indicó —con muy buen criterio, por otra parte— que no estaba dispuesto a enviarlo a Jerusalén, porque eso implicaría un traslado y porque él mismo no iba a prolongar su estancia en la capital. Con todo, sí estaba dispuesto a que se reabriera la causa (Hch 25, 4 y ss.).

La vista se celebró poco más de una semana después. Las acusaciones fueron una repetición de las formuladas un bienio antes, reincidiendo en la idea de que Pablo había desarrollado actividades que iban contra la Torah, contra el Templo y, de manera significativa, contra el césar (Hch 25, 8). La respuesta de Pablo, claramente previsible, fue negar la veracidad de los cargos. Posiblemente, Festo debió percatarse de la falta de base de las acusaciones, pero, de manera comprensible, no estaba dispuesto a enemistarse con sus administrados nada más tomar posesión del cargo, así que ahora planteó la posibilidad de que Pablo fuera trasladado a Jerusalén y allí juzgado. Eso era lo que buscaban sus adversarios, que debieron contemplar el nuevo movimiento de Festo con satisfacción. Sin embargo, a Pablo no debió escapársele la posibilidad de que se repitiera lo que había sucedido dos años atrás. Nada podía garantizarle que no sería objeto de un atentado que pretendiera acabar con su vida. Apoyándose en su condición de ciudadano romano, apeló al césar (Hch 25, 11).

En el año 30 a. de C. Octavio había logrado que se le otorgara el poder de conocer causas en proceso de apelación[6]. En esos casos, los magistrados romanos se veían privados de la capacidad de matar, azotar, encadenar o torturar a un ciudadano romano, así como de la de sentenciarlo «adversus provocationem» o de impedirle ir a Roma a presentar su apelación. El apóstol acababa de acogerse a este privilegio legal y Festo no tenía más remedio que plegarse a la solicitud.

Al cabo de unos días, el rey Agripa y Berenice acudieron a Cesarea para presentar sus respetos a Festo. En el año 44 había tenido lugar la muerte de Herodes Agripa I. Su hijo, Agripa, tenía tan solo diecisiete años y el emperador Claudio había considerado que el reinar sobre los judíos podía resultar una tarea demasiado difícil para él. A cambio, decidió otorgarle un territorio situado al norte que podría gobernar con el título de rey y que comprendía

---

[6] Dión Casio, *Historia* II, 19.

las antiguas tetrarquías de Filipo y Lisanias, al este y al norte del mar de Galilea, junto con las ciudades de Tiberíades y Tariquea al oeste del citado mar y la de Julias en Perea junto a las poblaciones circundantes. La capital de este pequeño reino era Cesarea de Filipo, a la que daría con el tiempo el nuevo nombre de Neronias en honor del emperador Nerón. Por añadidura, Roma le otorgó la capacidad de nombrar y deponer a los sumos sacerdotes de Jerusalén desde el año 48 al 66, en que estalló la guerra contra Roma.

Es muy posible que esta última circunstancia llevara a Festo a comentar el caso de Pablo con el rey Agripa. Al parecer, el romano deseaba que el monarca lo ayudara a redactar *las litterae dimissoriae*, es decir, los documentos que justificaban la detención del reo y que debían acompañarlo en su viaje hacia Roma. La solicitud era lógica teniendo en cuenta que Festo no veía razón para prolongar la detención, que desconocía el mundo judío y que el preso debía ser enviado al emperador porque había apelado a él. Agripa manifestó su deseo de escuchar a Pablo y, al día siguiente, el preso fue llevado ante su presencia. La fuente lucana nos permite saber la defensa que el apóstol hizo de sí mismo ante el rey Agripa:

[1]Agripa dijo a Pablo: «Se te permite hablar en tu defensa». Pablo entonces, extendiendo la mano, comenzó a defenderse: [2]«Me siento satisfecho de poder defenderme ante ti de todas las cosas de que soy acusado por los judíos, oh rey Agripa; [3]especialmente porque tú conoces todas las costumbres y controversias que existen entre los judíos. Por lo cual te ruego que me escuches con paciencia. [4]Todos los judíos saben la vida que he llevado desde la mocedad, que desde el principio transcurrió en el seno de mi nación, en Jerusalén. [5]Si desean dar testimonio, saben que yo, desde el principio, he vivido como fariseo, de acuerdo con la secta más rigurosa de nuestra religión. [6]Y ahora soy juzgado por la esperanza de la promesa que hizo Dios a nuestros padres. [7]Nuestras doce tribus, sirviendo constantemente de día y de noche, esperan alcanzar esa promesa, y por esa esperanza, oh rey Agripa, soy acusado por los judíos. [8]¿Por qué? ¿Acaso se considera algo

increíble que Dios resucite a los muertos? ⁹Yo, ciertamente, había pensado que debía llevar a cabo muchas cosas contra el nombre de Jesús de Nazaret. ¹⁰Y, ciertamente, lo hice en Jerusalén, y encerré en cárceles a muchos de los santos, tras recibir potestad de los príncipes de los sacerdotes; y cuando los condenaban a muerte, yo voté a favor. ¹¹Y muchas veces, persiguiéndolos por todas las sinagogas, los forcé a blasfemar; y enfurecido sobremanera contra ellos, los perseguí hasta en ciudades extranjeras. ¹²Me dirigía a Damasco con potestad y comisión de los príncipes de los sacerdotes, ¹³y en mitad del día, oh rey, vi en el camino una luz procedente del cielo, que sobrepujaba el resplandor del sol, y que me rodeó a mí y a los que iban conmigo. ¹⁴Y habiendo caído todos nosotros en tierra, oí una voz que me decía en lengua hebrea: "Saulo, Saulo, ¿por qué me persigues? Dura cosa te es dar coces contra el aguijón". ¹⁵Yo entonces dije: "¿Quién eres, Señor?". Y el Señor dijo: "Yo soy Jesús, a quien tú persigues. ¹⁶ Pero levántate, y ponte en pie; porque para esto me he manifestado a ti, para ponerte por siervo y testigo de las cosas que has visto y de aquellas en que me manifestaré a ti. ¹⁷Y te libraré del pueblo y de los gentiles, a los que ahora te envío, ¹⁸para que abras sus ojos, para que se conviertan de las tinieblas a la luz, y de la potestad de Satanás a Dios; para que reciban, gracias a la fe en mí, el perdón de los pecados y una herencia entre los que han sido santificados". ¹⁹Por lo cual, oh rey Agripa, no fui rebelde a la visión celestial. ²⁰Por el contrario, anuncié primeramente a los que están en Damasco, y Jerusalén, y por toda la tierra de Judea, y a los gentiles, que se arrepintiesen y se convirtiesen a Dios, llevando a cabo obras dignas de arrepentimiento. ²¹Por eso los judíos, prendiéndome en el Templo, intentaron matarme. ²²Sin embargo, auxiliado por la ayuda de Dios, persevero hasta el día de hoy, dando testimonio a pequeños y a grandes, no diciendo nada fuera de las cosas que los profetas y Moisés dijeron que habían de suceder: ²³que el Mesías había de padecer, y ser el primero de la resurrección de los muertos, para anunciar luz al pueblo y a los gentiles». (Hch 26, 1-23.)

El discurso de Pablo ante Agripa encaja totalmente no solo con las noticias que tenemos de él en el libro de los Hechos, sino también en sus cartas. Judío estrictamente cumplidor de la

Torah desde su juventud, su fariseísmo lo había volcado desde el principio en contra de la predicación del Evangelio. Camino de Damasco, el Mesías resucitado se le había aparecido cambiando radicalmente el curso de su vida. Había abrazado a partir de entonces la fe en él, pero su predicación era una predicación medularmente judía. Se limitaba, a su juicio, a repetir lo que la Torah y los profetas llevaban siglos anunciando, la llegada de un Mesías sufriente —el Siervo de Isaías 53, sin ir más lejos— que no solo salvaría a Israel sino también a los gentiles. Precisamente, ese Mesías muerto y resucitado había dado un sentido a su existencia al enviarlo a predicar el perdón de los pecados que se podía obtener mediante la fe en él. Desde entonces había pasado ya tiempo —y multitud de cosas podríamos añadir nosotros—, pero él se había mantenido fiel.

La reacción de Festo —que desconocía por completo el judaísmo— fue radical. Afirmó que Pablo se había vuelto loco a fuerza de mucho leer, una acusación que recuerda la que Cervantes hacía de don Quijote al comenzar a describir el inicio de su extraordinaria aventura (Hch 26, 24). Pero el apóstol no estaba dispuesto a dejarse amilanar por aquella reacción negativa:

> [25] Mas Pablo dijo: «No estoy loco, excelentísimo Festo, sino que hablo palabras ciertas y razonables. [26] Pues el rey sabe estas cosas, y ante él hablo también con confianza, ya que no creo que ignore nada de esto; porque nada de esto ha tenido lugar de manera oculta. [27] ¿Crees, rey Agripa, en los profetas? Yo sé que crees». [28] Entonces Agripa dijo a Pablo: «Con poco quieres persuadirme para que sea cristiano». [29] Y Pablo dijo: «¡Dios quisiera que por poco o por mucho, no solamente tú, sino también todos los que hoy me oyen, llegarais a ser como yo, a excepción de estas cadenas!». (Hch 26, 25-29.)

Si Festo, en su ignorancia, había quedado horrorizado escuchando las referencias de Pablo a la religión judía y a la fe en un Mesías muerto y resucitado, Agripa, conocedor del judaísmo, tampoco se vio persuadido por la predicación del apóstol. A decir verdad, todo lo expuesto le parecía poco para abrazarla. Sin embargo, el rey no tenía un especial interés por los temas espirituales, sino que había acudido con la intención de asesorar a Festo en una cuestión legal. En ese sentido, la decisión no podía resultar más sencilla. El detenido no había llevado a cabo ningún acto que mereciera la muerte o incluso la prisión. De hecho, lo lógico hubiera sido ponerlo en libertad si no hubiera apelado al césar (Hch 26, 32). Sin embargo, Pablo había dado ese paso. Ahora no quedaba más remedio que enviarlo a Roma. Efectivamente, eso fue lo que ordenó Festo.

El viaje hacia Roma [7]

Se ha comentado en alguna ocasión la posibilidad de que Pablo se equivocara al apelar al césar. De hecho, no había recurrido a esa posibilidad cuando había comparecido ante Félix dos años antes. Lo cierto, sin embargo, es que su decisión estaba cargada de razones. En la época de Félix era obvio que el gobernador romano sabía que era inocente y solo cabía esperar que lo dejara en libertad. No era necesario, por lo tanto, apelar. Es cierto que Félix se había dejado llevar al fin y a la postre más por su corrupción que por otras consideraciones, pero no se puede decir que Pablo hubiera actuado incorrectamente. Con Festo, sin embargo, la situación había cambiado. Deseoso de congraciarse con los judíos, estaba dispuesto a llevar a Pablo de regreso a Jerusalén, lo que implicaba —había que ser muy ciego para no verlo— un peligro real para su existencia. La única salida realista consistía en apelar al césar para salvarse de esa eventualidad. Por otro lado, a Pablo no debió escapársele que una apelación al césar le permitiría salir del punto muerto en que se encontraba y encaminarlo a la Roma, a la que deseaba llegar desde hacía años.

---

[7] A pesar del paso del tiempo, permanece insuperada la obra de J. Smith, *The Voyage and Shipwreck of St. Paul*, Londres, 1880.

Dado que Pablo era un preso, Festo lo encomendó, en compañía de otros detenidos, a un centurión llamado Julio, de la compañía Augusta, para que lo custodiara. Todo hace pensar que Julio era un miembro del cuerpo de *frumentarii*, un cuerpo de centuriones que servía como oficiales de enlace entre los ejércitos destacados en provincias y Roma[8]. Aunque su tarea fundamental, como su propio nombre indica, era la de asegurar el abastecimiento de grano (*frumentum*), ocasionalmente podían vigilar el traslado de presos a la capital. El principal granero de Roma era Egipto, y en un barco que llevaba ese tipo de carga se realizó la mayor parte del trayecto de Pablo.

El apóstol iba a acompañado por Lucas —que narra esta parte del libro de los Hechos de los Apóstoles en lógica primera persona— y por Aristarco, un creyente de Tesalónica (Hechos 27, 2). Subieron a bordo de una nave de Adrumeto que debía navegar por Asia y al día siguiente llegaron a Sidón. En este puerto, Julio permitió que Pablo descendiera a tierra para encontrarse con algunos conocidos.

Desde Sidón navegaron a sotavento de Chipre porque los vientos eran contrarios y, pasando frente a Cilicia y Panfilia, llegaron a Mira, una ciudad de Licia (Hch 27, 4-5). Fue precisamente en este puerto donde hicieron transbordo a una nave que venía de Alejandría, en Egipto, y cuyo rumbo era Italia. Se trataba, sin duda, de una de las típicas embarcaciones de transporte de trigo a las que ya nos hemos referido con anterioridad. A partir de ese momento, la navegación se hizo muy lenta y difícil porque tenían en contra un fuerte viento del noroeste. No se detuvieron así en el puerto de Cnido, en el promontorio cario de Triopio, sino que navegaron a sotavento de Creta, frente a Salmone. Con no poca dificultad bordearon este enclave y llegaron a un abrigo conocido como Kaloi Limenes o Puertos

---

[8] En ese mismo sentido, T. Mommsen, *Gesammelte Schriften VI*, Berlín, 1910, p. 546 y ss., y W. M. Ramsay, *St. Paul the Traveller and the Roman Citizen*, Londres, 1920, pp. 315 y 348.

Buenos, donde echaron el ancla y esperaron a que cambiara el viento. A tan solo dos millas al oeste se hallaba el cabo Matala, pasado el cual la costa sur de Creta gira hacia el norte privando ya de protección a los viajeros frente al viento del noroeste.

El tiempo no se presentaba de manera halagüeña, lo que acabó forzando que se celebrara una reunión para determinar qué se debía hacer. Pablo fue invitado a ella muy posiblemente porque era un hombre con experiencia de mar. Según menciona la fuente lucana (Hch 27, 9), a esas alturas ya había pasado el ayuno, es decir, el Yom Kippur, o Día de la Expiación judío, que en ese año 57 cayó el 5 de octubre. Las posibilidades, por lo tanto, de acabar el viaje antes del invierno eran nulas. No solo eso. En realidad, ya había comenzado lo que Vegetio consideraba la estación peligrosa para navegar[9]. Pablo abogó por esperar a que concluyera el invierno aprovechando el cobijo de aquel puerto. Además, en sus cercanías se encontraba una población llamada Lasea, donde podrían encontrar alojamiento el pasaje. Si, por el contrario, proseguía el viaje, sería «con perjuicio y mucho daño, no solo de la carga y de la nave, sino también de nuestras personas» (Hch 27, 10).

La opinión de Pablo chocaba con la del piloto y el propietario de la nave, que eran partidarios de alcanzar el puerto de Fénix o Fénica (la actual Fineka), que se encontraba a unos sesenta kilómetros al oeste de cabo Matala. De manera bastante comprensible, el centurión Julio apoyó la posición de los profesionales y, cuando comenzó a soplar una brisa del sur, levaron anclas y comenzaron a costear Creta. Apenas habían pasado el cabo Matala cuando el viento cambió y se enfrentaron con uno huracanado denominado Euroclidón o Euroaquilón, que hoy recibe el nombre de Gregale. Así, la nave se vio alejada del monte Ida y empujada a mar abierto. Sin embargo, dado que era imposible poner proa al viento, la única salida que tenían

---

[9] Vegetio, *De re militari* IV, 39, señala que comenzaba el 14 de septiembre y concluía el 11 de noviembre.

los marineros era dejarse llevar por él. De esta manera, corrieron a sotavento de una isla pequeña llamada Cauda, donde pudieron recoger el esquife.

La situación resultaba enormemente peligrosa, porque este viento no pocas veces arrastraba a las naves hasta la Sirte, las arenas movedizas situadas al oeste de Cirene. Los marineros optaron, por lo tanto, por arriar las velas y quedar a la deriva. Lamentablemente, la tempestad no amainó y, al día siguiente, hubo que arrojar por la borda la carga que llevaba la nave por miedo a que esta zozobrara. Sirvió de poco, porque el mal tiempo continuó. Al tercer día, los marineros y el pasaje procedieron a lanzar al mar incluso los aparejos de la nave.

Durante varios días la tormenta ocultó el firmamento impidiendo que los navegantes pudieran ver el cielo, contemplar el Sol y la Luna y, sobre todo, guiarse por las estrellas. No podían fijar un rumbo de navegación, pero tampoco saber cómo transcurría el tiempo. Por otro lado, es de suponer que el casco de la nave comenzara a acusar una presión tan continuada. No resulta extraño que, como indica la fuente lucana, «se hubiera perdido toda esperanza de salvarnos» (Hch 27, 20). En esas circunstancias, Pablo intervino para recordar que hubiera sido mejor permanecer en Creta como había señalado él, pero ahora no era el momento de lamentarse, sino de cobrar aliento. Esa noche, les relató, había recibido la visita de un ángel de Dios que le había comunicado que la nave se perdería, pero que no habría que lamentar muertes. No debían temer, porque, según le había dicho el enviado de Dios: «Es preciso que comparezcas ante el césar; y mira, Dios te ha dado a todos los que navegan contigo» (Hch 27, 24). Ahora, prosiguió el apóstol, lo urgente era dar con alguna isla.

Durante la jornada decimocuarta, cerca de la medianoche, mientras atravesaban el Adriático, los marineros comenzaron a pensar que se encontraban cerca de tierra. Procedieron a echar la sonda y encontraron una profundidad de veinte brazas. Al descubrir poco después que había diminuido a quince, concluyeron que no se habían equivocado en su apreciación de que estaban aproximándose a tierra. El peligro ahora era que la nave chocara con escollos, de manera que lanzaron cuatro anclas por la popa y se pusieron a esperar a que amaneciera para poder ver con algo más de claridad.

A esas alturas, los marineros habían decidido seguramente abandonar la nave. Por supuesto, no podían hacerlo de manera abierta, de modo que lanzaron el esquife al mar y fingieron que estaban largando las anclas de la proa. Semejante acción no escapó a la atención de Pablo, que se dirigió al centurión y a los soldados para decirles que si los marineros no permanecían en la nave, no habría posibilidad de que se salvaran. La respuesta de las fuerzas de orden fue fulminante. Los soldados cortaron las amarras que unían el esquife a la nave y dejaron que se perdiera. A partir de ese momento nadie podría dejar la embarcación abandonando a una parte del pasaje.

Cuando comenzó a amanecer, Pablo animó a todos diciéndoles que sobrevivirían y, a continuación, los invitó a comer algo para recuperar fuerzas. Acto seguido, arrojaron al mar el trigo que transportaban. A esas alturas, las doscientas setenta y seis personas que iban en la nave llevaban catorce días inmersas en aquella pesadilla (Hch 27, 32-38).

La luz del día les permitió ver a escasa distancia tierra firme. Se trataba de una ensenada con playa, a la que decidieron dirigirse. Para ello, cortaron las anclas, abandonándolas en el mar, largaron las amarras del timón e izaron la vela de proa. No podían sospechar que en su camino se encontrarían con un banco de arena en el que encallaron. Mientras la proa quedaba clavada e inmóvil impidiendo avanzar, la popa era objeto de la furia del mar, que comenzó a destrozarla. Se podía llegar a la playa nadando, pero no era menos cierto que también cabía la posibilidad de que algunos de los reclusos aprovecharan la ocasión para escaparse de la justicia. Ante semejante eventualidad, los soldados propusieron dar muerte a los presos. Quizá sus intenciones se hubieran consumado en otras circunstancias, pero el centurión Julio deseaba salvar a Pablo y se lo impidió. A continuación, ordenó que los que supieran nadar se lanzaran al agua para alcanzar la costa, y que los demás se agarraran a una tabla o a algún resto de la embarcación para llegar a flote a la playa. Así, todos lograron salvarse.

Solo al reunirse en la playa supieron los náufragos que se encontraban en la isla de Malta. El nombre original del lugar —Melita— le había sido dado por los fenicios y significa refugio. Se da la circunstancia de que la palabra significa lo mismo en hebreo y cuesta creer que Pablo no lo encontrara adecuado en aquellas circunstancias. Los lugareños trataron con no poca humanidad a los recién llegados y encendieron un fuego para proporcionarles algo de calor en medio de la lluvia y del frío (Hch 28. 2). Se produjo entonces un episodio peculiar. Pablo había recogido algunas ramas secas y las había echado a las llamas cuando una víbora, huyendo del calor, se le agarró a la mano. Los malteses interpretaron aquella circunstancia como una señal de que Pablo debía ser un homicida, ya que, salvado del mar, en apariencia la justicia divina no estaba dispuesta a tolerar que siguiera viviendo. Sin embargo, el apóstol sacudió la víbora en el fuego y no sufrió ningún daño, por lo que los lugareños cambiaron totalmente de opinión y comenzaron a afirmar que se trataba de un dios. Se ha especulado mucho sobre la identidad del animal que atacó a Pablo. En la actualidad no hay serpientes venenosas en Malta, pero ignoramos si existían en el siglo I y, a juzgar por la reacción de los malteses, la respuesta debería ser afirmativa. Desde luego, no han faltado los autores que han identificado al reptil con la *Coronella austriaca*, una serpiente que es semejante a una víbora, pero que no es venenosa[10]. En ese caso, los malteses no habrían pasado de experimentar una confusión que, dicho sea de paso, benefició a Pablo.

---

[10] W. M. Ramsay, *Luke the Physician and Other Studies*, Londres, 1908, p. 63 y ss.

En las cercanías del lugar del naufragio se encontraban las propiedades de un hombre llamado Publio, el primer hombre de Malta[11], que recibió a Pablo y a sus acompañantes y les dio albergue durante tres días. Se daba la circunstancia de que el padre de Publio se hallaba enfermo de fiebre y de disentería y de que Pablo pasó a verlo, oró por él y le impuso las manos. El hombre se curó y aquel episodio provocó una afluencia de enfermos que deseaban ver al apóstol. La fuente lucana informa de que tuvieron lugar numerosas curaciones (Hch 28, 9), lo que provocó una verdadera oleada de atenciones dirigidas a los náufragos. De hecho, cuando se hicieron nuevamente a la mar iban provistos de todo lo necesario para la travesía (Hch 28, 10). No deja de ser significativo que la totalidad del episodio aparece en el libro de los Hechos descrito desde una perspectiva no hagiográfica, sino eminentemente médica, una circunstancia que abona, una vez más, la tesis de que el texto se debió a Lucas[12].

Lo que restaba del viaje para alcanzar la península Itálica fue realizado a inicios de la primavera a bordo de otro barco que cubría la ruta Alejandría-Roma y que había invernado en Malta (Hch 28, 11). Se trataba de una embarcación que tenía por enseña a Cástor y Pólux y que llegó al puerto de Siracusa. Allí permaneció la nave durante tres días y luego, bordeando la isla, alcanzó Regio. Al día siguiente, aprovechando el viento sur, se encaminó a Puteoli, la actual Pozzuoli, en la bahía de Nápoles. Puteoli era el principal puerto de llegada de naves mercantes procedentes del Mediterráneo oriental y contaba con una comunidad judía[13]. También existía una comunidad cristiana cuyos miembros acudieron a recibir a Pablo y a sus acompañantes y les pidieron que se quedaran con ellos una semana. El apóstol

---

[11] Como siempre, la fuente lucana es rigurosamente exacta con la nomenclatura. El título aparece tanto en griego (CIG 5754, véase *addenda*, p. 1251) y latín (CIL, X, 7495).

[12] En ese mismo sentido, A. von Harnack, *Luke the Physician*, Londres, 1907, p. 179.

[13] Josefo, *Guerra* II, 104; *Ant.* XVII, 328.

pudo hacerlo, posiblemente, porque el centurión Julio necesitaba permanecer en Puteoli ese tiempo dada su condición de *frumentarius* y su obligación aneja de realizar distintos trámites relacionados con los informes sobre la carga de trigo perdida durante la travesía.

El resto del trayecto hasta Roma fue completado por tierra. Desde Capua viajaron por la Vía Apia y, presumiblemente, los hermanos de Puteoli debían haber enviado algún mensaje a los de Roma avisando de la cercanía de Pablo, porque estos salieron a recibirlo por el camino. El encuentro tuvo lugar en el Foro de Apio —un punto situado a setenta y dos kilómetros al sur de Roma en la Vía Apia— y en las Tres Tabernas, un enclave localizado unos quince kilómetros más al norte (Hch 28, 14)[14]. El efecto de aquella recepción en el ánimo de Pablo fue verdaderamente extraordinario y no sorprende que diera gracias a Dios por ello (Hch 28, 15). Todo llevaba a pensar que se enfrentaría pronto con el mismo emperador, pero no se encontraba solo. Además de Lucas y Aristarco, lo acompañarían aquellos hermanos que habían salido a dar la bienvenida. Lo más importante, además, era que, por muchas dificultades que se hubieran interpuesto en su camino, al fin y a la postre, había llegado a la capital del Imperio.

---

[14] No deja de ser significativo que el romano Cicerón, escribiendo a Ático (II, 10), también mencionara juntos ambos lugares.

CAPÍTULO XIX

Cautivo en Roma

La primera predicación

L A llegada de Pablo a Roma[1] vino acompañada de los trámites legales habituales. El centurión Julio entregó a los detenidos al *stratopedarjos*. Se ha discutido la equivalencia exacta en latín de este término dado por la fuente lucana. Para algunos, era el prefecto militar o *princeps peregrinorum*. La existencia de este cargo está atestiguada por una inscripción de la época del emperador Trajano[2]. Se trataba del jefe del *castra peregrinorum* situado en la colina Celia, el cuartel general de los oficiales de las legiones que iban a informar a Roma y también, al menos desde el siglo II, de los *frumentarii*. Sin embargo, el *stratopedarjos* pudo ser también el comandante de algún otro campamento —*castra praetoria*— como los ubicados cerca de la puerta Viminal en el extremo noreste de la ciudad. Sea como fuere, lo cierto es que a Pablo se le permitió vivir aparte aunque bajo la custodia directa de un soldado (Hch 28, 16).

Pablo se apresuró a convocar a los judíos de la ciudad, una delegación de los cuales lo visitó a los tres días de su llegada. El apóstol aprovechó el encuentro para exponer las razones de su

---

[1] Acerca de Roma, véase: J. E. Stambaugh,*The Ancient Roman City*, Baltimore, 1988; J. McRay, *Archeology and the New Testament*, Grand Rapids, 1991, pp. 341-350; L. Richardson, *A New Topographical Dictionary of Amcient Rome*, Baltimore, 1992, y E. M. Steinby, *Lexicon Topographicum Urbis Romanae*, Roma, 1993.

[2] *Comptes-rendus de l´Academie des Inscriptions et Belles-Letres*, París, 1923, p. 197.

detención y para informarlos de que si había apelado al césar no era porque tuviera nada en contra de su nación, sino por salvarse de las asechanzas que había sufrido. A decir verdad, si se encontraba encadenado era por creer en la esperanza de Israel (Hch 28, 17-20). Sin embargo, los judíos de Roma no sabían nada de aquello a lo que se refería a Pablo. Al respecto, la fuente lucana es diáfana:

> [21] Entonces ellos le dijeron: «Nosotros ni hemos recibido cartas sobre ti procedentes de Judea, ni ha llegado ningún hermano para denunciarte o hablar mal de ti. [22] Sin embargo, querríamos oír de ti lo que piensas, porque sabemos que en todas partes se habla contra esta secta». [23] Y habiéndole señalado un día, acudieron muchos a verlo a la posada, a los cuales declaraba y testificaba acerca del reino de Dios, intentando convencerlos de lo concerniente a Jesús, valiéndose de la Torah de Moisés y de los profetas, desde la mañana hasta la tarde. [24] Y algunos aceptaron lo que decía, pero otros no lo creyeron. [25] Y como no se pusieran de acuerdo, mientras se marchaban, Pablo les dijo: «Bien habló el Espíritu Santo por medio del profeta Isaías a nuestros padres, [26] diciendo: Ve a este pueblo y diles: Con los oídos oiréis, y no entenderéis; y viendo veréis, y no percibiréis. [27] Porque el corazón de este pueblo se ha embotado, y sus oídos se han endurecido, y se han tapado los ojos; para no ver con los ojos, ni oír con los oídos, ni entender de corazón, y convertirse de manera que los sane. [28] Sabed, por lo tanto, que a los gentiles es enviada esta salvación de Dios; y ellos escucharán». [29] Y, al escuchar aquello, los judíos se marcharon discutiendo entre ellos. (Hch 28, 21-29.)

Lo que sucedió en el encuentro entre Pablo y los judíos de Roma recuerda a no pocas experiencias previas de su vida misionera. El apóstol intentó convencerlos recurriendo a las Escrituras de que Jesús era el Mesías en el que se cumplían las profecías. El resultado fue que sus oyentes se dividieron. Algunos creyeron en el mensaje evangélico, mientras que otros manifestaron claramente su incredulidad. La reacción de Pablo consistió entonces en citar un pasaje del libro de Isaías (Is 6, 9-10) en el que Dios, al tiempo que llama al profeta para cumplir con su misión, le advierte de que la mayoría de los judíos no lo escucharán, impidiendo así su propia salvación. Sin embargo, el apóstol no estaba dispuesto a dejarse abrumar por tan conocida circunstancia. A partir de ese momento, su predicación iría dirigida de manera primordial a los gentiles.

La fuente lucana narra a continuación que «Pablo se quedó dos años enteros en una casa alquilada, y recibió a todos los que iban a visitarlo, predicando el reino de Dios y enseñando lo referente a Jesús, el Señor y Mesías, con toda libertad y sin obstáculo» (Hch 28, 30-31). Con esa afirmación, concluye el relato lucano. Esta circunstancia tiene una relevancia histórica no escasa. De entrada, implica que el Libro de los Hechos es de redacción muy antigua. Por supuesto, se trata de un texto anterior a la ejecución de Santiago en el año 62, a la persecución de Nerón en la que fueron ejecutados Pedro y Pablo, y a la destrucción del Templo de Jerusalén en el 70, hechos todos que Lucas hubiera relatado de haberlos conocido. Pero, al mismo tiempo, dado que Hechos se redactó con posterioridad al Evangelio de Lucas (Hch 1, 1 y ss.), hay que deducir que esta vida de Jesús debió escribirse como muy tarde a finales de los años cincuenta del siglo I[3].

En las páginas siguientes vamos a entrar en los dos años que duró el periodo de cautividad de Pablo en Roma, pero antes resulta obligado referirnos a la comunidad cristiana existente en esta ciudad.

La comunidad de Roma

El Ambrosiaster, un anónimo comentarista de Pablo que escribió durante el siglo IV, afirmó en el prefacio a la Carta a los Romanos que «los romanos habían abrazado la fe de Cristo, aunque según el rito judío, a pesar de que no vieron ninguna señal de obras poderosas ni a ningún apóstol»[4]. Existe una abundante tra-

---

[3] Una defensa de esa posición en C. Vidal, *Diccionario de Jesús...*, *Evangelio de Lucas*, y en C. Vidal, *El Documento* Q, Barcelona 2005, Apéndice sobre la fecha de redacción de los Evangelios.

[4] En H. J. Vogels, CSEL, LXXXI, 1, Viena, 1966, p. 6.

dición patrística que relaciona a la capital del Imperio con Pedro y Pablo, pero, sin negar la aparición de los apóstoles por la ciudad en algún momento de sus vidas, todo hace pensar que, efectivamente, las primeras conversiones en Roma no tuvieron que ver con ellos y que se originaron en ambientes judíos.

Los inicios de la comunidad judía en Roma seguramente estuvieron relacionados con el establecimiento de relaciones diplomáticas entre los asmoneos y la ciudad a mediados del siglo II a. de C. Cuando en el 63 a. de C. Judea fue incorporada al Imperio, el número de judíos aumentó considerablemente hasta el punto de que, en el 59 a. de C., Cicerón, en la defensa de Lucio Valerio Flaco, se quejó de que eran muchos y hacían sentir su influencia por todas partes[5]. Posiblemente se trataba de una exageración nacida del antisemitismo tan común en la cultura clásica, pero, en cualquier caso, su número rondaba una cifra que estaría entre las 40.000 y las 60.000 personas[6].

En el año 19 d. de C. Tiberio decidió expulsarlos de Roma. La causa había sido una estafa perpetrada por cuatro judíos en la persona de una acaudalada prosélita romana llamada Fulvia. Primero, la convencieron para realizar un cuantioso donativo al Templo de Jerusalén y luego se quedaron con el dinero. El hecho provocó un verdadero escándalo y encontramos un eco del mismo posiblemente en Romanos 2, 24, cuando Pablo señala que ciertas conductas de los judíos llevan a los gentiles a blasfemar el nombre de Dios.

La medida de Tiberio —como tantas otras de expulsión de los judíos a lo largo de la Historia— tuvo un escaso resultado. De hecho, su sucesor, Claudio, volvió a encontrarse con disturbios ocasionados en Roma —y también en Egipto— por los judíos. Intentó, primero, limitar sus actividades comunitarias[7], quizá con la intención de disuadirlos indirectamente a marcharse. Pero, si fue así, no tardó en comprobar que no tenía éxito. Ocho años después, el

---

[5] *Pro Flacco*, 66.
[6] H. J. Leon, *The Jews of Ancient Rome*, Filadelfia, 1960, p. 135 y ss.
[7] Dión Casio, *Historia* IX, 6.

49 d. de C., ordenó su expulsión de la ciudad. Como ya tuvimos ocasión de ver[8], dos de esos judíos expulsados, Aquila y Priscila, se convirtieron en colaboradores de Pablo. Suetonio[9], escribiendo unos setenta años después, cuenta que la razón de la drástica medida imperial había sido la permanente tensión en que los judíos de Roma estaban envueltos *impulsore Chresto*. Posiblemente, esta sea la primera referencia que tenemos a la llegada del cristianismo a Roma y concuerda con la opinión negativa que Suetonio tenía de sus seguidores, hasta el punto de considerar la persecución neroniana bajo una luz positiva[10]. A esas alturas —los años cuarenta del siglo I— ya había cristianos en Roma y, como decía el Ambrosiaster, su origen era judío. De hecho, la tradición apostólica asociada con el nombre de Hipólito muestra claras influencias de un judaísmo quizá de corte disidente, pero judaísmo a fin de cuentas[11].

Desconocemos, a decir verdad, quién anunció por primera vez el mensaje del Evangelio en Roma. En Hechos 2, 10 se habla de la presencia de judíos y prosélitos romanos en Pentecostés. Quizá fueron ellos los que llevaron la predicación sobre Jesús el Mesías a la capital del Imperio. De hecho, Pablo menciona a dos miembros de la comunidad romana llamados Andrónico y Junia, de los que afirma que «estuvieron en el Mesías antes que yo» (Rom 12, 7). Desde luego, debían ser conversos muy primitivos si habían abrazado la fe en Jesús con anterioridad a Pablo. También se hallaba en Roma un tal Rufo (Rom 12, 13), hijo de Simón el cireneo que ayudó a llevar la cruz a Jesús (Mc 15, 21). Se ha discutido también si Priscila y Aquila ya eran cristianos cuando se encontraron con Pablo en Corinto, aunque lo más seguro es que no fuera así.

En la década de los 50 ya había cristianos de origen gentil en Roma. Es conocido el caso de Pomponia Graecina, la esposa

---

[8] Vid *supra*, p. 169.
[9] *Claudio* 25, 4.
[10] *Nerón* 16, 2.
[11] M. Black, *The Scrolls and Christian Origins*, Londres, 1961, p. 91 y ss.; R. J. Zwi Werblowsky, «On the Baptismal Rite according to St. Hippolytus», en *Studia Patristica* IV, 1957, p. 93 y ss.

de Aulo Plautio, conquistador de Bretaña, que en el 57 fue acusada de profesar una «superstición extranjera» [12]. A finales del siglo II algunos miembros de su familia eran cristianos ciertamente, pero no podemos estar tan seguros en el caso de Pomponia Graecina. Pablo, sin embargo, sí cita a varios gentiles en su carta a los romanos. Menciona a algunos que pertenecían a la casa de Narciso (Rom 16, 11), un liberto de Tiberio que ejerció mucha influencia bajo Claudio; a otros pertenecientes a la casa de Aristóbulo (Rom 16, 10) y a dos grupos cuyos nombres no son judíos (Rom 16, 14-15).

Por lo que se refiere a la relación del apóstol Pedro con Roma debió de ser tardía y muy esporádica. Posiblemente, su primera visita tuviera lugar después del año 54, cuando, tras la muerte de Claudio, regresaron a la capital los judíos expulsados [13]. Iba acompañado de Marcos que le servía como intérprete y que, muy posiblemente, puso por escrito una parte importante de sus predicaciones en el Evangelio que lleva su nombre [14]. Sin embargo, cuando Pablo escribió a los creyentes de Roma en torno al 57, Pedro no se hallaba ya en la ciudad porque no se le cita entre las personas a las que saluda y resulta inconcebible que lo hubiera pasado por alto. Lo mismo puede decirse de Marcos. Sin embargo, Marcos pudo regresar de vez en cuando a Roma, quizá para mantener el contacto con los judeocristianos de la ciudad, y se encontraba precisamente en ella cuando Pablo, cautivo del césar, escribió a los colosenses (Col 4, 11). A esas alturas, el muchacho con el que había tenido una fuerte disensión tiempo atrás era un hombre maduro cuyas virtudes eran apreciadas en lo que valían por el apóstol.

---

[12] Tácito, *Anales* XIII, 32, 3-5.

[13] En ese mismo sentido, G. Edmundson, *The Church in Rome in the First Century*, Londres, 1913, pp. 80 y 84; T. W. Manson, *Studies in the Gospels and Epistles*, Manchester, 1962, pp. 38-40.

[14] Eusebio, *Hist. Ecles.* III, 39, 15, reproduciendo un testimonio de Papías del 130 d. de C. Una versión novelada del episodio en C. Vidal, *El testamento del pescador*, Madrid, 2004.

Por esa época los fieles se reunían en las casas —un dato que aparece confirmado una y otra vez en las epístolas de la cautividad—, y cabe incluso la posibilidad de que los de origen judío siguieran frecuentando las sinagogas. Desde luego, Pablo no hizo nada por centralizar a las distintas comunidades caseras, y todavía medio siglo después la situación seguía igual. La carta de Clemente a los corintios del año 96 carece totalmente del tono de autoridad episcopal que, ocasional y erróneamente, se le atribuye. En torno al año 110, Ignacio —que en seis de sus siete cartas insiste en la necesidad del oficio episcopal— no lo menciona, sin embargo, en relación con Roma. En ese mismo siglo II, Hermas no hace la menor referencia a un solo obispo en Roma sino tan solo a los ancianos que presiden la iglesia[15], es decir, que todavía el modelo de episcopado monárquico no había sustituido al sistema presbiterial que encontramos en el Nuevo Testamento. Muy posiblemente, la figura de un obispo romano, en exclusividad, no apareció antes de bien entrado el siglo II o incluso con posterioridad. Pero ahora debemos regresar a Pablo.

Las cartas de la cautividad

Pablo permaneció en prisión dos años, del 59 al 61, a la espera de juicio. Durante ese tiempo, en el que disfrutó de una notable libertad, el apóstol escribió un conjunto de cartas que son denominadas, bien adecuadamente, de la cautividad.

La primera de esas cartas, la dirigida a los colosenses[16], tenía como destinatario a una comunidad que Pablo no había visitado personalmente nunca. De hecho, había sido establecida por

---

[15] *Pastor de Hermas*, Visión 2, 4, 3; 3, 9, 7.

[16] Sobre la Carta a los Colosenses, véase: F. F. Bruce, *The Epistles to the Colossians, to Philemon and to the Ephesians*, Grand Rapids, 1984; G. B. Caird, *Paul's Letters from Prison*, Oxford, 1976; J. L. Houlden, *Paul's Letters from Prison*, Filadelfia, 1980; C. F. D. Moule, *The Epistles of Paul the Apostle to the Colossians and to Philemon*, Cambridge, 1957; N. T. Wright, *The Epistles of Paul to the Colossians and to Philemon*, Gran Rapids, 1986.

Epafras, uno de sus colaboradores. Sin embargo, cuando comenzaron a surgir problemas derivados de una nueva forma de herejía, Epafras decidió poner todo en conocimiento del apóstol y este escribió a la comunidad colosense uno de los escritos más extraordinarios del Nuevo Testamento.

Por lo que se deduce de la carta, la herejía que había aparecido en Colosas tenía curiosos paralelos con lo que hoy constituye el movimiento de la Nueva Era[17]. Dentro de su cosmovisión, Jesús no pasaba de ser un maestro de moral y los ángeles tenían un papel extraordinario en la medida en que, supuestamente, permitían la recepción de mensajes de contenido doctrinal y además servían para establecer contacto con el mundo espiritual. Este mensaje venía, además, acompañado de dos circunstancias que siguen resultado hoy en día sumamente sugestivas en sectas contemporáneas. La primera era el seguimiento de normas que, aparentemente, colocaban al adepto por encima de otros mortales, como podía ser el caso de seguir determinadas dietas o guardar determinados días; la segunda era la insistencia en que los adeptos disponían en exclusiva de una *gnosis*[18] o conocimiento que les permitía acceder a los arcanos más profundos del universo. En todos esos sentidos, la herejía otorgaba un sentimiento de acentuada superioridad espiritual a los adeptos, pero —y esto es lo que más importaba a Pablo— sobre todo chocaba frontalmente con el Evangelio.

Para empezar —y en ese sentido los paralelismos con situaciones actuales saltan a la vista—, Pablo insistió en que Jesús el Mesías NO era un simple maestro de moral ni tampoco un ser espiritual de segundo grado procedente del espacio estelar. En

---

[17] Posiblemente porque la Nueva Era, o New Age, no es sino una especie de gnosticismo para consumo de masas, menos sofisticado y más modelado por la mercadotecnia.

[18] Sobre la gnosis, véase: C. Vidal, *Los Evangelios gnósticos*, Madrid, 2005; I. P. Couliano, *The Tree of Gnosis*, San Francisco, 1992; J. E. Gochring y otros (ed.), *Gnosticism and the Early Christian World*, 2 vols., Sonoma, 1990; A Logan y A. Wedderburn (eds.), *The New Testament and Gnosis*, Edimburgo, 1983; W. Schmithals *Paul and the Gnostics*, Nashville, 1972.

primer lugar, Jesús el Mesías era la encarnación del Creador —y no una criatura—, lo que confería al mundo de lo material una dignidad especial:

> [16]Porque por él (el Mesías) fueron creadas todas las cosas, las que están en los cielos y las que están en la tierra, las visibles y las invisibles, ya sean tronos, dominios, principados o potestades: todo fue creado por él y para él. [17]Y él es antes de todas las cosas, y por él todas las cosas subsisten. (Col 1, 16-7.)

No se trataba solo de eso. En realidad, el Mesías no era una deidad menor —como el paganismo y algunas sectas contemporáneas estarían dispuestos a reconocer—, sino la encarnación del único Dios[19]:

> [8]Mirad que ninguno os engañe con filosofías y vacías sutilezas, según las tradiciones de los hombres, conforme a los elementos del mundo y no según el Mesías. [9]Porque en él habita de manera corporal toda la plenitud de la divinidad, [10]y en él estáis completos, el cual es la cabeza de todo principado y potestad. (Col 2, 8-10.)

Pero no se trataba únicamente de eso. El Mesías, además, era el único camino de salvación que existía. Los gnósticos de Colosas podían insistir en que la salvación derivaba del conocimiento secreto que ellos comunicaban y del cumplimiento de normas relacionadas, por ejemplo, con la abstención de ciertos alimentos. La realidad, sin embargo, era que el ser humano necesitaba la paz, la salvación y la reconciliación con Dios. Esas metas no podían ser alcanzadas mediante la práctica de dietas espirituales o a través de una gnosis específica. A decir verdad, la muerte expiatoria de Jesús en la cruz era el único camino de salvación ofrecido al ser humano

---

[19] Sobre la preexistencia de Cristo en Pablo, véase: E. Andrews, *The Meaning of Christ for Paul*, Nueva York-Nashville, 1949; F. B. Craddock, *The Pre-Existence of Christ in New Testament*, Nashville, 1968; J. D. G. Dunn, *Christology in the Making: A New Testament Inquiry into the Origins of the Doctrine of the Incarnation*, Filadelfia, 1980; R. G. Hamerton-Kelly, *Pre-Existence, Wisdom and the Son of Man*, Cambridge, 1973.

para alcanzarla. Se trataba de un camino de salvación que se podía tan solo aceptar o rechazar, un camino de salvación que —en contra de lo que pudieran afirmar los gnósticos— permitía llegar a la única reconciliación y a la única paz dignas de tal nombre:

> [19] Por cuanto agradó al Padre que en él (en el Mesías) habitase toda plenitud, [20] y a través de él reconciliar todas las cosas consigo mismo, haciendo la paz mediante la sangre de su cruz, tanto lo que hay en la tierra como lo que hay en los cielos. [21] A vosotros también, que erais en otro tiempo extraños y enemigos en vuestra mente, haciendo malas obras, ahora, sin embargo, os ha reconciliado [22] en el cuerpo de su carne, por medio de su muerte, para haceros santos, y sin mancha, e irreprensibles delante de él. (Col 1, 19-22.)

> [12] Dando gracias al Padre que nos hizo aptos para participar de la suerte de los santos en luz, [13] que nos ha librado de la potestad de las tinieblas y trasladado al reino de su amado Hijo, [14] en el cual tenemos la redención gracias a su sangre, el perdón de los pecados. (Col 1, 12-14.)

La gnosis de Colosas era además falsa por otra razón. Partía de la base de que el conocimiento se comunicaba tan solo a unos pocos iniciados. Creía en una élite a la que se hacía partícipe de indescriptibles arcanos. Nada más lejos del mensaje del Evangelio. A todos estaba abierta la sabiduría, una sabiduría que no era especulativa, sino práctica; que no era cerrada, sino abierta a todos y que no se hallaba en manos de unos maestros sino solo en Jesús el Mesías:

> [3] En el cual (en Jesús) están escondidos todos los tesoros de sabiduría y conocimiento. [4] Y esto lo digo para que nadie os engañe con palabras persuasivas. (Col 2, 3-4.)

Precisamente por todo eso, los cristianos de Colosas tenían que resistirse a que les aplicaran normas de conducta que, en realidad, no servían de nada salvo para hinchar el orgullo de quienes las proponían:

> ¹⁶Por tanto, que nadie os juzgue por comida o por bebida, o pretendiendo que guardéis días de fiesta, o lunas nuevas, o sábados. ¹⁷Todo lo cual es la sombra de lo por venir; mas el cuerpo es del Mesías. ¹⁸Nadie os prive de vuestro premio, presumiendo de humildad y culto a los ángeles, metiéndose en lo que no ha visto, vanamente hinchado por su carnalidad, ¹⁹y no agarrándose a la cabeza, gracias a la cual todo el cuerpo, alimentado y unido por las coyunturas y ligamentos, crece con el crecimiento que da Dios. (Col 2, 16-19.)

Semejante visión de la realidad —la representada por los gnósticos— ni podía ni debía ser aceptada por los creyentes de Colosas. Jesús el Mesías había obtenido el perdón de sus pecados en la cruz y había derrotado a las potencias espirituales al ofrecerse como expiación en el Calvario:

> ¹³Y a vosotros, cuando estabais muertos en pecados y en la incircuncisión de vuestra carne, os dio vida juntamente con él perdonándoos todos los pecados. ¹⁴Borrando el acta de deuda que nos era contraria, quitándola de en medio y clavándola en la cruz. ¹⁵Y despojando a los principados y las potestades, los exhibió a la vergüenza en público, triunfando sobre ellos en la cruz. (Col 2, 13-15)

Los términos usados por Pablo debieron causar una impresión enorme en los receptores de su carta. Los gnósticos afirmaban que aquellos espíritus con que se comunicaban eran portadores de importantes mensajes. El apóstol, sin embargo, afirmaba que se trataba únicamente de seres demoníacos que habían sido derrotados por Jesús en la cruz, justo al mismo tiempo que, de esa manera, abría el camino para el perdón de los pecados. El pasaje enlaza directamente con la paradoja que encontramos en Isaías 53, donde el Mesías-Siervo es tenido por herido por Dios cuando, en realidad, es el instrumento expiatorio utilizado por YHVH para salvar a judíos y gentiles. Aquí Pablo nos hace referencia a un hombre, el Mesías Jesús, que parecía derrotado en la cruz, pero que, en realidad, con ese acto salvaba al género humano y obtenía el triunfo —una palabra con fuertes connotaciones en la cultura romana— sobre los poderes espirituales.

Si se tenía en cuenta todo lo anterior, los cristianos debían buscar en adelante algo muy superior a lo que pudiera ofrecer la gnosis o el paganismo del que procedían. Debían buscar en su conducta cotidiana las cosas de arriba, las identificadas con el Mesías, porque cuando él se manifestara también los creyentes se manifestarían gloriosamente con él:

> [1]Si habéis, pues, resucitado con el Mesías, buscad las cosas de arriba, donde está el Mesías sentado a la diestra de Dios. [2]Poned la mira en las cosas de arriba, no en las de la tierra. [3]Porque habéis muerto, y vuestra vida está escondida con el Mesías en Dios. [4]Cuando el Mesías, vuestra vida, se manifieste, entonces vosotros también seréis manifestados con él en gloria. (Col 3, 1-4.)

Pero, una vez más, Pablo no estaba dispuesto a perderse en formulaciones grandilocuentes y vanas (como los gnósticos, dicho sea de paso). No, el ser cristiano implicaba una ética muy específica, con comportamientos muy concretos. Esa era la consecuencia del verdadero conocimiento, de la auténtica gnosis:

> [5]Haced morir, pues, lo terrenal que hay en vosotros: fornicación, impureza, pasiones desordenadas, deseos malos y avaricia, que es idolatría, [6]por las cuales cosas la ira de Dios viene sobre los hijos de rebelión. [7]En las cuales vosotros también anduvisteis en otro tiempo viviendo en ellas. [8]Pero ahora, abandonad también vosotros todas estas cosas: ira, enojo, malicia, maledicencia, palabras carentes de honestidad que salen de vuestra boca. [9]No os mintáis los unos a los otros, despojaos del viejo hombre con sus hechos, [10]y revestíos del nuevo, que gracias al conocimiento es renovado conforme a la imagen del que lo creó; [11]donde no hay griego ni judío, circuncisión ni incircuncisión, bárbaro ni escita,

siervo ni libre, sino que el Mesías es el todo y en todos. [12] Vestíos, pues, como escogidos de Dios, santos y amados, de sentimientos entrañables misericordia, benignidad, humildad, mansedumbre y paciencia, [13] soportándoos los unos a los otros y perdonándoos los unos a los otros si alguno tuviere queja del otro. De la misma manera que el Mesías os perdonó, así también hacedlo vosotros. [14] Y sobre todas estas cosas vestíos de amor que es el vínculo de la perfección... [17] Y todo lo que hacéis, sea de palabra o de obra, hacedlo en el nombre del Señor Jesús, dando gracias a Dios Padre por él. (Col 3, 5-14, 17.)

La vida nueva en el Mesías que Pablo enseña a los colosenses en esta carta tenía también repercusiones en áreas como el matrimonio (3, 18-19), como las relaciones paterno-filiales (3, 20-21) y como el trabajo (3, 22; 4, 1), y de manera que hoy consideraríamos políticamente incorrecta, su enfoque no está centrado en los derechos individuales de cada uno, sino en una entrega amorosa a imagen y semejanza de la conducta de Jesús.

El texto de Colosenses, a pesar de su brevedad, constituye una verdadera joya del pensamiento cristiano en el que Pablo no solo destroza los argumentos de la gnosis enfrentándolos con el Evangelio, sino que además se vale de sus términos en el enfrentamiento. Sí, existe un conocimiento (*gnosis*), pero no es el de los gnósticos, sino el que se halla encerrado en Jesús; sí, hay una salvación, pero no es la de la gnosis, sino la conseguida por el sacrificio expiatorio del Mesías en la cruz; sí, hay una nueva vida, pero no es la basada en festividades religiosas y dietas, sino en buscar las cosas de arriba donde está el Mesías.

Al final de la carta, en el capítulo 4, Pablo menciona a algunos de los personajes que lo acompañaban en su cautividad. Estaban Tíquico (v. 7-8), que se pondría en contacto con los colosenses; tres judíos llamados Aristarco, Marcos (el intérprete de Pedro y autor del segundo Evangelio) y Jesús el Justo (v. 10-11); Epafras, bien conocido por los colosenses; Lucas, el médico (y autor del tercer Evangelio y del Libro de los Hechos), y Demas

(v. 12-14). A estos hay que añadir otro personaje, un tal Onésimo, que sería la causa de otra de las cartas de la cautividad escritas por Pablo, concretamente la dirigida a Filemón[20].

Esta misiva es el escrito más breve del apóstol y, sin ningún género de dudas, uno de los más conmovedores. Onésimo era un esclavo fugitivo que, tras robar a su amo Filemón, había llegado a la ciudad de Roma. Allí, de forma que desconocemos, había conocido a Pablo, quien le había hablado de Jesús y lo había persuadido para abrazar el Evangelio. De esa manera, el esclavo —como tantos otros esclavos antes y después— había comenzado una nueva vida. Pero Onésimo había sido capturado y tenía que ser devuelto a su dueño. El castigo que la ley romana imponía para los esclavos fugitivos era muy severo y nada hace pensar que el ahora cristiano hubiera podido evitarlo. Sin embargo, se daba la circunstancia de que Filemón, su amo, era cristiano y Pablo decidió apelar a esa circunstancia para que su comportamiento hacia Onésimo fuera diferente del habitual:

> [9]Te ruego por amor, siendo como soy un viejo llamado Pablo, que ahora es un prisionero de Jesús el Mesías. [10]Te ruego por mi hijo Onésimo, que he engendrado en mis prisiones, [11]el cual en otro tiempo te fue inútil, pero que ahora a ti y a mí es útil. [12]Al cual te vuelvo a enviar. Recíbelo como si fuera yo mismo. [13]Yo quisiera retenerlo conmigo, para que en lugar tuyo me sirviese en las prisiones del Evangelio; [14]pero no he querido hacer nada sin tu consentimiento, para que tu benevolencia no fuese obligada sino voluntaria. [15]Porque quizá por esto se ha apartado de ti por algún tiempo, para que lo recibieses para siempre, [16]no ya como siervo, sino como algo más que un siervo, como un hermano amado, mayormente de mí, pero cuánto más de ti, en la carne y en el Señor. [17]Así que, si me tienes por compañero, recíbelo como a mí. [18]Y si en algo te dañó, o te debe,

---

[20] Sobre la carta a Filemón, véase: W. Barclay, *The Letters of Timothy, Titus and Philemon*, Filadelfia, 1960; F. F. Bruce, *The Epistle to the Colossians...*; R. P. Martin, *Colossians and Philemon*, Grand Rapids, 1981; A. Patzia, *Ephesians, Colossians, Philemon*, Peabody, 1991.

ponlo a mi cuenta. [19] Yo, Pablo, lo escribí de mi mano, yo lo pagaré: por no decirte que aun tú mismo te me debes. (Flm 9-19.)

Ante Filemón se abrían, por lo tanto, dos posibilidades. Una era exigir que se restablecieran sus derechos y que Onésimo regresara. A Pablo esa opción le parecía correcta, pero, en ese caso, esperaba que Filemón viera en Onésimo a un hermano y no a una cosa, a una *res* que era como el derecho romano consideraba a los esclavos. Por añadidura, el apóstol creía que existía una alternativa aún mejor, la de permitir que Onésimo se quedara con él para ayudarle en su cautividad y en su vejez. Con todo, en cualquiera de los casos, lo importante era que Filemón lo recibiera como a un hermano, y si para ello Pablo tenía que abonarle los daños y perjuicios que le hubiera ocasionado, estaba dispuesto a hacerlo, a pesar de la deuda —moral y espiritual— que Filemón tenía con él.

Esta breve carta pone de manifiesto aspectos que resultan verdaderamente notables para conocer la vida en el seno de las comunidades fundadas por Pablo. En ellas, como había escrito años atrás, las diferencias sociales, raciales y sexuales habían desaparecido en no escasa medida. Además, sus supervisores o ancianos eran personas involucradas muy directamente en la vida de los hermanos. Lejos de ser meros dispensadores de sacramentos o de homilías, podían mediar en conflictos entre los creyentes sin negar la legalidad, pero apuntando también a una ética muy superior que derivaba de la vivencia personal y cotidiana de comunión con Jesús el Mesías. En el seno de esas congregaciones quedaba de manifiesto que era posible una nueva vida que brotaba de saber que la salvación era fruto de la gracia inmerecida de Dios y de la acción palpable del Espíritu Santo.

Pablo concluía su carta esperando que Filemón haría «más de lo que digo» (v. 21) y rogándole que le preparara alojamiento porque esperaba salir libre y volver a verlo (v. 22). Al final de la carta, como en la de Colosenses, Pablo menciona a Epafras,

Marcos, Aristarco, Demas y Lucas como las personas que lo acompañaban en esos momentos (v. 23-4).

¿Qué sucedió finalmente con Onésimo? Solo podemos responder basándonos en indicios indirectos. Si la carta a los colosenses, a la que nos hemos referido antes, fue escrita con posterioridad a la dirigida a Filemón, lo más fácil es concluir que el dueño de Onésimo había atendido a las súplicas de Pablo. De hecho, el apóstol lo menciona a la altura de otros colaboradores suyos como Lucas o Aristarco. Por otro lado, cuesta creer que el texto hubiera sido incluido en la colección de cartas de Pablo si el apóstol no hubiera conseguido el resultado apetecido. Finalmente, debe señalarse que existen considerables razones para identificar al antiguo esclavo Onésimo con el obispo del mismo nombre que vivía en Éfeso en torno al año 110 y al que conocía Ignacio, el obispo de Antioquia de Siria. De hecho, no deja de ser significativo que Ignacio sea de los pocos Padres de la Iglesia que cita la carta a Filemón incluso de manera profusa[21].

Muy parecida a la Carta a los Colosenses es la que figura en el Nuevo Testamento con el título de Epístola a los Efesios[22]. Algunos autores la han identificado con la carta a los laodicenses que anuncia Pablo en Colosenses 4, 16, y la posibilidad no puede descartarse. Sea como fuere, lo cierto es que se trata de un escrito que, a semejanza del dirigido a los romanos, no aborda problemas coyunturales de la comunidad, sino que ofrece una síntesis del pensamiento paulino.

En ella, el apóstol enfatiza, por supuesto, la doctrina de que la salvación no es por obras sino por gracia, siendo recibida a través de la fe, una tesis que, como ya hemos visto, aparece extensamente desarrollada en escritos como los enviados a los gálatas o a los romanos:

---

[21] Ignacio, *A los efesios* 1, 3; 2, 1; 6, 2; 20, 2.

[22] Sobre la Epístola a los Efesios, véase: M. Barth, *Ephesians*, 2 vols., Nueva York, 1974; F. F. Bruce, *The Epistles to the Colossians...*; G. B. Caird, *Paul's Letters from Prison*, Oxford, 1976; R. P. Martin, *Ephesians...*; R. Schnackenburg, *The Epistle to the Ephesians*, Edimburgo, 1991.

[8]Porque por gracia sois salvados por medio de la fe; y esto no procede de vosotros, sino que es un don de Dios; [9]no es por obras, para que nadie se gloríe. (Ef 2, 8-9.)

Esa salvación por gracia, que no por méritos humanos, forma parte de un plan de Dios existente desde hace siglos —Pablo vuelve a utilizar aquí el lenguaje de la predestinación que ya vimos en la carta a los romanos— y que tiene resonancias cósmicas:

[5]Habiéndonos predestinado en amor para ser adoptados como hijos por medio de Jesús el Mesías, de acuerdo con el puro afecto de su voluntad, [6]para alabanza de la gloria de su gracia, con la cual nos hizo aceptos en el Amado. [7]En el cual tenemos redención por medio de su sangre, la remisión de pecados de acuerdo con las riquezas de su gracia [8]que sobreabundó en nosotros en toda sabiduría e inteligencia, [9]descubriéndonos el misterio de su voluntad según su beneplácito que se había propuesto en sí mismo, [10]el de reunir todas las cosas en el Mesías, en la dispensación del cumplimiento de los tiempos, tanto las que están en los cielos como las que están en la tierra. [11]En él también tuvimos herencia, habiendo sido predestinados conforme al propósito del que hace todas las cosas según el consejo de su voluntad. (Ef 1, 5-11.)

Los que creen en Jesús el Mesías, los que han sido salvados por gracia, a través de la fe, son personas que además viven una nueva realidad que gira en torno a la acción del Espíritu Santo y a los dones que este derrama sobre las comunidades de creyentes [23]:

[11]Y él mismo dio a unos, ciertamente en calidad de apóstoles; y a otros, de profetas; y a otros, de evangelistas; y a otros, de pastores y maestros, [12]para perfeccionar a los santos para la obra del ministerio, para edificación del cuerpo del Mesías, [13]hasta que todos lle-

---

[23] Sobre el concepto de iglesia en Pablo, véase: R. Banks, *Paul's Idea of Community*, Grand Rapids, 1980; L. Cerfaux, *The Church in the Theology of St. Paul*, Nueva York, 1959; A. T. Lincoln, *Paradise Now and Not Jet*, Cambridge, 1981.

guemos a la unidad de la fe y del conocimiento del Hijo de Dios, a un varón perfecto, a la medida de la plenitud del Mesías. [14]Para que ya no seamos niños dubitativos y arrastrados por doquier por todo viento de doctrina, por estratagema de hombres que, para engañar, emplean con astucia los artificios del error, [15]nosotros, por el contrario, siguiendo la verdad en amor, crezcamos en todas las cosas en aquel que es la cabeza, en el Mesías. (Ef 4, 11-15.)

El apóstol no había modificado en absoluto su punto de vista sobre los dones que ya vimos al referirnos a sus cartas a los corintios. Los carismas resultaban indispensables en la congregación, donde tenían una función de desarrollo espiritual. Sin embargo, nunca podían ser utilizados como excusa para no llevar la vida digna de aquel que ha recibido por fe al Mesías, de aquel que porque ha sido salvado sin obras (Ef 2, 8-9), camina ahora en ellas como muestra de agradecimiento y obediencia (Ef 2, 10). El cristiano debe despojarse del hombre viejo que fue en el pasado y vestirse del nuevo, a semejanza de Jesús el Mesías (Ef 4, 21-24). Ese hombre nuevo, a semejanza de Jesús, rechaza la mentira (4, 25), no permite que la ira se convierta en pecado (4, 26), no roba, sino que trabaja con sus manos para poder compartir con los necesitados (4, 28), no tiene una forma de hablar corrompida (4, 29), sabe perdonar (4, 32), anda en el amor (5, 2) y huye de la fornicación, la impureza y la avaricia (5, 3).

Pero a Pablo no solo le preocupaba la conducta individual, sino también —y mucho— las relaciones interpersonales. Como en la carta a los colosenses, Pablo manifiesta un enorme interés por la vida familiar, que debe transcurrir a imagen de la relación espiritual existente entre Jesús el Mesías y la iglesia:

[21]Someteos los unos a los otros en el temor de Dios. [22]Las casadas que estén sometidas a sus maridos, como al Señor, [23]porque el marido es cabeza de la mujer, así como el Mesías es cabeza de la iglesia, y su salvador. [24]Así que, como la iglesia está sometida al Mesías, así también las casadas deben estarlo a sus maridos en todo. [25]Maridos, amad a vuestras mujeres, así como el Mesías

amó a la iglesia y se entregó a sí mismo por ella, [26]para santifi-carla limpiándola en el lavamiento del agua por la palabra, [27]para presentársela a sí mismo gloriosa, como una iglesia sin mancha ni arruga, ni cosa semejante, sino santa y sin mancha. [28]Así también los maridos deben amar a sus mujeres como a sus propios cuerpos. El que ama a su mujer, a sí mismo se ama. [29]Porque ninguno aborreció jamás a su propia carne, sino que antes la alimenta y la cuida, como también hace el Mesías con la iglesia; [30]porque somos miembros de su cuerpo, de su carne y de sus huesos. [31]Por esto dejará el hombre a su padre y a su madre y se unirá a su mujer, y serán los dos una sola carne. [32]Este misterio grande es y yo lo digo respecto al Mesías y a la iglesia. [33]Por lo demás, que cada uno de vosotros ame también a su mujer como a sí mismo; y que la mujer respete a su marido. (Ef 5, 21-33.)

[1]Hijos, obedeced en el Señor a vuestros padres; porque esto es lo justo. [2]Honra a tu padre y a tu madre, que es el primer mandamiento con promesa, [3]para que te vaya bien y vivas pro-longadamente en la tierra. [4]Y vosotros, padres, no agobiéis a vuestros hijos, sino criadlos en disciplina y amonestación del Señor. (Ef 6, 1-4.)

El texto de Pablo no resulta hoy en día políticamente co-rrecto y provocaría resquemores actualmente entre no pocas personas. En honor a la verdad, hay que decir que también en su tiempo hubiera causado sensaciones de profundo malestar en una sociedad donde la estabilidad familiar era casi inexistente, y donde ni las esposas estaban dispuestas a honrar a sus maridos ni los maridos a amarlas hasta el extremo que Jesús había hecho con el género humano. Sin embargo, no parece que nada de eso afectara al apóstol. Para él, ese tipo de familia era algo que solo podía nacer de la novedad de existencia marcada por la imita-ción de Jesús y la ayuda del Espíritu Santo. Implicaba una for-ma de vida tan pura y noble —y tan difícil y criticada— como aquella de la que estaban ausentes la mentira, la impureza se-xual o la avaricia. Era también la clase de existencia que podía impulsar a los esclavos a servir a sus amos «como al propio Mesías» (6, 5) y a los amos a comportarse con sus esclavos sin amenazas y teniendo en cuenta que existía un Señor común para unos y otros (6, 9). Al fin y a la postre, para Pablo esas relaciones interpersonales solo encontraban su sentido —y su posibilidad de realización— cuando se tenía en cuenta una dimensión como la espiritual. De ahí que la vida del creyente tuviera todas las características de un combate, combate espiritual, por supuesto. Al respecto, no deja de ser significativa la manera en que Pablo, custodiado por un soldado romano, pudo sacar de la observación de su armadura consideraciones profundamente espirituales. Frente aquella panoplia, la armadura de Dios es la que permite enfrentarse con los ataques del Diablo (6, 11), ya que, en realidad, la lucha de los cristianos no es contra carne y sangre, sino contra fuerzas demoníacas, «huestes espirituales de maldad en las regiones celestes» (6, 12). Se trata de una armadura en la que el cinturón es la verdad, y la coraza es la justicia (6, 14), en la que los pies van calzados de paz (6, 15), en que la fe es el escudo con el que se pueden apagar los dardos ardientes del Maligno (6, 16), en que el yelmo es la salvación y la espada es la palabra de Dios (6, 17). La descripción de Pablo sería utilizada repetidas veces a lo largo de los siglos —por ejemplo, por John Bunyan en *El progreso del peregrino*—, sin embargo, como en el caso de su himno al amor en 1 Corintios 13, permanece insuperada.

La última carta escrita por el apostol durante la cautividad fue la dirigida a los filipenses[24]. Como en el caso de Gálatas o de Filemón, se trata de un escrito profundamente personal en el que uno casi puede imaginar al anciano y cautivo Pablo dirigiéndose a sus hermanos de Filipos. El problemas de «los santos en el Mesías Jesús que están en Filipos» no era la herejía como en Colosas, sino sustancialmente la tendencia a la división y la

---

[24] Sobre la Epístola a los Filipenses, véase: K. Barth, *The Epistle to the Philipians*, Richmond, 1962; J. F. Collange, *The Epistle of Saint Paul to the Philipians*, Londres, 1979; R. P. Martin, *Philipians*, Grand Rapids, 1976; P. T. O'Brien, *The Epistle to the Philipians*, Grand Rapids, 1991; M. Silva, *Philipians*, Chicago, 1988.

controversia. Se trataba de una circunstancia que podía amargar de manera considerable la vida de aquellos fieles. La respuesta de Pablo es un verdadero canto a la alegría, una alegría que puede preservarse incluso encadenado en Roma y que nace directamente de la presencia de Jesús en la vida de los que creen en él. También es uno de los discursos más cristocéntricos de su carrera al derivar directamente del ejemplo de Jesús los patrones de conducta que han de seguir sus discípulos. Hasta qué punto esa visión se encarnaba en Pablo aparece ya en los primeros versículos de la carta, donde relativiza su difícil situación en términos de la voluntad de Jesús el Mesías. Ni la reclusión, ni la envidia, ni siquiera la muerte lo inquietan:

[12]Y quiero, hermanos, que sepáis que las cosas que me han sucedido, en realidad, han contribuido al avance del Evangelio; [13]de manera que el hecho de que mis prisiones se deben al Mesías se ha hecho patente en todo el Pretorio y para todos los demás. [14]Y muchos de los hermanos en el Señor, alentados por mis prisiones, ahora se atreven mucho más a hablar la palabra sin temor. [15]Es cierto que algunos predican al Mesías por envidia y por rivalidad; pero otros lo hacen con buena voluntad. [16]Los unos anuncian al Mesías por el deseo de competir, sin sinceridad, pensando en añadir aflicción a mis prisiones; [17]pero los otros actúan por amor, sabiendo que estoy aquí para defender el Evangelio. [18]¿A qué conclusión llego? Pues a la de que, no obstante, de todas maneras, o por pretexto o por verdad, es anunciado el Mesías, y eso me proporciona una gran alegría y lo seguirá haciendo. [19]Porque sé que acabaré siendo liberado, gracias a vuestras oraciones y a la dispensación del Espíritu de Jesús el Mesías, [20]conforme a lo que deseo y espero, que en nada seré confundido, sino que, por el contrario, con toda confianza, como siempre, ahora también será engrandecido el Mesías en mi cuerpo, o por vida o por muerte, [21]porque para mí el vivir es el Mesías, y el morir es ganancia. [22]Pero si el vivir en la carne contribuye a dar fruto para la obra, no sé entonces qué escoger. [23]Porque me siento atrapado entre ambas cosas, al tener deseo de ser desatado, y estar con el Mesías, lo cual es mucho mejor, [24]pero también viendo que quedar en la

carne os resulta más necesario. [25]Y, confiado en esto, sé que me quedaré, que aún permaneceré con todos vosotros para provecho vuestro y alegría de la fe. (Flp 2, 12-26.)

Pablo distaba mucho de contemplar su situación como algo idílico o de juzgarla de forma irresponsable. Sabía de sobra que algunos miembros de la comunidad de Roma lo envidiaban e incluso se sentían impulsados a competir con él. Por otro lado, no podía negarse que continuaba recluido y que no era descartable la idea de su ejecución si, efectivamente, el césar apreciaba que era un provocador de sediciones. Sin embargo, esas circunstancias no le habían hecho perder la alegría. Cierto, había conductas que se caracterizaban por la rivalidad y la envidia, pero, a fin de cuentas, predicaban el Evangelio, y eso era lo importante. Cierto, podía morir, pero si sucedía, inmediatamente pasaría a estar con Jesús, una afirmación, dicho sea de paso, bien interesante sobre la visión del más allá que tenían los primeros cristianos y que dista enormemente de formulaciones posteriores. Cierto, su ejecución podía ser una pérdida, pero ¿quién sabía si el Señor no lo mantendría algo más de tiempo en este mundo precisamente para que siguiera desempeñando su ministerio? Pablo no era ni un iluminado, ni un creyente en el pensamiento positivo, ni negaba la realidad. La conocía, pero —y aquí está la clave— la contemplaba desde una perspectiva diferente, la del que creía en un Dios que no soltaba las riendas de la Historia. Ese comportamiento —curiosa mezcla de valentía, fe y esperanza— era el que esperaba de los filipenses, pero el punto de referencia no debía ser él, sino el ejemplo del propio Jesús. Ahí se encontraba la clave incluso para corregir las rivalidades que infectaban a los santos de Filipos:

[3]No hagáis nada por rivalidad o por vanidad. Por el contrario, comportaos con humildad, considerando a los demás superiores a vosotros, [4]no mirando cada uno por lo suyo propio, sino también por lo de los otros. [5]Haya, por lo tanto, en vosotros el mismo sentimiento que tuvo el Mesías Jesús: [6]el cual, existien-

do en forma de Dios, no se aferró a ser igual a Dios, [7]sino que se vació de sí mismo, tomando forma de siervo, hecho semejante a los hombres, [8]y estando en la condición de hombre, se humilló a sí mismo, hecho obediente hasta la muerte, una muerte que fue la de cruz. [9]Por lo cual Dios también lo ensalzó a lo sumo y le dio un nombre que está por encima de todo nombre; [10]para que en el nombre de Jesús se doble toda rodilla de los que están en los cielos, y de los que están en la tierra, y de los que están debajo de la tierra, [11]y toda lengua confiese que Jesús el Mesías es el Señor para la gloria de Dios Padre. (Flp 2, 3-11.)

El canto al Mesías [25] que era Dios y que se vació de esa condición para convertirse en el siervo que moriría en la cruz puede que no fuera original de Pablo y que, más bien, se originara en medios judeocristianos. Cabe incluso la posibilidad de que fuera entonado con música en las reuniones de culto cristiano. Con todo, esa cuestión resulta secundaria. Lo importante es que el apóstol lo podía citar como la base de la vida del creyente. Si el propio Señor había dado ese ejemplo de humildad, de entrega, de sacrificio, de amor, ¿cómo podían los que habían sido salvados por esas acciones no vivir de la misma manera? ¿Era mucho pedir que los filipenses se comportaran «sin murmuraciones ni rivalidades» (2, 14)?

Desde luego, ese comportamiento desinteresado y que buscaba el bien de los demás no era peculiar de Pablo. Los filipenses sabían que también se daba en sus colaboradores más cercanos. En Timoteo, que no buscaba «lo suyo propio, sino lo que era de Jesús el Mesías» (2, 19 y ss.), o en Epafrodito, que había estado a punto de morir a causa de una enfermedad contraída en la brega de la evangelización (2, 23 y ss.). A ambos tenía intención Pablo de enviarlos a los filipenses para que se encontraran de cerca con gente verdaderamente digna de estima (2, 29).

---

[25] Sobre el Canto, véase: R. P. Martin, *An Early Christian Confession: Philipians II, 5-11 in Recent Interpretation*, Londres, 1960; ídem, *Carmen Chisti: Philipians II, 5-11 in Recent Interpretation and in the Setting of Early Chistian Worship*, Grand Rapids, 1983; F. Manns, *Essais sur le judéo-christianisme*, Jerusalén, 1977; C. Vidal, *El judeo-cristianismo*, p. 246 y ss.

Y es que la vida del seguidor de Jesús adquiría su importancia en asemejarse cada vez más al Mesías. Pablo podía, en términos humanos, jactarse de muchas cosas. Era un miembro del linaje de Israel, un miembro de la tribu de Benjamín, la tribu a la que había pertenecido el primer rey de Israel; un fariseo que en su celo había perseguido incluso a los creyentes en Jesús... (3, 4-6). Pues bien, podía afirmar que «las cosas que para mí eran ganancias, las he dado por pérdidas por amor del Mesías e incluso juzgo todas las cosas como una pérdida por el eminente conocimiento de Jesús, el Mesías, mi Señor, por amor del cual lo he perdido todo, y lo tengo por estiércol, para ganar al Mesías» (3, 7-8). No es que Pablo considerara que esas renuncias iban a servirle para ganar la salvación. Todo lo contrario. Lo que deseaba —como había escrito a los gálatas, a los romanos, a los efesios— era «ser hallado en él, no teniendo mi justicia, que es por la ley, sino la que es por la fe en el Mesías, la justicia que es de Dios por la fe» (3, 9). Sin embargo, esa convicción de que la salvación no se obtenía por méritos propios, sino que era un regalo de Dios que se aceptaba a través de la fe, nunca había llevado a Pablo a caer en la inmoralidad o el antinomianismo. Por el contrario, seguía esforzándose por asemejarse a Jesús (3, 12 y ss.), a ese Jesús, Señor, Salvador y Mesías, que un día regresaría desde el cielo para transformar los cuerpos de los que creyeran en él en otro «semejante al cuerpo de su gloria, por el poder con el que puede someter todas las cosas» (3, 21).

Partiendo de esa base, Pablo podía pedir a Evodia y Síntique, dos hermanas de la congregación de Filipos, que dejaran sus enfrentamientos (4, 2) y, sobre todo, podía invitar a la alegría a los creyentes a los que dirigía la carta (4, 4). Desde una perspectiva meramente humana, él mismo no era sino el cautivo, viejo y pobre Pablo, pero, desde la de Dios, era uno de sus hijos que si moría se reuniría con Jesús, y que si permanecía en este mundo sería para bien (Flp 1, 21-3). Por eso, podía invitar a los filipenses a no dejarse abrumar por la inquietud:

⁶Por nada os dejéis llevar por la ansiedad. Por el contrario, presentad ante Dios vuestras peticiones en toda oración y ruego, con acción de gracias, ⁷y la paz de Dios, que sobrepasa todo entendimiento, salvaguardará vuestros corazones y vuestros entendimientos en Jesús el Mesías. (Flp 4, 6-7.)

Los versículos finales de la carta los dedica Pablo a dar gracias a los filipenses porque le han enviado una ofrenda para atender a sus necesidades. El apóstol estaba acostumbrado a vivir con escasez y con abundancia (4, 11-12); a decir verdad, su experiencia cotidiana era que «todo lo puedo en el Mesías que me fortalece» (4, 13). Con todo, les agradecía mucho aquella generosidad, que ya se había manifestado en el pasado cuando la iglesia de Filipos le había ayudado económicamente al salir de Macedonia (4, 15) y estando en Tesalónica (4, 16). La carta concluía así con el jovial gozo que caracterizaba a un hombre profundamente imbuido de Jesús, un hombre que contaba a esas alturas entre la gente cercana a hermanos que servían en «la Casa del César» (4, 22).

Durante el tiempo que estuvo detenido en Roma, Pablo había esperado su liberación. Así incluso se lo había comunicado a Filemón. No se equivocó en sus apreciaciones. Al cabo de dos años, el apóstol fue puesto en libertad.

CAPÍTULO XX

De Hispania a la segunda cautividad

Pablo en Hispania

AL cabo de dos años de detención, Pablo —como había pensado— fue puesto en libertad. Las razones para ese desenlace pueden establecerse con relativa facilidad. Se ha apuntado a la posibilidad de que sus acusadores no comparecieran en plazo ante el tribunal imperial y que la acción legal quedara así enervada[1]. Pero tampoco puede descartarse que su puesta en libertad respondiera a un simple acto de *imperium* del césar[2]. Desde luego, de lo que sí tenemos constancia es de que en torno al año 63 se encontraba en Hispania.

No es posible saber cuándo pudo nacer en Pablo la idea de llegar a Hispania, aunque no han faltado los que han especulado con la posibilidad de que fuera ya un sueño juvenil conectado con la afirmación del Salmo 72, 10, en la que se habla de cómo los reyes de Tarsis y de las islas llevarían su tributo al rey de Israel[3]. Como ya tuvimos ocasión de ver, pisamos terreno se-

---

[1] En ese mismo sentido, W. M. Ramsay, «The Imprisonment and Supposed Trial of St. Paul in Rome», *Expositor*, serie 8, 5, 1913, p. 264 y ss.; K. Lake, «What was the End of St. Paul´s Trial?», en *Interpreter*, 5, 1908-9, p. 147 y ss.; H. J. Cadbury, «Roman Law and the Trial of Paul», *Beginnings of Christianity* I, 5, p. 297 y ss.

[2] En ese sentido, A. N. Sherwin-White, *Roman Society and Roman Law in the New Testament*, p. 109.

[3] En ese sentido, por ejemplo, S. Muñoz Iglesias, *Por las rutas de San Pablo*, Madrid, 1987, p. 235.

guro solo a partir de su afirmación en Romanos 15, 24 y 28, en la que anuncia su propósito de alcanzar Hispania. Semejante posibilidad quedó bloqueada con su detención en Jerusalén y reclusión en Roma, pero volvió a abrirse con su puesta en libertad en el 63 d. de C. De hecho, los testimonios al respecto son repetidos. El más antiguo, a unas tres décadas de los hechos, es el del romano Clemente, que en su carta a los corintios, c. 98, señalaba que Pablo había llegado al extremo de Occidente[4]. El texto no menciona literalmente Hispania, pero la expresión *dysis* (Occidente) era una referencia en el mundo de la época a Hispania, y el término *terma* (extremo) solía aplicarse precisamente al extremo del mundo que, por ejemplo, Filóstrato localizaba en Gades, la actual Cádiz.

El segundo testimonio de la venida de Pablo a España lo encontramos en el famoso *Canon de Muratori* del siglo II. En esta importantísima fuente, al referirse a Lucas, se señala que el Libro de los Hechos de los Apóstoles «relata al excelentísimo Teófilo lo que sucedió en su presencia, como queda evidentemente de manifiesto por el hecho de que pasa por alto la pasión de Pedro y el viaje de Pablo desde Roma a Hispania». La noticia no deja de ser interesante en la medida en que pone de manifiesto que en el siglo II en la comunidad cristiana de Roma la noticia del viaje paulino a Hispania estaba totalmente establecida e incluso había que explicar cómo un hecho tan importante no había sido relatado por Lucas en los Hechos.

Un testimonio similar encontramos en los *Hechos de Pedro* redactados a finales del siglo II o inicios del siglo III. En esta fuente se menciona el viaje de Pablo a Hispania en tres ocasiones. La primera es una referencia a la misión que Dios le entrega a Pablo para que se dirija a esa parte del Imperio (1, 10); la segunda, cuando Pablo, al salir de Roma en dirección a Hispania, pide a los hermanos que oren por él (2, 25-29), y la tercera, mencionando el hecho de que Pablo no se encuentra en la capital del

---

[4] Corintios 5.

Imperio porque está en Hispania (6, 26). A la altura del siglo IV, las referencias a la estancia de Pablo en Hispania son ya muy frecuentes en las fuentes patrísticas.

Jerónimo menciona, por ejemplo, que Pablo realizó el viaje por mar[5], una noticia que parece plausible en la medida en que se hubiera tratado de un trayecto más corto. De hecho, existían líneas de armadores de Gades que unían esa ciudad hispana —la primera de Europa— con Puteoli y con el puerto romano de Ostia. Plinio el Viejo nos ha dejado la noticia[6] de cómo Gades podía comunicarse con Ostia en siete días de navegación, y cómo el trayecto por mar desde Tarraco, la actual Tarragona, se reducía tan solo a cuatro. Si por el contrario, y de manera bastante improbable, Pablo hubiera realizado el viaje por tierra, hubiera tenido que seguir la Vía Augusta, dejando atrás Marsella, pasando por Perthus y continuando por el valle del Ampurdán por Figueras o la Junquera. En ese caso —insistamos que muy poco probable—, su itinerario hubiera implicado el paso por Emporion (Ampurias), Geruna (Gerona) y Barcino (Barcelona) para desembocar también en Tarraco. La tradición de la visita paulina determinaría posteriormente que precisamente la sede tarraconense, a pesar de la primacía concedida históricamente a Toledo, haya sido considerada la primada de España.

Junto a los datos sobre una visita a la *Hispania Citerior*, existen algunas tradiciones mucho menos seguras relativas a una estancia de Pablo en la Bética. Ciertamente, desde Tarragona la Vía Augusta pasaba por Dertosa (Tortosa), Sagunto, Valencia, Saetabis (Játiva), Lucentium (Alicante) y Cartago Nova (Cartagena), para adentrarse luego en Basti (Baza) y Acci (Guadix) en dirección a Malaca, Carteia (Algeciras), Baelo y Gades. Sin embargo, las bases para conectar estos lugares con un viaje paulino son exiguas. El trayecto de Pablo por tierras hispanas fue, en cualquier caso, breve e iba a preceder el último viaje de Pablo, esta vez por Oriente.

---

[5] *De viris illustribus* 5.
[6] *Historia natural* XIX, 1, 3-4.

El último viaje

Tras su paso por Hispania, un paso que debió ocuparle algunos meses del año 63, el apóstol se dirigió a Oriente. Los datos de que disponemos al respecto son escasos y fragmentarios y proceden, sobre todo, de los últimos escritos de Pablo, las denominadas epístolas pastorales. El itinerario —en buena medida conjetural— debió ser, aproximadamente, el siguiente. Primero, Pablo se dirigió a Creta, acompañado de Tito. Es muy posible que este viaje estuviera relacionado con el deseo de predicar a unas gentes con las que había tenido contacto ya cuando, camino de Roma, estuvo en Puertos Buenos (Hch 27, 7-12), el lugar donde hubiera deseado invernar, pero de donde, en contra de su opinión, la nave se alejó con dirección a Fenice. Ignoramos el itinerario que pudo seguir Pablo con Tito por la isla, pero es obvio que dejó allí a su joven colaborador para que se ocupara de organizar las comunidades existentes (Tit 1, 5).

De Creta, Pablo marchó a Éfeso con la intención de llegar a Colosas y cumplir lo que le había señalado a Filemón en la carta que lleva su nombre. No tenemos certeza absoluta de que este viaje se realizara, pero sí está establecido que llegó a Éfeso y que allí dejó a Timoteo, uno de sus discípulos preferidos, para que se ocupara de asegurar el buen orden de la congregación.

Desde Éfeso, pasando por Neápolis y Filipos, Pablo marchó a Nicópolis en Epiro, desde donde escribió a Tito instándolo a que se reuniera con él para pasar el invierno (Tit 3, 12). Desde Nicópolis, seguramente a través de Filipos y Neápolis, Pablo regresó a Tróade donde se hospedó en casa de un tal Carpo (2 Tim 4, 13). Aquí permaneció un tiempo, aunque aprovechó para acercarse a Mileto, donde había quedado enfermo su colaborador Trófimo (2 Tim 4, 20).

El 18 de julio del 64 ardió Roma y el pueblo culpó del incendio a Nerón. Fuera o no cierta la acusación, el emperador decidió arrojar la culpa de lo sucedido a los cristianos. Le constaba que no eran populares y creyó que serían un chivo expiatorio ideal. No debió equivocarse mucho, porque Suetonio, varias décadas después, no mostraría un ápice de compasión hacia los inocentes cristianos e incluso se complacería en mostrarlos como «adictos a una superstición novedosa y perversa» [7]. En breve, la persecución que había comenzado en Roma se extendió a las provincias y lo hizo con tanta virulencia que escritos como el Apocalipsis [8] la recogieron en tonos no exageradamente cruentos y sombríos.

La detención de Pablo se produjo en Tróade. La salida desde este lugar debió ser muy rápida, porque no le dio tiempo a recoger ni sus libros ni su abrigo que tenía en la casa de Carpo (2 Tim 4, 13). Es muy posible que fuera localizado gracias a la denuncia de un tal Alejandro, un herrero que se oponía a la predicación de Pablo y contra el que el apóstol advirtió a Timoteo (2 Tim 4, 14-15) ya al final de su vida. No solo eso. La persecución debió tener un efecto tan devastador entre los cristianos de Asia que el apóstol comentaría con tristeza cómo no había recibido la ayuda de nadie. De hecho, la única excepción a esa terrible realidad fue la de la casa de Onesíforo, un personaje que no solo no se avergonzó de las cadenas que nuevamente pesaban sobre Pablo, sino que incluso partió en pos de él a Roma y no cejó hasta encontrarlo (2 Tim 1, 16-18).

Pablo fue sometido a una *prima actio* en la que, presumiblemente, se le acusó de ser un agitador y un dirigente de una secta perniciosa, la que había prendido fuego a Roma. Al parecer, Pablo logró salir con bien de ese primer trámite juidicial y se vio «a salvo de las fauces del león» (2 Tim 4, 16 y ss.). Sin embargo, el apóstol no se hacía ilusiones. Al mismo tiempo que relataba a Timoteo esa situación en la que, posiblemente, fue su última carta, le ponía de manifiesto que estaba dispuesto a pasar por el último trance, «a ser derramado como una libación» (2 Tim 4, 6-8). No

---

[7] *Nerón* 16, 2.

[8] La Bestia del Apocalipsis es, obviamente, *Nero Kaisar* (Apocalipsis 13), al que se le concede perseguir a los santos y vencerlos (13, 7).

se equivocaba, ciertamente. Sin embargo, antes de entrar en los últimos días de la vida de Pablo debemos referirnos a sus últimos escritos, las denominadas epístolas pastorales.

Las epístolas pastorales [9]

Las epístolas denominadas pastorales —Tito y 1 y 2 Timoteo— forman el último grupo de cartas de Pablo. En las últimas décadas algunos autores han sostenido la tesis de que no se trata de escritos verdaderamente paulinos sino de recortes de cartas paulinas refundidas o incluso de obras seudoepigráficas colocadas bajo el nombre del apóstol. Estas tesis resultan dudosamente convincentes, porque la verdad es que los textos abundan en referencias personales, y porque tanto los conceptos como el lenguaje son claramente paulinos. A decir verdad, en términos lingüísticos, el Pablo de las pastorales se encuentra más cerca —lo que resulta muy lógico dada la cercanía cronológica— del Pablo de los Hechos que del que vemos en sus primeros escritos.

Como ya hemos indicado antes, 2 Timoteo se escribió cuando Pablo ya estaba detenido e incluso había pasado por la *prima actio* de su proceso. Las otras dos cartas pastorales pertenecen a los últimos meses en libertad del apóstol. A esas alturas, tanto Tito como Timoteo habían tomado el relevo de sus actividades evangelizadoras, y parece normal que Pablo deseara brindarles instrucciones ante un futuro que no preveía fácil a juzgar, por ejemplo, por las advertencias dadas a los ancianos de Éfeso (Hch 20)[10].

---

[9] Acerca de las epístolas pastorales, véase: M. Dibelius y H. Conzelmann, *The Pastoral Epistles*, Filadelfia, 1972; G. D. Fee, *The Pastoral Epistles*, Peabody, 1988; D. Guthrie, *The Pastoral Epistles*, Grand Rapids, 1990; J. N. D. Kelly, *The Pastoral Epistles*, Londres, 1963; G. W. Knight III, *The Pastoral Epistles*, Grand Rapids, 1992; C. Spicq, *Les Épitres Pastorales*, 2 vols., París, 1969.

[10] Sobre el funcionamiento interno de las iglesias paulinas, véase: R. Banks, *Paul's Idea of Community*, Grand Rapids, 1980; E. Best, *Paul and His Converts*, Edimburgo, 1988; V. Branick, *The House Church in the Writings of Paul*, Wilmington, 1989; H. Doohan, *Leadership in Paul*, Wilmington, 1984; B. Holmberg, *Paul and Power: Authority in the Primitive Church as Reflected in the Pauline Epistles*, Filadelfia, 1980; M. V. MacDonald, *The Pauline Church*, Cambridge, 1988.

La primera carta a Timoteo comienza con una advertencia del apóstol contra aquellos que se pierden en la especulación y en la vanidad en lugar de llevar una vida apropiada para un discípulo de Jesús (1 Tim 1, 3-11). La misión de Timoteo era mantener «la fe y la buena conciencia» (1, 18), de la misma manera que la de toda la congregación debía ser hacer «rogativas, oraciones, peticiones, acciones de gracias, por todos los hombres; por los reyes y por todos los que están en eminencia, para que vivamos tranquila y reposadamente en toda piedad y honestidad» (2, 1-2). El mandato dice mucho de un Pablo que tan solo unos meses antes se hallaba detenido en Roma y que en breve iba a volver a sufrir un nuevo prendimiento. Sin embargo, esas oraciones por los gobernantes a fin de garantizar un futuro de paz y sosiego tenían una razón última y, en buena medida, sencilla y fácil de entender. La misión fundamental era predicar el mensaje de salvación que arrancaba de Jesús, el Mesías, el único mediador entre Dios y los hombres:

> [3]Porque esto es bueno y agradable delante de Dios nuestro Salvador, [4]que quiere que todos los hombres sean salvos y que lleguen al conocimiento de la verdad. [5]Porque hay un solo Dios, y un solo mediador entre Dios y los hombres, Jesús el Mesías, hombre [6]que se entregó a sí mismo en rescate por todos, de lo cual se da testimonio a su tiempo, [7]para esto fui nombrado predicador y apóstol —digo verdad en el Mesías, no miento— y maestro de los gentiles en fe y verdad. (1 Tim 2, 3-7.)

En esa misión de comunicar el Evangelio resultaba para Pablo esencial el comportamiento alternativo de mujeres que no se caracterizarían por el aderezo de sus cabellos o por sus joyas y vestidos, sino por la honestidad, la vergüenza y la modestia (2, 9 y ss.). Se trata de una de esas afirmaciones que han derivado —muy injustamente, por otra parte— en que a Pablo se le colgara el calificativo de misógino. En realidad, el apóstol estaba demostrando tener una clara visión de futuro. Ese tipo de mujeres, las procedentes de las comunidades cristianas, iban a tener en los siglos siguientes una enorme influencia en la extensión del cristianismo por el Imperio. Su vida no era fácil —tampoco lo era la de las paganas—, pero disfrutó de una repercusión social como, seguramente, ningún colectivo de mujeres lo ha tenido jamás a lo largo de la Historia. De manera bien significativa, se trató de una influencia callada, serena y profunda.

A continuación, Pablo señala a Timoteo los requisitos que habían de tener los obispos y los diáconos, dos de los ministerios claramente definidos en el seno de las comunidades cristianas desde hacía décadas. El obispo, a la sazón —supervisor sería la traducción más aproximada del término original—, no se diferenciaba del anciano o presbítero tal y como se desprende de distintos pasajes del Nuevo Testamento como el referido al último encuentro entre Pablo y los responsables de la iglesia de Éfeso (Hch 20). Lo común era que se tratara de un hombre casado que destacaba por su buena conducta. Algo similar sucedía con el diaconado, encargado desde sus primeros días en la comunidad de Jerusalén de tareas de administración, y accesible en aquellos primeros tiempos del cristianismo también a las mujeres:

> [1]Palabra fiel es que si alguno desea ejercer el obispado, desea una buena obra. [2]Resulta conveniente, por lo tanto, que el obispo sea irreprensible, marido de una sola mujer, sobrio, prudente, decoroso, hospitalario, apto para enseñar; [3]no dado al vino, no pendenciero, no codicioso de ganancias deshonestas, sino moderado, apacible, ajeno a la avaricia; [4]que gobierne bien su casa, que tenga a sus hijos en sujeción con toda honestidad; [5]porque el que no sabe gobernar su casa, ¿cómo cuidará de la iglesia de Dios? [6]No un recién convertido, no sea que cayendo en la vanidad incurra en la condenación del diablo. [7]También conviene que tenga buen testimonio de los extraños, para que no caiga en descrédito y en lazo del diablo. [8]Los diáconos, por su parte, tienen que ser honestos, sin duplicidad, no dados a un consumo excesivo de vino, no codiciosos de ganancias deshonestas; [9]que preserven el misterio de la fe con limpia conciencia. [10]Y estos

también sean antes sometidos a prueba, y después, si son irreprensibles, que ejerzan el diaconado. [11]Las mujeres, igualmente, que sean honestas, no dadas a la calumnia, sino sobrias y fieles en todo. [12]Los diáconos sean maridos de una sola mujer, y gobiernen bien a sus hijos y sus casas. [13]Porque los que ejercen bien el diaconado ganan para sí un grado honroso y mucha confianza en la fe que es en Jesús el Mesías. (1 Tim 3, 1-13.)

Pablo —como había advertido a los presbíteros de Éfeso— estaba convencido de que a no mucho tardar se produciría un fenómeno de apostasía en el seno del cristianismo, un fenómeno que tendría entre otras características la de prohibir el matrimonio u ordenar la abstención de determinados alimentos (4, 1-3). Sin embargo, esa circunstancia no le provocaba desánimo alguno. Por el contrario, ordena a Timoteo que sea un ejemplo de buena conducta (4, 6-16) y le da instrucciones sobre la manera en que había de tratar a los ancianos (5, 1-2), a los jóvenes (5, 2), a las viudas (5, 4 y ss.) —que ya en aquel entonces eran objeto de un cuidado especial por parte de las comunidades cristianas—, al mantenimiento de los presbíteros (5, 17) y a los esclavos (6, 1-2).

De manera bien significativa, Pablo insiste en aferrarse a la enseñanza de Jesús (6, 3) y en vivir «de manera piadosa acompañada de contentamiento, porque nada hemos traído a este mundo y nada podremos sacar, por lo que contentémonos si tenemos comida y abrigo» (6, 6-8). En lugar de buscar la riqueza —una tarea que había llevado a no pocos a la ruina espiritual—, los seguidores de Jesús debían ir en pos de «la justicia, la piedad, la fe, el amor, la paciencia y la mansedumbre» (6, 9-11). El apóstol no caía en un clasismo que rechazara a los acaudalados en el seno de la congregación —ciertamente, los defensores de algunas teologías como la de la Liberación no se hubieran encontrado muy a gusto al lado de Pablo—, pero sí insistía en que no podían poner su «esperanza en las riquezas, que son inseguras, sino en el Dios vivo, que nos da todas las cosas en abundancia para que las disfrutemos» (6, 17-19).

El ser discípulo de Jesús no se caracterizaba para Pablo por la especulación teológica o la sofisticación intelectual. Manifestaba su condición, más bien, al vivir siguiendo los pasos del que, tras morir en la cruz y resucitar, regresará un día. Se trata de una forma de vida que exige ver las cosas de manera diferente, porque la perspectiva —que no es la del mundo, sino la del propio Jesús— también es distinta. Ese afán de imbuir en los cristianos el deseo de llevar una existencia práctica y piadosa aparece resumido precisamente en los últimos versículos de la carta:

> [11] Mas tú, oh hombre de Dios, huye de estas cosas, y sigue la justicia, la piedad, la fe, el amor, la paciencia, la mansedumbre. [12] Pelea la buena batalla de la fe, aférrate a la vida eterna, a la que fuiste llamado, tras hacer profesión delante de muchos testigos. [13] Te ordeno delante de Dios que da vida a todas las cosas, y de Jesús el Mesías, que dio testimonio de la buena profesión ante Poncio Pilato, [14] que guardes el mandamiento sin mancha ni represión, hasta la aparición de nuestro Señor Jesús el Mesías, [15] la cual a su tiempo mostrará el Bienaventurado y único Soberano, el Rey de reyes, y Señor de señores... [20] Oh, Timoteo, guarda lo que se te ha encomendado, evitando las discusiones profanas sobre cosas vanas, y los argumentos de la falsamente llamada ciencia; [21] la cual profesando algunos se descarriaron de la fe. La gracia sea contigo. Amén. (1 Tim 6, 11-15, 20-21.)

La carta a Tito presenta —y es lógico que así sea— considerables paralelos con la primera misiva dirigida a Timoteo. También a Tito le da Pablo instrucciones sobre los requisitos que han de tener los obispos. Sustancialmente, son los mismos que ya hemos visto desde la referencia a la esposa de los obispos y el cuidado de sus hijos (1, 5-6), al catálogo de virtudes que debían adornarlos (1, 7 y ss.). De forma similar, como en el caso de la epístola anterior, Pablo señala la manera en que debía ocuparse Tito de los ancianos (2, 1-5), de los jóvenes (2, 6-8), de los siervos (2, 9-10). El apóstol apela, como era habitual en él, a la necesidad de vivir de acuerdo con una nueva perspectiva centrada en la espera del regreso de Jesús el Mesías, al que califica como «nuestro Dios y Salvador» en uno de los textos de mayor potencia cristológica del Nuevo Testamento (Tit 2, 13):

> [12]... renunciando a la impiedad y a los deseos propios de este mundo, vivamos en esta época de manera sobria, justa y piadosa, [13] aguardando la esperanza bienaventurada y la manifestación gloriosa de nuestro gran Dios y Salvador Jesús el Mesías, [14] el cual se dio a sí mismo por nosotros para redimirnos de toda iniquidad, y limpiar para sí un pueblo propio, entregado a realizar buenas obras. [15] Esto habla y exhorta, y reprende con toda autoridad. Que nadie te desprecie. (Tit 2, 12-15.)

Sin embargo, la razón última para llevar una nueva vida no era para Pablo —como lo es para algunas sectas milenaristas contemporáneas— el anuncio de que Jesús regresaría otra vez. Por el contrario, esa existencia, vivida desde una perspectiva bien diferente de la sociedad que nos rodea, se enraizaba en el regalo de la salvación. Como había señalado en sus cartas a los gálatas, a los romanos, a los efesios o a los filipenses, la salvación no era algo que el ser humano adquiriera por sus obras o méritos. Por el contrario, era un regalo de Dios que se podía rechazar o aceptar a través de la fe. Un don de esas características —clara manifestación del amor de Dios en Jesús— era lo que fundamentaba e impulsaba una nueva forma de vivir no menos anticultural en el siglo I de lo que pueda serlo en el siglo XXI:

> [3] Porque también éramos nosotros necios en otro tiempo, rebeldes, extraviados, entregados al servicio de deseos y deleites diversos, viviendo en malicia y en envidia, dignos de aborrecimiento y aborreciéndonos los unos a los otros. [4] Pero cuando se manifestó la bondad de Dios nuestro Salvador y su amor para con los hombres, [5] no por obras de justicia que nosotros hubiéramos hecho, sino por su misericordia nos salvó, por el lavamiento de la regeneración y por la renovación del Espíritu Santo, [6] que derramó en nosotros abundantemente por medio de Jesús el Mesías, nuestro Salvador, [7] para que, justificados por su gracia, nos convirtamos en herederos según la esperanza de la vida eterna. (Tit 3, 3-7.)

Como ya señalamos antes, Pablo escribió esta epístola mientras se encontraba en Nicópolis y esperaba la llegada de Tito (3, 12). Era un hombre consciente de que no podía quedarle mucho tiempo por delante —una circunstancia que explica el carácter organizativo de estas últimas cartas—, pero que aún se encontraba en una situación de libre actividad. En su último escrito, la segunda carta a Timoteo, la situación había cambiado radicalmente. No solo se encontraba en prisión, sino que además era consciente de que sus días estaban contados. Ese Pablo de las últimas horas es un hombre sereno y tranquilo, incluso sosegadamente triunfal. La razón de esa actitud procede de su profunda confianza en Dios:

> [7] Porque no nos ha dado Dios un espíritu de temor, sino uno de fortaleza, de amor y de dominio propio. [8] Por tanto, no te avergüences de dar testimonio de nuestro Señor, ni de mí, preso suyo; por el contrario, participa en las aflicciones del Evangelio según el poder de Dios, [9] el cual nos salvó y nos llamó con llamamiento santo, no conforme a nuestras obras, sino según su propósito y su gracia, que nos fue dada en el Mesías Jesús antes de los tiempos de los siglos, [10] y ahora ha sido manifestada por la aparición de nuestro Salvador Jesús el Mesías, que quitó la muerte, y sacó a la luz la vida y la inmortalidad mediante el Evangelio, [11] del cual yo he sido nombrado predicador, apóstol y maestro de los gentiles. [12] Por lo cual igualmente padezco esto, pero no me avergüenzo; porque yo sé en quién he creído, y estoy seguro de que es poderoso para guardar mi depósito para aquel día. (2 Tim 1, 7-12.)

Pablo había sido abandonado por todos a excepción de la casa de Onesíforo (1, 15 y ss.), pero no se sentía desanimado por ello. Por el contrario, insta a Timoteo a comportarse como un soldado del Mesías, como un atleta noble y esforzado, como un labrador laborioso (2, 1-6). Para conseguirlo, debe recordar el ejemplo de Jesús, por el que Pablo estaba encarcelado (2, 8-13) y no enredarse en vanas especulaciones que distraigan de lo esencial, la vida nueva vivida a la luz de la enseñanza del Mesías (2, 14-24). Por supuesto, Pablo era consciente de que la sociedad en la que vivían estaría repleta de «hombres amadores de sí mismos, avaros, vanagloriosos, soberbios, blasfemos, desobedientes a los padres, ingratos, desprovistos de piedad, carentes de afecto, desleales, calumniadores, desprovistos de moderación, crueles, aborrecedores de lo bueno, traidores, irreflexivos, hinchados de orgullo, amantes de los deleites más que de Dios, con una apariencia de piedad, pero negando su eficacia» (3, 1-5). Sobre ese trasfondo, no resultaría extraño ver a gente que «entra por las casas y lleva cautivas a mujercillas cargadas de pecados, arrastradas por diversas concupiscencias que siempre aprenden y que nunca terminan de llegar al conocimiento de la verdad» (3, 6-7). Sin embargo, a pesar de todo, no había que caer nunca en el desánimo. Al fin y a la postre, las personas de esas características no podrían prevalecer (3, 9).

Tampoco Timoteo debería sentirse abatido. Era sabido que «todos los que quieren vivir piadosamente en el Mesías sufrirán persecución» (3, 12), pero el destino de los malos, un destino marcado por engañar y ser engañados, sería mucho peor (3, 13). Para enfrentarse a esa situación, Timoteo debería aferrarse a la enseñanza de las Escrituras:

> [14]Tu, sin embargo, persevera en lo que has aprendido y en aquello de lo que te convenciste, sabiendo de quién has aprendido, [15]y que desde la niñez has conocido las Sagradas Escrituras, las cuales te pueden hacer sabio para la salvación por la fe en el Mesías Jesús. [16]Toda Escritura está inspirada por Dios y es útil para enseñar, para refutar, para corregir, para instruir en justicia, [17]a fin de que el hombre de Dios sea perfecto, instruido de manera completa para toda buena obra. (2 Tim 3, 14-17.)

Al final de su vida, el apóstol era plenamente consciente del baluarte que serviría para que la Iglesia no se apartara del camino de la verdad. No era otro que las Escrituras, aquellas Escrituras donde se enseñaba que la salvación no era fruto del mérito personal sino de la fe en el Mesías.

Y no es que no fuera consciente Pablo de su enorme soledad. Ciertamente, algunos hermanos de Roma lo respaldaban (4, 21), pero no podía decirse lo mismo de sus colaboradores. Demas, hasta poco antes un colaborador fiel (Col 4, 14, Flm 24), lo había abandonado «amando este mundo», quizá una referencia a que no había podido soportar las presiones derivadas de respaldar al detenido. Crescente se hallaba en Galacia y Tito en Dalmacia. A Tíquico lo había envíado a Éfeso. Erasto se había quedado en Corinto y Trófimo seguía enfermo en Mileto. También Aquila, Priscila e incluso los de la casa de Onesíforo se hallaban lejos, aunque, al parecer, cerca de Timoteo (4, 19). De sus colaboradores acostumbrados únicamente Lucas se encontraba a su lado (4, 11), lo que, quizá, explica el estilo parecido de los Hechos y de algunos pasajes de las pastorales. No resultaría extraño que el médico le hubiera ayudado en la tarea de poner por escrito aquellas últimas instrucciones.

Pablo se encontraba en una situación de clara necesidad material, hasta el punto de que, como ya vimos, ruega a Timoteo que le lleve el abrigo y los libros que había dejado en Tróade, en casa de Carpo (4, 13). Sin embargo, a pesar de todo, deseaba apurar hasta el último momento de su vida en la labor que le había dado sentido desde el momento de su conversión. Por ello, agradecería a Timoteo que viniera a verlo y que se trajera a Marcos para que le ayudara en el ministerio (4, 11). Cuando este concluyera —e iba a ser muy pronto—, era consciente de lo que le esperaba.

Ejecución

Seguramente, Pablo ni volvió a utilizar el abrigo ni a leer los libros dejados en la casa de Carpo. En Roma estuvo recluido en la cárcel Mamertina, posiblemente en la misma época que Pedro. La prisión era ya famosa antes de que albergara a los dos apóstoles. Desde sus mazmorras podía escucharse el tumulto de los foros e incluso los aplausos que recibían los oradores en el Senado. Hoy en día, el antiguo lugar de la prisión se halla ocupado por la iglesia que se denominó de San Pedro In Carcere, y que ahora está dedicada a los santos Proceso y Martiniano que, según la tradición, fueron carceleros convertidos a la fe en Jesús por el testimonio del apóstol Pedro. En este lugar de culto se dan cita dos recintos superpuestos. El superior era la antigua prisión donde estuvieron recluidos personajes de la importancia de Vercingétorix, el caudillo galo derrotado en Alesia por Julio César; Yugurta, el rey de Numidia; Simón Bar Giora, el rebelde judío que se enfrentó con las legiones romanas, y el mismo Sejano, valido de Tiberio, que en el año 31 cayó en desgracia y fue ejecutado. A través de una escalera exterior se descendía a un calabozo en el que solían ejecutarse sentencias de muerte. El templo custodia una columna que se relaciona con el apóstol Pablo y un aljibe en el que, supuestamente, Pedro habría bautizado a sus carceleros. Ambas afirmaciones no son ni totalmente seguras ni tampoco imposibles.

El final de Pedro y de Pablo sería diferente, siquiera porque distinta era su condición social. El primero no pasaba de ser un humilde judío; el segundo era además un ciudadano romano. Resulta, pues, muy verosímil la tradición que indica que Pedro fue crucificado, como décadas antes lo había sido su maestro, el judío Jesús. Pablo, por su parte, debió abandonar la prisión Mamertina sujeto a un guardia mediante una cadena y custodiado por algunos pretorianos. De esta forma, atravesó las calles de Roma y salió por la puerta que conducía a la Vía Ostiense. Debió pasar así ante la pirámide de Cayo Cestio, pretor y tribuno de la plebe muerto el año 12 d. de C. Eso era todo lo que quedaba de aquel hombre desprovisto de la esperanza que alentaba en el corazón de Pablo.

El grupo llegó finalmente a Acquas Salvias, ahora Tre Fontane, una región pantanosa e insalubre situada cerca de la tercera milla de la Vía Ostiense. Allí Pablo fue flagelado, un castigo del que su condición de ciudadano romano no podía ya librarlo. Se trataba de un trance terrible, agudizado por la avanzada edad del reo, más que sexagenario. Finalmente, se lo sujetó a una columna rematada de tal forma que en ella pudiera apoyar la cabeza el condenado. Acto seguido, tras recibir la orden del lictor, el verdugo descargó el hacha sobre el cuello de Pablo. Las palabras que muy poco antes había escrito a su colaborador Timoteo hubieran podido constituir su mejor epitafio:

> [7]He peleado la buena batalla, he acabado la carrera, he guardado la fe. [8]Por lo demás, me aguarda la corona de justicia, que me dará el Señor, juez justo, en aquel día; y no solo a mí, sino también a todos los que aman su venida. (2 Tim 4, 7-8.)

Conclusión

CUANDO Pablo exhaló el último aliento, sus viajes misioneros contabilizaban, aproximadamente, unos 13.600 kilómetros. La cifra —el equivalente de la distancia en línea recta de Madrid a Honolulu— pudo resultar superior si tenemos en cuenta los desvíos de caminos hasta sumar unos 15.000 kilómetros. Se trata aproximadamente de la distancia que separa en línea recta a Madrid del Polo Sur o de Australia. Son cifras —no cabe duda— verdaderamente impresionantes si se tiene además en cuenta los medios de transporte de la época. A pesar de todo, semejante proeza resulta incluso insignificante cuando se compara con la enorme importancia de Pablo y el poder extraordinario de su personalidad. Con todo, la primera pregunta obligada que debe formularse en esta conclusión es quién fue Pablo. Se ha convertido en un tópico afirmar que fue el verdadero fundador del cristianismo, pero, como se desprende de las páginas anteriores, semejante declaración, por muy sugestiva y repetida que sea, no se corresponde con lo que encontramos en la fuentes históricas. Estas, por otro lado, son abundantes y nos permiten trazar un retrato de la vida y de la obra de Pablo notablemente perfilado.

En primer lugar, Pablo, como indica el título de esta biografía, fue un judío y lo siguió siendo hasta su último aliento. Él mismo insistió en esa circunstancia una y otra vez (Flp 3; 2 Cor 11, 22 y ss.), y, a decir verdad, jamás hubiera podido ser un seguidor de Jesús tan entusiasta y fundamentado sin haber sido antes judío. Como judío, podía contemplar con nitidez en las Escrituras cómo Jesús era el Mesías prometido por Moisés y los profetas; como judío, podía comprender la manera en que Dios salvaba a través de Jesús al mundo, y como judío podía captar como nadie la manera en que la Historia se desplegaba según los planes del Dios de Abraham, Isacc y Jacob.

El judío Pablo no innovó el mensaje que había recibido. A decir verdad, siguió la predicación de Jesús y de los apóstoles e incluso se preocupó de comprobar que no colisionaban (Gál 2, 2). El contenido de esa enseñanza puede ser desgranado de manera sucinta con enorme claridad. En primer lugar, Jesús era el Mesías, y un Mesías definido en los términos del propio Jesús y de los doce. Era el Siervo de Isaías 53 que había muerto en sacrificio expiatorio llevando sobre sí los pecados del género humano. Esa mesianidad de Jesús resultaba tan obvia que Pablo no duda en sus cartas a la hora de llamarlo a secas en multitud de ocasiones Mesías, es decir, Cristo en griego, un título que la práctica posterior acabaría convirtiendo en un nombre propio.

En segundo lugar, Jesús no era solo un hombre. Era, como ya habían enseñado los apóstoles judeocristianos, el propio Señor encarnado (Rom 9, 5; Tit 2, 13). Dios no realizaba su salvación a través de un sustituto. Por el contrario, el Señor que se había manifestado en la Historia, que existía como Dios, se había vaciado para encarnarse y morir como un siervo en la cruz (Flp 2, 5 y ss.). Pero en eso Pablo tampoco era original. ¿Acaso Juan el Bautista no había precedido al mismo YHVH conforme a la profecía de Isaías 40, 3? ¿Acaso no había anunciado Zacarías (11, 12-3) que YHVH sería vendido por treinta monedas de plata? ¿Acaso no había anunciado YHVH que él mismo vendría a salvar al género humano (Is 35, 4)? Esos anuncios se habían cumplido para Pablo —y para los judeocristianos— en el Mesías Jesús. En él habitaba corporalmente la plenitud de la divinidad (Col 2, 9).

Finalmente, Jesús era el Salvador. Su ejecución en la cruz no había sido el fracaso de un predicador judío, sino parte de un plan de Dios que, como había sido prometido por los profetas, consistía en que un ser inocente y perfecto muriera en sustitución de los hombres que merecían un justo castigo por sus pecados, y en esa cruz precisamente había vencido a los poderes malignos que intervienen en la Historia humana (Col 2, 13 y ss.).

Precisamente de esta última circunstancia emanaba la concepción que Pablo tenía de la salvación y que coincidía con el mensaje de Jesús y de sus primeros discípulos judeocristianos. A diferencia de lo que muchos pudieran creer, todos ellos estaban convencidos de que el ser humano no puede ganarse la salvación por sus obras o por sus méritos. Si acaso, la ley de Dios le muestra que es más culpable de lo que hubiera podido pensar nunca (Rom 3, 19-20). Sin embargo, Dios, en su inmenso amor, no abandona al hombre a su suerte. Su Hijo, el Mesías Jesús, se ha sacrificado en expiación por los pecados de la humanidad (Rom 3, 21-24). Es él quien ha pagado con su sangre todos los delitos morales que se han cometido a lo largo de la Historia. A partir de ese momento, satisfecha la justicia de Dios, ofrece a todos la posibilidad de recibir una salvación que es por gracia, que resulta gratuita, que no se puede comprar porque ya fue adquirida por Jesús y que solo puede ser recibida a través de la fe. Como antaño Abraham —que creyó en Dios imputándosele como justicia la fe (Rom 4, 1-5)—, la salvación es un regalo inmerecido, un regalo que solo se puede rechazar o recibir mediante la fe.

El hecho de que esa salvación resulte gratuita e inmerecida debía provocar —y, de nuevo, Pablo repite el enfoque de Jesús y de sus primeros discípulos judeocristianos— no un descuido moral, una relajación ética o un antinomianismo. Todo lo contrario. El amor de Dios debía impulsar a los «hermanos», a los «santos», a los «que invocan el nombre de Jesús», a vivir de una manera nueva que sobrepasaba cualquier ética conocida.

Obrarían así no para salvarse, sino porque ya habían sido salvados, no para ganar la salvación, sino porque esta les había sido dada gratuitamente, por gracia, sin obras, a través de la fe (Ef 2, 8-10).

Por supuesto, en esa nueva vida guiada por el Espíritu Santo, la naturaleza humana no se vería cambiada del todo. Más bien, se haría visible una y otra vez la tendencia al mal que acompaña a todo ser humano (Rom 7, 7 y ss.), pero esa circunstancia no debería arrastrar a nadie ni a negar hipócritamente la realidad ni a desesperarse. Todo lo contrario, debería impulsarlo a confiar en que «no existe ninguna condenación para los que están en Jesús el Mesías» (Rom 8, 1) y a vivir bajo el impulso del Espíritu (Rom 8, 4).

Ese impulso del Espíritu, carismático, espiritual, pneumático, jamás debería traducirse en una mera sucesión de experiencias, sino en una nueva vida que tendría sus repercusiones en todas las áreas de la existencia personal, incluida la familiar (Ef 5, 21 y ss.; Col 3, 18 y ss.), la laboral (Ef 6, 5 y ss.) o la política (Rom 13). En esa nueva vida, desaparecerían las diferencias entre esclavo y libre, entre hombre y mujer, entre judío y gentil (Gál 3, 28). En esa nueva vida los creyentes no dudarían en renunciar a sus derechos legítimos y a sus razones teológicas para no hacer tropezar a gente más débil que ellos (Rom 14, 1 y ss.). En esa nueva vida hasta un amo de esclavos podría ver a una posesión suya como a un hermano (Flm). En esa nueva vida, a fin de cuentas, todo giraría en torno a la vivencia de una clase de amor distinta de cualquier otra (1 Cor 13).

Por añadidura, no todo concluiría con la muerte. Al morir, el creyente se reuniría con el Mesías (Flp 1, 21-23) y recibiría un cuerpo que revestiría su espíritu desnudo (2 Cor 5, 1 y ss.). Pero no se trataría de un destino solitario. Jesús regresaría otra vez para que tuviera lugar la resurrección (1 Cor 15), para que los creyentes que aún estuvieran vivos fueran arrebatados a su encuentro en los aires (I Ts 4 y 5), para que el cosmos se renovara ante la manifestación de la libertad de los hijos de Dios (Rom 8,

19-21) y para que los que amaban su venida estuvieran siempre con él. Serían hechos precedidos por la entrada del número total de gentiles elegidos en la salvación y por la vuelta de Israel hacia Dios y su Mesías (Rom 11, 25-6).

En todos y cada uno de estos aspectos, Pablo expuso unas líneas de pensamiento que no eran originales. Es cierto que pudo ser punzante, agudo, brillante, sólido, bíblico y contundente, pero, en términos generales, no añadió nada sustancial a lo enseñado por Jesús o por sus primeros discípulos. Incluso podía decirse que se limitó a exponer la interpretación judeocristiana de las Escrituras. El gran aporte de Pablo no estuvo relacionado, pues, con la creación de una nueva religión ni con la formulación de nuevos dogmas o conceptos teológicos. Discurrió más bien por otros terrenos.

En primer lugar, estuvo su visión estratégica de la predicación del Evangelio en el mundo conocido. Cuando se examinan con cuidado sus viajes, descubrimos a un hombre dotado de un extraordinario talento para la irradiación del mensaje. Las ciudades que eligió para la predicación, la elección de colaboradores, la continuación de la obra tras los primeros pasos, la búsqueda de nuevos objetivos ponen de manifiesto a una mente verdaderamente privilegiada. En un par de décadas, Pablo dejó establecida una red de iglesias que iban de Asia Menor a España y que harían sentir su infuencia durante siglos. A ese respecto, muy pocos personajes históricos han dejado tras de sí un legado tan sólido, influyente y duradero en la Historia de la humanidad.

El segundo aporte de Pablo fueron sus cartas. El peso de las mismas en la vida de la Iglesia, del cristianismo y de la cultura occidental resulta tan obvio que no admite discusión. Sin embargo, no se trata solo de su influencia en la liturgia, de su amplio catálogo de imágenes y símbolos, de su formulación de las verdades del cristianismo. A decir verdad, las grandes revoluciones espirituales en el seno del cristianismo han estado vinculadas mayoritariamente a las obras de Pablo. Fue el caso de la teología de Agustín de Hipona, que marcaría su influjo en el cristianismo occidental desde el siglo IV hasta bien entrada la Edad Media. Fue el caso de la teología de la Reforma del siglo XVI, que cambió la Historia de Occidente partiendo de la recuperación de la doctrina de la justificación por la fe sin las obras de la ley y que determinó la realización de fenómenos trascendentales como la revolución científica, el desarrollo del capitalismo o el nacimiento de la democracia moderna. Fue el caso de la teología de John Wesley y de los «avivamientos», sin los que resulta imposible comprender la evolución pacífica del sistema parlamentario británico o el desarrollo de los Estados Unidos. Todos ellos son ejemplos significativos, pero no exhaustivos, de uno de los aportes más extraordinarios realizados por un personaje de la Antigüedad en el terreno de la formulación de las ideas que ha conocido el género humano.

En tercer lugar, el judío de Tarso dejó tras de sí un aporte que fue, ni más ni menos, el de su propia personalidad, una personalidad que ha inspirado la cultura, el arte, el pensamiento y la teología de casi dos mil años. Pablo fue apasionado, como se manifiesta en la carta a los gálatas, en la que defiende la libertad cristiana sustentada en la creencia en la justificación por la fe frente a la esclavitud que pretende que la salvación es por obras. Pablo fue un genial estratega, como nos ponen de manifiesto sus planes para extender el mensaje de Jesús. Pablo fue un pastor tierno, desinteresado y amoroso que sufría profundamente por los males que aquejaban a sus comunidades y que estaba dispuesto a cualquier sacrificio y a cualquier renuncia para enfrentarse con ellos. Pablo fue un personaje que logró, como pocos, muy pocos, un extraordinario equilibrio entre la práctica de los dones espirituales en el seno de la congregación, el orden eclesial y la disciplina ética. Pablo fue, al fin y a la postre, un hombre poseído por la certeza de que la vida se podía desarrollar de otra manera, la que derivaba de haber recibido la salvación del Mesías, de contemplar el mundo bajo una luz totalmente distinta y de esperar la segunda manifestación de Jesús. En este último sentido, el judío de Tarso constituye un ejemplo de cómo vivir una existencia plena y entregada, completa y fiel al ideal, rezumante de amor y centrada en lo verdaderamente esencial, una existencia en la que todo lo podía en el Mesías que lo fortalecía (Flp 4, 13) y en la que el vivir era el Mesías y el morir no una expectativa espantosa, negra y terrible, sino una ganancia (Flp 1, 21-23).

Bibliografía

1. FUENTES PRIMARIAS, EDICIONES Y TRADUCCIONES.

Amidon, P.: *The Panarion of St. Eius*, Oxford, Claredon, 190.
—, *Avot de Rabbit Natan*, Vienna, Ch. Lippe, 1887.
Black, M.: *The Boork of Enoch*, Leiden, Brill, 1985.
Braude, W. G.: *The Midrash on Pslams*, 2 vols., Nueva Haven, Yale University Press, 1958.
—, *Pesikta Rabbati*, 2 vols., Nueva Haven, Yale University Press, 1968.
—, *Pesikta-de Rab-Kahana*, Filadelfia, The Jewish Publication Society, 1975.
—, *Tanna Debe Eliyyahu*, Filadelfia, The Jewis Publication Society, 1981.
Charles, R. H., *The Apocrypha and Pseudepigrapha of the Old Testament*, 2 vols., Oxford Clarendon, 1977.
—, *The Book of Jubiles*, Londres, 1902.
Charlestown, J. H.: *The Old Testament Pseudepigrapha*. 2 vols., Nueva York, 1983.
Clark, E. G., *Targum Pseudo-Jonathan of the Pentateuch*, Hoboken, N. J. 1984.
Cohen, A., e Israel Brodie, eds.: *The Minor Tractates of the Talmud*, 2 vols., Londres, 1971.
Danby, Herbert: *The Mishnah*, Nueva York, 1977.
—, *The Dead Sea Scrolls on Microfiche*, Leiden, 1993.
Díez Macho, A.: *Neophyti*, 6 vols., Madrid, 1968-79.
Dupont-Sommer, A.: *The Essene Writings from Qumram*, Glouscerter, 1973.
Elliot, J. K.: *The Apocryphal New Testament*, Oxford, 1993.
Epstein, I.: *The Babylonian Talmud*, 35 vols., Londres, 1935- 78.
Freedman, H.: *Midrash Rabbah*, 9 vols., Londres, 1951.

Friedlander, G.: *Pirke de Rabbi Eliezer*, Nueva York, 1981.

Gaster, T.: *The Dead Sea Scriptures*, Nueva York, 1976.

Goldin, J.: *The Fathers according to Rabbi Nathan*, Nueva York, 1974.

Haberman, A.: *Megillot Midbar Yehuda*, Tel Aviv, Israel, 1959.

Hammer, Reuven: *Sifre: A Tannaitic Commentary on the Book of Deuteronomy*, Nueva Haven, 1986.

Hertz, J. H.: *The Authorised Daily Prayer Book* (texto hebreo con traducción al inglés, con comentarios y notas), Nueva York, 1959.

Herford, T.: *Pirke Aboth: The Ethics of the Talmud: Sayings of the Fathers*, Nueva York, 1975.

James, M. R.: *The Aphocryphal New Testament*, Oxford, 1980.

—, *Josephus*, 9 vols., Cambridge, 1978.

Klein, M. L.: *The Fragment-Targums of the Pentateuch*, 2 vols., Roma, 1980.

Masechet Semachot, Jerusalén, 1970.

Masechot Derech Eretz, 2 vols., texto hebreo y traducción inglesa, Jerusalén, 1970.

Melkita Derabbi Ishmael, Wahrmann Books, Jerusalén, 1970.

Melkita Derabbi Ishmael, 1870, Jerusalén, Old City Press, Jerusalén, 1978.

Melkita Derabbi Ishmael, 3 vols., Filadefia, 1976.

Melkita Derabbi Shimeon Bar Yochai, Jerusalén, 1980.

Midrash Bereshit Rabbah, 3 vols., Jerusalén, 1980.

Midrash Devarim Rabbah, Jerusalén, 1974.

Midrash Echa Rabbah, Wilna, 1899.

Midrash Hagadol, 5 vols., Jerusalén, 1975.

Misdrash Lekach, Tov, Wilna, 1880.

Midrash Mishle, Wilna, 1891.

Midrash Rabbah, 11 vols., On the Torah, Tel Aviv, 1977.

Midrash Rabbah, 2 vols., Wilna, 1887.

Midrash Rut Rabbanh, Hebrew University, 1971.

Midrash Seder Olam, Nueva York, 1966.

Midrash Shemuel, Krakau, 1893.

Midrash Shir Hashirim, Jerusalén, 1897.

Midrash Shir Hashirim Rabbah, Tel Aviv, 1980.

Midrash Tanchuma, Wilna, 1885.

Midrash Tannaim, Books Export, Jerusalén, 1908

Midrash Tehilim, Wilna, 1891.

MidrashVayikra Rabbah, 5 vols., Jerusalén, 1970.

Mishnah, 6 vols., Jerusalén, 1978.

The New Testament in Greek: The Gospel according to St. Luke, 2 vols., Oxford, 1984-87.

Nitzan, Bilha. Pesher Habakkuk: A Scroll from the Wilderness of Judaea (1Qp-Hab), Jerusalén, 1986.

Novum Testament Graece, 2 vols., Oxford, 1935-40.

Pesikta Derav Kahana, Nueva York, 1962.

Pesikta Derav Kahana, Lyck, 1868.

Pesikta Rabbati, Viena, 1880.

Philo, 10 vols., Cambridge, 1981.

Pirke Derabbi Eliezer, Warsaw, 1852.

Roberts, A., y J. Donaldson: *The Ante-Nicene Fathers*, Peabody, 1994.

Seder Eliyahu Rabbah, Jerusalén, 1969.

Sifra: An Analytical Translation, 3 vols., Atlanta, 1985.

Sifra, Viena, 1862.

Sifra, 5 vols., Nueva York, 1984.

Sifra (incompleto), 1915, Jerusalén, 1978.

Sifre Al Bemidbar Vesifre Zuta, Jerusalén, 1966.

Sifre Debe Rav, 1864, Jerusalén, 1978.

Sifre Devarim, Nueva York, 1969.

Sifre to Numbers, 3 vols., Atlanta, 1986.

Sperber, A.: *The Bible in Aramaic*, 5 vols., Leiden, 1959-68.

Taylor, C.: *Sayings of the Fathers*, 2 vols., Cambridge, 1877.

Talmud Babli, Wilna, 1835.

Talmud Jerushalmi, Krotoshin, 1866.

Torah Shelemah, 43 vols., Nueva York y Jerusalén, 1951-83.

Tosefta, Jerusalén, 1937.

Tosefta, 15 vols., Nueva York, 195-77.

Visotzky, Burton: *Midrash Mishle*, Nueva York, 190.

Vermes, G.: *The Dead Sea Scroll en inglés*, Baltimore, 1988.

Wacholder, B., y M. Abegg: *A Preliminary Edition of the Unpublished Dead Sea Scrolls*, Washington D. C., 1991-2.

Wise, M.; M. Abegg, y E. Cook: *The Dead Sea Scrolls*, San Francisco, 1996.

Yalkut Hamakiri, Jerusalén, 1968.

Yalkut Simón, Vilna, 1898.

2. GRAMÁTICAS Y AYUDAS LÉXICAS .

Arndt, W., y F.W. Gingrich: *A Greek-English Lexicon of the New Testament and Other Early Christian Literature*, Chicago, 1979.

Blass, F., y A. Debrunner: *A Greek Grammar of the New Testament*, Chicago, 1961.

Brown, F.: *The New Brown-Driver-Briggs-Gesenius Hebrew and English Lexicon*, Peabody, 1979.

Dalman, G.: *Aramäich-neuhebräisches Handwörterbuch*, Fráncfort del Meno, 1922.

—, *Grammatik die jüdisch-palästinischen Aramäisch*, Leipzig, 1905.

Jastrow, M.: *A Dictionary of the Targumim, the Talmud Babli and Yerushalmi, and the Midrashic Literature*, 2 vols., Nueva York, 1975.

Kittel, G.: *Theological Dictionary of the New Testament*, 1983.

—, *Otzar Leshon Hatalmud*, Jerusalén, 1971.

—, *Oztar Leson Hatosefta*, Nueva York, 1961.

Kosovsky, M.: *Otzar Leshon Talmud Yerushalim* (incompleto), Jerusalén, 1979.

Levy, J.: *Wörterbuch über die Talmudin und Midraschim*, 4 vols., Berlin, 1924.

Liddell, H. G., y R. Scott: *A Greek-English Lexicon*, Oxford, 1976.

Moulton, J. H.: *A Grammar of the New Testament Greek*, 4. vols., Edimburgo, 1978.

Stevenson, W. B.: *Grammar of Palestinian Jewish Aramaic*, Oxford, 1974.

3. FUENTES SECUNDARIAS.

Abbot, Edwin: *Clue a Guide through Greek to Hebrew Scripture*, Londres, 1900.

Abrahams, Israel: *Studies in Pharisaism and the Gospels*, Nueva York, 1967.

Achtemeier, Paul J.: *Finding the Way to Paul´s Theology, In Pauline Theology*, vol 1, *Thessalonians, Philippians, Galatians, Philemon*, pp. 25-36, Mineapolis, 1991.

Achtemeier, Paul J. «The Countinuing Quest for Coherence in St. Paul: An Experiment in Thought», en *Theology and Ethics in Paul and His interpreters: Eassy in Honor of Victor Paul Furnish*, pp. 132-45, Nashville, Abingdon, 1996.

Aland K.: «The Problem of Anonymity and Pseudonymity in Christian Literature of the First Two Centuries», *JTS*, 12, 1961

Aland, Kurt, y Barbara Aland: *The Text of the New Testament*, 1989.

Albright, W. F., y C. S. Mann: *The Gospel according to Matthew*, Nueva York, 1981.

Alexander, A. B.: *The Ethics of St. Paul*, Glasgow, 1910.

Allen, R.: *Missionary Methods: St. Paul´s Ours?*, Londres, 1927.

Allison, D. C.: «The Pauline Epistles and the Synoptic Gospels: The Pattern of Parallels», New Testament Studies, 28 (1982).

Applebaum, S.: Jews and Greeks in Ancient Cyrene, Brill, 1979.

Arnold, Clinton E.: Ephesians: Power and Magic, Cambridge, 1989.

Atkins, Robert A.: Egalitarian Community: Etnography and Exegis, Tuscaloosa, 1991.

Aune, David E.: Prophecy in Early Christianity, 1983.

Aviad, N.: Discovering Jerusalem, Jerusalén, 1980.

Avi-Yonah, Michael: Views of the Biblical World, 5 vols., Jerusalén, 1961.

Baarda, T. A.; G. Hilhorst; P. Luttikhuizen: Text and Testimony, Kampen, 1988.

Bacher, W.: Die Agada der palästinensischen Amoräer, Estrasburgo, 1892-99.

—, Die Agada der Tannaiten, Estrasburgo, 1890.

—, Die Exegetische Terminologie der jüdischen Traditions literatur, Leipzig, 1905.

—, Tradition und Tradenten, Leipzig, 1914.

Bacon, B. W.: Jesus and Paul, Londres, 1921.

—, The Story of St. Paul, Londres, 1905.

Baeck, Leo: Judaism and Christianity, Nueva York, 1958.

Bailey, Kenneth E.: Poet and Peasant, 1976.

Bailey, Kenneth E.: Through Peasant Eyes, 1980.

Baird, W.: «Pauline Eschatology in Hermeneutic Perspective», New Testament Studies 17 (1970-1971), pp. 314-27.

Bandstra, A. J.: The Law and the Elements of the World: An Exegetical Study in Aspects of Paul´s Teaching, Kampen, 1964.

Barclay, W.: The Mind of St. Paul, Londres 1958.

Bardon, H.: La Littèrature latine inconnue, Paris, 1956.

Barnes, T. D.: «An Apostle on Trial», JTS, 20, 1969.

—, «Legislation against the Christians», JRS, 58, 1968.

Barret, C. K.: A Commentary on the First Epistle to the Corinthians, Peabody, 1987.

—, Essays on Paul, Filadelfia, 1982.

—, From First Adam to Last: A Study in Pauline Theology, Londres 1962.

—, Paul: An introduction to His Thought, Louisville, 1994.

—, The New Testament Background: Selected Documents, Rev. Ed. San Francisco, 1987.

—, The Signs of the Apostle, Filadelfia, 1972.

Bartchy, S. Scott: Mallon Chresai: First Century Slavery and the Interpretation of 1 Cor, 7-21, Missoula, 1973.

Barth, M.: *Ephesians*, Garden City, Doubleday, 1982.

Bassler, Jouette, ed.: *Pauline Theology*, vol. 1, *Thessalonians, Philippians, Galatians, Philemon*, Minneapolis, 1991.

Bauernfeind, Otto: *Kommentar und Studien zur Apo'stelgeschichte*, Tubinga, 1980.

Baur, F. C. Paul: *His Life and Works*, 2 vols., Londres, 1875.

Bayer, J.: *Littèrature Latine*, París, 1965.

Beall, Todd: *Josephus`Description of the Essenes Illustrated by the Dead Sea Scrolls*, Cambridge, 1988.

Beare, F. W.: *St. Paul and his Letters*, Londres, 1962.

Beasley-Murray, G. R.: *Jesus and the Kingdom of God*, 1987.

Becker, Jürgen: *Paul: Apostle to the Gentiles*, Translated by O. C., Dean Jr. Louisville, 1993.

Beker, Christia: *Paul the Apostle: The Triumph of God in Life and Thought*, Filadelfia, 1980.

—, *Heirs of Paul*, Minneapolis, 1991.

—, *Paul's Apocalyptic Gospel: The Coming Trumph of God*, Filadelfia, 1982.

—, «Rescating Pauline Theology: The Coherency-Contingency Scheme as Interpretive Model», en *Pauline Theology*, vol. 1, *Thessalonians, Philippians, Galatians, Philemon*, pp. 15-24, Minneapolis, 1991.

Ben Dov, Meir: *In the Shadow of the Temple*, Jerusalén, 1982.

Bengel, J. A.: *Gnomon of the New Testament*, Filadelfia, 1860.

Benoit, P.: «Qumran and the New Testament», *en Paul and the Dead Sea Scrolls*, Nueva York, 1990.

Ben-Yehuda, Eliezer: *Complete Dictionary of Ancient and Modern Hebrew*, 17 vols., Tel-Aviv, 1959.

Betz, H. D.: *Der Apostel Paulus und die sokratische Tradition*, Tubinga, 1972.

—, *Galatians: A Commentary on Paul's letter to the Churches in Galatia*, Filadelfia, 1979.

—, «Apostle», en *Anchor Bible Dictionary*, 1, 309-11, 6 vols., Nueva York, 1992.

—, «Paul», en *Anchor Bible Dictionary*, 5, 186-201, 6 vols., Nueva York, 1992.

—, *The Greek Magical Papyri in Translation* (incluyendo escritura demótica), 2.ª ed., pp. 199. Chicago, 1992.

Billerbeck, P.: *Kommentar zum Neuen Testament aus Talmud und Midrasch*, 6 vols., Múnich, 1978.

Birdsall, J. N.: «The New Testament Text», en *Cambridge History of the Bible*, Cambridge, 1963-70, 1308-77.

Bivin, David, y Roy Blizzard: *Understanding the Difficult Words of Jesus*, Arcadia, 1983.

Black, M.: *An Aramic Approach to the Gospels and Acts*, Oxford, 1977.

Blackman, E. C.: *Marcion and His Influence*, Londres, 1948.

Blasi, Anthony, J.: *Making Charisma: The Social Construction of Paul's Public Image*, Nueva Brunswick, 1991.

Blass, F.: *Philology of the Gospels*, 1898.

Boers, Hendrikus: «The Problem of Jews and Gentiles in the Macro-Structure of Romans», *Svensk exegetisk årsbok* 47, 1982

Boismard, M., y A. Lamouille: *Synopsi Graeca Quattuor Evangelorium*, París, 1986.

Bonner, Stanley F.: *Education in Ancient Rome*, Berkeley, 1977.

Booth, A. D.: *Elementary and Secondary Education in the Roman Empire*, Florilegium 1 1979.

Bornkamm, G.: *Paul*, Londres, 1971.

—, *Paul*, ET, 1971.

Bowker, J.: *Jesus and the Pharisees*, Cambridge, 1973.

Boyarin, Daniel: *A Radical Jew: Paul and the Politics of Identity*, Berkeley, 1994.

Brockhaus, Ulrich: *Charisma und Amt: Die paulinische Charismenlehre auf dem Hintergrund der frühchristlichen Gemeindefunktionen*, Wuppertal, Alemania, 1972.

Brown, R.: *The Birth of the Messiah*, Nueva York, 1977.

—, *The Death of the Messiah*, Mahwah, 1994.

—, *New Testament Essays*, Milwaukee, 1965.

Brown, R., y J. Meier: *Antioch and Jerusalem*, Nueva York, 1983.

Bruce, F. F.: *The Acts of the Apostles*, Grand Rapids, 1984.

—, *Commentary on Galatians*, Michigan, 1982.

—, *1 and 2 Thessalonians*, Texas, 1988.

—, *The Acts ofthe Apostles*, Carlisle, 1995.

—, *Paul: Apostle of the Free Spirit*, Carlisle, 1995.

Buber, Martin: *Two Types of Faith*, Nueva York, 1961.

Büchler, Adolf: *Types of Jewish-Palestinian Peity*, Londres, 1922.

Buechner, Frederick: *The Life of Jesus*, Nueva York, 1974.

Buck, C. H., y Taylor, G.: *St. Paul: a Study of the Development of his Thought*, Nueva York, 1969.

Bultmann, Rudolf: *History of the Synoptic Tradition*, 1963.

—, *Theology of the New Testament*, Londres, 1952.

—, *Paul*, 1930

—, *Romans 7 and the Anthropology of Paul*, 1932

—, *Jesus and Paul*, 1936.

—, *Theology of The New Testament*, vol. 1, Nueva York, 1951.

Burkett, W.: *Homo Necans*, 1975.

Burridge, Richard A.: *What Are the Gospels? A Comparison with Graeco-Roman Biography*, Cambridge, 1992.

Buxbaum, Yitzhak: *The Life and Teachings of Hillel*, Londres, 1994.

Caird, G. B.: *New Testament Theology*, edición completa por Lincoln D. Hurst, Oxford, 1994.

Cannon, George E.: *The Use of Traditional Materials in Colossians*, Macon, Ga. 1983.

Casson, L.: *Ships and Seamanship in the Ancient World*, Princeton, 1971.

—, *The Ancient Marines*, Princeton, 1991.

Cerfaux, L.: *Christ in the Theology of St. Paul*, Edimburgo , Londres, Nueva York, 1959.

Chadwick, Henry: *The Enigma of Paul*, 1969.

Chajes, Z. H.: *The Student´s Guide through the Talmud*, Translated by J. Schachter, Nueva York, 1960.

Charlesworth, James H. (ed.): *Messiah*, Minneapolis, 1992.

—, *The Old Testament Pseudepigrapha*, 1983.

—, *Collection of Ancient Greek Inscriptions in the British Museum*, Museo Británico, Departamento de Antigüedades Greco-romanas, Oxford, 1874-1916.

Chow, John K.: «Patronage and Power: A Study of social Networks in Corinth», *Journal of Study of the New Testament Supplement*, Series 75, Sheffield, 1992.

Church, F. F.: «Rhetorical Structure and Design in Paul´s Letter to Philemon», *Harvard Theological Review*, 71, 1978.

Clarke, Martin L.: *Higher Education in the Ancient World*, Alburquerque, 1971.

Cohen, B.: *Everyman´s Talmud*, Nueva York, 1975.

Cohn, Haim: *The Trial and Death of Jesus*, Nueva York, 1977.

Cohn-Sherbok, Daniel: «Paul and Rabbinic exegesis», *Scottish Journal of Theology* 35, 1982, pag. 132.

Collins, John J.: *The Apocalyptic Imagination*, Nueva York, 1984.

Conzelmann, H.: *1 Corinthians*, Filadelfia, 1975.

Conzelmann, H.: *The Theology of St. Luke*, ET, 1967.

Cross, F. L. (ed.): *The Oxford Dictionary of the Christian Church*, 1974.

Crouch, James E.: *The Origin and Intention of the Colossian Haustafeln*, Gotinga, Alemania, 1972.

Cumont, Franz: *The Mysteries of Mithras*, 1903.
Cuppit, Don: *After All*, 1994.

Dalman, G.: *The Words of Jesus*, Edimburgo, 1909.
—, *Jesus-Jeshua*, Londres, 1929.
—, *Sacred Sites and Sacred Ways*, Londres, 1935.
Daniélou, Jean: *The Bible and the Liturgy*, Indiana, 1956.
—, *The Theology of Jewish-Christianity*, Londres, 1964.
Daube, David: *The New Testament and Rabbinic Judaism*, Nueva York, 1973.
Davies, W. D., y D. Allison: *The Gospel according to St. Mathew*, ICC. Edimburgo, 1988-91.
Davies, W. D.: *Jewish and Pauline Studies*, Filadelfia, 1984.
—, *Paul and Rabbinic Judaism*, Londres, 1948
—, *The Setting of the Sermon on the Mount*, Atlanta, 1989.
—, *Jewish and Pauline Studies*, 1984.
De Ste Croix, G. E. M.: *The class Struggle in the ancient Greek World*, 1981.
Deissmann, Adolf: *Light from the Ancient East*, Michigan, 1978.
—, *Paul: A Study in Social and Religious History*, Nueva York, 1957.
Dessau, H.: *Der Name des Apostel Paulus*, Hermes, 45. 1910.
Dibelius, M.: *James*, Filadelfia, 1964.
Dibelius, M., y Kümmel, W. G.: *Paul*, E. T., Londres, 1953.
Dodd, C. H.: *The Parables of the Kingdom*, Glasgow, 1961.
—, *The Meaning of Paul for Today*, Londres, 1953.
—, «The Mind of Paul», en *New Testament Studies*, Manchester, 1953, pp. 67-128.
Dodds, Eric Roberston: *Pagan and Christian in an Age of Anxiety*, Cambridge, 1965.
Donaldson, Terence L.: *Paul and the Gentiles, Remapping the Apostle´s Convictional World*, Minneapolis, 1997.
Doeve, J. W.: *Jewish Hermeneutics in the Synoptic Gospels and Acts*, Assen, 1954.
Douglas, Mary: *Purity and Danger, An Analysis of the Concepts of Pollution and Taboo*, Baltimore, 1970.
Drane, J. W.: *Paul: Libertine or Legalist?*, Londres, 1975.
Duncan, G. S.: *St. Paul´s Ephesian Ministry*, Londres, 1929.
Duncan, D. L.: *The Sayings of Jesus in the Churches of Paul*, Oxford, 1971.
Dunn, James D.G.: *Baptism in the Holy Spirit*, Londres, 1970.
—, *The Epistle to the Galatians*, Peabody, 1993.

—, *Romans*, Dallas, 1988.

—, *The Theology of Paul the Apostle*, Michigan, 1997.

—, *The Theology of Paul´s Letter to the Galatians*, Cambridge, 1993.

—, *The Parting of the Ways Between Christianity and Judaism and Their Significance for the Character of Christianity*, 1991.

—, *The Justicie of God´s*, JTS, 43, 1992.

Dunn, James D. G.: *The Epistles to the Colossians and Philemon*, Michigan, 1996.

—, *Romans 9-16*, Waco, Tex, 1988.

—, «Works of the Law and the Curse of the Law (Galatians 3, 10-14)», *New Testament Studies* 31, 1985.

Edmundson, George: *The Church of Rome in the First Century*, The Bampton Lectures, 1913.

Elliot, J. H.: *Patronage and Clientism in Early Christian Society*, Forum 3, 1987, pp. 39-48.

Elliot, Neil: *Liberating Paul: The Justicie of God and the Politics of the Apostle*, Maryknoll, N.Y., 1994.

Ellis, E. E.: *Pauline Thelogy*, Eerdmans, 1989.

—, *Paul´s Use of the Old Testament*, Edimburgo, 1957.

—, *Paul and his Recent Interpreters*, 1961.

—, *Prophecy and Hermeneutic in Early Christianity*, Michigan, 1978.

Ellis, E. E., y Grässer, E. (ed.): *Jesus and Paulus: Festschrift für W. G. Kümmel*, Gotinga, 1975.

Elsner, Jas y Masters, Jamie (eds.): *Reflections of Nero*, 1994.

—, *Judaica*, Jerusalén, 1972.

—, *Encyclopaedia of Religion, The*, 1987.

Enslin, M. S.: *The Ethics of Paul*, Nueva York, 1962.

—, *Reapproaching Paul*, Filadelfia, 1972.

Erickson, M.: *Christian Theology*, Aker, 1989.

Fee, Gordon D.: *The First Epistle to the Corinthians*, Eerdmans, 1987.

Finegan, Jack: *Myth and Mystery: An Introduction to the Pagan Religions of the Biblical World*, Baker, 1989.

Finkelstein, L.: *The Pharisees*, Filadelfia, 1962.

Fitzmyer, J. A.: *The Gospel according to Luke*, Nueva York, 1981.

—, *Pauline Theology: A Brief Sketch*, Englewood Cliffs, 1967.

—, *A New Translation with Introduction and Commentary*, Nueva York, 1993.

—, *A Wandering Aramean*, Chico, Scholar Press, 1979.

—, *Romans*, Nueva York, 1993.

Flusser, David: «Blessed are the Poor in Spirit», *Israel Exploration Journal*, 10, 1960.

—, *The Dead Sea Scrolls and Pre-auline Christianity*. In *Judaism and the Origins of Christianity*, Jerusalén, 1988. Pp 23-74.

—, *Jesus in Selbstzeugnissen und Bilddokumenten*, Hamburgo, 1968 (existe traducción española: *Jesús*, Madrid, 1975).

—, *Jewish Sources in Early Christianity*, Tel Aviv, 1989.

—, *Judaism and the Origins of Christianity*, Jerusalén, 1989.

—, «Paul´s Jewish-Christian Opponents in the Didache», en *Gilgul: Essays on Transformation, Revolution and Permanence in the History of Religions, Dedicated to R. J. Zwi Werblowski*, Leiden, 1987, pp. 71-90.

—, *Paulinism in Paul*. In *Yahadut Umekorot Hanatzrut*, Tel Aviv, 1979, pp. 359-80 (hebreo).

—, *Rabbinischen Gleichnisse und der Gleichniserzähler Jesus*, Berna, 1981.

—, *Sanktus und Gloria*, en *Abraham unser Vater: Fetschrift für Otto Michel zum 60, Geburtstag*, Leiden, 1963.

—, *Some of the Precepts of the Torah from Qumran (4QMMT) and the Benediction against the Heretics*, Tarbitz 61, 1992, pp. 333-74.

—, *Some Notes to the Beatitudes*, Immanuel 8 (primavera, 1978).

—, *Die Versuchung Jesu und ihr jürdische Hintergrund*. Judaica 45, 1989, pp. 110-28.

Flusser, David, y S. Safrai: «Das Aposteldekret und die Npachitischen Gebote», en *Wer Tora vermehrt, mehrt Leben: Festgabe für Heinz Kremers zum 60, Geburtstag*, Vluyn, 1986, pp. 173-92.

Foakes Jackson, F. J.: *The Life of Saint Paul*, Londres, 1927.

—, y Kirsopp Lake, *The Beginnings of Christianity*, Baker, 1979.

—, *The Beginnings of Christianity*, 1920.

Foerster, Werner: *Palestinian Judaism in New Testament Times*, Edimburgo, 1969.

Fowl, Stephen E.: *The Story of Christ in the Ethics of Paul*, Sheffield, 1990.

Fraser, J. W.: *Jesus and Paul*, Appleford, 1974.

Fredriksen, Paula: *From Jesus to Christ: The Origins of the New Testament Images of Jesus*, Yale, 1988.

French, D. H.: *The Roman Road System of Asia Minor*, 1961.

Fridrichsen, A.: *The Apostle and his Message*, Uppsala, 1947.

Friedrich, J. W., y Peter Stuhlmacher: «Zur historischen Situation und ntention von Rom, 13:1-7», *Zeitschrift für Theologie und Kirche*, 73, 1976, pp. 131-66.

Furnish, V. P.: *Theology and Ethics in Paul*, Nashville, 1968.

—, II Corinthians, Nueva York, 1984.

—, The Love Commandment in the New Testament, Nashville, 1972.

—, «Development in Paul´s Thought», Journal of the American Academy of Religion 38, 1970, pp. 289-303.

—, «Where Is «the Truth» of the Gospel?», en Pauline Theology, vol. Looking Back, Pressing On, pp. 161-77, Atlanta, Scholar Prey ss., 1997.

Gamble, Harry Y.: Books and Readers in the Early Church, New Havenn, 1995.

Garland, Robert.: Religion and the Greeks, 1994.

Garnsey, P.: Social Status and Legal Privilege in the Roman Empire, Oxford, 1970.

Gaston, Loyd: Paul and the Torah, Vancouver, 1987.

Gerhardsson, Birger: The Testing of God´s Son, Lund, 1966.

Georgi, Dieter: The Opponents of Paul in Second Corinthians, Filadelfia, 1986.

Gilat, Y. R.: Eliezer ben Hycanus: A Scholar Outcast, Ramat Gan, Israel, 1984.

Gilmore, A.: Christian Baptism, Londres, 1959.

Glatzer, Nahum: Hillel the Elder: The Emergence of Classical Judiasm, Nueva York, 1956.

Glover, T. R.: Paul of Tarsus, Londres, 1925.

—, The Influence of Christ in the Ancient World, Cambridge, 1932.

Gnilka, J.: Der Epheserbrief, Friburgo, 1982.

Goodman, M.: The Ruling Class of Judaea, Cambridge, 1987.

Goulder, Michael: A Tale of Two Missions, 1994.

Grant, M. : Saint Paul, Londres, 1976.

—, The World of Rome, 1974.

—, Saint Peter, 1994.

Grant, Robert: Gods and the One God: Christian Theology in the Graeco-Toman World, 1986.

Gray, W. D.: «The Founding of the Aelia Capitolina and the Chronology of the Jewish War under Hadrian», American Journal of Semitic Language and Literature, XXXIX, julio de 1923.

Green, Peter: Alexander to Actium: The Hellenistic Age, 1990.

Griffin, Mirian T.: Nero: The End of a Dinasty, Yale, 1984.

Gros, M.: Otzar Haagadah, 3 vols., Jerusalén, 1977.

Grudem, Wayne A.: The Gift of Prophecy in 1 Corinthians, Nueva York, 1982.

Guarducci, Margherita: The Tomb of St. Peter, ET, 1960.

Gulzow, Henneke L.: *Christentum und Sklaverei in der ersten drei Jarhunderten*, Bonn, 1969.

Gundry, Robert H.: *Söma in Biblical Theology: With special Emphasis on Pauline Anthropology*, Cambridge, 1976.

Gunther, J. J.: *Paul. Messenger and Exile*, Valley Forge, 1972.

—, *St Paul´s Opponents and their Background*, Eiden, 1973.

Hafemann, Scott J.: *Paul, Moses, and the History of Israel*, Peabody, Mass., 1996.

Halperin, D. J.: «Crucifixion, the Nahum Pesher and the Rabbinic Penalty of Strangulation», *Journal of Jewish Studies*, 32, 1981.

Hanson, A. T.: *Studies in Paul´s Technique and Theology*, Londres, 1974.

Harnack, Adolf von: *Marcion das Evangelium vom fremden Gott*, Leipzig, 1913.

Harrington, D.: *The Gospel of Mathew*, Minnesota, 1991.

Harris, William V.: *Ancient Literacy*, Cambridge, 1989.

Harris, William V. (ed.): *Pauline Theology*, vol. 2, *1 y 2 Corinthians*, Minneapolis, 1993.

Harrison, Jane Ellen: *Prolegomena to the Study of Greek, Religion*, Cambridge, 1903.

Harvey, A. E.: *Companion to the New Testament*, 1970.

Hastings, James (ed.): *Encyclopaedia of Religion and Ethics*, Edimburgo, 1911.

—, *Dictionary of the Bible*, 1898-1904.

Hay, David M.: *An Investigation of the Narrative Substructure of Galatians 3:1- 4:11*, Chico, Scholar Press, 1983.

Hay David M., y E. Elizabeth Johnson, eds.: *Pauline Theology*, vol. 3, *Romans*, Mineapolis, 1995.

Hays, Richard B.: *Echoes of Scripture in the Letters of Paul*, Nueva Haven, 1989.

—, *The Faith of Jesus Christ: The Narrative Substructure of Galatians 3:1-4:11*, Society for Biblical Literature Dissertation Series 56, Chico, Scholar Press, 1983.

—, *The Moral Vision of the New Testament*, San Francisco, 1996.

—, «Christ Prays the Psalms: Paul´s Use of an Early Christian Exegetical Convention», en *The Future of Christology: Essays in Honor of Leander E. Keck*, pp. 122-36, Minneapolis, 1993.

—, «The Role of Scripture in Paul´s Ethics», en *Theology and Ethics in Paul and his interpreters: Essays in Honor Victor Paul Furnish*, pp. 30-47, Nashville, 1996.

Haughton, R.: *The Liberated Heart*, Londres, 1975.

Henderson, Bernard W.: *The Life and Principate of the Emperor Nero*, 1903.

Hendrix, H. «Benefactor/Patron Networks in the Urban Environment: Evidence from Thessalonica», en *Social Networks in the Early Christian Environment: Issues and Methods for Social History*, pp. 39-58, Atlanta, Scholar Press, 1992.

Hengel, Martin: *Crucifixion* (ET, 1962).

—, *Judaism and Hellenism*, Londres, 1974.

—, *The Pre-Christian Paul*, Filadelfia, 1991.

—, *Studies in the Gospel of Mark*, Londres, 1985.

—, *The Hellenization of Judaea in the First Century After Christ*, Filadelfia, 1989.

—, *The Zealots*, Edimburgo, 1989.

Hengel, Martin y Anna Maria Schwemer: *Paul Between Damascus and Antioch: The Unknown Years*, Louisville, 1997.

Henneke, E., y Schneemelcher, W. (ed.): *Neutestamentliche Apokryphen* (ET Lutterworth, 1965), vol. II, p. 133 y ss.

Hester, J. D.: «The Retorical structure of Galatians 1, 11-14», *Journal of Biblical Literature* 103, 1984, pp. 223-33.

Hicks, E. L.: *Ancient Greek Inscriptions in the British Museumm* Oxford, 1874-1916.

Hock, Ronald.: *The Social Context of Paul´s Ministry: Tentmaking and Apostleship*, Filadelfia, 1980.

Holladay, Carl A.: «1 Corinthians 13: Paul as Apostolic Paradigm», en *Greeks, Romans and Christians: Essays in Honor of Abraham J. Malherbe*, pp. 80-98, Minneapolis, 1990.

Holmberg, Bengt: *Sociology and the New Testament*, Minneapolis, 1990.

Holtzmann, H. J.: *Handcomentar zum Neuen Testament*, Friburgo, 1899.

Hooker, Morna D., y Stephen G. Wilson, (eds.): *Paul and Paulinism: Essays in Honour of C. K. Barrett*, Londres, 1982.

Hopkins, K.: *Taxes and Trade in the Roman Empire* (200 BC-AD 400), JRS, 70. 1980.

Horbury, W.: «The Messianic Associations of "the Son of Man"», *Journal of Theological Studies* 36, 1985, pp. 35-55.

Horrell, David G.: The *Social Ethos of the Corinthians Correspondence: Interests and Ideology from 1 Corinthians to 1 Clement*, Edimburgo, 1996.

Horsley, Richard: «1 Corinthians: A Case Study ofPaul´s Assembly as an Alternative Society», en *Paul and Empire: Religion and Power in Roman Imperial Society*, pp. 242-52, Harrisburg, Pennsilvania, 1997.

Howard, George: «Christ the End of the Law: the Meaning of Romans 10:4 y ss.», *Journal of Biblical Literature*, 88, 1969, pp. 331-37.

Hübner, Hans: *Law in Paul's Thought*, Edimburgo, 1984.

Huck, Albert: *Synopse der drei ersten Evangelien*, revisado por Heinrich Greeven, Tubinga, 1981.

Hugedé, N. : *Saint Paul et la Culture Grecque*, Génova, 1966.

—, *La Métaphore du Miroir dans les Epîtres de Saint Paul aux Corinthiens*, Génova, 1957.

Hunter, A. M.: *Paul and his Predecessors*, Londres, 1961.

—, *Interpreting Paul's Gospel*, Londres, 1954.

Jackson, Ralph: *Doctors and Diseases in the Roman Empires*, 1988.

James, E. O.: *Sacrifice and Sacrament*, 1962.

Jeremias, J.: *Jerusalem in the Time of Jesus*, Londres, 1969.

—, *The Central Message of the New Testament*, Londres, 1965.

—, *New Testament Theology*, Nueva York, 1971.

—, *The Parables of Jesus*, Londres, 1972

—, *The Prayers of Jesus*, Filadelfia, 1984.

Jewett, Robert: *Paul's Anthropological Terms*, Leiden, 1971.

Johnson, E. Elizabeth, y David M. Hay, eds.: *Pauline Theology*, vol. 4, *Looking Back, Pressing On*, Atlanta, Scholar Press, 1997.

Jones, A. H. M.: *The Herodes of Judaea*, Oxfod, 1938.

—, *The Greek City from Alexander to Justinian*, Oxford, 1940.

—, *Studies in Roman Goverment and Law*, Oxford, 1960.

—, *The Cities of the Eastern Roman Provinces* (2.ª ed.), Oxford, 1971.

Jonsson, Jakob: *Humour and Irony in the New Testament*, Leiden, 1985.

Judge, E. A.: *Rank and Status in the World of the Caesar and of St. Paul*, Christchurch, Nueva Zelanda, 1982.

Judge, E. A.: *The Social Pattern of the Christian Groups in the First Century*, Londres, 1960.

—, «Paul and Classical Society», *Jahrbuch für Antike und Christentum*, 15, 1972.

Jüngel, E.: *Paulus und Jesus*, Tubinga, 1962.

Käsemann, E.: *Perspectives on Paul*, Londres, 1971.

Kee, Howard Clark: *Medicine, Miracle and Magic in the New Testament Times*, Cambridge, 1986.

Kennedy, George A.: *New Testament Interpretation Throught Rhetorical Criticism*, Chapel Hill, 1984.

Kennedy, H. A. A.: *St. Paul's Conception of the Last Things*, Londres, 1904.

—, *St. Paul and the Mystery Religions*, Londres, 1913.

Kensky, A.: «Moses and Jesus: The Birth of a Savior», *Judaism*, 42, 1993, 43-49.

— 383 —

Kenyon, Frederic: *Handbook to the Textual Criticism of the New Testament*, Londres, 1912.

Kenyon, Kathleen: *Jerusalem*, 1967.

Kiefer, Otto: *Sexual Life in Ancient Rome*, 1994.

Kirschbaum, Engelbert: SJ. *The Tombs of St. Peter and St. Paul*, ET, 1959.

Kister, M.: *Plucking on the Sabbath and Jewish-Christian Polemic*, Immanuel, 1990.

Klausner, Joseph: *From Jesus to Paul*, Nueva York, 1943.

—, *Jesus of Nazareth*, Nueva York, 1945.

—, *The Messianic Idea in Israel*, Nueva York, 1955.

Klenicki, Leon: *From Argument to Dialogue. In Biblical Studies: Meeting Ground of Jews and Christians*, Nueva York, 1980.

Knight, George W.: *The New Testament Teaching on the Role Relationship of Men and Women*, Baker, 1977.

Knox, J.: *Chapters in a Life of Paul*, Londres, 1954.

—, *Marcion and the New Testament*, 1957.

Knox, Wilfrid: *St. Paul and the Church of the Gentiles*, Cambridge, 1939.

—, *Paul and the Church of Jerusalem*, Cambridge, 1925.

Kopf, D. A.: *Die Schrift als Zeuge des Evangeliums: Untersuchungen zur Verdengung und zum Verstandnis der Schrift bei Paulus*, Tubinga, Alemania, 1986.

Kosovsky, B.: *Otzar Leshon Hatannaim Lemekilta Derabbi Ishmael*, Nueva York, Jewish Theological Seminary, 1965.

Kroeger, Richard C., y Catherine Clark Kroeger: *I Suffer Not a Woman: Rethinking 1 Timothy 2:11-15 in Light of Ancient Evidence*, Michihan, 1992.

Kuss, O. Paulus: *Die Rolle des Apostels in der theologischen Entwicklung der Urkirche*, Regensburg, 1971.

Lachs, S. T.: *A Rabbinic Commentary on the New Testaent*, Hooboken, 1987.

Ladd, George Eldon: *A Commentary on the Revelation of John*, Eerdmans, 1993.

—, *Presence of the Future*, Eederman, 1980.

—, *A Theology of the New Testament*, Eerdmans, 1974.

Lake, K.: *The Earlier Epistles of St. Paul*, Londres, 1911.

—, *Paul: His Heritage and Lehacy*, Londres, 1934

Lapide, P.: *The Resurrection of Jesus: A Jewish Perspective Minneapolis*, 1983.

Lapide, P., y Ulrich Luz: *Jesus in Two Perspectives*, Mineapolis, 1971

Lauterbach, J.: *Rabbinic Essays*, Cincinaty, 1951.

—, *The Sermon on the Mount*, Nueva York, 1986.

Leisgang, H.: *Die vorchirstlichen Anschauungen und lehren vom pneuma under der mystischintuitiven Erekenntnis*, Leipzig, 1919.

Levey, S.: *The Messian: An Aramic Interpretation*, Hoboken, Nueva Jersey, 1974.

Levick, Barbara: *Roman Colonies in Southern Asia Minor*, Oxford, 1967.

Levine, Lee: *Ancient Synagogues Revealed*, Jerusalén, 1981.

—, *The Galilee in Late Antiquity*, Nueva York, Jewish Theological Seminary, 1992.

Lieberman, S.: *Hellenism in Jewish Palestine*, Nueva York, 1962.

Liebeschuetz, J. H. W. G.: *Continuity and Change in Roman Religion*, Oxford, 1967.

Lincoln, Andrew T.: *Ephesians*, Texas, 1990.

Lindsey, Robert L. A: *Comparative Greek Concordance of the Synoptic Gospels*, 3 vols., Jerusalén, 1985-89.

—, *Hebrew Translation of the Gospel of Mark*, Jerusalén., 1973.

—, *Jesus: Rabbi and Lord*, Oak Creek, 1990.

—, *The Jesus Sources*, Tulsa, 1990.

Litfin, Duane A.: *St. Paul's Theology of Proclamation: 1 Corinthians 1-4 and Greco-Roman Rhetoric*, Cambridge, 1994.

Lodahl, Michael: *The Shekhinah/Spirir Divine Presence in Jewish and Christian Religion*, Nueva York, 1992.

Lohse, Eduard: «Change of Thought in Pauline Theology? Some Reflections on Paul's Ethical Teaching in the Context of his theology», en *Theology and Ethics in Paul and His Interpreters: essays in Honor of Victor Paul Furnish*, pp. 146-60, Nashville, 1996.

Longenecker, Richard N.: *Galatians*, Waco, Texas, 1990.

—, *Paul, Apostle of Liberty*, Nueva York, 1964.

—, *The Ministry and Message of Paul*, 1971.

Longman, Tremper, III, y Daniel G.: *Reid, God Is a Warrior*, Michigan, 1995.

Lovering, Eugene H. Jr., y Jerry L. Sumney, eds.: *Theology and Ethics in Paul and His Interpreters: Essays in Honor of Victor Paul Furnish*, Nashville, 1996.

Lüdemann, Gerd: *Early Christianity according to the Traditions in Acts.*, Minneaplis, 1987.

—, *Opposition to Paul in Jewish Christianity*, Minneapolis, 1989.

—, *Paul Apostle to the Gentiles: Studies in Chronology*, 1984.

Luff, S. G. A.: *The Christian's Guide to Rome*, 1967, revisada 1990.

Lundström, G.: *The Kingdom of God inthe Teachings of Jesus*, Richmond, 1963.

Lyons, George: *Pauline Autobiography: Toward a New Understanding*, Atlanta, 1985.

Maccoby, Hyam: *The Mythmaker*, 1986.
—, *Paul and Hellenism*, 1991.
Machen, J. G.: *The Origin of Paul's Religion*, Nueva York, 1921.
Mackin, T.: *Divorce and Remarriadge*, Mahwah, 1984
Mackinnon, Albert, G.: *The Rome of Saint Paul*, Manchester, 1930.
MacMullen, Ramsey: *Roman Social Relations 50 B.C. to A.D. 284*, Nueva Haven, 1974.
Malherbe, Abraham J.: «A Physcal Description of Paul», *Harward Theologiccal Review*, 79, pp. 170-75, 1986.
Malherbe, Abraham J.: *Paul and the Popular Philosophers*, Minneapolis, 1989.
Malina, Bruce J.: *The New Testament World: Insights from Cultural Anthropology*, 1993
Malina Bruce J., y Jerome H. Neyrey: *Portraits of Paul: An Archaeology of Ancient Personality*, 1996.
Malinowski, Bronislaw: *Magic, Science and Religion*, Nueva York, 1954.
Mann, C. S.: *Gospel according to Mark*, Nueva York, 1986.
Mann, Jacob: «Jesus and the Sadducean Priests, Luke, 10: 25-37», *Jewish Quarterly Review*, 6, pp. 415-22, 1914.
Manson, T. W. (ed): *On Paul and John*, Londres, 1963.
Marshall, I. Howard: *The Gospel of Luke*, Eerdmans, 1978.
—, «Incarnational Christology in the New Testament», en *Christ the Lord: Studies in Christology Presented to Donald Guthrie*, pp. 1-16, Illinois, 1982.
Marshall, Peter: *Enmity in Cortinth: Social Conventions in Paul's Relations with the Corinthians*, Alemania, 1987.
Martin, Dale B.: *The Corinthian Body*, Nueva Haven, 1995.
—, *Slavery as Salvation: The Metaphor of Slavery in Pauline Christianity*, Nueva Haven, 1990
Martin, Ralph P.: *2 Corinthians*, Texas, 1990
Marrou, Henri I.: *A History to Education in Antiquity*, Nueva York, 1956.
Marrow, Stanley B.: *Paul: His Letters and His Theology*, Mahwah, 1986.
Marx, Karl: «On the Jewis Question», en *Collected Works*, vol. 3, 1975.
McArthur, H., y R. Johnston: *They Also Taught in Parables*, Zondervan, 1990.
McGinley, L: *From-Criticism of the Synoptic Healing Narratives*, Woodstock, 1944.
McNamara, M.: *Targum and Testament*, Eerdmans, 1968.

M'Neile, A. H.: *The Gospel according to St. Mathew*, Londres, 1949.

McRay, John: *Archaeology and the New Testament*, Baker, 1991

Meade, David G.: *Pseudonymity and Canon*, Michigan, 1986.

Meeks, W. A.: *The Moral World of the First Christians*, Filadelfia, 1986.

—, *The Origins of Christian Morality*, Nueva Haven, 1993.

—, *The Image of the Androgyne: Some Uses of a Symbol in Earliest Christianity*, History of Religions 13, pp. 165-208, 1974.

—, *The First Urban Christians: The Social World of the Apostle Paul*, Yale, 1983.

—, *The Writings of St. Paul*, Nueva York, 1972.

Meijer, Fik: *A History of Seafaring in the Classical World*, 1973.

Mellor, Ronald: *Thea Rome: The Worship of the Goddess Roma in the Greek World*, 1975.

Metzger, Bruce: *A Textual Commentary on the Greek New Testament*, Nueva York, 1975.

—, *The Text of the New Testament: Its Transmission, Corruption, and Restoration*, Nueva York, 1992.

Meyer, Paul W.: «Pauline Theology: A Proposal for a Pause in Its Pursuit», en *Pauline Theology*, vol. 4, Looking Back, Pressing On, pp. 140-60, Atlanta, 1997.

Michel, O. : *Paulus und seine Bible*, Gütersloh, 1929.

Millar, Fergus: *The Emperor in the Roman World*, 1977.

—, *The Roman Near East 31 DC-Ad337*, Harvard, 1993.

Misch, G.: *A History of Autobiography in Antiquity*, 1950.

Mitchel, Margaret, M.: *Paul and the Rhetoric of Reconciliation*, Tubinga, Alemania, 1991.

Mitton, C. L.: *The Formation of the Pauline Corpus of Letters*, Londres, 1955.

Momigliano, Arnaldo: *Claudius: The Emperor and His Achievement*, Oxford, 1934.

—, *Alien Wisdom: The Limits of Hellenization*, 1975.

Montefiore, C. G.: *Rabbinic Literature and Gospel Teachings*, Nueva York, 1970.

—, *The Synoptic Gospels*, 2 vols., Nueva York, 1968.

—, *Judaism and St. Paul*, Londres, 1914.

Montefiore, C. G. , y H. Loewe: *A Rabbinic Anthology*, Nueva York, 1974

Moore, G. F.: «Christian Writers on Judaism», *Harvard Theological Review*, 14, pp. 197-254, 1921.

—, *Judaism in the First Centuries of the Christian Era*, Nueva York, 1975.

Morgenstern, Julian: *Rites of Birth, Marriage and Death and Kindred Occasions among the Semites*, Cincinatti, 1966.

Morris, Colin M.: *Epistles to the Apostle: Tarsus Please Forward*, Nashvile, 1974.

Morton, H. V.: *In the Steps of St. Paul*, 1936.

Morton Smith, J.: *Jesus the Magician*, 1978.

Moule, C. F. D.: *The Epistle of Paul the Apostle to the Colossians and to Philemon*, Cambridge, 1957.

Moule, C. F. D.: *The Problem of the Pastoral Epistles*, BJRL, 47, 1965.

Mowinckel, Sigmund: *He That Comment*, Nueva York, 1954.

Moxnes, Halvor: «Honor, Shame and the Outside World in Paul's Letter to the Romans», en *The Social World of Formative Christianity and Judaism*, pp. 207-18, Filadelfia, 1988.

Muck, J.: *Paul and the Salvation of Mankind*, Londres, 1959

Murphy O'Connor, J.: *St. Paul's Corinth Text and Archaeology*, Minnesota, 1983.

—, *Paul and Qumran*, Londres, 1968.

—, *Paul. A Critical Life*, Oxford, 1996.

—, *St. Paul the Letter-Writer: His World, His Options, His Skill*, Minnesota, 1995.

—, «1 Corinthians 11: 2-16 Once Again», *Catholic Biblical Quaterly*, 50, pp. 265-74, 1988.

Murphy O'Connor, J., y J. Charlesworth: *Paul and the Dead Sea Scrolls*, Nueva York, 1990.

Murray, Gilbert: *Five Stages of Greek Religion*, Nueva York, 1912.

Mussner, F.: *Tractate on the Jews*, Filadefia, 1984.

Nanos, Mark D.: *The Mystery of Romans*, Minneapolis, 1996.

Neusner, Jacob; William, S.; Green y Ernest Frerichs, eds.: *Judaism and Their Messiahs at the Turn of the Christians Era*, Cambridge, 1987.

Neusner, Jacob; William S.; Green and Ernest Frerichs, eds.: *Rabbinic Traditions About Pharisees Before 70*, Leiden, 1971.

Newman, J. H.: *Historical Sketches*, 1896.

Newman, L., y S. Spitz: *The Talmudic Anthology*, Nueva York, 1945.

Neyrey, Jerome H.: *Paul in Other Words: A Cultural reding of His Letters*, Louisville, 1990.

Neyrey, Jerome H.: *Portraits of Paul*, Louisville, 1996.

Nickelsburg, George, W. E.: *Jewish Literature Between the Bible and the Mishnah*, 1981.

Nillson, Martin Persson: *Greek Piety*, Oxford, 1948.

Nineham, D. E.: *Saint Mark*, Harmondsworth, 1963.

Nock, A. D.: *St. Paul*, Londres, 1968.

Notley, Richard Steven: «The Concept of the Holy spirit» en *Jewish Literature of the Second Temple Period and «Pre-Pauline» Christianity*, 1991.

O'Brien, Peter T.: *Colossians, Philemon*, Texas, 1986.

Ogg, G.: *The Chronology of the Life of Paul*, Londres, 1968.

Padget, Alan G.: «The Puline Rationale for Submission: Biblical Feminism and the Hina Clauses of Titus 2, 1-10», *Evangelical Quarterly*, 59, pp. 39-52, 1987.

Paley, W.: *Horae Paulinae*, Londres, 1790.

Parkes, James: *The Conflict of the Church and the Synagogue*, Sancino, 1934.

Patai, Raphael: *Man and Temple in Ancient Jewish Myth and Ritual*, 1947.

Patte, Daniel: *Paul's Faith and the Power of the Gospel*, Fildelfia, 1983.

Patterson, Orlando: *Slavery and Social Death: A Comparative Study*, Cambridge, 1982.

Perowne, Stewart: *The Life and times of Herod the Great*, 1956.

—, *The Later Herods*, 1958.

—, *The Journeys of Saint Paul*, 1973.

—, *Rediscovering Paul: Philemon and the Sociology of Paul's Narrative World*, Filadelfia, 1985.

Pilch, John J., y Bruce J. Malina, eds.: *Biblical Social Values and Their Meaning*, Massachusets, 1993.

Pogoloff, Stephen M.: *Logos and Sophia: the Rhetorical Situation of 1 Corinthians*, Atlanta, 1992.

Pohlenz, M.: *Paulus und die Stoa*, Darmstadt, 1964.

Pope, R. Martin: *On Roman roads with St. Paul*, 1939.

Potter, David Stone: *Prophets and Emperors: Human and Divine Authority form Augustus to Theodosius*, Cambridge, 1994.

Powys, John Cowper: *The Pleasures of Literature*, 1946.

Prat, F.: *The Theology of St. Paul*, Londres, 1957.

Qimron, Elisha, y John Srugnell: *Qumran Cave 4: Miqsat Ma'ase ha-Tora*, Oxford, 1994.

—, *An Unpublished Halakhic Letter form Qumran. Biblical Archaelogy Today*, pp. 400-407, Jerusalén, 1985.

Quasten, Johannes: *Patrology*, Westmindter, 1988.

Ramsay, Sir William Mitchell: *Adramytium*, HDB, 1:43.

—, *Antioch in Pisidia*, HDB, 1, 104.

—, *Asia*, HDB, 1, 171-172.

—, *Asianic Elements in Greek Civilizations*, Edimburgo, 1915, Londres, 1927.

—, *Asiarch*, HDB, 1, 172

—, *A Historical Comentary on St. Paul´s Epistles to the Galatians*, Londres, 1899, Michigan, 1965.

—, «A Historical Comentary on the Epistles to the Conrinthians», *TheExpositor*, Sixth Series, 1 pp. 19-31, 91-111, 203-217, 273-289, 380-387; 2 pp. 287-302, 368-381, 429-444 (1900); 3, pp. 93-110, 220-240, 343-360 (1901).

—, «A Historical comentary on the First Epistle to Timothy», *The Expositor*, Seventh Series, 7 pp, 481-494; 8, pp 1-21, 167-185, 264-282, 339-357, 399-416 (1909); 9, pp. 172-187, 319-333, 433-440 (1910), Eighth Series, 1 pp, 262-273, 356-375 (1911).

—, «A New Theory as the Date of the Epistle to the Galatians», *The Expository Times*, 12. pp. 157-160. 1901.

—, «A Sketch of the Geographical History of Asia Minor», *The Nationa Geographic Magazine*, 42, pp. 553-570. Nov. 1922.

—, «A Summer Journey in Asia Minor», *The British Weekly*, July 27, 1905, pp. 377-378.

—, *Bithynia*, HDB, 1:303.

—, *Cappadocia*, HDB, 1:352.

—, *Caria*, HDB, 1:354.

—, *Chios*, HDB, 1:383.

—, *Churches (Robbers of)*, HDB, 1:441.

—, *Cilica*, HDB, 1:442.

—, *Cnidus*, HDB, 1:451.

—, «Colonia Caesarea (Pisidian Antioch)», en *The Augustan Age, Journal of Roman studies*, 6, pp. 83-134. 1916.

—, *Colossae*, HDB 1:454.

—, *Corinth*, HDB, 1:479-483

—, *Cos*, HDB, 1:500-501.

—, «Cutting Luke´s Shipwreck Story to Pieces», *The Sunday School Times*, 28, p. 355, 1916.

—, *Delos*, HDB, 1:588.

—, *Derbe*, HDB, 1:595.

—, *Diana of the Ephesians*, HDB, 1:605-606.

—, *Ephesian*, HDB, 1:713-714.

—, *Ephesus*, HDB, 1:720-725.

—, «Excavating the Sunagogue Church at Pisidan Antioch», *The Sunday School Times*, 73, pp. 575-576. 1931.

—, *Exploration of Asia Minor, as Bearing on the Historical Trustworthiness of the New Testament*, The Victoria Institute´s Transactions, pp. 202-217. 1907.

—, *Galatia*, HDB, 2.81-99

—, *Galatia*, The *International Standard Bible Encyclopaedia*, 2:1154-1155, Michigan, 1939.

—, *Galatia (Region on)*, HDB, 2: 89-91.

—, *Halicarnassus*, HDB, 2:286-287.

—, *Hierapolis*, HDB, 2:379-380.

—, «How the Book of Acts Routed Its Higher Critics», *The Sunday School Times*, 58, pp, 291-292, 1916.

—, *Iconium*, HDB, 2:443-445.

—, «If You Had Been Traveling with Paul», *The Sunda School Times*, 63, pp. 540-541, 1921.

—, *Illyricum*, HDB, 2:450-451.

—, *Impressions of Turkey during Twelve Year´s Wandering*, Londres, 1897.

—, *Laodicea*, HDB, 44-45.

—, *Lasea*, HDB, 3:46.

—, «Luke´s Narrative of the Birth of Chirst», *The Expositor*, Eighth Series, 4, pp. 385-407, 481-507, 1912.

—, «Luke the Physician and Other Studies», en *The History of Religion*, Londres, 1908. Michigan, 1956.

—, *Lycaonia*, HDB, 3:174-75.

—, *Lycia*, HDB, 3:176.

—, *Lydia (place)*, HDB, 3:177-178.

—, *Lystra*, HDB, 3:178-180.

—, *Mallus*, HDB, 3:223-224.

—, *Method of Research in History*, Contemporary Review, 27, pp. 337-347, 1912.

—, *Miletus*, HDB, 3:368-369.

—, *Mindus*, HDB, 3:463-464.

—, *Myra*, HDB, 3:464.

—, *Nicopolis*, HDB, 3:548-549.

—, *Numbers, Hours, Years and Dates*, HDB, 5:473:484.

—, *Pamphylia*, HDB, 3:658-659.

—, *Patara*, HDB, 3:692.

—, «Pauline and Other Studies», en *Early Christian History*, Londres, 1906.

—, *Perga*, HDB, 3:747-749.

—, *Pergamus, Pergamum*, HDB, 3:749-752.

—, *Phaselis*, HDB, 3:829.

—, *Philadelphia*, HDB, 3:830-832.

—, *Phoenix*, HDB, 3:862-863.

—, *Phyrgia*, HDB, 3:863-869.

—, *Phyrgians, Encyclopaedia of Religion and Ethics*, 9, pp. 900-911, Edimburgo, 1917.

—, *Pictures of the Apostolic Church: Studies in the Book of Acts*, Londres, 1910, Michigan, 1959.

—, *Pisidia*, HDB, 3:884-885.

—, «Psidian Antioch in Paul's Day and Today», *The sunday School Times*, 67, pp. 15, 1925.

—, Pontus, HDB, 4:15-18.

—, «Preliminary Report to the Wilson Trustees on Exploration in Phyrgia and Lycaonia, Studies», en *The History and Art of the Eastern Provinces of the Roman Empire*, Aberdeen, 1906, pp. 231-277.

—, *Religion of Greece and Asia Minor*, HDB, 5:109-156.

—, *Rhegium*, HDB, 4:267-268.

—, *Rhodes*, HDB, 4:268-269.

—, «Roads and travel», en *The New Testament*, HDB, 5:375-402.

—, «Rome's Treatment of State Offenders», *The Sunday School Times*, 63, pp. 597-598. 1921.

—, *Samotrace*, HDB, 4:377.

—, *Sardis*, HDB, 4:404-405.

—, «Sketch in the Religious Antiquies of Asia Minor», *The Annual of the British School at Athens*, 18 pp. 37-79, 1911-1912.

—, *Smyrna, Encyclopaedia Britannica*, 11.ª ed. 25:281-282, 1910.

—, *Smyrna*, HDB, 4:553-556.

—, «St Paul at Ephesus», *The Expositor*, Fourth Series, 2, pp 1-22, 1890.

—, «St. Paul's first Journey to Asia Minor», *The Expositor*, Fourth Series, 5, pp. 29-39, 1892.

—, *St. Paul the Traveller and the Roman Citizen*, 1895, Londres, 1897, Michigan, 1960.

—, *Studies in the Roman Province Galatia, Journal of roman Studies*, 7, pp 229-288 (1917); 8 pp. 107-145, (1918).

—, *Tarsus*, HDB, 4:685.

—, *The Bearing of Recent Discovery on the Trustworthiness of the New Testament*, Virginia, 1913, Londres, 1915, Michigan, 1953.

—, *The Census of Quirinus, The Sunday School Times*, 64:764-765, 776-777, 1922.

—, The *Church in the Roman Empire before AD 170*, 1892, Londres, 1897.

—, *Cities and Bishoprics of Phyrgia*, Oxford, 1895 y 1897, vol. 1, pt.1, xxii, pt. 2, pp. 353-791.

—, *Cities of St Paul: Their Influence on His Life and Thought*, Londres, 1907, Michigan, 1960.

—, «The Cross of Christ the Center of history», *The Christian Worker* magazine, 14, pp. 140-143, nov. 1913, Great Sermons on the Death of Christ, Massachuset, 1965, pp. 235-241

—, «The Date of the Apocalypse», *The Expository Times*, 16, pp. 171-74, 1905.

—, *The Education of Christ: Hill-Side Reveries*, Londres, 1902.

—, *The First Christian Century, Notes on Dr. Moflatt´s Introduction to the Literature of the New Testament*, Londres, 1911.

—, «The Geographical Conditions Determinig History and Religion in Asia Minor», *The Geographical Journal*, 20, pp. 257-275, jul-dic. 1902.

—, *The Historical Geography of Asia Minor*, Royal Geographical Society, Supplementary Paper, vol. IV, Londres, 1890, Ámsterdan, 1962.

—, «The Image of the Beast in the New testament», *The Sunday School Times*, 65, pg. 507, 1923.

—, *The Imperial Peace. An Ideal in European History*, Oxford, 1913.

—, «The Jews and the Graeco-Asiatic Cities», *The Expositor*, Sixth Series, 5, pp. 19-33, 92-109, 1902.

—, *The Letters to the Seven Churches of Asia and Their Place in the Plan of the Apocalipse*, Londres, 1904, Michigan, 1963.

—, «The Manifest God», *Expository Times*, 10, p. 208, 1899.

—, «The Pastoral Epistles and Tacitus», *The Expositor*, Fourth Series, 8, pp. 110-119, 1893.

—, *The Revolution in Constantinople and turkey: A Diary*, Londres, 1909.

—, «The Social Basis of Roman Power», en *Asia Minor*, Aberdeen, 1941.

—, *The Teaching of Paul in terms of the Presents Day*, Londres, 1913.

—, *The Tekmoreian Guest-Friends: An Anti-Christian Society on the Imperial Estates at Pisidan Antioch, Studies in the History and Art of the Eastern Provinces of the Roman Empire*, Aberdeen, 1906, pp. 305-377.

—, «The White Stone and the «Gladiatorial Tessera»», *The Expository Times*, 16, pp. 558-561, 1905.

—, «The World in Acts Denoting Missionary Travel», *The Expositor*, Fifth Series, 1, pp. 385-399, 1895.

—, *Tracia*, HDB, 4:754.

—, *Thyatira*, HDB, 4:757-759.

—, *Tow Clerk*, HDB, 4:800-801.

—, *Troas*, HDB, 4:813-814.

—, *Tyrannus*, HDB, 4:821-823.

—, *Was Christ Born at Bethlehem? A Study on the Credibility of St. Luke*, Londres, 1898.

—, «What Did Paul´s Roman Citizanship Mean?», *The Sunday School Times*, 58, pp. 547, 549, 1916.

—. «When Quirinius Was Governor of Syria», *The Sunday School Times*, 64, pp. 559, 564, 1922.

—, «Where time Has No Value», *The sunday School Times*, 57, pg. 525, 1915.

Ramsay, sir William Mitchell, y Miss Gertrude L. Bell: *The Thousand and One Churches*, Londres, 1909.

Rawson, Beryl (ed.): *Marriage, Divorce and Children in Ancient Rome*, Oxford, 1996.

Räisänen, Heikki: *Paul and the Law*, Filadelfia, 1983.

Raphael, Simcha Paull: *Jewish Views of the Afterlife*, Londres, 1994.

Reinach, J. (ed.): *Textes des Auteurs Grecs et latins relatives au Judaisme.*

Reitzenstein, Richard: *Die hellenistichen Mysterienreligionen: Ihr Grundgedanken und Wirkungen*, Leipzig, 1927.

Resch, A.: *Das Aposteldekret nach seiner auss erkanonischen Textgestalt undersucht*, Leipzig, 1905.

Reumann, John: *Righteousness in the New Testament*, Mahwah, 1982.

Richards, E. Randolph: *The Secretary in the Letters of Paul*, Alemania, 1991.

Ridderbos, Herman: *Paul: An Outline of His Theology*, 1975.

Rigaux, B.: *Letters of St. Paul*, Chicago, 1968.

Robinson J. A. T.: *Jesus and His Coming: The Emergence of a Doctrine*, 1957.

—, *Redating the New Testament*, 1976.

Robinson, James M.: *The Nag Hammadi Library*, San Francisco, 1990.

Roetzel, Calvin: *The Letters of Paul: Conversations in Context*, 3.ª ed., Louisville, 1991.

Rosner, Brian S.: *Paul: Scripture and Ethics: A Study of 1 Corinthians 5-7*, Leiden, 1994.

Safrai, S. M., y D. Flusser: *The Slave of Two Masters*, Immanuel, 6, pp. 30-33, 1976.

Safrai, S. M. Stern; D. Flusser, y W. C. Van Unnik, eds.: *The Jewish People in the First Century*, 9 vols., Ámsterdan, 1974-93.

Saller, Richard P.: *Personal Patronage Under the Empire*, Cambridge, 1982.

Sampley, J. Paul: «From Text to Tought World: the Route to Pal´s Ways», en *Pauline Theology*, vol. 1, *Thessalonians, Philippians, Galatians, Philemon*, pp. 3-14, Minneapolis, 1991.

Sanders, E. P.: *Paul and Palestinian Judaism*, Filadelfia, 1977.

—, *Jesus, Paul and Judaism*, 1981.

—, *Paul*, 1991.

—, *Jesus and Judaism*, Londres, 1985

—, *Jewish Law from Jesus to the Mishnah*, Filadelfia, 1990

—, *Paul, the Law and the Jewish People*, Filadelfia, 1983.

Sanders, J. A.: *The Psalms Scroll of Qumram Cave 11*, Nueva York, 1965.

Sanders, J. T.: *First Corinthians 13, Its Interpretation since the First World War, Interpretation 20*, pp. 159-87, 1966.

Sandmel, S.: *The Genius of Paul: A Study in History*, Nueva York, 1970.

—, *Judaism and Christian Beginnings*, Nueva York, 1978.

Sandnes, Karl Olav: *Paul. One of the Prophets?*, Alemania, 1991.

Sandys, John Edwin (ed.): *A Companion to Latin Studies*, Cambridge, 1929

Schäfer, Peter: *Die Vorstellung vom Heiligen Geist in der rabbinischen Literatur*, Múnich, 1972.

Schechter, S.: *Aspects of Rabbinic Theology*, Nueva York, 1961.

—, *Studies in Judaism*, Filadelfia, 1986.

Schillebeeckx, E.: *Paul the Apostle*, Nueva York, 1983.

Schmithals, W.: *Paul and James*, Londres, 1965.

Schnackenburg, R.: *Baptism in the Thought of St. Paul*, Oxford, 1964.

Schneemelcher, Wilhelm: *New Testamenr Apocrypha*, vol. 2, Louisville, 1992.

Schoeps, Hans Joachim: *The Jewish Christian Argument*, 1965.

—, *The Theology of the Apostle in the Light of Jewish Religious History*, Filadelfia, 1961.

Schrage, Wolfgang: *Die konkreten einzelgebote in der paulinischen Paranese*, Alemania, 1961.

—, «Zur Ethik der neutestamentlichen Haustafeln», *New Testament Studies*, 21, pp. 1-22. 1974-75

Schrenk, G.: *Studien zu Paulus*, Zúrich, 1954.

Schroeder, D.: *Die Haustafeln des Neuen Testaments (ihre Herkunft und Theologischer Sinn)*, Hamburgo, 1959.

Schürer, Emil: *The History of the Jewish People*, 6 vols., 1891, Massachusets, 1993.

Schütz, J. H.: *Paul and the Anatomy of Apostolic Authority*, Cambridge, 1974.

Schüssler Fiorenza, Elisabeth: *In Memory of Her*, Nueva York, 1984.

—, «Women in the Pre-Pauline and Pauline Churches», *Union Seminary Quarterly Review*, 33, pp. 153-66, 1978.

Schwartz, R.: *A propos du status personnel de l'apôtre Paul. Revue d'Historie et de Philosophie Religeuse*, 1957.

Schweitzer, Albert : *The Mysticism of Paul the Apostle*, Nueva York, 1931.

—, *Paul and his Interpreters*, Londres, 1912.

Scott, C. A. A.: *Christianity according to St. Paul*, Cambridge, 1927.

—, *Footnotes to St. Paul*, Cambridge, 1935.

—, *St. Paul: The Man and the Teacher*, Cambridge, 1936.

Scroggs, R.: *The Last Adam, A Study in Pauline Anthropology*, Oxford, 1966.

—, *Paul for a New Day*, Filadelfia, 1976

Segal, Alan F.: *Paul the Convert: The Apostolate and Apostasy of Saul the Pharisee*, Nueva Haven, 1990.

Seltman, Charles: *Women in antiquity*, 1956.

Sevenster, Jan Nicolas: *Do You Know Greek? How much Greek Could the First Jewish Christians Have Known?*, Leiden, 1968.

Sevenster, J. N., y Van Unnik, W. C. (ed.): *Studia Paulina in honorem J. De Zwaan*, Haarlem, 1953.

Sherwin White, A. N.: «Roman Society and Roman Law», en *The New Testament*, 1963.

Sigal, Phillip: *The Halakah of Jesus of Nazareth*, Lanham, 1986.

Smallwood, E. Mary: *The Jews Under Roman Rule*, Leiden, 1976.

Smith, George Adam: *Jerusalem*, 1907-08.

Smith, James: *The Voyage and Shipwreck of Saint Paul*, 1848.

Sokoloff, M: *A Dictionary of Jewish Palestinian Aramaic*, Israel, 1990.

Souter, A.: *The Earliest Latin Commentaries of the Epistles of St. Paul*, Oxford, 1927.

Stacey, W. D.: *The Pauline View of Man*, Londres, 1956.

Stark, Rodney: *The Rise of Christians*, Princeton, 1996.

Stendahl, Krister: *Paul Among Jews and Gentils*, Filadelfia, 1976.

—, *The Scrolls and the New Testamen*, Nueva York, 1957.

Stewart, J. S.: *A Man in Christ: The Vital Elements of St. Paul's Religion*, Londres, 1935.

Stowers, Stanley, K.: *Letter Wrinting in Greco-Roman Antiquity*, Filadelfia. 1986.

Strack, H.: *Einleitung in Talmud und Midrasch*, Múnich, 1981.

—, *Introduction to the Talmud and Midrash*, Nueva York, 1978, Revised Edimburgo, 1989.

Stulhmacher, Peter: «Jerustradition im Romerbrief», *Theologische Beiträge*, 14, pp. 240-250. 1983.

—, «Paul's Understandig of the Law in the Letters to the romans», *Svensk Exegetisk Árbosk*, 50, p. 87-104. 1985.

Sumney, Jerry, L.: *Identifying Paul's Opponents: The Question of Method in 2 Corinthians*, 1990.

Swete, H. B.: *The Gospel according to St. Mark*, Londres, 1905.

Taylor, V.: *The Gospel according to St. Mark*, Londres, 1941.

—, *The Text of the New Testament: A Short Introduction*, Londres, 1961.

Thackeray, H.: St. J. *The Relation of St. Paul to Contemporary Jewish Thought*, Londres, 1900.

Theissen G.: *The Social Setting of Pauline Christianity*, Edimburgo, 1982.

—, *Psychological Aspects of Pauline Theology*, Filadelfia, 1987.

Thoma, C. A: *Christian Theology of Judaism*, Mahwah, 1980.

Titus, E. L.: «Did Paul Write I Corinthians 13?», *Journal of Bible and Religion*, 27, pp. 299-302, 1959.

Tomson, Peter J.: *Paul and the Jewish Law: Halakha in the Letters of the Apostle to the Gentiles*, Minneapolis, 1990.

Tucker, T. G.: *Life in the Roman World of Nero and St. Paul*, 1910.

Unnik, W.C. van: *Tarsus or Jerusalem*, Londres, 1962.

Urbach, E. E.: *The Sages: Their Concepts and Beliefs*, 2 vols., Jerusalén, 1975.

Van Unnik, W. C.: Tarsus or Jerusalem: *The City of Paul's Youth*, Londres, 1962.

—, «Tarsus or Jerusalem, the city of Paul's Youth», *Sparsa Collecta I*, Leiden, 1973.

Vermes, Geza: *Jesus the Jew*, Glasgow, 1977.

—, *Jesus and the World of Judaism*, Londres, 1983.

—, *The Religion of Jesus the Jew*, Minneapolis, 1993.

—, «Sectarian Matrimonial Halakhah in the Damascus Rule», *Journal of Semitic Studies*, 25, 197 y ss., 1974.

Vidal, C.: *Diccionario de Jesús y los Evangelios*, Estella, 1994.

—, *El judeo-cristianismo palestino: de Pentecostés a Jamnia*, Madrid, 1993.

—, *El Documento Q*, Barcelona, 2004.

—, *Jesús y los manuscritos del mar Muerto*, Barcelona, 2005.

Visotzky, Burton: *Reading the Book: Making the Bible a Timeless Text*, 1991.

Vos, G.: *The Pauline Escathology*, Grand Rapids, 1952, Michigan, 1972.

Wacholder, Ben Zion: *Nicolaus of Damascus*, California, 1962.

Wagner, G.: *The Pauline Baptism and the Pagan Mysteries*, Edimburgo/Londres, 1967.

Wagner, Ross: *Not Beyond the Things Wich Are Written: A Call to Boat Only in the Lord* (1 Cor. 4:6), New Testaments Studies.

Wallace, Richard y Williams Wynne: *The Acts of the Apostles: A Companion*, 1993.

Walker, Peter: «The Burden of Proof in Identifying Pauline Letters as Interpolations», *New Testament Studies*, 33, pp. 610-18, 1987.

Walter, Gerald: *Nero*, París, 1955.

Watson, Duane, F.: «A Rhetorical Aalysis of Philippians and Its Implications for the Unity Question», *Novum Testamentum*, 39, pp. 57-87. 1988.

Webster, G.: *The Roman Imperial Army of the First and Second Centuries AD*, 1969.

Weinel, H.: *St. Paul. The Man and his Work*, Londres, 1906.

Weinfeld, Moshe: *Pentecost as Festival of the Giving of the Law*, Immanuel, 8, pp, 7-18. 1978.

Weis, J.: *Paul and Jesus*, Londres/Nueva York, 1909.

Wenham, David: *Paul: Follower of Jesus Founder of Christianity?*, 1995.

Westerholm, Stephen: *Preface to the Study of Paul*, Michigan, 1997.

Westermann, Claus: *Prophetic Oracles of Salvation in the Old Testament*, Louisville, 1991.

White, L. Michael, ed.: *Social Networks in the Early Christian Environment: Issues and Methods for Social History*, Atlanta, 1992.

Whiteley, D. E. H.: *The Theology of St. Paul*, Oxford, 1964.

Wiedemann, Thomas: *Greek and Roman Slavery*, Baltimore, 1981.

Wikenhauser, A.: *Pauline Mysticism: Christ in the Mystical Teaching of St. Paul*, Friburgo/Edimburgo/Londres, 1960.

Wiles, M. F.: *The Divine Apostle: The Interpretation of St. Paul´s Epistles in the Early Church*, Cambridge, 1967.

Willis, W.: *The Kingdom of God in 20th Century Interpretation*, Massachuset, 1987.

Wilson, R. McL.: *Marcion, The Encyclopaedia of Philosophy*, Nueva York, 1972, 5155 y ss.

Wilson, Robert Smith: *Marcion: A Study of a Second-Century Heretic*, 1933.

Wilson, Stephen G.: *Luke and the Pastoral Epistles*, Londres, 1979.

Wilson, T.: *St. Paul and Paganism*, Edimburgo, 1927.

Wimbush, Vicent L.: *Paul the Worldly Ascetic: Response to the World and Self-Understanding According to 1 Corinthians 7*, 1987.

Wink, Walter: *Naming the Powers*, Filadelfia, 1984.

Winter, Bruce: *Are Paul and Philo Among the Sophists?*, Cambridge, 1996.

Winter, Paul: *On The Trial of Jesus*, Berlin, 1961.

Wire, Antoinette Clark: *The Corinthian Women Prophets: A Reconstruction Through Paul´s Rhetoric*, Minneapolis, 1990.

Wise, M.; Norman Golb; J. J. Collins, y D. Pardee: *Methods of Investigation of the Dead Sea Scrolls andthe Khirbet Qumram Site*, Nueva York, 1994.

Witherington, Ben: *Women in the Earliest Churches*, Cambridge, 1988.

Witherington Ben, III: *Acts of the Apostles*, Michigan, 1997.

—, *Conflict and Community in Corinth*, Michigan, 1995.

—, *Friendship and Finances in Philippi*, The New Testament in Context, Pensilvania, 1995.

—, *Grace in Galatia*, Edimburgo, 1998.

—, *Jesus, Paul and the End of the World*, Illinois, 1992.

—, *Jesus the Sage: The Pilgrimage of Wisdom*, Minneapolis, 1994.

—, *Paul´s Narrative Thought World*, Louisville, 1994.

—, «Rite and Rights for Women – Gal 3:28», *New Testament Studies*, 27, pp. 593-604, 1981

—, *Women in the Earliest Churches*, Cambridge, 1988.

—, *Women in the Ministry of Jesus*, Cambridge, 1984.

Wolpe, David: *Healer of Shattered Hearts: A Jewish View of God*, Nueva York, 1990

—, *In speech and Silence: The Jewish Quest for God*, Nueva York, 1992.

Wrede, W.: *Paul*, Londres, 1907.

Wright, A. G.: *The Literary Genre Midrash*, Catholic Biblical Quarterly, 28, pp. 113-20, 1966.

Wright, N. T.: *Jesus and the Victory of God*, Minneapolis, 1992.

—, *The New Testament and the People of God*, Minneapolis, 1992.

—, *What Saint Paul Really Said*, Michigan, 1997.

Wycherley, R. E.: *St. Paul at Athens*, JTS 19, 1968.

Yamauchi, Edwin: *The World of the First Christians*, 1981.

Yerkes, Royden Keith: *Sacrifice in Greek and Roman Religions and Early Judaism*, 1953.

Yoder, John Howard: *The Politics of Jesus*, Michigan, 1972.

Young, Brad H.: «The Ascension Motif of 2 Corinthians in Jewish Christian and Gnostic Texts», *Grace Theological Journal*, 9, 1, pp. 73-103, 1988.

—, *The Cross, Jesus and the Jewish People*. Imanuel, 24-25, pp. 23-34, 1990.

—, *The Jewish Backgroud to the Lord´s Prayer*, Austin, 1984.

—, *Jesus and His Jewish Parables*, Nueva York, 1989.

Young, Brad H., y David Fluysser: «Mesianic Blessings in Jewish and Christian Texts», en *Judaism and the origins of Christianity*, Jerusalén, Magnes, 1989, pp. 280-300.

Youtie, H. C.: «Agrammatos, An Aspect of Greek society in Egypt», *Harvard Studies in classical Philology*, 75, pp. 161-76, 1971.

Zeitschrift für Papyrologie und Epigraphik, 17, pp, 201-21. 1975.

Zeisler, J.: *Paul´s Letter to the Romans*, Filadelfia, 1989.

Ziesel, W.: «Does Kephalaè Mean Source or authority Over in Greek Literature? A Survey of 2,336 examples», *Trinity Journal*, n.s. 6, pp. 38-59, 1985.

Ziesel, W.: «Univira, An Example of continuity and Change in roman society», *Church History*, 46, pp. 19-32. 1977.

Ziesler, J. A.: *The Meaning of Righteousness in Paul*, Cambridge, 1972.

Índice onomástico